초보자도 쉽게 배우는
파워포인트 2016 길라잡이

초판 1쇄 발행 | 2016년 6월 15일
초판 2쇄 발행 | 2019년 2월 15일

지 은 이 | 이상훈
발 행 인 | 이상만
발 행 처 | 정보문화사

책임편집 | 최동진
편집진행 | 노미라

주　　소 | 서울시 종로구 대학로12길 38 (정보빌딩)
전　　화 | (02)3673-0037(편집부) / (02)3673-0114(代)
팩　　스 | (02)3673-0260
등　　록 | 1990년 2월 14일 제1-1013호
홈페이지 | www.infopub.co.kr

I S B N | 978-89-5674-687-6

이 책은 저작권법에 따라 보호받는 저작물이므로 무단 전재와
무단 복제를 금하며, 이 책 내용의 전부 또는 일부를 사용하려면 반드시
저작권자와 정보문화사 발행인의 서면동의를 받아야 합니다.

※ 책값은 뒤표지에 있습니다.
※ 잘못된 책은 구입한 서점에서 바꿔 드립니다.

파워포인트 기능과 디자인 기법의 완벽한 하모니

본서는 파워포인트를 처음 사용하거나, 사용은 해봤지만 어떻게 해야 프레젠테이션을 잘 만들 수 있는지를 모르는 분들을 위한 초급/입문/기본서입니다. 초보자를 위한 책답게 파워포인트를 사용하는 데 꼭 필요한 기능을 모두 담았습니다.

새 프레젠테이션을 만들고, 기존 프레젠테이션을 열고, 저장하고, 슬라이드 마스터로 템플릿을 만들고, 텍스트를 입력하고, 편집하고, 글머리 기호를 설정하고, 줄/단락 간격을 조정하고, 도형을 만들고, 색을 칠하고, 도해를 만들고, 표/차트/그림을 삽입한 후 편집하고, 개체에 애니메이션을 적용하고, 슬라이드에 전환 효과를 적용한 후, 최종 결과물을 프로젝터를 통해 발표하는 쇼 보기 방법까지 설명했습니다.

여기에서 끝이라면 시중에 나와 있는 책과 그리 다를 것이 없을 것입니다. 이 책의 핵심은 바로 프롤로그부터 시작해 이 책 곳곳에 '프레젠테이션 디자인'에 대한 정수를 소개하고 있다는 것입니다. 프레젠테이션 디자인에서 가장 중요한 '차별 디자인 기법', '색의 활용', '글꼴 선택', '노이즈의 제거' 등입니다.

아무리 파워포인트 기능을 많이 알아도 디자인에 대한 이해가 없다면 고품위의 프레젠테이션을 디자인하기 힘듭니다. 기능보다 디자인이 더 중요한 경우가 있을 정도입니다. 디자인에 대해 궁금한 분이라면 앞쪽에 나오는 프롤로그에서 확인하기 바랍니다.

이 책을 통해 파워포인트의 기능은 물론 프레젠테이션 디자인까지 두 마리 토끼를 확실하게 잡을 수 있기를 바랍니다.

이상훈

이 책을 보는 방법

이 책은 파워포인트 2016 최신 버전을 기반으로 집필된 서적입니다. 파워포인트 2016에서 새롭게 추가된 기능부터 자주 사용하는 메뉴까지 총 7개의 테마로 구성되어 있습니다. 각 작업에 대한 내용을 빠짐없이 설명해 주어 입문자도 쉽게 따라할 수 있도록 친절하게 구성되어 있습니다.

레슨 제목 및 발문
각 레슨에서 학습할 제목과 배워볼 내용에 대해 간략하게 설명합니다.

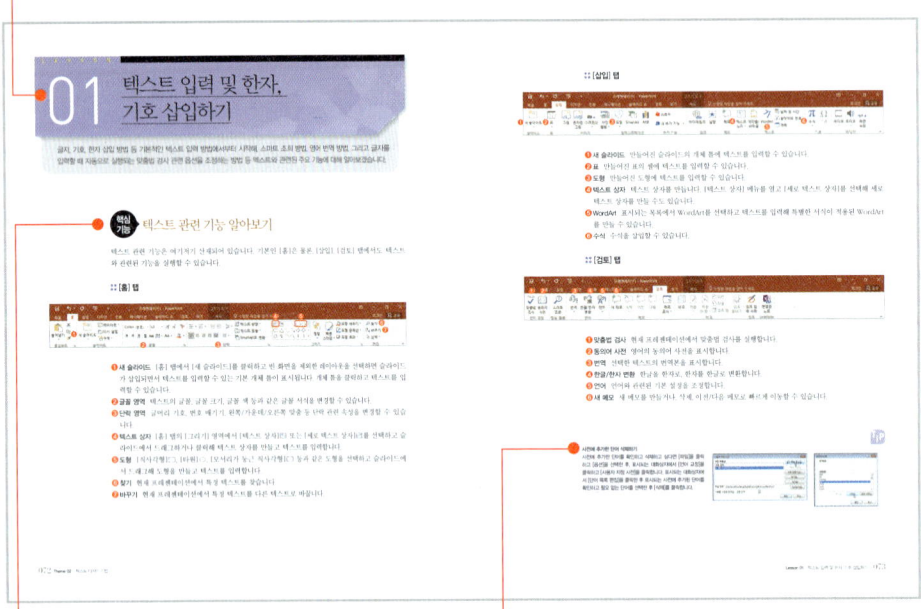

핵심 기능
프로그램을 시작하면서 기본적인 메뉴 설명부터 활용하는 방법까지 세세하게 알려줍니다. 실습하기에 앞서서 핵심적인 기능을 배우고 익혀 프로그램에 한층 더 가까워질 수 있습니다.

Tip
작업의 효율을 향상시키기 위한 유용한 정보와, 집필진의 풍부한 실전 노하우를 알려줍니다.

기능 실습
핵심기능에서 알려준 내용을 직접 실습해보면서 익힐 수 있는 차례입니다. 예제 파일과 완성 파일을 모두 제공함으로써 직접 프로그램 실행이 가능하며, 따라하기 방식의 설명으로 한 단계씩 차근차근 이해할 수 있습니다.

예제 파일/완성 파일
학습에 필요한 예제 파일을 자료실에서 다운받아 실습하고, 완성 파일과 비교해볼 수 있습니다.

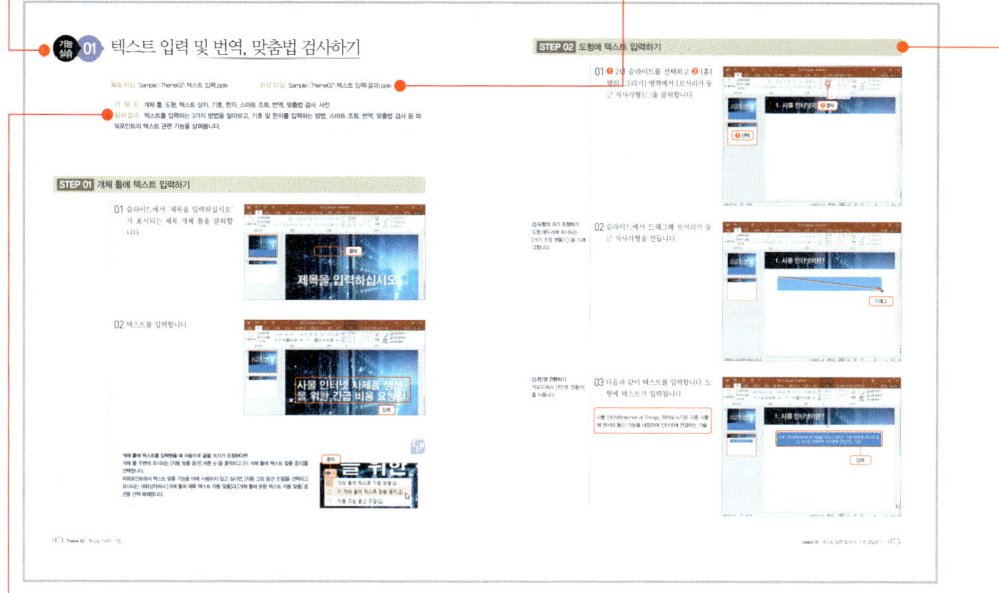

키워드/길라잡이
이 기능을 실습하는 데 필요한 키워드를 미리 알아보고, 어떤 상황에서 주로 쓰이는지 가이드 역할을 해줍니다.

STEP 따라하기
직접 실습해 볼 수 있는 과정을 스텝으로 구분하여 따라해 볼 수 있게 구성했습니다.

기능 향상
기본적인 기능을 배우고 스킬을 높이기 위한 내용으로 가득합니다. 추가적으로 배우면 활용도가 높은 기능을 설명해주고, 그것을 활용하는 방법에 대해서도 안내합니다.

실무테크닉
더 이상 부연설명 없이 배운 것을 확인할 수 있는 마지막 기회입니다. 조건을 제시하고 직접 실습해 볼 수 있도록 하는 단계로 제공된 예제 파일 위에 실습을 마무리할 수 있습니다.

노하우
제시된 조건을 수행함으로써 배운 내용을 복습하고, 완성 파일을 확인하여 학습 성취도를 높일 수 있습니다.

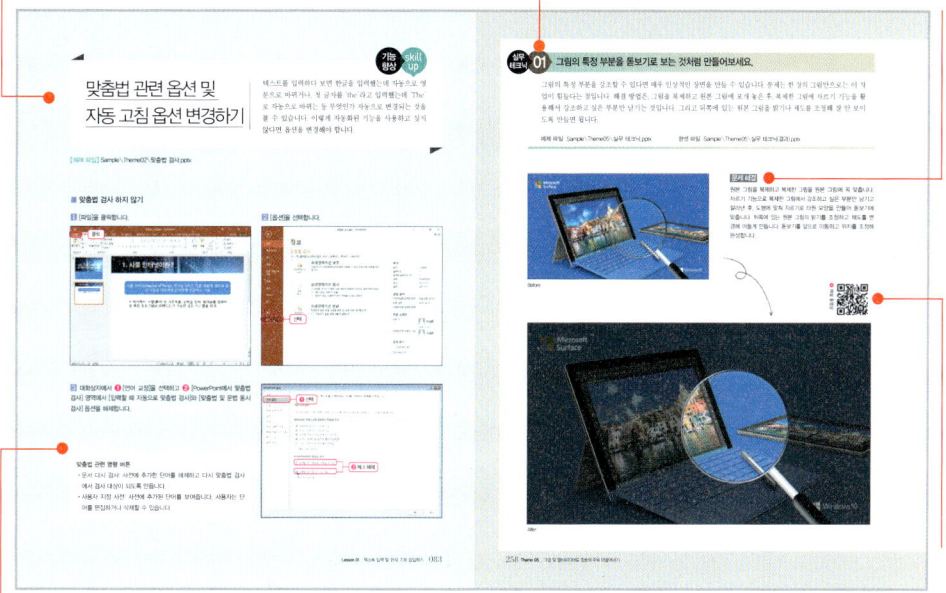

동영상 강좌
스마트폰으로 QR코드를 찍어서 동영상 강좌를 바로 확인할 수 있습니다. 컴퓨터로 학습할 때는 동영상 링크(https://www.youtube.com/user/infobooks)를 확인합니다.

Note
알아두면 좋을 내용을 정리해서 보여주며, 실전에서 유용하게 쓰이는 노하우를 소개합니다.

이 책을 공부하는 순서

이 책은 파워포인트 2016을 이용해 프레젠테이션을 만들고 싶은 분들을 위해 만들어졌습니다. 따라서 파워포인트 2016을 처음 사용하는 분들에게 적합하지만 어느 정도 파워포인트는 사용하고 있지만 좀 더 수준 높은 디자인과 파워포인트 스킬을 알고 싶은 분들에게도 유용하리라 생각됩니다.

본서는 하나의 프롤로그와 7개의 테마로 구성되어 있습니다. 우선 프롤로그를 통해 프레젠테이션 디자인 기법을 인지한 후, 7개의 테마를 통해 파워포인트 2016의 기능을 알아보기를 권장합니다. 다른 프로그램과 달리 파워포인트는 기능보다 디자인에 대한 감각이나 이해가 더 중요할 경우가 많기 때문입니다.

프롤로그 명품 프레젠테이션을 위한 두 가지 디자인 기법

프레젠테이션 디자인에서 반드시 알아야 할 '차별성의 법칙'과 '색을 사용하는 방법'에 대해 알아봅니다. 이 부분만 확실히 이해한다면 프레젠테이션 디자인 능력을 한 단계 업그레이드할 수 있을 것입니다.

❶ 파워포인트 2016 기본기 익히기

프로그램을 처음 접하면 기본적으로 알아야 할 것들인 프로그램 시작하기, 파일 열기/닫기, 새 파일 만들기, 인쇄, 그리고 슬라이드 쇼 등을 알아봅니다.

❷ 텍스트 디자인 기법

텍스트를 입력하는 방법부터 글꼴 및 단락 서식을 변경하는 방법, 텍스트에 특별한 효과를 적용하고 그것을 다른 텍스트에 쉽게 복사하는 방법 등 텍스트 관련 핵심 기능에 대해 알아봅니다.

❸ 도해 디자인의 기술

텍스트를 그림 형태로 변환하는 기본인 도해를 그리기 위해 반드시 알아야 할 도형 생성 및 편집 방법, 색 칠하기, 그라데이션 설정 방법 등 기능적인 면뿐만 아니라 보기에 좋은 도해를 만드는 방법을 알아봅니다.

❹ 표 및 차트 디자인의 기술

내용을 일목요연하게 보여주는 표와 숫자를 그림 형태로 보여주는 차트를 만드는 기본적인 방법과 디자인 스킬에 대해 알아봅니다.

❺ 그림 및 멀티미디어로 청중의 주목 이끌어내기

파워포인트의 강력한 그림 편집 기능과 비디오/오디오 관련 옵션 변경 방법에 대해 알아봅니다.

❻ 애니메이션, 전환, 하이퍼링크 설정하기

쇼 보기에서 개체에 움직임을 주거나 갑자기 다른 화면을 보여줌으로써 청중의 흥미를 끄는 동적 프레젠테이션을 만드는 방법을 알아봅니다.

❼ 나만의 템플릿 만들기

글꼴, 색, 레이아웃 등의 기본을 설정해놓는 테마와 슬라이드 마스터를 이용해 프레젠테이션 기본 디자인을 한 후, 그 디자인을 서식 파일 형태로 저장 했다가 다른 프레젠테이션에 적용하는 방법에 대해 알아봅니다.

예제 파일의 구성

본문에 사용된 모든 예제 파일과 완성 파일은 정보문화사 홈페이지(http://www.infopub.co.kr) 자료실에서 다운로드 가능합니다. ZIP 파일을 다운받아 압축을 풀어 책과 함께 학습하며 따라할 수 있습니다.

❶ 홈페이지에 접속한 후 [자료실]을 클릭합니다.

❷ 하단의 검색란에 "초보자도 쉽게 배우는"을 입력하여 검색합니다.

❸ 다운로드 받고자 하는 도서의 제목을 클릭한 후 해당 파일을 다운로드 받으시면 됩니다.

동영상 파일은 스마트폰 QR코드로 찍어서 볼 수 있으며, 컴퓨터(PC)로 학습 시 유튜브(http://www.youtube.com/user/infobooks)로 접속 또는 "동영상 강의 링크.xls" 파일을 참고해주세요.

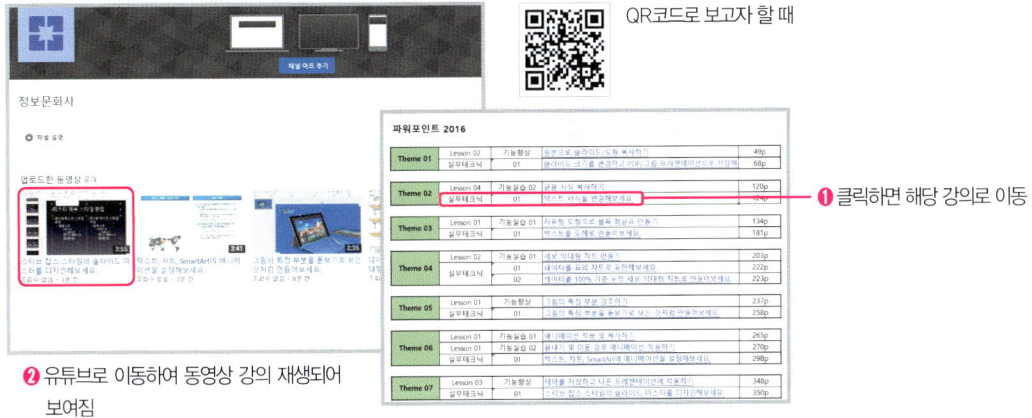

QR코드로 보고자 할 때

❶ 클릭하면 해당 강의로 이동

❷ 유튜브로 이동하여 동영상 강의 재생되어 보여짐

학습하면서 궁금한 사항은 정보문화사 홈페이지 〈도서문의 게시판〉 또는 저자 이메일(fleeguy@naver.com)로 문의주시면 답변 드리겠습니다.

완성 파일 미리 보기

Theme 04 데이터를 표와 차트로 표현

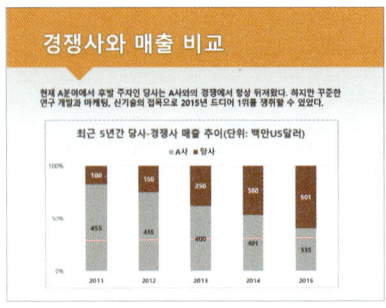
Theme 04 데이터를 차트로 표현

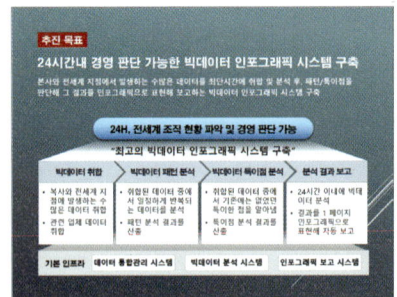
Theme 03 텍스트를 도해로 만들기

Theme 05 그림의 특정 부분 강조하기

Theme 03 도해 만들기

Theme 02 텍스트 서식 변경하기

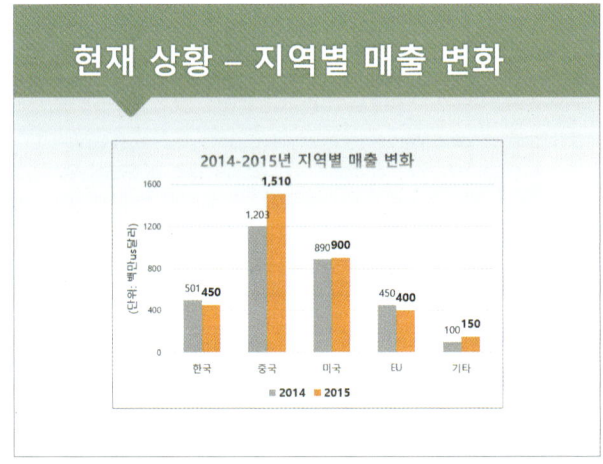

Theme 04 보기 좋게 표 만들기

Theme 04 세로 막대형 차트 만들기

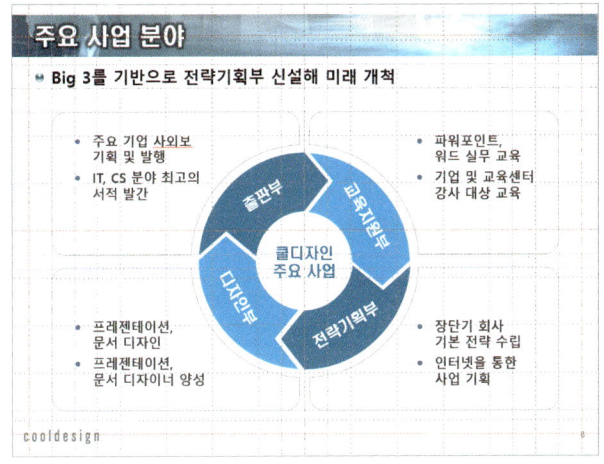
Theme 07 안내선 배치 사례

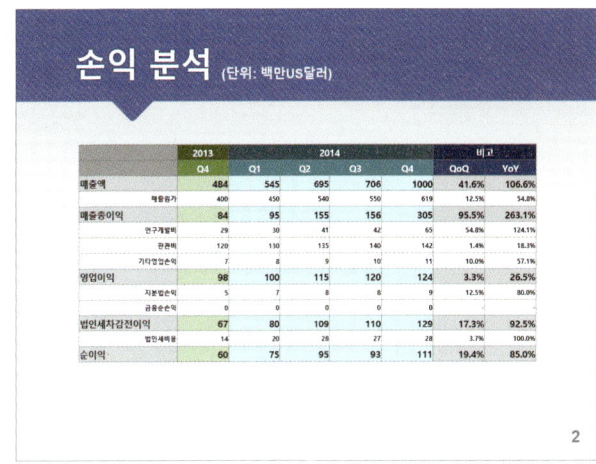
Theme 04 엑셀 데이터 복사하기

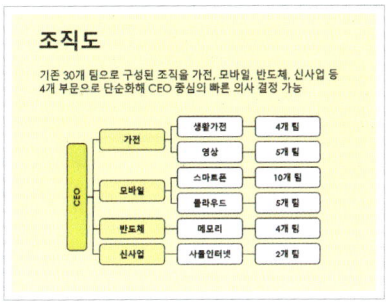
Theme 03 조직도형 SmartArt 만들기

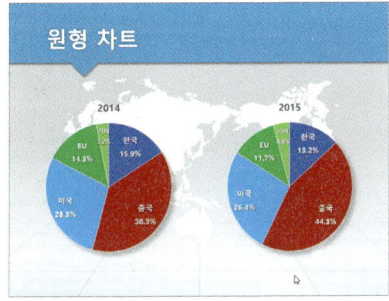
Theme 04 차트 서식 저장 및 차트에 적용하기

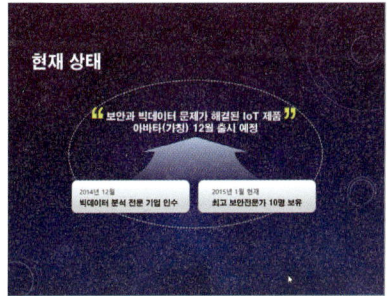
Theme 03 자유형 도형 만들기

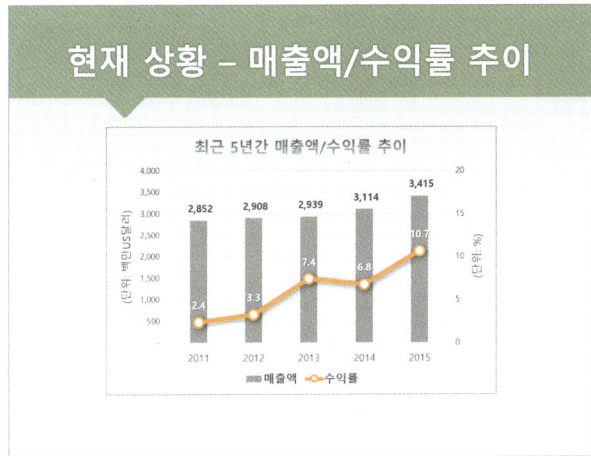
Theme 04 혼합 차트 만들기

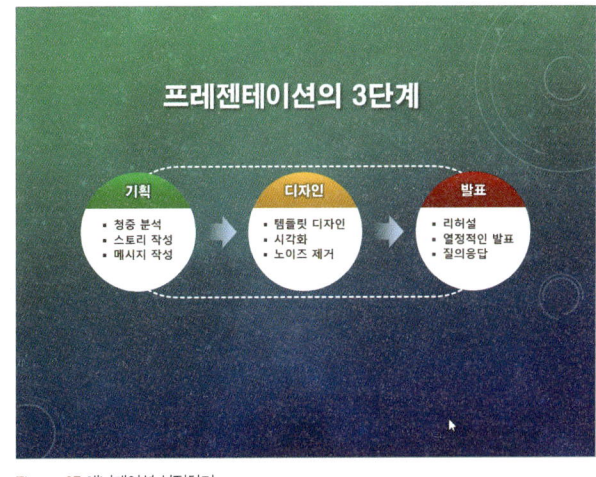
Theme 07 애니메이션 설정하기

명품 프레젠테이션을 위한 두 가지 디자인 기법

파워포인트 기능은 많이 아는데 만들어내는 프레젠테이션은 그리 훌륭하지 않는 사람을 흔히 볼 수 있습니다. 그것은 디자인에 대한 감각이 떨어지거나 디자인에 대한 이해가 부족하기 때문입니다. 프레젠테이션 디자인에는 크게 두 가지가 필요합니다. 하나는 보기에 편해야 한다는 것이고(가독성, 이독성 등), 보기에 아름다워야 한다는 것입니다. 동전의 양면처럼 달라 보이는 이 두 가지를 만족시키기 위해서는 '차별성의 법칙'과 '색을 사용하는 방법'에 대한 이해가 필요합니다.

1 중요도에 따라 차별하라!

아래 두 개의 보기 중에서 왼쪽을 보면서 a가 몇 개인지 찾아 개수를 말하라고 하면 다소 시간이 걸릴 것입니다. 하지만 오른쪽에서 a를 찾아 개수를 말하라고 하면 즉시 찾아내 답을 말할 수 있을 것입니다. 그것은 a에만 빨강색이 칠해져 있기 때문입니다.

저명한 인지 심리학자인 '콜린 웨어(Colin Ware)'는 자신의 저서 'Information Visualization Perception for Design'에서 눈으로 보자마자 (뇌가 해석하기 전에) 빠르게 인지할 수 있는 속성을 '전주의 속성(前注意 屬性, Pre_attentive Attribution)'이라 지칭했습니다. 다음은 주로 많이 사용되는 아홉 가지 전주의 속성입니다.

① 색

② 명도

③ 채도

④ 크기

⑤ 두께(굵기)

⑥ 스타일(대시, 밑줄, 기울임꼴)

⑦ 위치

⑧ 모양

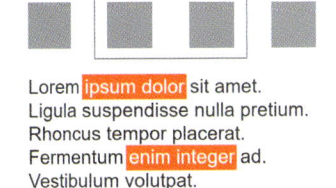
⑨ 둘러싸기

프레젠테이션을 디자인할 때 중요한 요소에 전주의 속성을 적용하게 되면 사람들은 중요한 부분을 쉽게 인지할 수 있습니다. 예를 들어, 가장 중요한 요소는 가장 크게, 가장 굵게, 가장 눈에 잘 띄는 색을 적용하고 맨 위쪽이나 맨 왼쪽에 배치합니다. 그리고 중요도에 따라서 단계별로 크기를 줄이고, 굵기를 얇게 하고, 눈에 덜 띄는 흐린 색을 칠하고, 아래 또는 오른쪽에 배치하는 것입니다.

Before

After

필자는 이런 디자인을 '차별 디자인'이라고 하는데, 일상에서의 '차별'은 좋지 않은 것이지만 디자인에서 '차별'은 아주 중요합니다. 다른 예를 볼까요? 다음 그림 ①과 같은 내용을 디자인한다면 대게 ②처럼 평범하게 합니다. 이는 변화가 적어 지루한 느낌을 주고, 청중의 시선을 끌기에는 부족합니다. 만약 ③이나 ④처럼 중요한 부분을 아주 크게 만들고, 색을 칠한 후, 굵게 만들면 어떨까요? 요소별로 차이가 발생하면서 자연스럽게 청중의 시선을 끌 수 있을 것입니다.

① 원본

② 일반적인 디자인

③ 차별 디자인

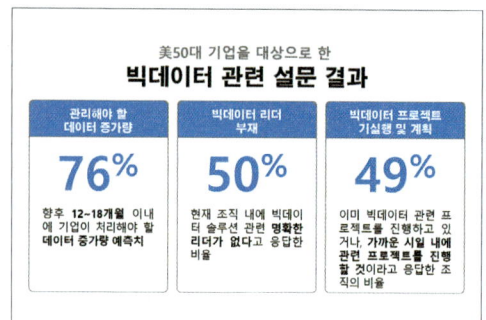
④ 차별 디자인(도형 추가)

차별 디자인은 어디에나 적용할 수 있습니다. 특히, 차트는 숫자를 길이(막대형 차트), 높이(선형 차트), 크기(원형 차트, 버블 차트) 등으로 표현하고 사람들은 길이, 높이, 크기 등의 변화에 민감하기 때문에 표로 숫자를 표현한 것보다 더 빠르게 정보를 인지할 수 있습니다.

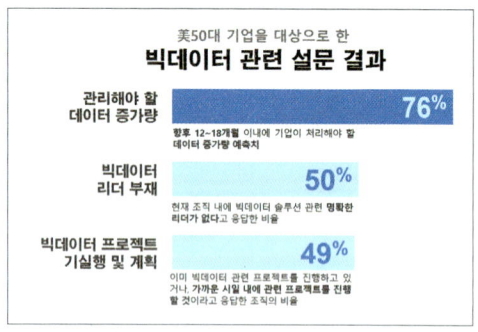
⑤ 길이(너비)의 차이

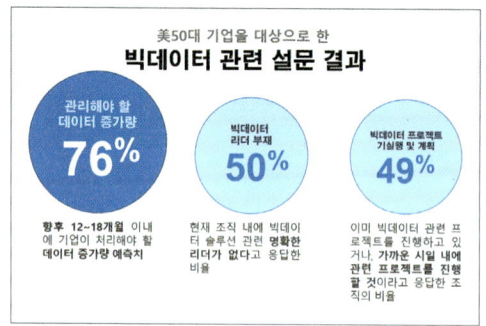
⑥ 크기(넓이)의 차이

이렇게 디자인을 할 때 중요도에 따라 색, 크기, 굵기, 위치 등으로 구분하고 규칙을 만들어 처음부터 끝까지 그 규칙을 지키게 되면 사람들은 그 규칙성을 인지하게 되고 더 쉽게 여러분이 전달하고 싶은 내용을 인지할 수 있게 됩니다.

2 색의 수를 줄여라

프레젠테이션 디자인에서 차별화만큼 중요한 것 중에 하나는 색의 수를 줄이라는 것입니다. 우리는 여러 개의 요소들이 있을 때 그것을 구분하는 용도로 다른 색을 사용합니다. 이렇게 되면 슬라이드에 많은 색이 표현됩니다. 게다가 중요한 요소를 강조하기 위해 빨강색을 많이 사용하는 경향이 있습니다. 구분과 강조를 위해서 색을 사용하다 보니 슬라이드에는 너무나 많은 색이 사용되는 경향이 있습니다. 그럼 어떻게 해야 할까요? 다음과 같은 3단계를 따라 색을 사용하면 됩니다.

Step 1. 중심색을 선택하라

색을 선택할 때 가장 먼저 해야 하는 것은 '중심색(Main Color)'을 선택하는 것입니다. 중심색을 선택하는 방법은 두 가지가 있습니다. 첫째, 가장 흔한 방법으로 여러분이 속한 조직의 색(일반적으로 조직 로고에서 사용된 색)을 선택하는 것입니다. 둘째, 전달하는 내용에 맞는 색을 선택합니다. 예를 들어, 여러분이 환경과 관련된 프레젠테이션을 만들어야 한다면 당연하게 '녹색'을 선택할 것입니다. 이렇게 색마다 각각 갖고 있는 의미가 있습니다. 색의 의미를 알고 있다면 좋겠죠? 다음의 표는 많은 색채 학자들이 연구한 것을 하나의 표로 정리한 것입니다. 단, 시기, 문화, 지역에 따라 차이가 있을 수 있습니다.

색 이름		대표 의미	긍정적 의미	부정적 의미	파워포인트 RGB값		
					Red	Green	Blue
빨강	red	열정	힘, 에너지, 사랑	분노, 위험, 경고	255	0	0
분홍	pink	달콤	행복, 활기찬, 귀여움	연약, 수동적	255	204	204
주황	orange	활력	용기, 만족, 사교적	무지, 무기력, 갈증	255	102	0
갈색	brown	책임	친절, 지구, 야외	독단적, 보수주의, 쓸쓸함	102	51	0
노랑	yellow	경고	에너지, 밝음, 창의력	무책임함, 불안정한	255	255	0
녹색	green	안전	자연, 환경, 희망	시기, 질투, 죄의식	0	255	0
사이안	cyan	신뢰	시원함, 보호, 똑똑함	질투, 나약함	0	255	255
파랑	blue	성공	충성심, 보안, 유능함	냉정, 우울, 공포	0	0	255
자주	purple	권위	귀족, 종교, 법률	야망, 환상, 우울	128	0	255
마젠타	magenta	낙관	영적 균형, 협력	욕망	255	0	255
검정	black	세련	우아, 고급, 신비로움	죽음, 악(惡)	0	0	0
흰색	white	순수	청결, 천사, 선(善)	결벽증	055	255	255
회색	gray	중성	균형, 세련, 기술	모호함, 공해	128	128	128

Step 2. 중심색의 명도를 조정하라!

프로 디자이너들은 대부분 중심색만을 사용해 색을 칠합니다. 문제는 중심색이라는 한 가지 색만 갖고 디자인할 수 있는가인데, 불가능하지 않을까 생각할 수 있습니다. 방법은 중심색의 '명도'를 조정하는 것입니다. 다음의 그림 ②처럼 여러 요소가 있을 때 요소마다 다른 색을 선택하지 않고 ③처럼 명도를 조정하게 되면 한 색만 갖고도 다양한 변화를 줄 수 있습니다. ⑤, ⑥도 마찬가지입니다.

① 색 칠하기 전

② 도형마다 다른 색 칠한 결과

③ 중심색의 명도 조정 예 1

④ 색 칠하기 전

⑤ 중심색의 명도 조정 예 2

⑥ 중심색의 명도 조정 예 3

파워포인트에서 명도를 조정하는 방법은 두 가지가 있습니다. 첫 번째 방법은 그림 ⑦처럼 테마 색을 이용하는 것입니다. 도형을 선택하고 [도형 채우기]를 클릭하면 표시되는 메뉴 상단의 [테마 색]을 보면 명도가 조정되어 있는 색 견본들을 볼 수 있습니다. 이 색 견본을 차례로 적용하면 아주 쉽게 도형의 명도를 조정할 수 있게 됩니다. 두 번째 방법은 그림 ⑧처럼 [도형 채우기]에서 [다른 채우기 색]을 선택하고 표시되는 색 대화상자의 [사용자 지정] 탭에서 오른쪽에 있는 명도 조정 슬라이더를 위 또는 아래로 드래그하는 것입니다. 그림 ⑨와 ⑩처럼 중요도가 높으면 진한 색(명도가 낮은)을, 중요도가 낮은 요소에는 흐린 색(명도가 높은)을 적용합니다. 그림 ⑨와 ⑩은 앞서 차별 디자인에서 소개했던 차트의 색을 변경한 것으로 숫자에 적용된 글꼴 색도 중심색의 명도를 조정해 칠했습니다.

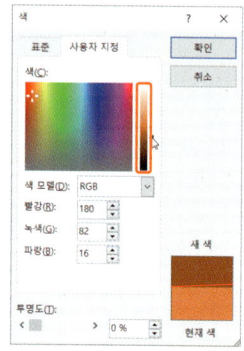

⑦ 테마 색에서 색 선택   ⑧ 색 대화상자에서 명도를 조정하는 장면

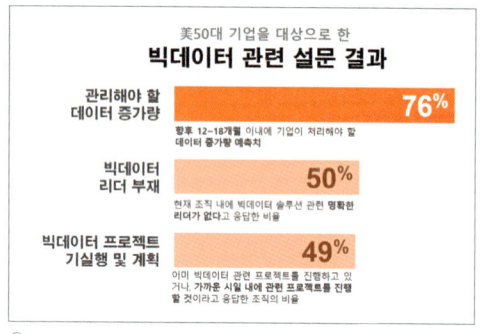
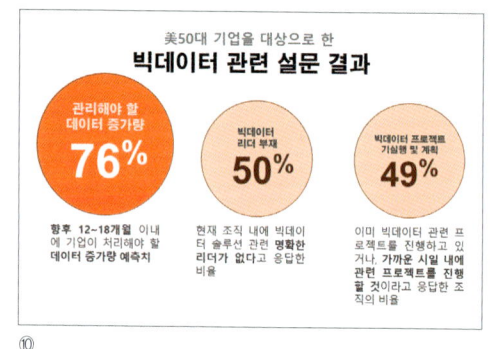

⑨   ⑩

Step 3. 중요도가 낮은 요소에는 회색을 칠하라!

앞선 차별 디자인에서도 언급한 것처럼 중요도에 따라 차별을 하는 것이 중요한데, 중요도가 높은 요소에는 중심색의 진한 색을 설정하고 중요도가 낮은 요소에는 중심색의 흐린 색을 칠합니다. 그러면 가장 낮은 요소는 어떻게 해야 할까요? '회색'이 정답입니다. 도형의 윤곽선 색이나 선의 윤곽선 색은 물론 블록 화살표의 경우에도 회색 그라데이션을 사용합니다. 이렇게 중요도가 가장 낮은 요소에 회색을 칠하는 이유는, 튀지 않고 다른 색을 보완해주는 역할을 회색이 하기 때문입니다.

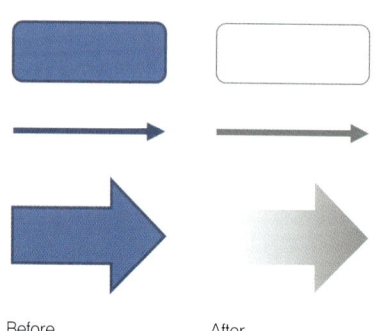

Before   After

이렇게 중심색을 고른 후, 명도를 조정하고, 회색을 사용하게 되면 전체적으로 일관된 느낌을 받게 됩니다. 프로 디자이너일수록 색을 많이 사용하지 않습니다. 중심색과 회색만 사용한다면 가장 좋으며, 중심색 외에 보조 색을 하나 더 선택하고 명도를 조정한 후, 회색과 함께 사용해도 좋은 디자인을 할 수 있습니다. 도형에 색을 칠하고, 명도를 조정하는 방법은 "Theme 03의 Lesson 04 도형 채우기 및 윤곽선 설정하기"에서 확인할 수 있습니다.

파워포인트 2016

들어가는 글	003
이 책을 보는 방법	004
이 책을 공부하는 순서	006
예제 파일의 구성	007
Gallery	008
Prologue	010

Theme 01
파워포인트 2016 기본기 익히기

Lesson 01 파워포인트 기본기 익히기 022
- [핵심 기능] 파워포인트 2016 시작하기 022
- [핵심 기능] 파워포인트 2016 화면 구성 024
- [핵심 기능] 파워포인트 파일 열기 026
- [핵심 기능] 새 프레젠테이션 만들기 028
- [핵심 기능] 프레젠테이션 저장하기 028
- [핵심 기능] 인쇄하기 031
- [핵심 기능] 창 닫기 및 파워포인트 끝내기 032
- [기능 실습 01] 새 프레젠테이션 만들고 저장하기 034
- [기능 향상] 암호와 자동 저장 옵션으로 프레젠테이션 보호하기 038

Lesson 02 슬라이드 다루기 040
- [핵심 기능] 테마 및 슬라이드 크기 변경하기 040
- [핵심 기능] [홈] 탭의 [슬라이드] 영역 042
- [핵심 기능] 내비게이터에서 슬라이드 다루기 043
- [기능 실습 01] 구역 나누기 046
- [기능 향상] 원본으로 슬라이드/도형 복사하기 049

Lesson 03 슬라이드 보기 조정하기 052
- [핵심 기능] 기본 보기 052
- [핵심 기능] 여러 슬라이드 보기 054
- [핵심 기능] 읽기용 보기 055
- [핵심 기능] 슬라이드 쇼 보기 056
- [핵심 기능] 쇼 설정하기 060
- [기능 실습 01] 슬라이드 쇼 실행하기 062
- [기능 향상] 발표자 도구로 슬라이드 노트 보면서 발표하기 065
- [실무테크닉 01] 슬라이드 크기를 변경하고 PDF/그림 프레젠테이션으로 저장해보세요 068

Theme 02

텍스트 디자인 기법

Lesson 01 텍스트 입력 및 한자, 기호 삽입하기 ········ 072
  [핵심 기능] 텍스트 관련 기능 알아보기 ········ 072
  [기능 실습 01] 텍스트 입력 및 번역, 맞춤법 검사하기 ········ 074
  [기능 향상] 맞춤법 관련 옵션 및 자동 고침 옵션 변경하기 ········ 083

Lesson 02 텍스트 선택 및 글꼴 서식 변경하기 ········ 085
  [핵심 기능] 텍스트를 선택하는 방법 ········ 085
  [핵심 기능] [홈] 탭의 [글꼴] 영역에서 제공하는 글꼴 서식 변경 명령 ········ 086
  [핵심 기능] 미니 도구 모음과 컨텍스트 메뉴에서 제공하는
  글꼴 서식 변경 명령 ········ 089
  [기능 실습 01] 자간 조정, 첨자 설정, 글꼴 바꾸기, 글꼴 저장하기 ········ 090
  [기능 향상 01] 글꼴 저장하기 ········ 095
  [기능 향상 02] 추천 글꼴 및 글꼴 크기 ········ 097

Lesson 03 단락 서식 변경하기 ········ 098
  [핵심 기능] [홈] 탭의 [단락] 영역에서 제공하는 단락 서식 변경 명령 ········ 098
  [핵심 기능] 미니 도구 모음과 컨텍스트 메뉴에서 제공하는
  단락 서식 변경 명령 ········ 101
  [기능 실습 01] 글머리 기호 설정하기 ········ 102
  [기능 실습 02] 번호 매기기 설정하기 ········ 107
  [기능 실습 03] 줄 및 단락 간격 조정하기 ········ 109
  [기능 향상] 그림 글머리 기호 설정하고 크기 조정하기 ········ 111

Lesson 04 텍스트에 특별한 효과 설정하고 서식 복사하기 ········ 113
  [핵심 기능] [그리기 도구]-[서식] 탭의 [WordArt 스타일 영역]에서
  제공하는 기능 ········ 113
  [핵심 기능] 서식 복사 관련 기능들 ········ 115
  [기능 실습 01] 포토샵처럼 텍스트에 특별한 효과 적용하기 ········ 116
  [기능 실습 02] 글꼴 서식 복사하기 ········ 120
  [기능 향상] 단축키로 글꼴 및 단락 서식 복사하기 ········ 122
  실무테크닉 01 텍스트 서식을 변경해보세요 ········ 124

Theme 03 도해 디자인의 기술

Lesson 01 도형을 만드는 다양한 방법 알아보기 ············ 128
- [핵심 기능] 도형을 만드는 다양한 방법 ············ 128
- [핵심 기능] 자유롭게 도형 만들기 ············ 131
- [핵심 기능] 두 개 이상의 도형을 병합해 특별한 도형 만들기 ······ 133
- [기능 실습 01] 자유형 도형으로 블록 화살표 만들기 ············ 134
- [기능 실습 02] 도형 병합-조각으로 특별한 도형 만들기 ············ 137
- [기능 향상] 자유형 도형과 도형 병합 활용 예 ············ 139

Lesson 02 전달할 내용에 맞는 도해 만들기 ············ 141
- [핵심 기능] 도해 작성을 위한 필수 기능 알아보기 ············ 141
- [기능 실습 01] 도해 만들기 ············ 147
- [기능 향상] 도해 작성 시 기본 방향 ············ 153

Lesson 03 SmartArt로 도해 쉽게 만들기 ············ 156
- [핵심 기능] SmartArt 생성 방법과 SmartArt 속성 변경 탭 ······ 156
- [기능 실습 01] 조직도형 SmartArt 만들기 ············ 159
- [기능 향상] SmartArt를 도형으로 변환하기 ············ 164

Lesson 04 도형 채우기 및 윤곽선 설정하기 ············ 165
- [핵심 기능] 도형 채우기와 도형 윤곽선 ············ 165
- [핵심 기능] 도형 서식 작업창에서 채우기 및 윤곽선 변경하기 ······ 168
- [기능 실습 01] 도형에 색 칠하기 ············ 170
- [기능 향상 01] 색의 채도 및 명도 조정하기 ············ 178
- [기능 향상 02] 도형 서식 복사하기 ············ 179
- **실무테크닉 01** 텍스트를 도해로 만들어보세요 ············ 181

Theme 04 표 및 차트 디자인의 기술

Lesson 01 표 디자인 및 엑셀 데이터 복사하기 ············ 184
- [핵심 기능] 표 관련 명령 ············ 184
- [기능 실습 01] 보기 좋게 표 만들기 ············ 188
- [기능 향상 01] 엑셀 데이터 복사하기 ············ 197
- [기능 향상 02] 표에서 중요한 부분을 강조하는 방법 ············ 198

Lesson 02 차트 디자인 및 차트 서식 파일 저장하기 ············ 199
- [핵심 기능] 차트 관련 명령 ············ 199
- [기능 실습 01] 새로 막대형 차트 만들기 ············ 203
- [기능 실습 02] 혼합 차트 만들기 ············ 211
- [기능 향상 01] 차트 서식 저장 및 차트에 적용하기 ············ 217
- [기능 향상 02] 차트에서 중요한 부분을 강조하는 방법 ············ 220
- **실무테크닉 01** 데이터를 표와 차트로 표현해보세요 ············ 222
- **실무테크닉 02** 데이터를 100% 기준 누적 세로 막대형 차트로 만들어보세요 ············ 223

Theme 05 그림 및 멀티미디어로 청중의 주목 이끌어내기

Lesson 01 그림 삽입하고 편집하기 226
- [핵심 기능] 그림 삽입하기 226
- [핵심 기능] 그림 편집 명령 228
- [기능 실습 01] 그림 편집하기 231
- [기능 향상] 그림의 특정 부분 강조하기 237

Lesson 02 비디오 삽입하고 편집하기 240
- [핵심 기능] 비디오 삽입하기 240
- [핵심 기능] 비디오 서식 변경 및 재생 관련 명령 241
- [핵심 기능] 비디오 재생 막대 243
- [기능 실습 01] 비디오 자르고, 트리밍하기 244
- [기능 향상] 전체 화면에서 비디오 재생하기 247

Lesson 03 오디오 삽입하고 편집하기 249
- [핵심 기능] 오디오 삽입하기 249
- [핵심 기능] 오디오 재생 관련 명령 250
- [핵심 기능] 오디오 재생 막대 251
- [기능 실습 01] 오디오 삽입하고 트리밍하기 253
- [기능 향상] 여러 슬라이드에서 오디오 재생하기 256
- 실무테크닉 01 그림의 특정 부분을 돋보기로 보는 것처럼 만들어보세요 258

Theme 06 애니메이션, 전환, 하이퍼링크 설정하기

Lesson 01 애니메이션으로 청중의 시선 유도하기 262
- [핵심 기능] 애니메이션 관련 기능 262
- [기능 실습 01] 애니메이션 적용 및 복사하기 265
- [기능 실습 02] 끝내기 및 이동 경로 애니메이션 적용하기 270
- [기능 실습 03] 강조 애니메이션 적용 및 반복 설정하기 275
- [기능 실습 04] 효과 옵션 및 지연 시간 설정하기 278
- [기능 향상] 모든 애니메이션 실행하지 않기 280

Lesson 02 전환 효과로 슬라이드에 특별한 모습 적용하기 281
- [핵심 기능] 전환 관련 기능 281
- [기능 실습 01] 전환 효과 적용하기 282
- [기능 향상] 슬라이드 자동 전환하기 286

Lesson 03 하이퍼링크로 슬라이드 연결하기 288
- [핵심 기능] 하이퍼링크 관련 명령 288
- [기능 실습 01] 현재 프레젠테이션과 다른 파워포인트 파일 연결하기 290
- [기능 향상] 인터넷 특정 페이지 연결하기 296
- 실무테크닉 01 텍스트, 차트, Smart Art에 애니메이션을 설정해보세요. 298

Theme 07
테마와 마스터로 나만의 템플릿 만들기

Lesson 01 테마 글꼴과 테마 색 만들기 ·········· 302
  [핵심 기능] 테마 글꼴 ····································· 302
  [핵심 기능] 테마 색 ······································· 303
  [기능 실습 01] 새 테마 글꼴 만들기 ················ 305
  [기능 실습 02] 새 테마 색 만들기 ··················· 309
  [기능 향상] 기본 글꼴 색 및 기본 배경 색 설정하기 ······ 312

Lesson 02 눈금과 안내선을 이용해 기본 레이아웃 설정하기 ······ 314
  [핵심 기능] 눈금과 안내선 ····························· 314
  [기능 실습 01] 눈금 표시 및 간격 변경하기 ······ 317
  [기능 실습 02] 슬라이드 마스터에서 안내선 만들기 ······ 320
  [기능 향상] 안내선 배치 사례 ························· 323

Lesson 03 슬라이드 마스터 및 레이아웃 디자인하기 ······ 324
  [핵심 기능] 슬라이드 마스터 관련 기능 ··········· 324
  [기능 실습 01] 슬라이드 마스터 디자인하기 ···· 326
  [기능 실습 02] 슬라이드 레이아웃 디자인하기 ······ 333
  [기능 실습 03] 바닥글 설정하고 편집 마무리하기 ······ 341
  [기능 향상] 테마를 저장하고 다른 프레젠테이션에 적용하기 ······ 348
  실무테크닉 01 스티브 잡스 스타일의 슬라이드 마스터를 디자인해보세요. ·········· 350

찾아보기 ·· 352

022 파워포인트 기본기 익히기

040 슬라이드 다루기

052 슬라이드 보기 조정하기

THEME 01

파워포인트 2016 기본기 익히기

프로그램을 처음 접하게 되면 기본적으로 알아야 할 것들이 있는데 프로그램 시작하기, 파일 열기/닫기, 새 파일 만들기, 인쇄, 그리고 슬라이드 쇼 등입니다. 무엇이든 기본이 충실해야 높은 수준으로 도약할 수 있습니다. 다 아는 것이다 생각 말고 꼼꼼하게 살펴보세요.

LESSON 01 파워포인트 기본기 익히기

파워포인트 2016 시작하고, 화면 구성을 알아본 후, 파워포인트 파일 열기, 새 프레젠테이션 만들기, 프레젠테이션 저장하기, 인쇄하기, 그리고 파워포인트를 닫기 등 기본적이지만 반드시 알아야 할 파워포인트 기능에 대해 알아보겠습니다.

핵심기능 : 파워포인트 2016 시작하기

파워포인트를 실행하는 방법은 윈도우 시작 메뉴를 이용하는 방법, 바로 가기 아이콘을 이용하는 방법, 작업 표시줄의 버튼을 이용하는 방법 등 다양합니다.

∷ 윈도우 시작 메뉴를 이용해 시작하기

❶ 윈도우의 [시작] 버튼을 클릭하고 ❷ [PowerPoint 2016]을 선택합니다.

윈도우 7

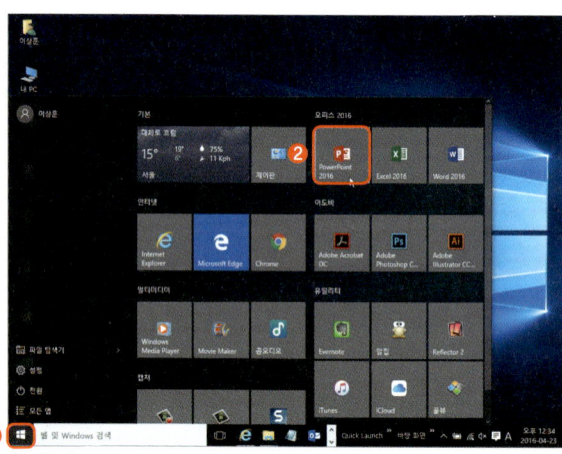
윈도우 10

> **TIP**
>
> **윈도우 검색으로 파워포인트 시작하기**
> - 윈도우 7의 [시작] 버튼()을 클릭하고 검색창에 [PowerPoint]를 입력한 후 [PowerPoint 2016]을 클릭해 파워포인트를 시작할 수 있습니다.
> - 윈도우 10에서는 작업 표시줄에 있는 [웹 및 Windows 검색] 입력상자에 [powerpoint]를 입력해 파워포인트를 실행할 수 있습니다.
>
>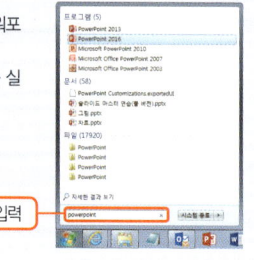

○ 바탕 화면에 바로 가기 아이콘 만들기
이 책에서 소개한 방법은 윈도우 7을 기준으로 한 것입니다. 하지만 윈도우 8, 윈도우 10 등 대부분의 윈도우 버전에서 동일한 방법으로 바탕 화면에 프로그램 실행 바로 가기 아이콘을 만들 수 있습니다.

:: 바탕 화면의 바로 가기로 시작하기

❶ 윈도우의 [시작] 버튼( )을 클릭한 후, ❷ [모든 프로그램]에서 [PowerPoint 2016]을 마우스 오른쪽 버튼으로 클릭하고 ❸ [보내기]에서 ❹ [바탕 화면에 바로 가기 만들기]를 선택합니다.

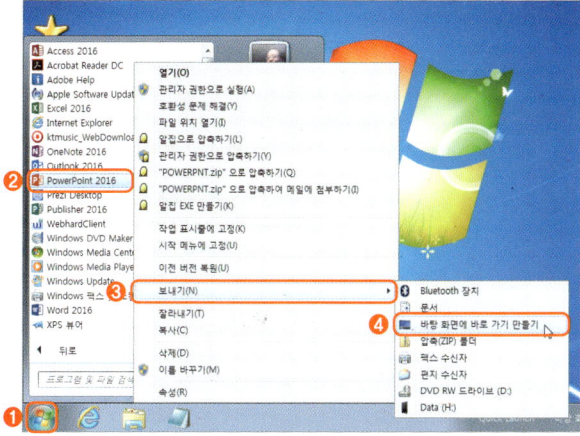

바탕 화면에 만들어진 ❺ [PowerPoint 2016]를 더블클릭합니다.

:: 작업 표시줄에서 시작하기

파워포인트가 실행되면 작업 표시줄에 파워포인트 버튼이 표시됩니다. ❶ 이 버튼을 마우스 오른쪽 버튼으로 클릭하고 ❷ [이 프로그램을 작업 표시줄에 고정]을 선택합니다.

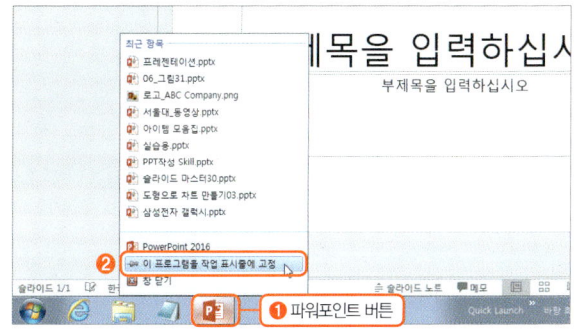

작업 표시줄에 고정된 파워포인트 바로 가기를 클릭해 파워포인트를 실행할 수 있습니다.

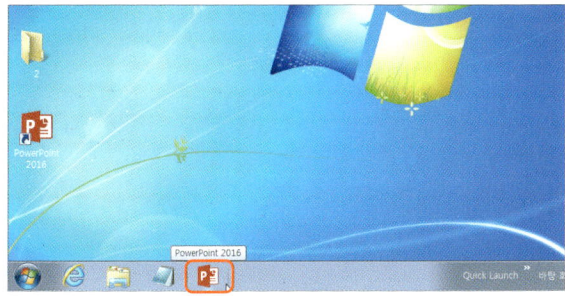

핵심기능 › 파워포인트 2016 화면 구성

파워포인트 화면 상단에 개체를 삽입하거나 텍스트의 서식을 변경하거나, 애니메이션을 설정할 수 있는 명령을 담은 리본이 표시되고, 왼쪽에 현재 슬라이드의 미리 보기를 담은 내비게이터가, 가운데에 실제 작업이 이뤄지는 슬라이드가 표시됩니다. 파워포인트 2016의 기본 화면 구성을 알아보겠습니다.

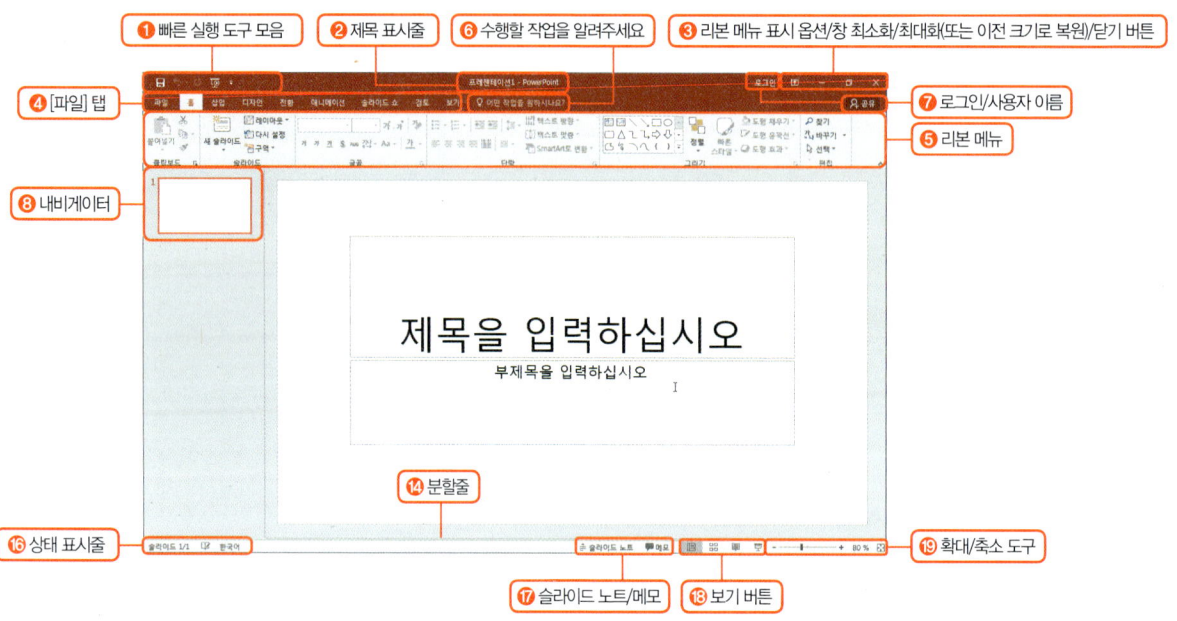

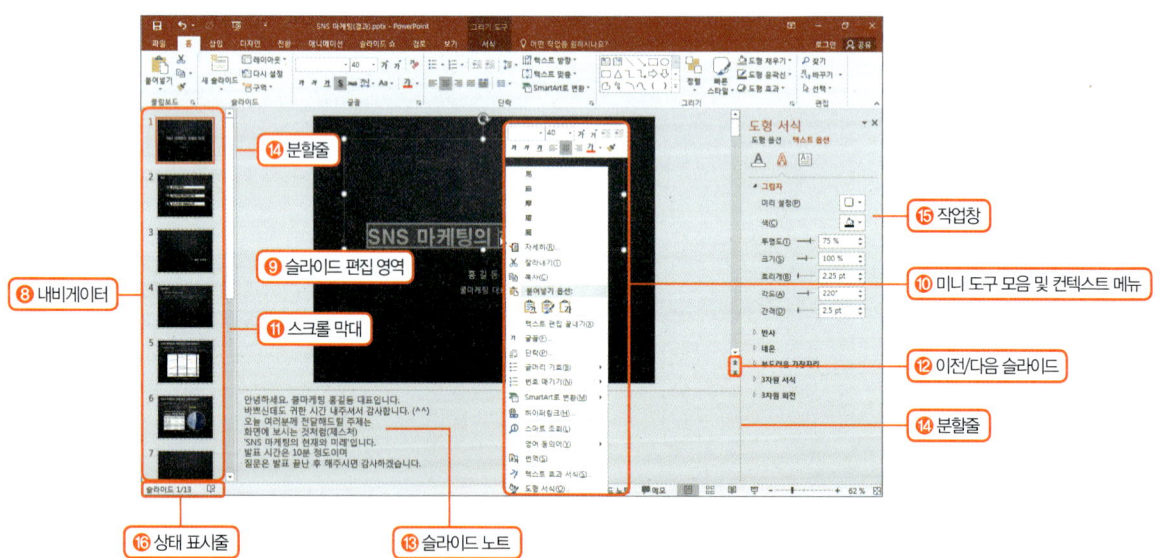

❶ **빠른 실행 도구 모음** 자주 사용하는 명령을 추가할 수 있는 곳입니다.

❷ **제목 표시줄** 현재 프레젠테이션의 이름이 표시됩니다. 이 부분을 드래그해 창을 이동할 수 있으며, 더블클릭해 창을 최대화 또는 원래 크기로 복원할 수도 있습니다.

❸ **리본 메뉴 표시 옵션/창 최소화/최대화(또는 이전 크기로 복원)/닫기 버튼** 리본 메뉴의 표시를 조정할 수 있는 명령을 표시하고, 파워포인트 창을 최소화하거나, 최대화하거나, 이전 크기로 되돌리거나, 현재 창을 닫을 수 있습니다.

❹ **[파일] 탭** 새 프레젠테이션 생성, 열기, 저장, 인쇄, 계정, 옵션 등과 같은 파워포인트의 기본 명령을 실행할 수 있습니다.

❺ **리본 메뉴** 파워포인트 명령들을 범주별(홈, 삽입, 애니메이션 등)로 구분해놓은 곳으로 범주 이름이 있는 탭을 클릭해 해당 탭을 열고 명령 버튼을 클릭해 실행할 수 있습니다. 사용자는 리본에 탭과 명령 버튼을 삭제, 추가, 이동할 수 있으며, 변경된 상태를 저장할 수도 있습니다.

❻ **수행할 작업을 알려주세요** 이 부분을 클릭하고 내용을 입력한 후 Enter를 누르거나 표시되는 메뉴에서 항목을 선택하면 도움말이 표시됩니다.

❼ **로그인/사용자 이름** 마이크로소프트 계정으로 로그인을 할 수 있습니다. 이미 로그인된 경우에는 사용자 이름이 표시됩니다.

❽ **내비게이터** 슬라이드의 미리 보기를 볼 수 있는 곳입니다. 미리 보기를 클릭해 해당 슬라이드로 이동하거나 마우스 오른쪽 버튼으로 클릭해 표시되는 메뉴에서 슬라이드 복제 등의 명령을 선택할 수 있습니다.

❾ **슬라이드 편집 영역** 파워포인트에서 실제 작업이 이뤄지는 곳입니다. 텍스트, 도형, 표, 차트, 그림 등과 같은 개체를 배치할 수 있습니다.

❿ **미니 도구 모음 및 컨텍스트 메뉴** 슬라이드에 있는 개체를 마우스 오른쪽 버튼으로 클릭하면 표시되는 메뉴로 어떤 개체를 선택하느냐에 따라 표시되는 명령이 달라지기 때문에 '컨텍스트(Context, 맥락) 메뉴'라고 부릅니다.

⓫ **스크롤 막대** 슬라이드가 확대된 경우 스크롤 막대를 위/아래로 드래그하거나, 맨 위와 아래에 있는 화살표 버튼을 클릭해 슬라이드의 위 또는 아래를 볼 수 있습니다.

⓬ **이전/다음 슬라이드** 이전 또는 다음 슬라이드로 이동하고 싶을 때 클릭합니다.

⓭ **슬라이드 노트** 발표할 내용이나 참조할 사항을 입력하는 곳입니다. 슬라이드 노트 인쇄를 하면 현재 슬라이드와 노트를 함께 인쇄할 수 있어 리허설이나 발표 시 참조용 자료(일종의 컨닝 페이퍼)로 유용하게 사용할 수 있습니다.

⓮ **분할줄** 왼쪽 내비게이터와 슬라이드 사이, 슬라이드와 슬라이드 노트 사이에 있는 분할줄을 좌우 또는 상하로 드래그해 각 영역의 크기를 조정할 수 있습니다.

⓯ **작업창** 기본적으로 나타나지 않지만 특정 명령을 실행한 경우 필요에 따라 나타납니다. 사용자는 여기에서 좀 더 세밀한 작업을 할 수 있습니다.

⓰ **상태 표시줄** 슬라이드 번호/전체 슬라이드 수 표시, 맞춤법 검사 실행, 한글/영문 입력 상태를 알려줍니다.

⓱ **슬라이드 노트/메모 표시/숨기기** 슬라이드 노트 영역을 표시하거나 숨길 수 있으며, 메모 작업창을 표시하거나 숨깁니다.

⓲ **보기 버튼** 기본, 여러 슬라이드, 읽기용 보기, 쇼 보기 등 필요에 따라 보기를 전환해줍니다.

⓳ **확대/축소 도구** 슬라이드를 확대/축소할 수 있습니다. 가장 오른쪽에 있는 [창에 맞춤]을 클릭하면 슬라이드 전체가 표시됩니다.

핵심기능 파워포인트 파일 열기

이미 만들어진 파워포인트 파일이 있고 그것을 파워포인트 2016에서 열고 싶다면 대게 파워포인트 파일을 더블클릭하는데, 그 외에 다른 방법도 알아보겠습니다.

파워포인트의 [열기] 명령 사용하기

● 열기 명령 단축키
Ctrl + O

파워포인트의 ❶ [파일] 탭을 클릭하고 ❷ [열기] 명령을 선택하고 ❸ [찾아보기]를 클릭합니다. [열기] 대화상자가 표시되면 ❹ 파워포인트 파일을 선택하고 ❺ [열기]를 클릭합니다.

만약 연 파워포인트 파일이 최근에 작업이 되었다면 파워포인트 창 오른쪽에 ❻ [마지막으로 읽은 위치] 표시( )가 나타납니다. 이 표시를 클릭하고 ❼ [반갑습니다! 마지막으로 읽은 위치:]를 클릭하면 해당 위치로 이동할 수 있습니다.

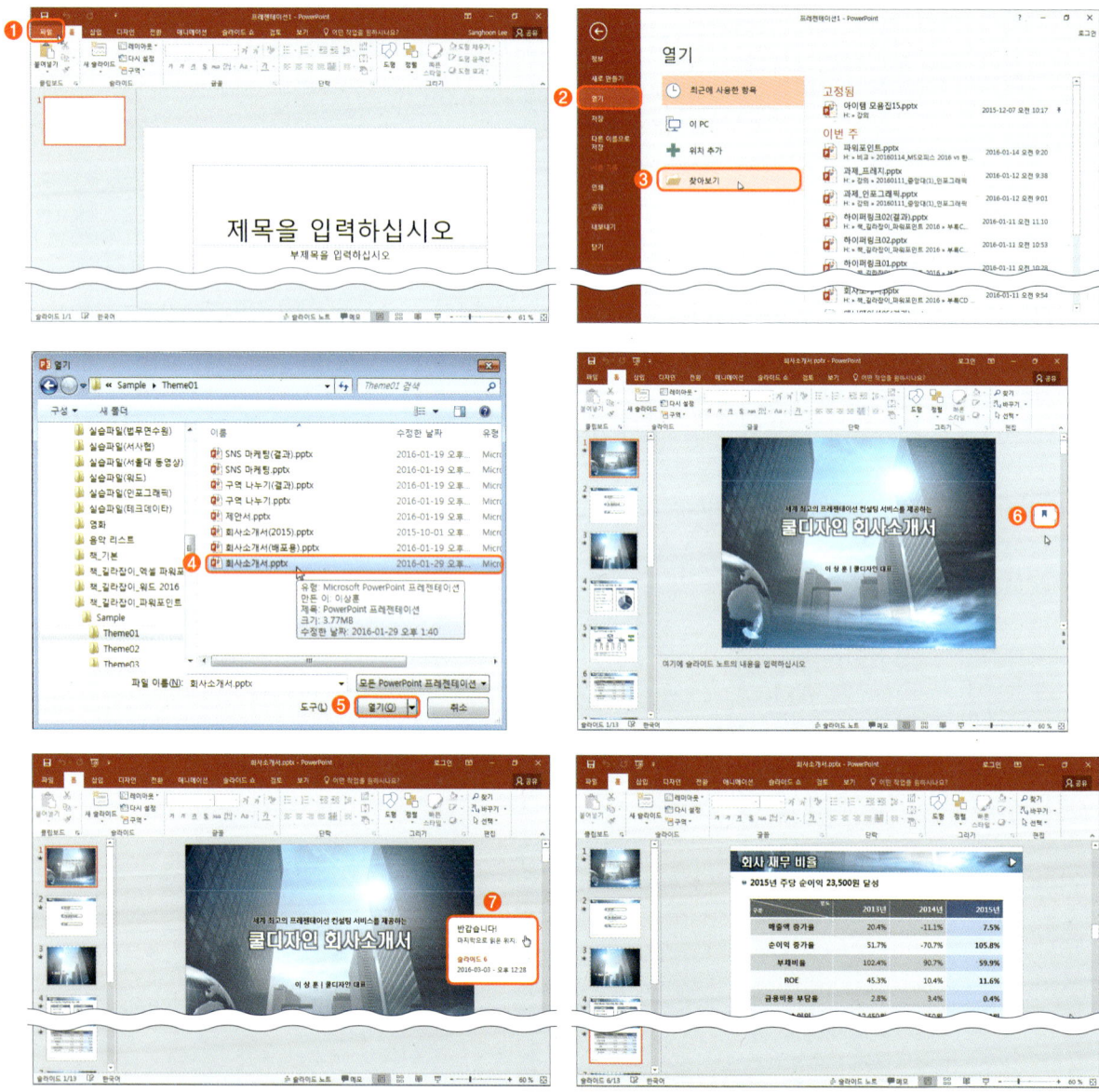

:: 최근에 연 프레젠테이션 빠르게 열기

최근에 열었던 프레젠테이션이나 폴더를 빠르게 다시 열고 싶다면 [파일] 탭을 클릭하고 ❶ [열기]-[최근에 사용한 항목]에서 파일 이름을 선택합니다.

특정 파일이나 폴더 오른쪽에 표시되는 ❷ [고정] 버튼(-■)을 클릭하면 메뉴 위쪽에 고정돼 목록에 항상 나타나도록 할 수 있습니다. ❸ [고정됨] 아이콘(♣) 표시가 나탄 것은 목록에 고정된 것입니다.

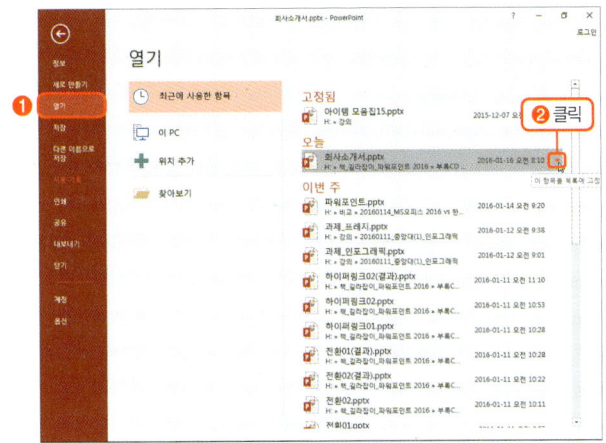
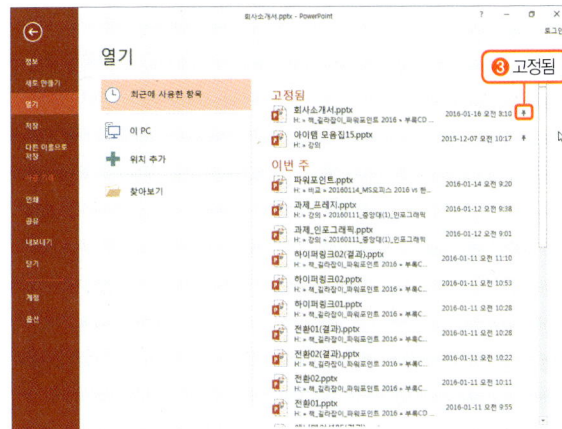

:: 탐색기에서 빠르게 열기

탐색기에서 파워포인트 파일이 있는 폴더를 열고 파워포인트 파일을 더블클릭합니다. 가장 선호되는 방식입니다.

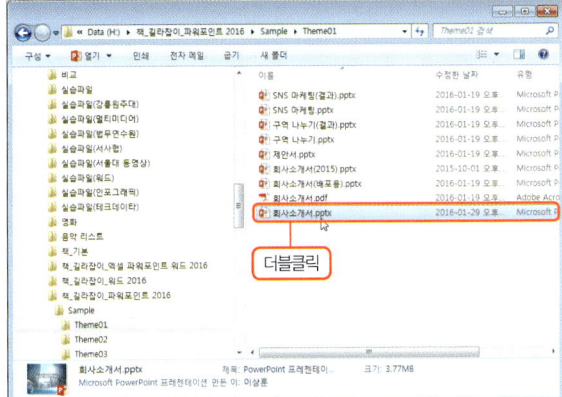

파워포인트/프로그램 창을 빠르게 전환하기

여러 개의 프레젠테이션이 열려 있는 상태에서 여러 프레젠테이션 사이를 전환할 때 대개 윈도우 작업 표시줄에 표시되는 해당 창의 버튼을 클릭합니다. 물론 그렇게 해도 되겠지만 다음 두 개의 키를 사용하면 작업 속도를 더 빠르게 할 수 있습니다.

- Ctrl + Tab : 이 키를 누르면 열린 파워포인트 파일을 순차적으로 전환해줍니다.
- Alt + Tab : 파워포인트 창만이 아닌 엑셀이나 인터넷과 같은 다른 프로그램 창 간에 전환할 때 사용합니다.
  - Alt 를 누른 상태에서 Tab 을 한 번 누르면 가장 최근에 열린 창으로 전환됩니다.
  - 만약 세 개 이상의 프로그램 창이 열려 있고, 내가 원하는 것이 가장 최근에 열린 창이 아니라면 Alt 는 계속 누른 상태에서 Tab 을 누르면 현재 열려 있는 모든 프로그램 창이 아이콘 형태로 나타납니다. Alt 는 계속 누른 상태에서 Tab 을 눌렀다 뗐다를 반복하면 다른 창의 아이콘을 전환할 수 있습니다. 원하는 창의 아이콘이 선택되면 Alt 와 Tab 에서 모두 손을 떼면 그 창으로 전환됩니다.

핵심기능: 새 프레젠테이션 만들기

대부분의 사용자들은 기존 파일을 다른 이름으로 저장해서 사용하는 경우가 많습니다. 하지만 때론 완전히 새로운 프레젠테이션을 만들어야 할 경우도 생기게 됩니다. 새 프레젠테이션을 만드는 다양한 방법을 알아봅니다.

❶ 새 프레젠테이션을 만들고 싶다면 [파일]을 클릭하고 [새로 만들기]를 선택한 후, 표시되는 목록에서 다음 중 하나를 실행합니다.

●새 프레젠테이션 만들기 단축키
Ctrl + N

❷ [새 프레젠테이션]을 선택해 흰색 배경의 새 프레젠테이션을 만듭니다.

❸ 서식 파일을 선택하고 색을 선택한 후, [만들기]를 눌러 이미 디자인되어 있는 새 프레젠테이션을 만듭니다.

❹ 인터넷이 연결되어 있다면 [검색 상자]에 검색어를 입력해 마이크로소프트에서 제공하는 서식을 선택해 새 프레젠테이션을 만듭니다.

핵심기능: 프레젠테이션 저장하기

파워포인트 파일을 저장하면 기본적으로 pptx라는 확장자를 갖게 됩니다. 파워포인트에서 저장할 수 있는 파일 형식은 pdf, 동영상 등 다양한데, 우선 다른 이름으로 저장하는 방법을 알아보고 저장할 수 있는 파일 형식, 암호 설정 방법에 대해 알아보겠습니다.

다른 이름으로 저장하기

●다른 이름으로 저장 단축키
F12

새롭게 만든 프레젠테이션을 저장하거나 기존 프레젠테이션을 다른 이름으로 저장하고 싶다면 [파일]을 클릭하고 ❶ [다른 이름으로 저장]을 선택한 후, ❷ [찾아보기]를 클릭합니다. 표시되는 [다른 이름으로 저장] 대화상자에서 저장할 폴더를 선택하고 ❸ [파일 이름]에 적당한 파일 이름을 입력한 후 ❹ [저장]을 클릭합니다. 기본적으로 확장자가 pptx인 파워포인트 파일로 저장됩니다.

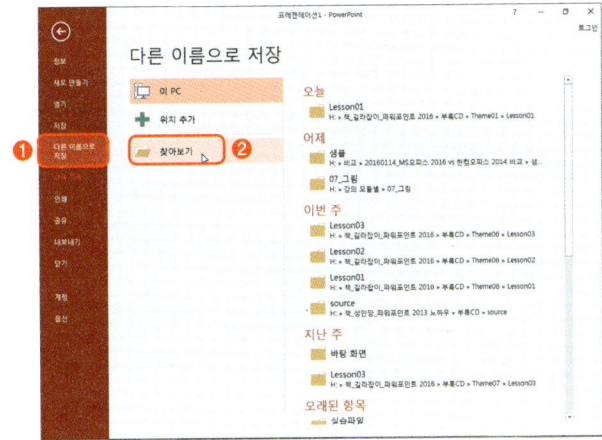
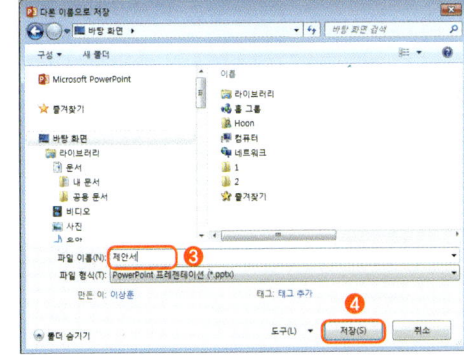

:: 저장할 수 있는 파일 형식

[다른 이름으로 저장] 대화상자에서 [파일 형식] 목록을 열고 다른 파일 형식을 선택할 수 있습니다.

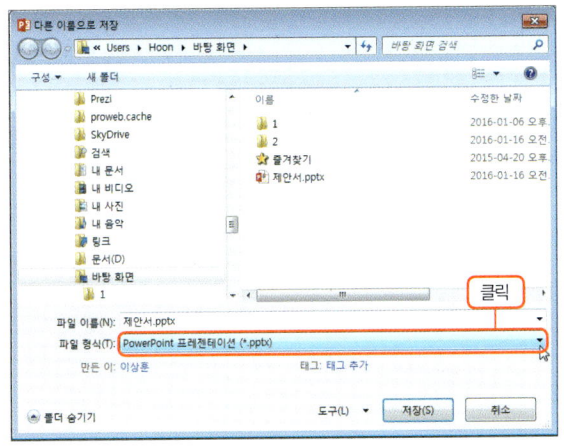
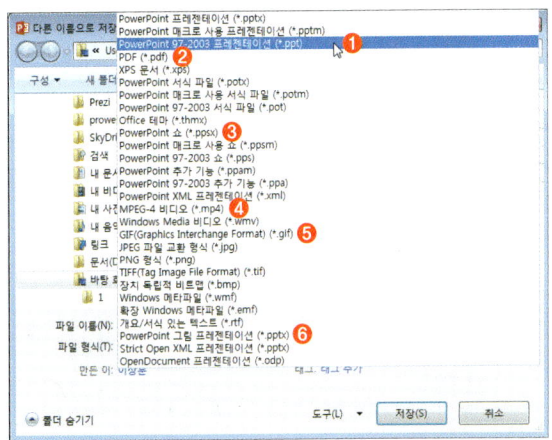

주로 많이 사용되는 형식은 다음과 같습니다.

❶ **PowerPoint 97-2003 프레젠테이션(*.ppt)** 파워포인트 97~2003 버전에서 사용할 수 있는 ppt 형식으로 저장합니다.

❷ **PDF(*.pdf)** 현재 프레젠테이션을 PDF로 저장합니다.

❸ **PowerPoint 쇼(*.ppsx)** 더블클릭하면 곧바로 슬라이드 쇼가 실행되는 쇼 형식으로 저장합니다.

❹ **MPEG-4 비디오(*.mp4), Windows Media 비디오(*.wmv)** 현재 프레젠테이션을 동영상으로 저장합니다.

❺ **GIF, JPEG, PNG, TIFF, BMP, WMF, EMF** 현재 프레젠테이션의 각 슬라이드를 지정한 그림 형식으로 저장합니다.

❻ **PowerPoint 그림 프레젠테이션(*.pptx)** 현재 프레젠테이션의 모든 슬라이드를 그림으로 저장한 그림 프레젠테이션으로 만들어줍니다.

저장하기

○ 저장하기 단축키
Ctrl + S

파일을 저장한 후, 어떤 작업을 하고 그 수정된 내용을 현재 프레젠테이션에 저장하고 싶다면 아래와 같이 [저장] 명령을 실행합니다.

- [파일]을 클릭하고 [저장]을 선택합니다.
- 빠른 실행 도구 모음에서 [저장] 버튼(🖫)을 클릭합니다

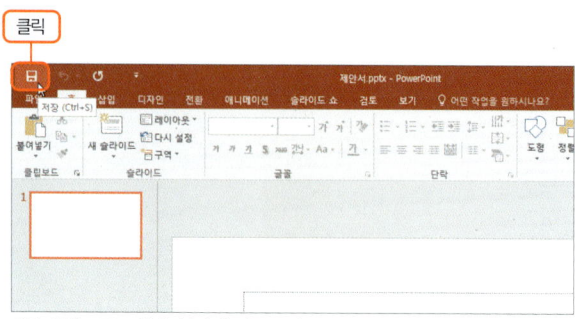

빠른 실행 도구 모음에서 [저장] 버튼 클릭

OneDrive에 저장하기

OneDrive는 마이크로소프트의 클라우드 서비스로 파워포인트 파일을 저장하거나 그곳에 있는 파일을 열 수 있으며, 특정 파일을 다른 사람과 공유할 수도 있습니다.

- 로그인하기: [파일]을 클릭하고 ❶ [계정]에서 ❷ [로그인]을 클릭한 후 마이크로소프트에 등록된 ❸ 이메일 계정과 ❹ 암호를 입력합니다.

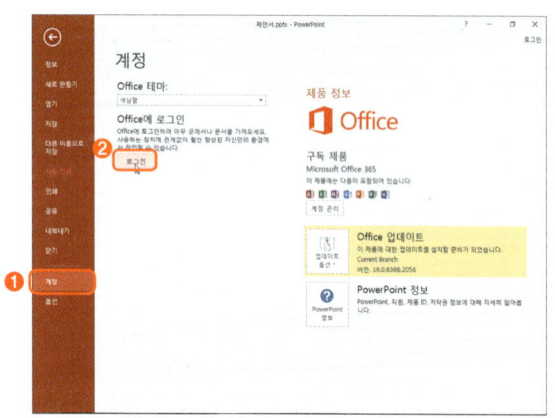

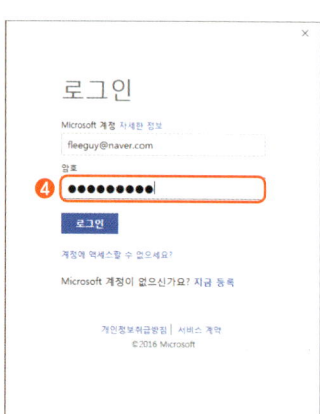

마이크로소프트 계정이 없다면 [지금 등록]을 클릭해 계정을 만듭니다. 로그인이 되면 파워포인트 창 오른쪽 상단에 여러분의 이름이 표시됩니다.

- OneDrive 추가하기: [파일]을 클릭하고 ❶ [다른 이름으로 저장]을 선택한 후 ❷ [위치 추가]를 클릭하고 ❸ [OneDrive]를 선택해 ❹ OneDrive를 사용할 수 있습니다.

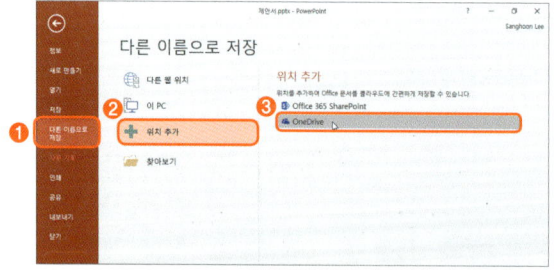
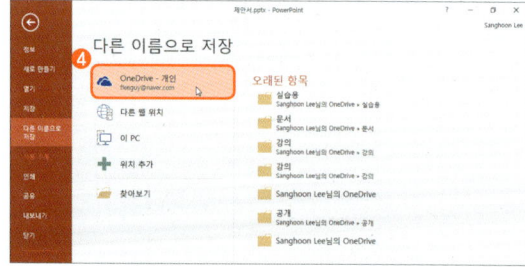

OneDrive에 저장된 파일은 인터넷만 연결되어 있다면 일반 컴퓨터는 물론 스마트폰과 같은 모바일 장비를 통해 파일을 보거나 편집하거나 다운로드할 수 있습니다.

핵심기능 인쇄하기

컴퓨터에 프린터가 연결되어 있다면 인쇄할 수 있습니다. 현재 프레젠테이션에서 몇 장의 슬라이드만 인쇄하거나, 유인물 인쇄를 하거나, 흑백/회색조 인쇄 등을 할 수 있습니다. 인쇄 방법과 관련 옵션을 알아보겠습니다.

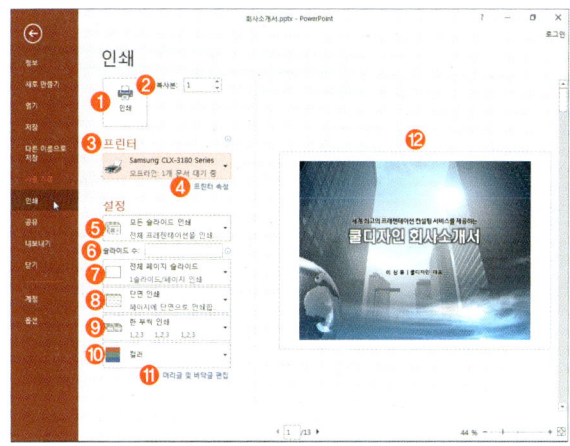

인쇄 명령 실행하기

[파일]을 클릭하고 [인쇄]를 선택합니다.

○ 인쇄하기 단축키
Ctrl + P

인쇄 옵션

❶ **인쇄** 현재 설정으로 인쇄합니다.
❷ **복사본** 인쇄 매수를 지정합니다.
❸ **프린터** 현재 연결된 프린터 이름이 표시됩니다. 여러 프린터가 연결되어 있다면 버튼을 클릭해 다른 프린터를 선택할 수 있습니다.
❹ **프린터 속성** 현재 프린터의 속성을 변경할 수 있습니다.
❺ **모든 슬라이드 인쇄** 이 버튼을 클릭해 인쇄할 슬라이드를 지정할 수 있습니다.
❻ **슬라이드 수** 인쇄할 슬라이드 번호를 직접 입력합니다. 예를 들어 2,7-10을 입력하면 2번, 7번~10번 슬라이드만 인쇄할 수 있습니다.
❼ **전체 페이지 슬라이드** 인쇄 모양, 유인물, 인쇄 옵션을 설정할 수 있습니다.

  ⓐ **인쇄 모양**
  - 전체 페이지 슬라이드: 한 페이지에 한 장의 슬라이드를 인쇄합니다.
  - 슬라이드 노트: 슬라이드와 슬라이드 노트에 입력된 내용을 인쇄합니다.
  - 개요: [개요] 탭에 입력된 텍스트만 인쇄됩니다.

  ⓑ **유인물**: 한 페이지에 여러 장의 슬라이드를 인쇄합니다.

  ⓒ **옵션**
  - 슬라이드 테두리: 슬라이드 테두리를 인쇄합니다.
  - 용지에 맞게 크기 조정: 여백을 최대한 줄여 인쇄합니다.
  - 고품질: 말 그대로 고품질로 인쇄합니다. 잉크가 좀 더 많이 소모됩니다.

❽ **단면 인쇄** 단면 인쇄를 할 것인지 양면 인쇄를 할 것인지를 결정합니다.
❾ **한 부씩 인쇄** [복사본] 입력상자에 '2' 이상을 설정했을 때만 의미가 있는 옵션입니다.
  - 한 부씩 인쇄: 전체 슬라이드를 번호 순서대로 인쇄하고 다시 전체 슬라이드를 순서대로 인쇄합니다.
  - 한 부씩 인쇄 안 함: 1번 슬라이드를 복사본에서 설정한 수만큼 인쇄하고, 2번 슬라이드를 그만큼 인쇄합니다.

○ 기본 프린터 설정하기
윈도우 [제어판]의 [장치 및 프린터]에서 프린터를 마우스 오른쪽 버튼으로 클릭하고 표시되는 메뉴에서 [기본 프린터로 설정]을 선택합니다.

⑩ **컬러** 인쇄를 컬러로 할 것인지, 회색조나 흑백으로 할 것인지를 결정합니다.
⑪ **머리글/바닥글 편집** [머리글/바닥글] 대화상자가 표시돼 프레젠테이션 제목, 슬라이드 번호 등과 같은 속성을 편집할 수 있습니다.
⑫ **미리 보기 영역** 설정된 인쇄 옵션대로 인쇄 결과를 미리 보여주는 곳입니다.

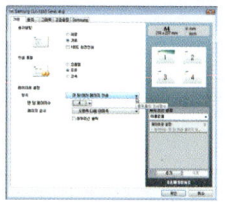

한 페이지에 여러 장 인쇄 시 여백을 최소화하고 싶다면
한 페이지에 여러 슬라이드를 인쇄할 때 대부분 파워포인트의 유인물 인쇄 기능을 사용합니다. 유인물 인쇄의 가장 큰 문제는 여백이 많이 남는다는 것인데, [용지에 맞게 크기 조정] 옵션을 사용해도 크게 효과를 볼 수 없습니다. 이런 경우 [프린터 속성]을 클릭하고 [면당 여러 페이지 인쇄]를 선택한 후, [면 당 페이지 수]를 [2] 이상으로 설정하고 [확인]을 클릭하면 인쇄 시 여백을 최소화할 수 있습니다(옵션은 프린터마다 다를 수 있음).
주의해야 할 것은 파워포인트 인쇄 옵션에서는 [유인물 인쇄]가 아닌 [전체 페이지 슬라이드]를 선택한 후, [인쇄]를 클릭해야 한다는 것입니다.

핵심기능 창 닫기 및 파워포인트 끝내기

모든 작업이 끝나게 되면 현재 프레젠테이션을 닫거나, 파워포인트 자체를 끝내야 합니다. 여러분은 현재 파워포인트 창만 닫을 수도 있고 파워포인트 프로그램 자체를 종료할 수도 있습니다.

∷ 현재 프레젠테이션 창 닫기

파워포인트 창의 오른쪽 상단에 있는 [닫기] 버튼()을 클릭합니다. 현재 프레젠테이션이 닫힙니다. 프레젠테이션이 한 개만 열려 있었다면 파워포인트 2016 프로그램 또한 종료됩니다.

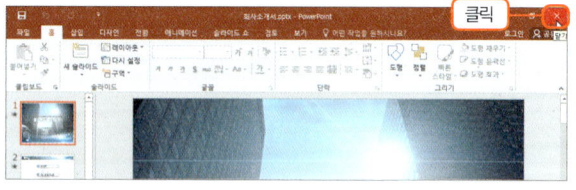

● **창 닫기 단축키**
• Alt + F4
• Ctrl + W

만약 한 개의 프레젠테이션만 열려 있는 상태에서 파워포인트 2016은 종료하지 않고 현재 프레젠테이션만 닫고 싶다면 ❶ [파일]을 클릭한 후 ❷ [닫기]를 선택합니다.

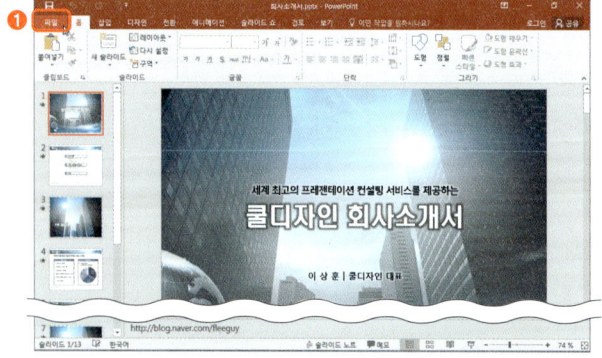
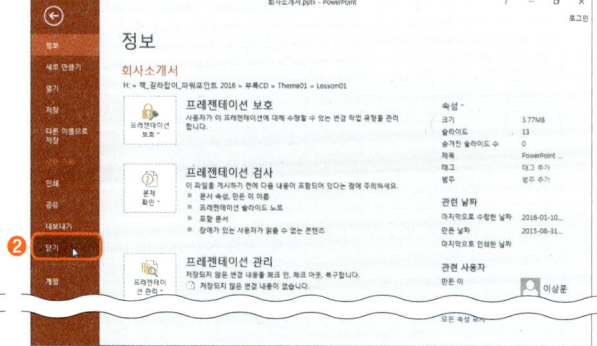

:: 모든 프레젠테이션 창 닫기

두 개 이상의 프레젠테이션이 열려 있는 상태에서 모든 프레젠테이션을 한꺼번에 닫고 싶다면 ❶ 작업 표시줄에서 파워포인트 버튼을 마우스 오른쪽 버튼으로 클릭하고 표시되는 메뉴에서 ❷ [모든 창 닫기]를 선택합니다.

○ **파워포인트 종료 단축키**
Ctrl + Q

만약 저장하지 않는 파일이 있었다면 저장하겠냐는 창이 표시됩니다. 다음 중 하나를 선택합니다.

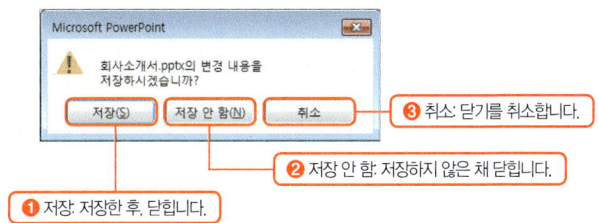

❶ 저장: 저장한 후, 닫힙니다.
❷ 저장 안 함: 저장하지 않은 채 닫힙니다.
❸ 취소: 닫기를 취소합니다.

TIP

작업 표시줄 버튼 모양이 다른데요?
예시처럼 작업 표시줄에서 파워포인트 버튼이 한 개만 표시되는 것이 아니라 열려 있는 파일마다 버튼이 표시되는 경우가 있습니다.
이와 관련된 옵션을 변경하고 싶다면 작업 표시줄을 마우스 오른쪽 버튼으로 클릭하고 표시되는 메뉴에서 [속성]을 선택한 후, 표시되는 대화상자의 [작업 표시줄] 탭에서 [작업 표시줄 단추]의 속성을 변경합니다.

- 항상 단추 하나로 표시, 레이블 숨기기: 프로그램 당 하나의 버튼만 표시합니다.
- 작업 표시줄이 꽉 차면 단추 하나로 표시: 파일 당 버튼을 하나씩 표시하다 작업 표시줄이 꽉 차면 프로그램 당 하나씩 표시합니다.
- 단추 하나로 표시 안 함: 파일 당 버튼 한 개씩 표시합니다.

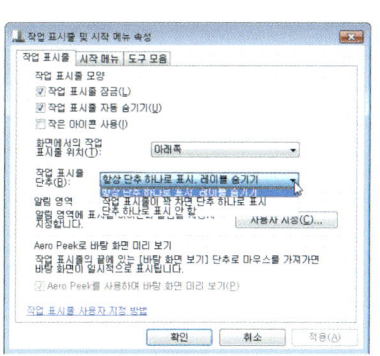

새 프레젠테이션 만들고 저장하기

예제 파일 없음 **완성 파일** Sample/Theme01/파워포인트 2016 샘플.pptx

키 워 드 서식 파일

길라잡이 파워포인트 2016은 이미 디자인이 되어 있는 서식 파일을 다수 제공합니다. 이 서식 파일을 이용해 새 프레젠테이션을 만들고 저장하는 방법을 알아보겠습니다.

STEP 01 기본 서식 파일을 이용해 새 프레젠테이션 만들기

01 [파일]을 클릭합니다.

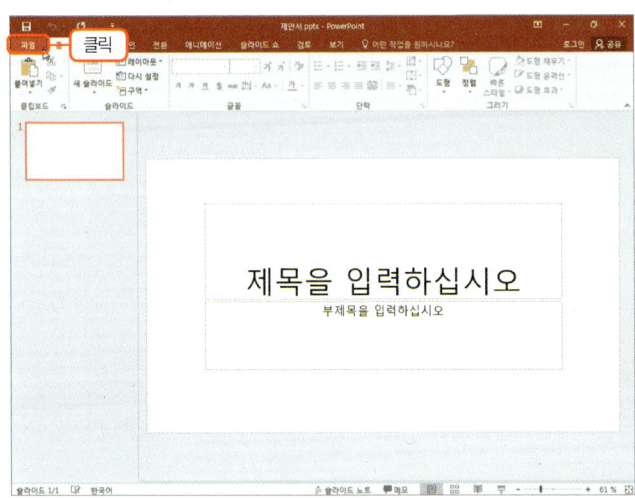

● 새로 만들기 단축키
Ctrl + N

02 ❶ [새로 만들기]를 클릭하고 ❷ 서식 파일(예: 이온)을 클릭합니다.

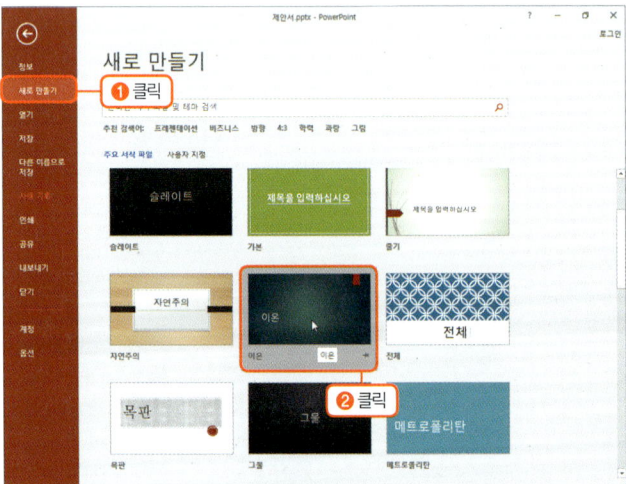

○ **프레젠테이션의 전체적인 색 톤을 변경하는 방법**
새 프레젠테이션 만들기에서 특정 색 톤을 선택했는데 나중에 바꾸고 싶다면 [디자인] 탭의 [적용] 영역에서 색을 선택합니다.

03 ❶ 원하는 색을 선택하고 ❷ [만들기]를 클릭합니다.

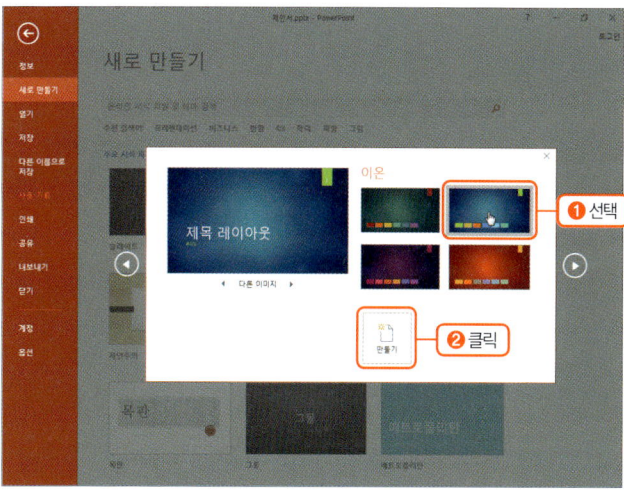

04 선택한 서식이 적용된 새 프레젠테이션이 만들어집니다.

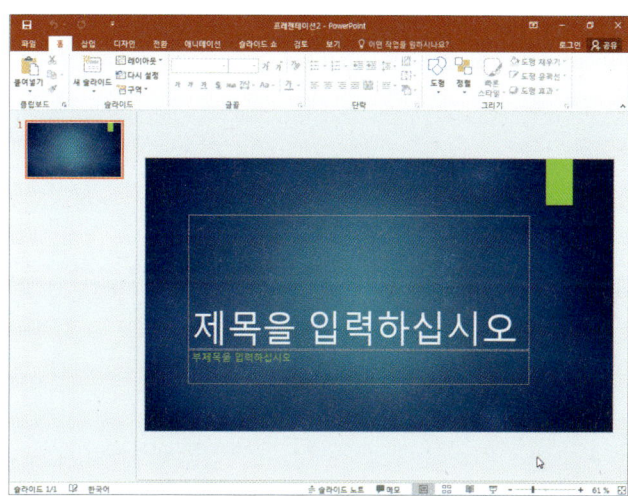

STEP 02 온라인 서식 파일로 새 프레젠테이션 만들기

01 [파일]을 클릭한 후 ❶ [새로 만들기]를 클릭하고 ❷ 검색 상자를 클릭한 후 검색어(예: 프레젠테이션)를 입력하고 ❸ 돋보기 모양 아이콘을 클릭합니다.

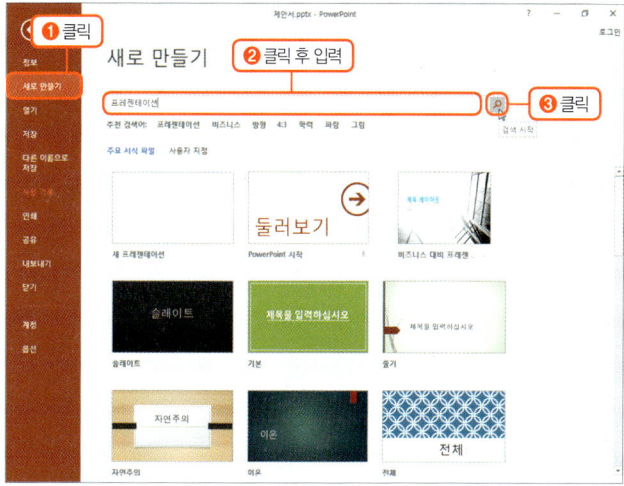

○ 범주 선택
검색 결과 창 오른쪽에 표시되는 [범주]에서 항목을 클릭해 특정 범주에 있는 서식 파일을 빠르게 검색할 수 있습니다.

02 인터넷에 연결되어 있다면 마이크로소프트의 온라인 서식 파일이 표시됩니다. 목록 중에서 하나(예: 비즈니스 대비 프레젠테이션)를 클릭합니다.

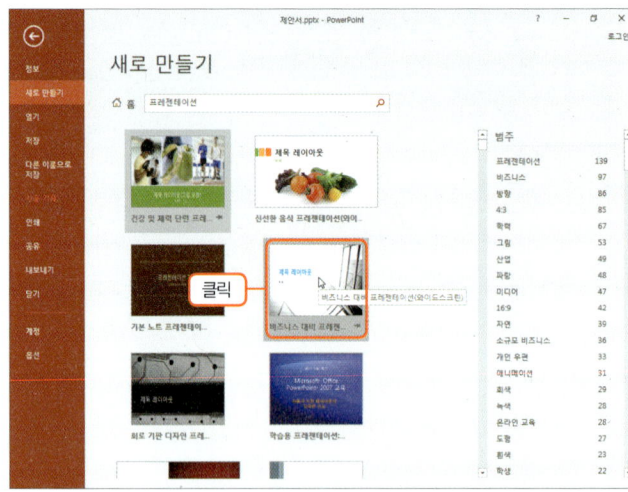

03 [만들기]를 클릭합니다.

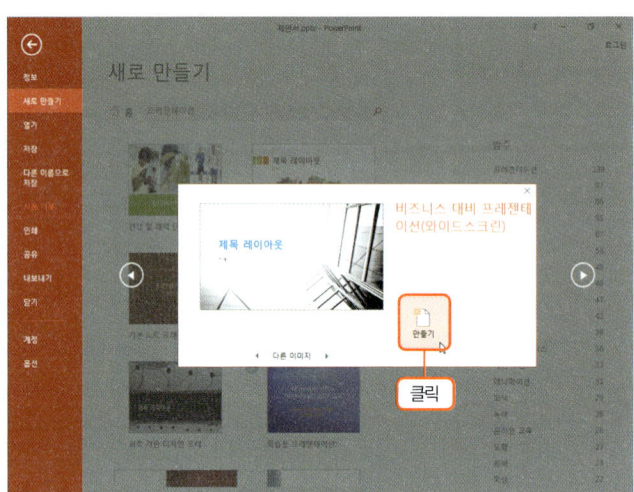

04 선택한 서식을 가진 새 프레젠테이션이 만들어집니다.

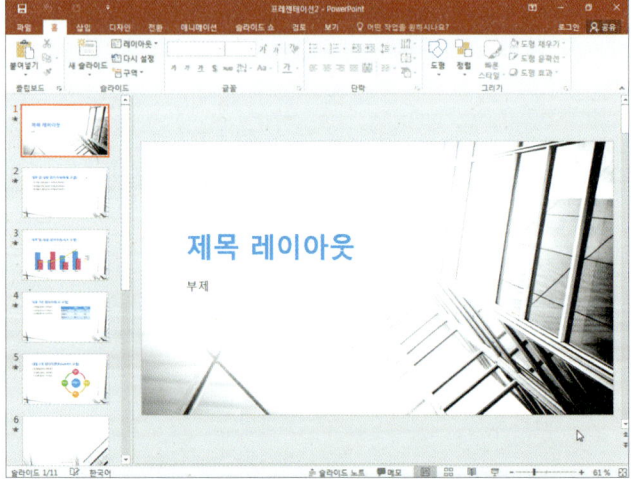

STEP 03 저장하기

●다른 이름으로 저장 명령 단축키
F12

01 [파일]을 클릭한 후 ❶ [다른 이름으로 저장]을 선택하고 ❷ [찾아보기]를 클릭합니다.

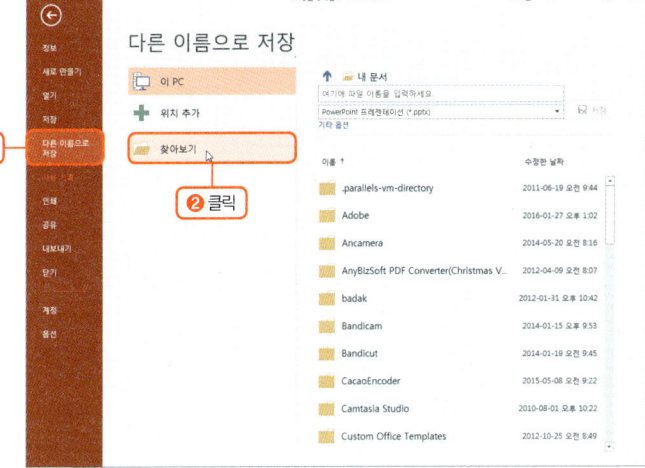

02 [다른 이름으로 저장] 대화상자에서 ❶ 저장할 곳(예 바탕 화면)을 선택하고 ❷ 파일 이름(예 파워포인트 2016 샘플)을 입력한 후 ❸ [저장]을 클릭합니다.

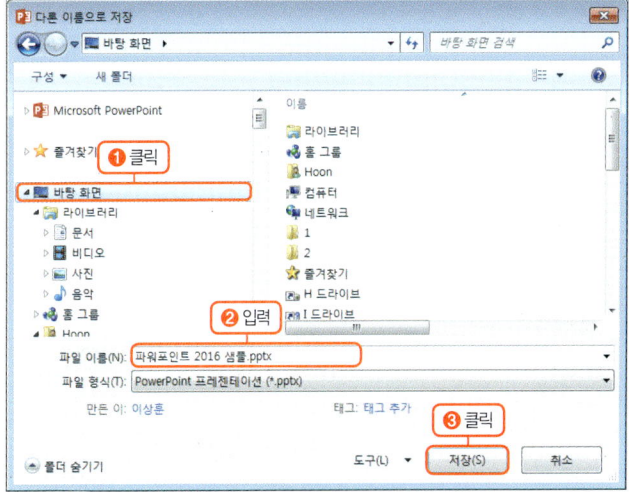

03 지정한 곳에 지정한 이름으로 저장됩니다. 제목 표시줄을 보면 현재 파워포인트 파일 이름을 확인할 수 있습니다.

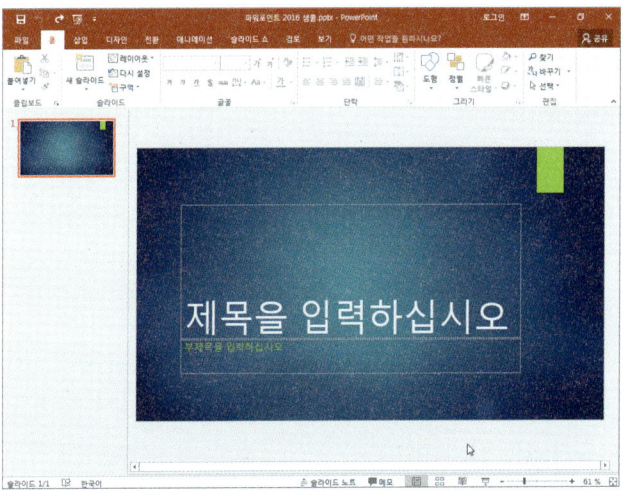

암호와 자동 저장 옵션으로 프레젠테이션 보호하기

비밀 프로젝트나 신제품 발표회와 같은 중요한 프레젠테이션에 사용할 문서라면 암호는 필수일 것입니다. 암호를 설정하는 방법과 자동 저장 옵션으로 문서를 보호하는 방법을 알아보겠습니다.

■ 암호 설정하기

1 [파일]을 클릭하고 [정보]에서 ❶ [프레젠테이션 보호]를 클릭하고 ❷ [암호 설정]을 선택합니다.

2 암호를 입력하고 [확인]을 클릭한 후 똑같은 암호를 한 번 더 입력하고 [확인]을 클릭합니다.

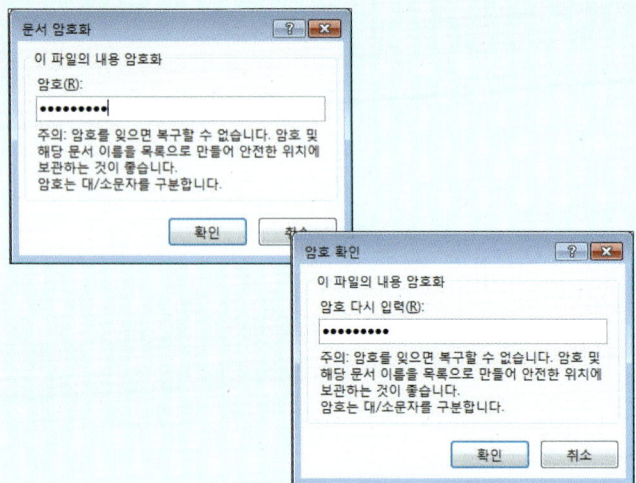

3 프레젠테이션 보호가 노란색으로 표시됩니다. 암호가 설정되었다는 의미입니다. Esc를 눌러 [파일] 메뉴를 닫고, Ctrl + S를 눌러 현재 프레젠테이션을 저장한 후 문서를 닫습니다.

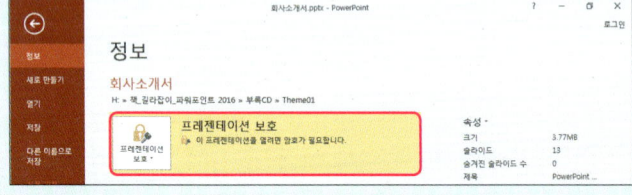

■ 암호가 설정된 프레젠테이션 열기

❶ 암호가 설정된 프레젠테이션을 열게 되면 당연하게도 암호를 묻습니다. 암호를 입력하고 [확인]을 클릭합니다.

❷ 만약 암호를 잘못 입력했다면 암호가 올바르지 않다는 메시지가 표시됩니다. [확인]을 클릭합니다.

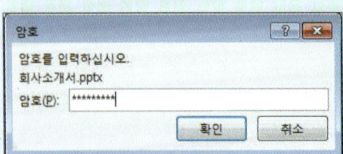
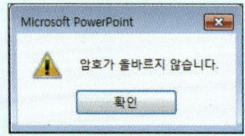

❸ 다시 프레젠테이션을 열고 암호를 제대로 입력합니다.

■ 암호 해제하기

1 암호가 설정된 프레젠테이션을 열고 [파일]을 클릭한 후 [정보]에서
❶ [프레젠테이션 보호]를 클릭하고 ❷ [암호 설정]을 선택합니다.

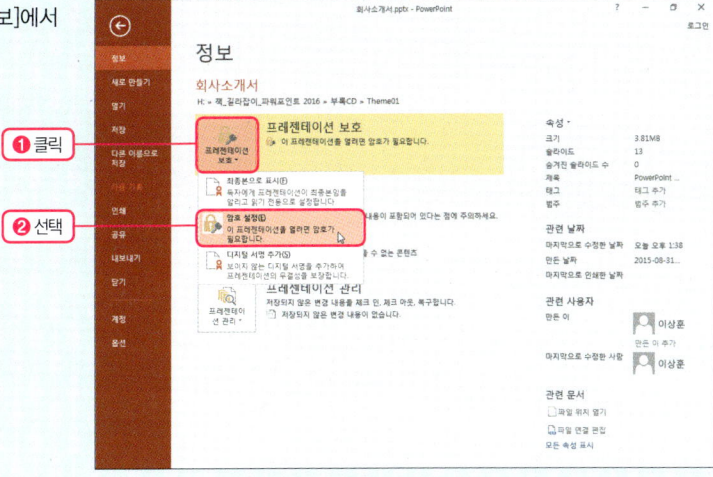

2 암호 입력상자에 있는 기존 암호를 삭제하고 [확인]을 클릭합니다.

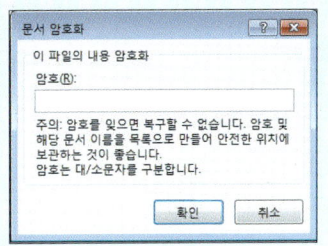

■ 자동 저장 옵션 설정하기

1 [파일]을 클릭하고 [옵션]을 선택합니다.

2 [PowerPoint 옵션] 대화상자에서 ❶ [저장]을 클릭하고 ❷ [자동 복구 정보 저장 간격] 옵션을 선택한 후 입력 상자에 시간을 입력하고(예:30분) [확인]을 클릭합니다.

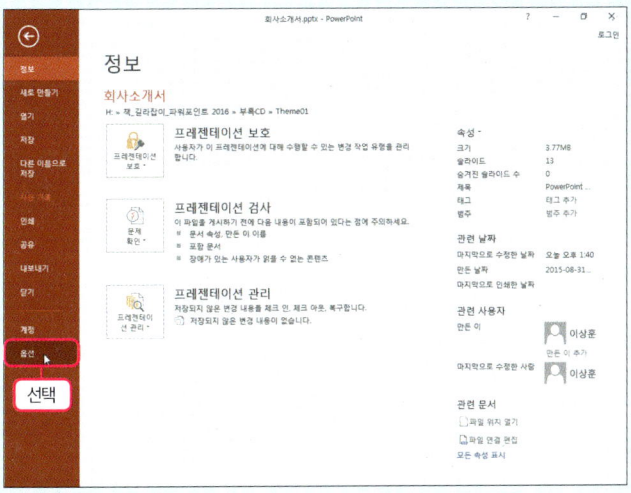
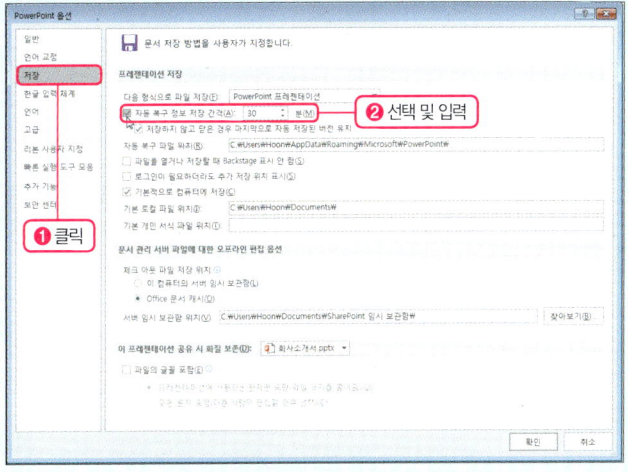

이제 설정한 시간이 되면 – 사용자가 저장을 하지 않아도 – 파워포인트가 현재 프레젠테이션을 자동 저장합니다. 만약 작업 도중 컴퓨터나 파워포인트가 다운되면, 자동 저장된 시점에 해당되는 파워포인트 파일을 열어줍니다. 여러분은 이 파일을 저장해 사용하거나 필요 없는 경우 삭제할 수 있습니다. 중요도가 높은 프레젠테이션이나 컴퓨터가 안정적이지 않을 경우라면 이 옵션의 시간을 짧게 설정하는 것이 좋습니다(필자는 30분 간격으로 설정).

LESSON 02 슬라이드 다루기

파워포인트에서 모든 작업은 슬라이드에서 이루어집니다. 따라서 슬라이드를 잘 다뤄야 하는데 이번 레슨에서는 슬라이드에 테마를 적용해 기본 디자인을 하고, 슬라이드 크기를 변경한 후, 새 슬라이드 만들고, 레이아웃 변경하는 등 슬라이드를 다루는데 기본이 되는 기능에 대해 알아보겠습니다.

핵심기능 › 테마 및 슬라이드 크기 변경하기

현재 프레젠테이션에 적용된 디자인이 마음에 들지 않거나, 슬라이드 크기를 바꿔야 할 경우가 있습니다. 모두 [디자인] 탭에서 하도록 되어 있는데, 그 방법을 알아보겠습니다.

테마 변경하기

[디자인] 탭의 [테마] 영역에 ❶ [자세히] 버튼(▼)을 클릭하고 ❷ 테마 중에서 하나를 선택합니다.

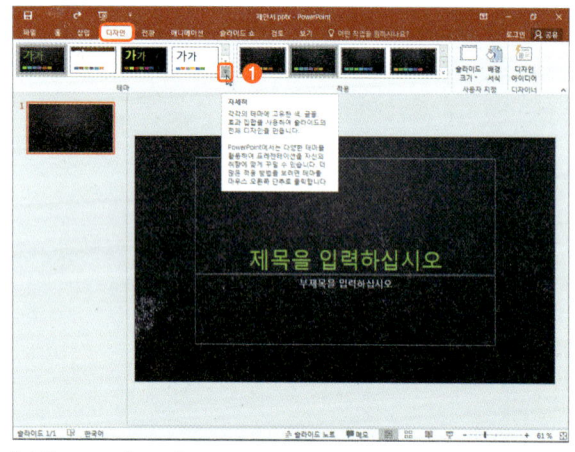

[테마] 영역에서 [자세히] 클릭

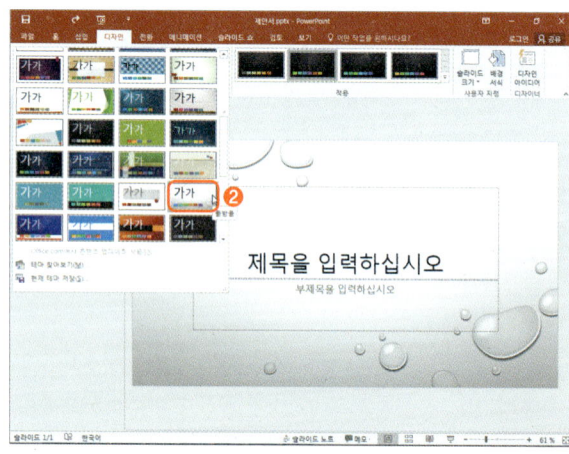

테마 선택

배경 변경하기

만약 현재 슬라이드의 배경을 변경하고 싶다면 [디자인] 탭의 [적용] 영역에서 ❶ [자세히] 버튼(▼)을 클릭한 후 ❷ [배경 스타일]에서 배경을 ❸ 마우스 오른쪽 버튼으로 클릭하고 ❹ [선택한 슬라이드에 적용]을 선택합니다.

[적용] 영역에서 [자세히] 클릭

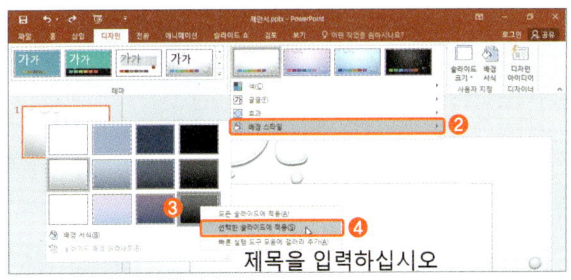
[선택한 슬라이드에 적용] 명령 선택

:: 슬라이드 크기, 방향, 시작 번호 변경하기

파워포인트 2016에서 새 프레젠테이션을 만들면 기본적으로 와이드 형태의 크기를 갖습니다. 만약 다른 크기로 변경하고 싶다면 [디자인] 탭에서 ❶ [슬라이드 크기]를 클릭하고 ❷ [사용자 지정 슬라이드 크기]를 선택합니다.

표시되는 [슬라이드 크기] 대화상자에서 다음과 같은 옵션을 설정할 수 있습니다.

❶ **슬라이드 크기** 화면 슬라이드 쇼(4:3), A4 등과 같은 자주 사용하는 슬라이드 크기를 선택할 수 있습니다. 크기를 변경한 경우 아래와 같은 창이 표시될 수 있습니다.

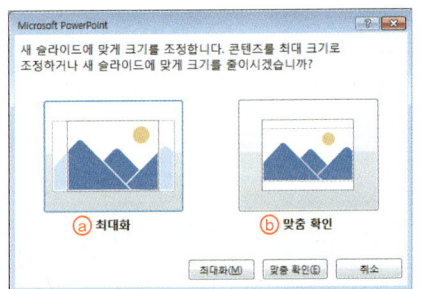

	ⓐ 최대화	ⓑ 맞춤 확인
슬라이드 크기를 작게 만든 경우	개체 크기 변동 없음	개체의 크기 작아짐
슬라이드 크기를 크게 만든 경우	개체 크기 커짐	개체 크기 변동 없음

❷ **너비/높이** 사용자가 직접 슬라이드의 크기를 설정합니다.
❸ **슬라이드 시작 번호** 슬라이드 시작 번호를 설정합니다. 만약 이 값을 0으로 설정하면 2번째 페이지를 1번으로 설정할 수 있습니다.
❹ **방향** 슬라이드, 유인물, 슬라이드 노트의 방향을 설정할 수 있습니다.

핵심기능 [홈] 탭의 [슬라이드] 영역

[홈] 탭의 [슬라이드] 영역에서 사용자는 새 슬라이드를 만들고, 레이아웃을 변경하고, 구역을 추가할 수 있습니다.

○ 새 슬라이드 만들기 단축키
Ctrl + M

❶ **새 슬라이드 만들기** 다음과 같은 방법을 이용해 새로운 슬라이드를 만들 수 있습니다.
- [홈] 탭에서 [새 슬라이드] 메뉴( )를 열고 [레이아웃]을 선택합니다.
- [홈] 탭에서 [새 슬라이드] 버튼( )을 클릭합니다. 현재 슬라이드와 똑같은 레이아웃을 가진 새 슬라이드가 만들어집니다.

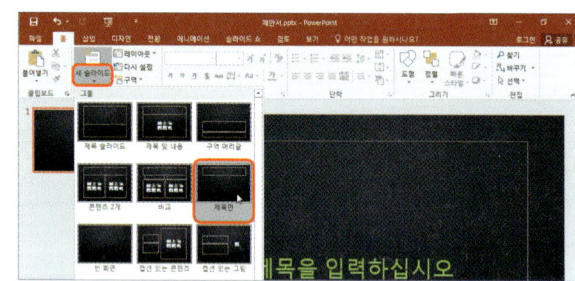

[새 슬라이드] 메뉴에서 [레이아웃] 선택

- 왼쪽 내비게이터에서 슬라이드를 클릭하고 Enter를 누릅니다. 클릭한 슬라이드와 똑같은 레이아웃을 가진 새 슬라이드가 만들어집니다.

❷ **레이아웃 변경하기** 슬라이드 레이아웃을 바꾸고 싶다면 [홈] 탭에서 [레이아웃]을 클릭한 후 원하는 레이아웃을 선택합니다.

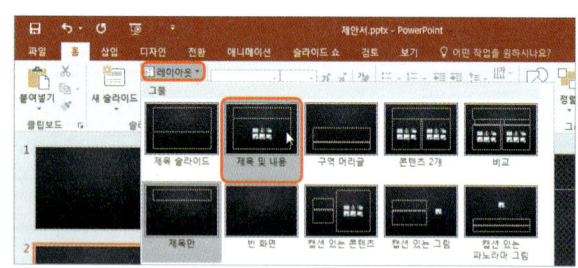

○ 다시 설정하기를 클릭했을 때 되돌아가는 원래 상태란?
다시 설정하기를 클릭하면 원래 상태로 되돌아가는데 여기에서 '원래 상태'란 현재 슬라이드에 적용된 '레이아웃'을 의미하며 적용된 '레이아웃'은 슬라이드 마스터에 확인하거나 수정할 수 있습니다. 슬라이드 마스터와 레이아웃에 대해서는 '테마 7'을 참조하세요.

❸ **다시 설정하기** 슬라이드에서 기본적으로 제공되는 제목 개체 틀이나 본문 개체 틀의 위치나 서식을 임의로 변경했을 때 [홈] 탭에서 [다시 설정]을 클릭하면 원래 상태로 되돌아갑니다.

❹ **구역 관리하기** 프레젠테이션을 여러 개의 구역으로 나눠서 관리해주는 기능입니다.

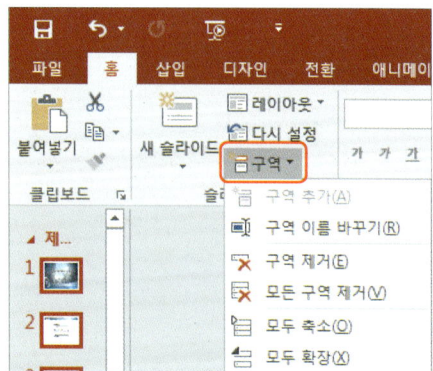

핵심기능 내비게이터에서 슬라이드 다루기

기본 보기에서 왼쪽을 보면 슬라이드 미리 보기를 볼 수 있는데 이것을 '내비게이터'라고 합니다. 슬라이드를 미리 볼 수도 있고 이동, 복사 등 길잡이 역할을 해주기 때문입니다. 내비게이터에서 할 수 있는 일을 알아보겠습니다.

:: 내비게이터 영역 크기 조정하기

파워포인트 기본 보기 상태에서 영역 사이에 있는 '분할줄'을 움직여 해당 영역의 크기를 조정할 수 있습니다. 왼쪽에 있는 내비게이터 영역의 크기를 조정하고 싶다면 수직 분할줄에 마우스 포인터를 위치시키고 왼쪽 또는 오른쪽으로 드래그합니다.

수직 분할줄을 좌우로 드래그해 내비게이터 영역 크기 조정

:: 내비게이터에서 여러 슬라이드 선택하기

내비게이터에서 슬라이드 미리 보기를 클릭하고 다음 중 하나를 실행합니다.
- Ctrl 을 누른 상태에서 다른 슬라이드를 클릭해 여러 슬라이드를 선택할 수 있습니다.
- Shift 를 누른 상태에서 다른 슬라이드를 클릭하면 두 선택한 두 슬라이드뿐만 아니라 그 사이에 있는 슬라이드도 선택할 수 있습니다.

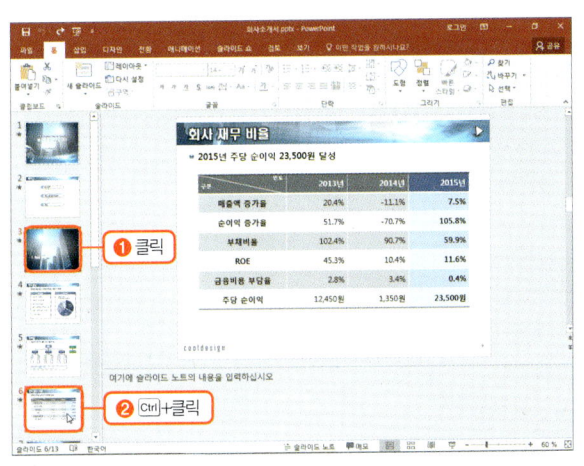

Ctrl 사용 예

Shift 사용 예

슬라이드 순서 바꾸기

현재 프레젠테이션에서 슬라이드 순서를 바꾸고 싶다면 기본 보기의 왼쪽 내비게이터에서 슬라이드를 선택하고 다음 중 하나를 실행합니다.

- 선택한 슬라이드를 원하는 곳으로 드래그합니다.
- 선택한 슬라이드를 마우스 오른쪽 버튼으로 클릭하고 표시되는 컨텍스트 메뉴에서 [잘라내기]를 선택한 후, 이동할 곳에 있는 슬라이드를 마우스 오른쪽 버튼으로 클릭하고 [붙여넣기]를 선택합니다. 클릭한 슬라이드 뒤로 이동합니다.

○ 잘라내기 단축키
Ctrl + X

○ 붙여넣기 단축키
Ctrl + V

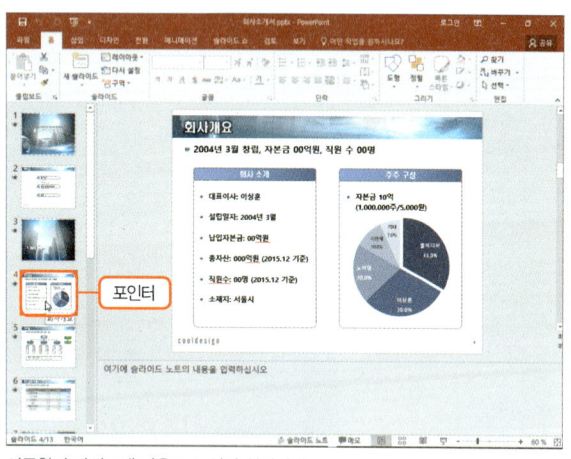
이동할 슬라이드에 마우스 포인터 위치시킴

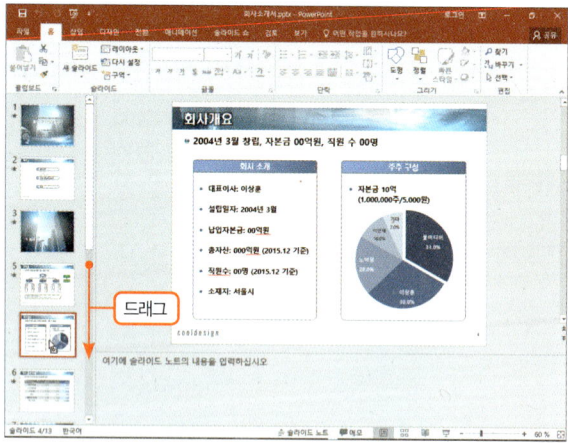
드래그해 원하는 곳으로 이동

슬라이드 복제하기

왼쪽 내비게이터에서 슬라이드를 선택하고 다음 중 하나를 실행합니다.

- 선택한 슬라이드를 마우스 오른쪽 버튼으로 클릭하고 표시되는 컨텍스트 메뉴에서 [복사]를 선택한 후, 붙여넣을 곳에 있는 슬라이드를 마우스 오른쪽 버튼으로 클릭하고 [붙여넣기]를 선택합니다. 클릭한 슬라이드 뒤에 붙여넣어집니다.
- 선택한 슬라이드를 ❶ 마우스 오른쪽 버튼으로 클릭하고 표시되는 컨텍스트 메뉴에서 ❷ [슬라이드 복제]를 선택합니다.

○ 복사 단축키
Ctrl + C

○ 붙여넣기 단축키
Ctrl + V

컨텍스트 메뉴에서 [슬라이드 복제] 명령 선택

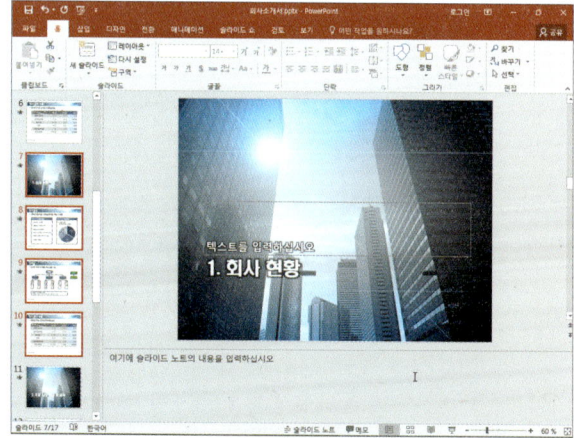
복제된 슬라이드

슬라이드 숨기기

특정 슬라이드를 슬라이드 쇼에서 보이고 싶지 않다면 ❶ 슬라이드를 마우스 오른쪽 버튼으로 클릭하고 표시되는 컨텍스트 메뉴에서 ❷ [슬라이드 숨기기]를 선택합니다. 숨겨진 슬라이드는 흐리게 표시되며 슬라이드 번호에 사선이 표시됩니다. [슬라이드 숨기기] 명령으로 다시 표시할 수 있습니다.

[슬라이드 숨기기] 명령 실행

숨겨진 슬라이드

슬라이드 삭제하기

> ◐ 여러 슬라이드 보기에서도 가능
> 슬라이드 복제, 순서 바꾸기, 감추기 등과 같은 작업은 여러 슬라이드 보기에서도 가능합니다.

왼쪽 내비게이터에서 슬라이드를 선택하고 다음 중 하나를 실행합니다.
- 키보드에서 Del 또는 Delete 또는 Back Space 를 누릅니다.
- ❶ 선택한 슬라이드를 마우스 오른쪽 버튼으로 클릭하고 표시되는 컨텍스트 메뉴에서 ❷ [슬라이드 삭제]를 선택합니다.

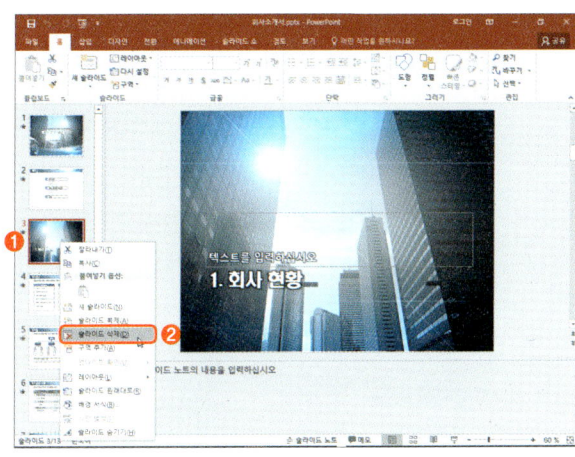

슬라이드를 마우스 오른쪽 클릭 후 [슬라이드 삭제] 선택

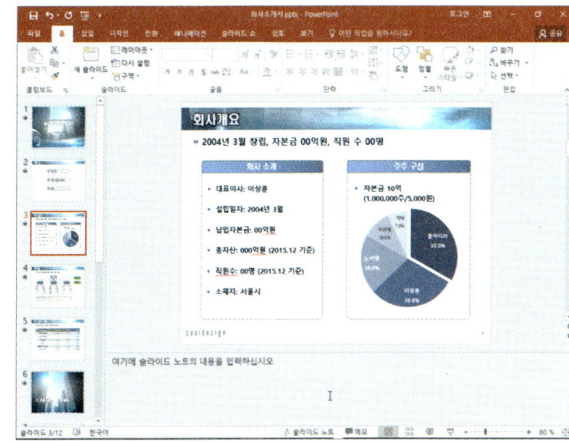

슬라이드 삭제 결과

작업 취소하기
슬라이드 이동, 삭제 등의 작업을 한 후, 방금 한 작업을 취소하고 싶다면 다음 중 하나의 방법으로 [취소] 명령을 실행합니다.
- 빠른 실행 도구 모음에서 [취소] 버튼( )을 클릭합니다.
- 단축키 Ctrl + Z 를 누릅니다.

기능실습 01 구역 나누기

예제 파일 Sample\Theme01\구역나누기.pptx **완성 파일** Sample\Theme01\구역나누기(결과).pptx

키 워 드 구역
길라잡이 구역 나누기 기능을 활용하면 프레젠테이션을 몇 개의 구역으로 나눈 후, 구역별로 이동하거나, 복제하거나, 구역을 통째로 삭제할 수 있습니다.

STEP 01 구역 만들기

01 ❶ 왼쪽 내비게이터에 [1번] 슬라이드를 클릭하고 [홈] 탭의 [슬라이드] 영역에서 ❷ [구역]을 클릭하고 ❸ [구역 추가]를 선택합니다. 선택된 슬라이드 뒤쪽에 있는 모든 슬라이드를 포함하는 새 구역이 만들어집니다.

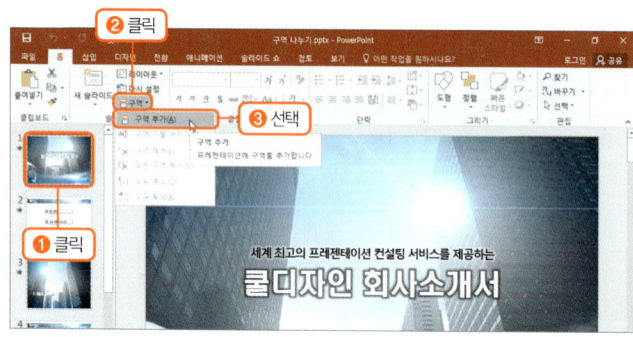

02 ❶ 왼쪽 내비게이터에서 맨 위에 있는 구역 이름을 마우스 오른쪽 버튼으로 클릭하고 ❷ 표시되는 컨텍스트 메뉴에서 [구역 이름 바꾸기]를 선택합니다.

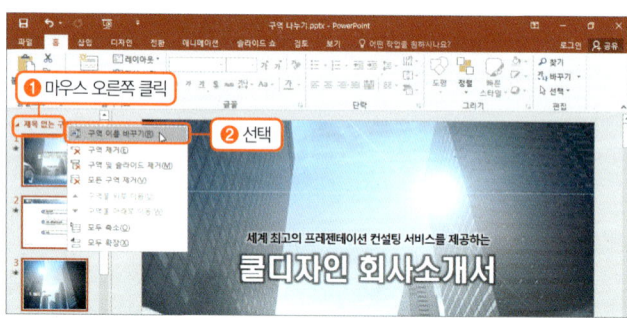

03 표시되는 대화상자에서 ❶ 이름을 입력하고 ❷ [이름 바꾸기]를 클릭합니다.

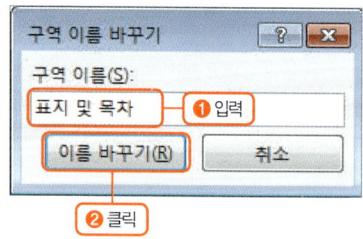

04 같은 방법으로 아래와 같이 각 슬라이드에 새 구역을 추가하고 구역 이름을 변경합니다.

- 3번: 1. 회사 현황
- 7번: 2. 주요 사업 분야 및 실적
- 10번: 3. 비전
- 13번: 별첨

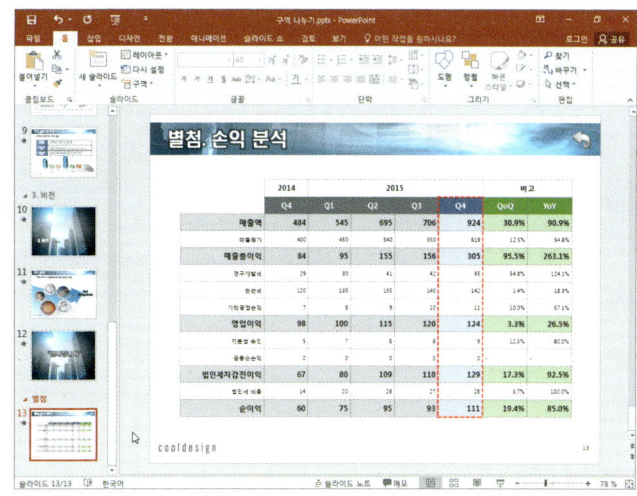

STEP 02 구역 축소 및 확장하기

01 왼쪽 내비게이터에서 [1. 회사 현황] 구역 바를 클릭합니다. 구역 내에 있는 모든 슬라이드가 선택됩니다.

○ [구역 축소](◢) 또는
구역 바 더블클릭

02 [1. 회사 현황] 구역 바의 왼쪽에 있는 [구역 축소](◢)를 클릭합니다. 구역이 닫힙니다.

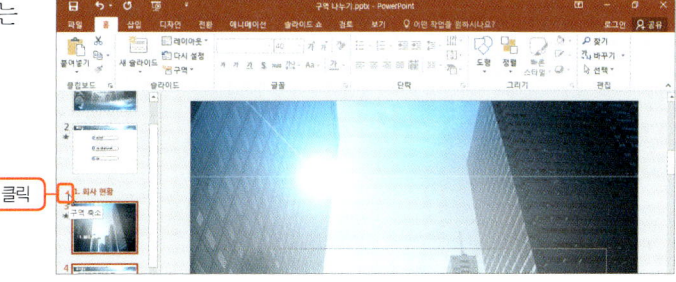

○ **구역 이름 오른쪽에 있는 숫자의 의미**
닫힌 구역 바 오른쪽에 있는 괄호 안의 숫자는 구역에 있는 슬라이드 수를 의미합니다.

03 같은 방법으로 다른 구역을 모두 닫습니다.

04 [1부. 회사 개요] 구역 바를 맨 밑으로 드래그합니다. 구역 전체가 이동합니다.

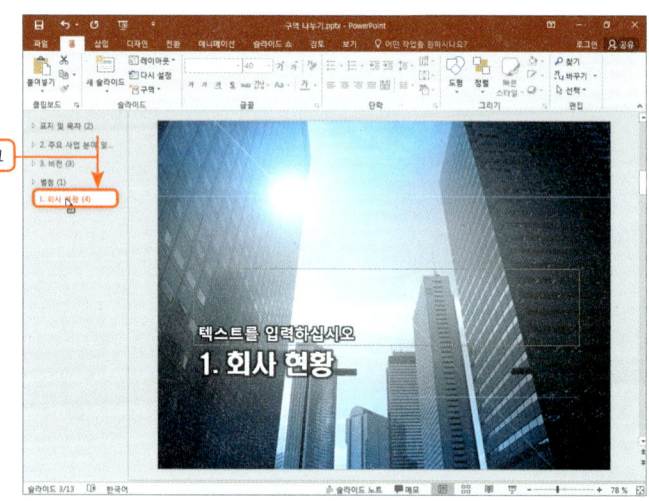

○ **구역 확장**
닫힌 구역 바의 [구역 확장] (▷)을 클릭해 확장할 수 있습니다.

05 ❶ 아무 구역 바나 마우스 오른쪽 버튼으로 클릭하고 표시되는 컨텍스트 메뉴에서 ❷ [모두 확장]을 선택합니다.

원본으로 슬라이드/ 도형 복사하기

한 프레젠테이션에 있는 슬라이드나 도형을 다른 프레젠테이션으로 복사하는 것은 아주 흔한 일입니다. 문제는 복사를 했을 때 글꼴, 색, 디자인이 바뀌는 원본과 다른 결과가 나오는 경우입니다. 이 문제를 해결하는 방법을 알아보겠습니다.

【예제 파일】Sample\Theme01\회사소개서.pptx, SNS 마케팅.pptx

원본으로 슬라이드 복사하기

1 [회사소개서.pptx]의 내비게이터에서 2번 슬라이드를 선택하고 Ctrl+C를 눌러 복사합니다.

2 [SNS 마케팅.pptx] 파일의 내비게이터에서 ❶ 1번 슬라이드를 선택하고 Ctrl+V를 누릅니다. 방금 전에 복사했던 슬라이드가 붙여넣어지는데 디자인이 바뀐 것을 볼 수 있습니다. ❷ 내비게이터에서 붙여넣어진 슬라이드에 표시되는 [붙여넣기 옵션]((Ctrl)▼)을 클릭합니다.

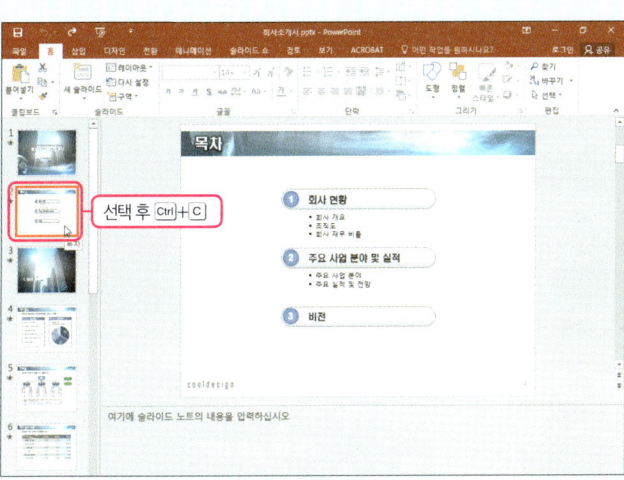

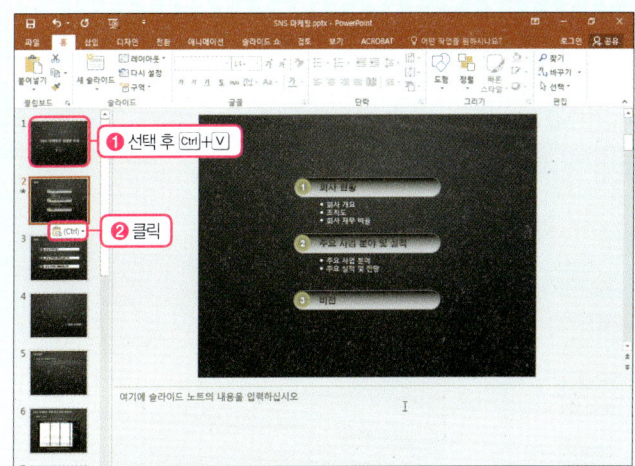

3 표시되는 메뉴에서 [원본 서식 유지]( )를 선택합니다.

4 슬라이드 디자인이 원본으로 되돌아갑니다.

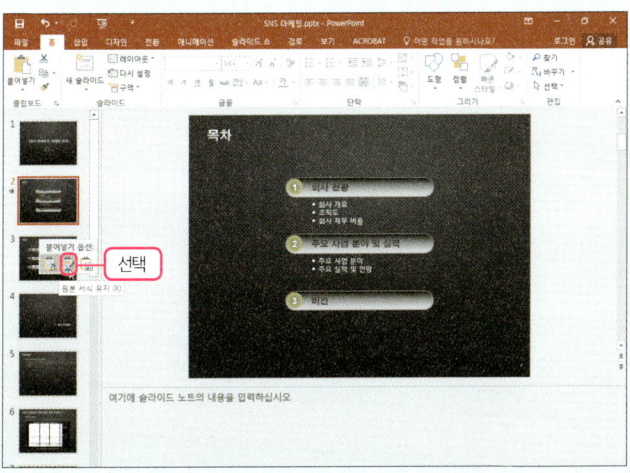

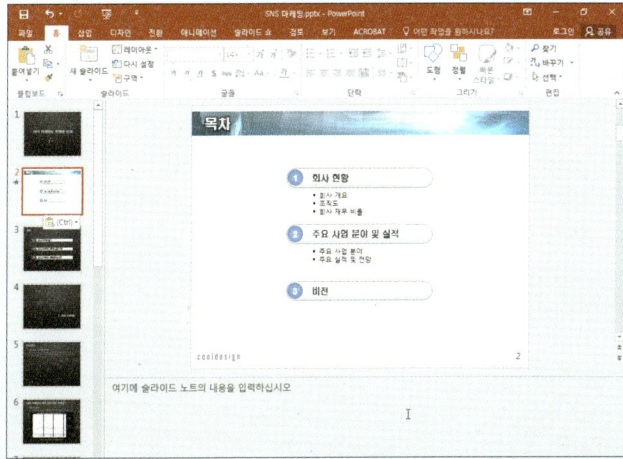

원본으로 도형 복사하기

1 [회사소개서.pptx]의 ❶ 2번 슬라이드에 있는 ❷ 도형을 모두 선택하고 Ctrl+C를 눌러 복사합니다.

2 [SNS 마케팅.pptx] 파일에서 Ctrl+Z를 눌러 방금 실행했던 붙여넣기 작업을 취소한 후, ❶ 2번 슬라이드에서 원래 있던 개체를 선택하고 Delete 를 눌러 삭제한 후, ❷ Ctrl+V를 눌러 방금 전에 복사한 도형을 붙여넣습니다. 디자인이 바뀌는 것을 볼 수 있습니다.

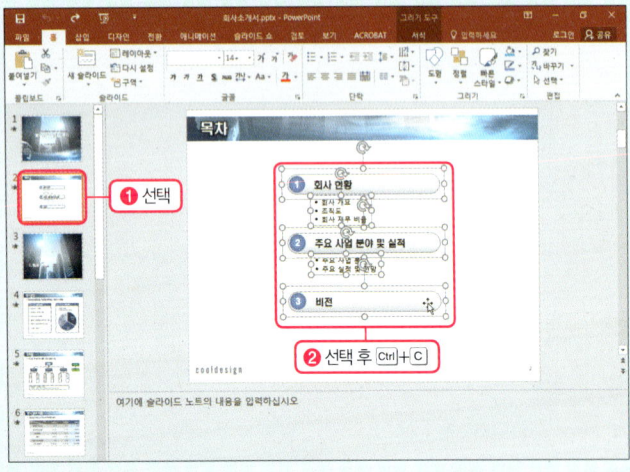

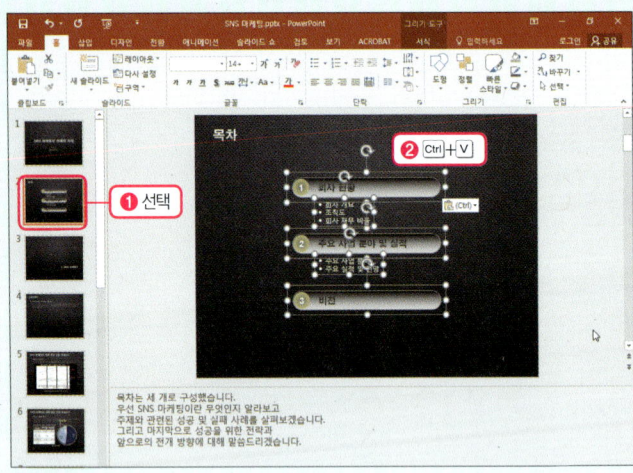

3 붙여넣은 도형 주변에 표시되는 ❶ [붙여넣기 옵션]( )을 클릭하고 ❷ [원본 서식 유지]( )를 선택합니다.

4 도형의 디자인이 원본으로 되돌아갑니다.

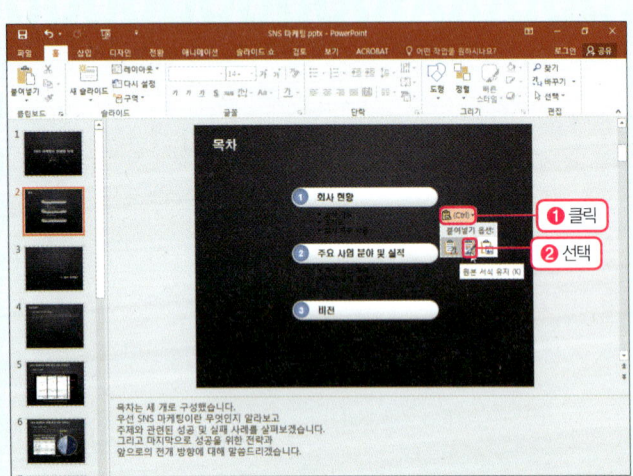

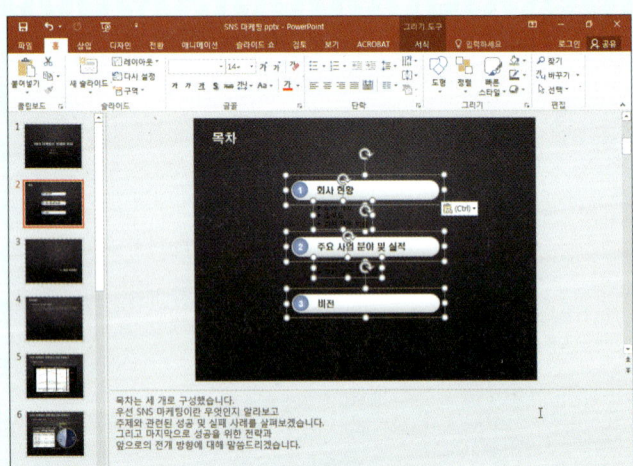

붙여넣기 옵션에서 [원본 서식 유지]를 선택하는 다른 방법

복사한 슬라이드나 개체를 원본으로 붙여넣고 싶다면 [홈] 탭의 [클립보드] 영역에서 ❶ [붙여넣기]를 클릭한 후 [붙여넣기 옵션] 중에서 ❷ [원본 서식 유지]를 선택합니다.

붙여넣기-원본 서식 유지 명령을 실행하는 다른 방법

이런 현상은 슬라이드나 도형을 복사했을 때만 발생하는 것이 아니며 텍스트를 비롯한 대부분의 개체를 복사/붙여넣기 했을 때도 일어나며, 다른 프로그램, 예를 들어 엑셀에서 셀을 복사하고 파워포인트에서 붙여넣을 때도 발생합니다.

해결 방법은 방금 전에 했던 것처럼 Ctrl+V를 누른 후 [붙여넣기 옵션]((Ctrl)▼)을 클릭하고 적당한 옵션을 선택하거나 ❶ 슬라이드를 마우스 오른쪽 버튼으로 클릭한 후 표시되는 컨텍스트 메뉴의 ❷ [붙여넣기 옵션]에서 적당한 옵션을 선택하는 것입니다.

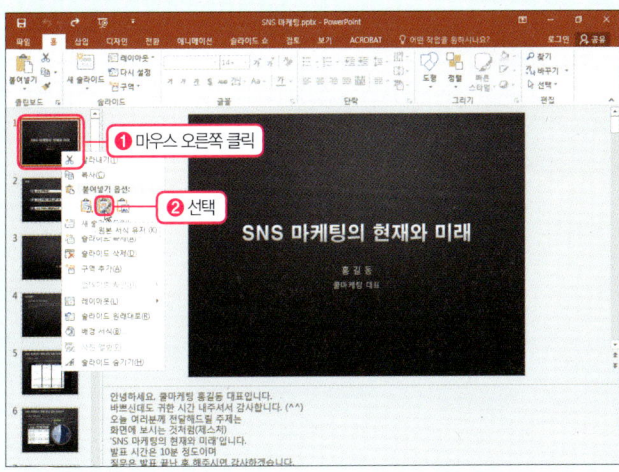
▲ 내비게이터를 마우스 오른쪽 버튼으로 클릭

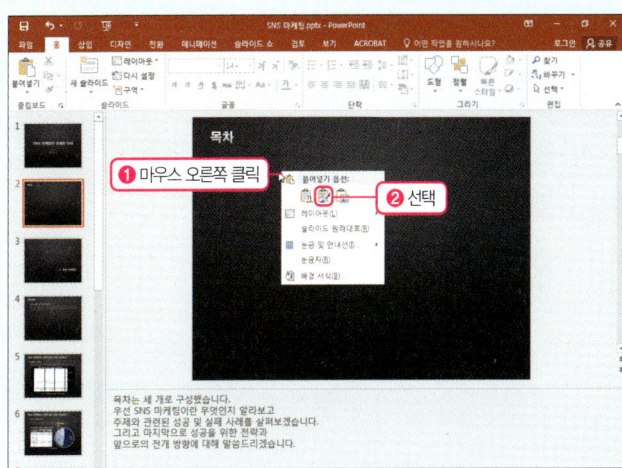
▲ 슬라이드를 마우스 오른쪽 버튼으로 클릭

붙여넣기 옵션 버튼이 나타나지 않는다면?

만약 Ctrl+V를 눌렀을 때 [붙여넣기 옵션] 버튼((Ctrl)▼)이 표시되지 않는다면 다음과 같이 옵션을 변경합니다.

1 [파일]을 클릭하고 [옵션]을 선택합니다.

2 [PowerPoint 옵션] 대화상자에서 ❶ [고급] 탭을 열고 [잘라내기, 복사, 붙여넣기] 옵션 중에서 ❷ [내용을 붙여 넣을 때 붙여넣기 옵션 단추 표시] 옵션을 선택한 후 ❸ [확인]을 클릭합니다.

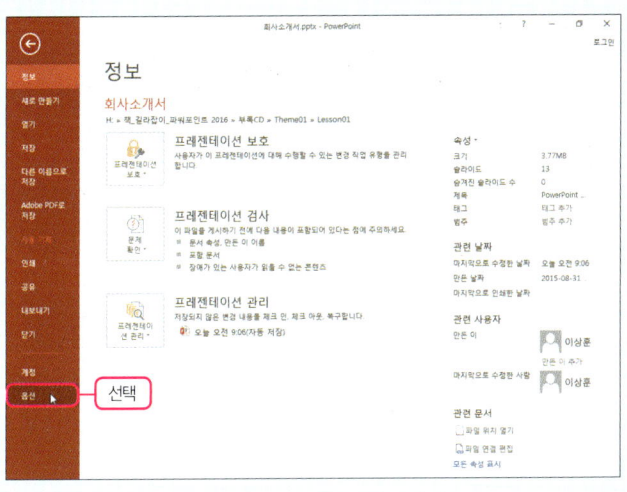

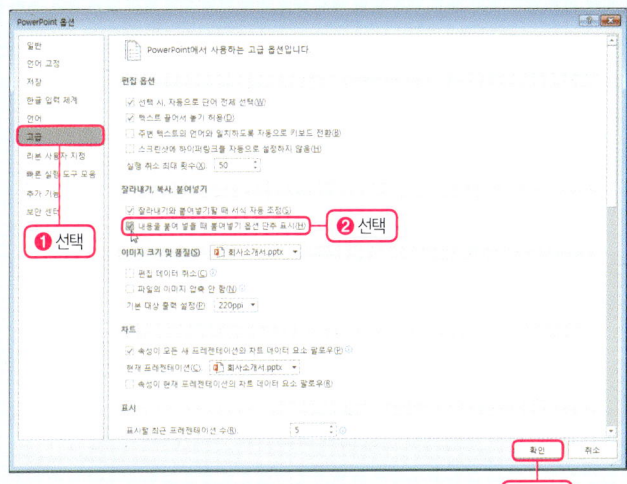

LESSON 03 슬라이드 보기 조정하기

슬라이드에서 작업을 하다보면 슬라이드를 확대하거나 축소해야 하는 경우가 있으며, 기본 보기 외에 여러 슬라이드 보기나 슬라이드 쇼 보기로 전환하는 경우도 자주 발생합니다. 이렇게 보기를 조정하는 다양한 방법을 알아보고 쇼와 관련된 설정을 한 후, 마지막으로 발표자 도구를 활용해 슬라이드 노트를 보면서 슬라이드 쇼를 진행하는 방법을 알아보겠습니다.

핵심기능 ▸ 기본 보기

파워포인트가 시작되면 기본적으로 기본 보기 상태가 됩니다. 왼쪽에 내비게이터, 가운데에 슬라이드 편집 영역이 있는 상태입니다. 기본 보기에서 할 수 있는 일에 대해서는 본서를 통해 무수히 많이 다룰 예정이니 여기에서는 확대/축소하고, 내비게이터를 조정하고 슬라이드 노트 표시를 조정하는 방법만 알아보겠습니다.

∷ 기본 보기로 전환하기

기본 보기가 아닌 상태에서 기본 보기로 전환하고 싶다면 [기본](🗐)을 클릭합니다. 만약 기본 보기 상태에서 [기본](🗐)을 클릭하면 왼쪽 내비게이터가 개요로 바뀝니다. 다시 [기본](🗐)을 클릭하면 미리 보기가 표시됩니다.

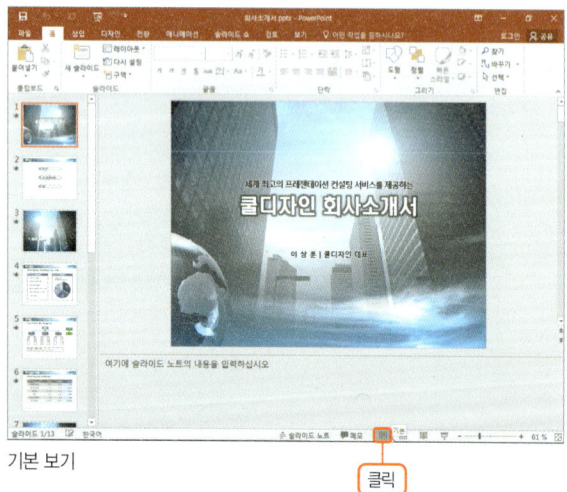
▲ 기본 보기

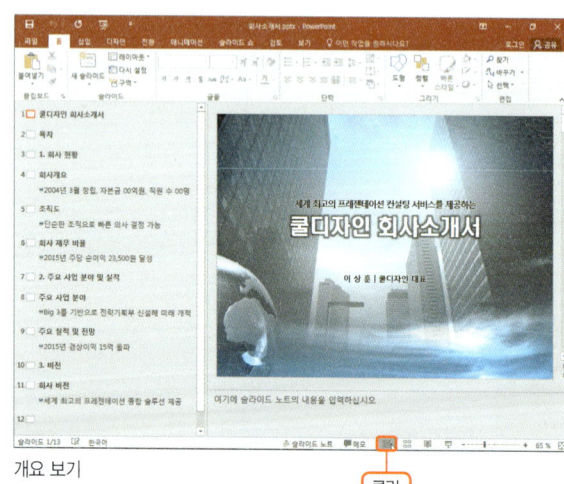
▲ 개요 보기

슬라이드 확대/축소하기

슬라이드에서 작업을 하다보면 특정 부분을 확대해야 할 때가 있으며, 반대로 슬라이드 전체를 보거나 슬라이드 바깥쪽까지 봐야 할 경우도 있습니다.

상태 표시줄의 확대/축소 도구 활용하기

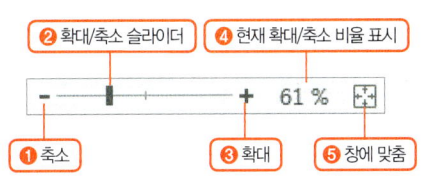

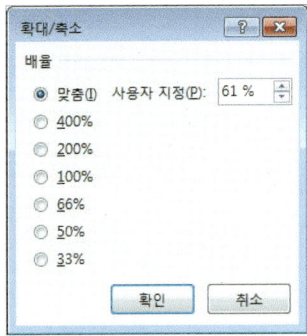

❶ **축소(-)** 화면을 축소합니다. 최대 10%까지 축소할 수 있습니다.
❷ **확대/축소 슬라이더( )** 이 슬라이더를 좌우로 드래그해 빠르게 확대/축소할 수 있습니다.
❸ **확대(+)** 화면을 확대합니다. 최대 400%까지 확대할 수 있습니다.
❹ **현재 확대/축소 비율 표시(61 %)** 현재 확대/축소 비율을 표시하며, 마우스로 클릭하면 [확대/축소] 대화상자가 표시됩니다. 이 대화상자에서 배율을 선택할 수 있습니다.
❺ **창에 맞춤( )** 확대나 축소된 상태에서 이 버튼을 클릭하면 슬라이드 전체가 표시됩니다.

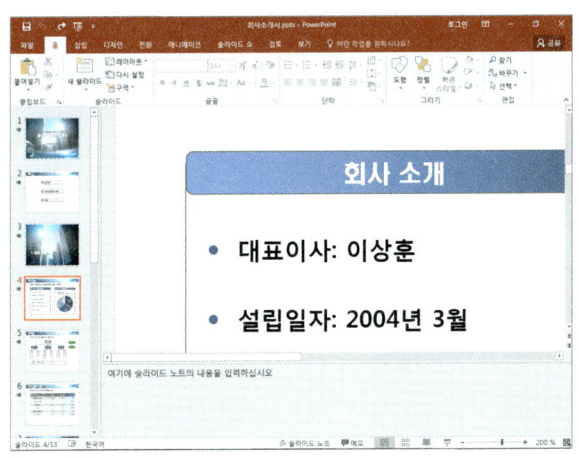

[창에 맞춤] 클릭

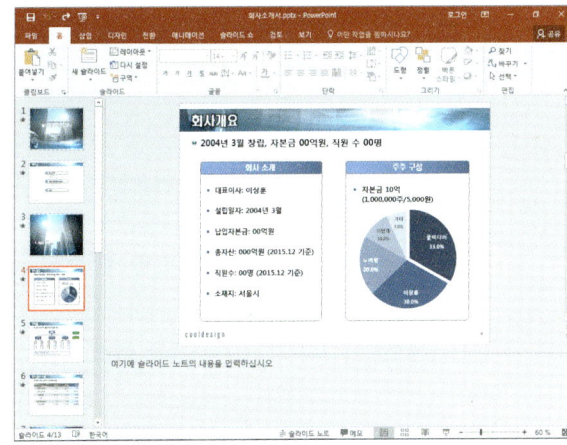

슬라이드 전체 표시

Ctrl 을 이용해 확대/축소하기

- Ctrl 을 누른 상태에서 마우스의 바퀴를 앞으로 굴리면 확대됩니다.
- Ctrl 을 누른 상태에서 마우스의 바퀴를 뒤로 굴리면 축소됩니다.

확대/축소 기준
- 아무런 개체도 선택하지 않은 상태에서 확대/축소를 하게 되면 슬라이드 정가운데를 기준으로 확대/축소됩니다.
- 어떤 개체를 선택하고 확대/축소를 하게 되면 선택된 개체를 기준으로 확대/축소가 이루어집니다.

핵심기능 여러 슬라이드 보기

보기 전환 버튼 중에서 [여러 슬라이드]( )를 클릭하면 모든 슬라이드가 바둑판 모양으로 배열된 여러 슬라이드 보기 상태로 전환할 수 있습니다.
여러 슬라이드 보기에서 사용자는 다음과 같은 작업을 할 수 있습니다.

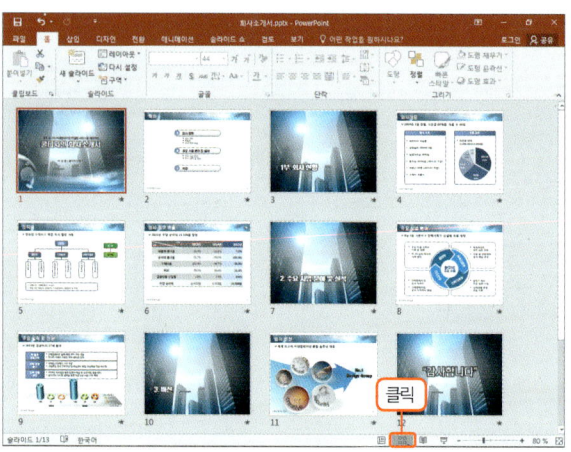

○ **확대/축소하기**
여러 슬라이드 보기에서도 확대/축소 도구를 사용해 미리 보기 크기를 확대하거나 축소할 수 있습니다.

여러 슬라이드 선택 방법

- 슬라이드를 클릭해 선택합니다.
- 슬라이드를 선택한 후, Ctrl을 누른 상태에서 다른 슬라이드를 클릭해 여러 슬라이드를 선택합니다.
- 슬라이드를 선택한 후, Shift를 누른 상태에서 다른 슬라이드를 클릭해 클릭한 슬라이드는 물론 그 사이에 있는 다른 슬라이드로 선택합니다.

여러 슬라이드 보기에서 할 수 있는 작업

- **이동** 슬라이드를 드래그해 이동합니다.
- **복사** 슬라이드를 선택하고 Ctrl+C를 눌러 복사하고, Ctrl+V를 눌러 붙여넣습니다.
- **복제** 슬라이드를 선택하고 Ctrl+D를 눌러 즉시 복제합니다.
- **삭제** 슬라이드를 선택하고 Delete를 눌러 삭제합니다.
- **미리 보기** 슬라이드 아래에 별 모양 아이콘(★)을 클릭해 현재 슬라이드에 적용된 애니메이션이나 전환을 미리 봅니다.
- **기본 보기로 전환** 슬라이드를 더블클릭하면 기본 보기로 전환됩니다.

컨텍스트 메뉴 활용 방법

슬라이드를 마우스 오른쪽 버튼으로 클릭하고 표시되는 컨텍스트 메뉴에서 아래와 같은 작업을 할 수 있습니다.

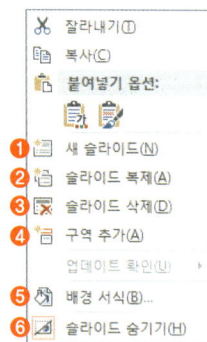

❶ **새 슬라이드** 새 슬라이드를 만듭니다.
❷ **슬라이드 복제** 선택되어 있는 슬라이드를 복제합니다.
❸ **슬라이드 삭제** 선택되어 있는 슬라이드를 삭제합니다.
❹ **구역 추가** 새 구역을 추가합니다.
❺ **배경 서식** 슬라이드 배경을 변경할 수 있는 작업창이 표시됩니다.
❻ **슬라이드 숨기기** 선택된 슬라이드를 숨기거나 숨기기를 해제합니다. 숨겨진 슬라이드는 흐리게 표시되며, 번호에 대각선이 그려집니다.

핵심기능 읽기용 보기

보기 전환 버튼 중에서 [읽기용 보기](📖)를 클릭하면 읽기용 보기로 전환할 수 있습니다.
스크린에 꽉 차게 보여주는 슬라이드 쇼 보기와 달리 읽기용 보기는 현재 파워포인트의 창 크기로 쇼를 실행합니다.

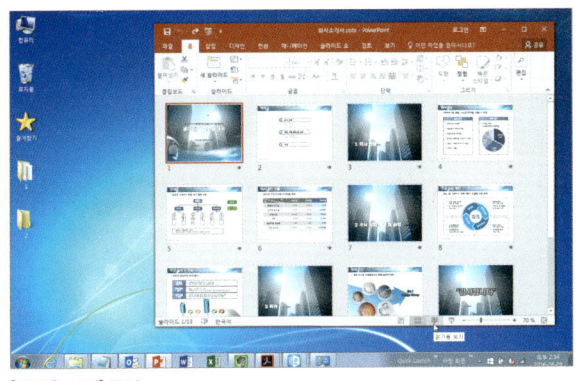

[읽기용 보기] 클릭

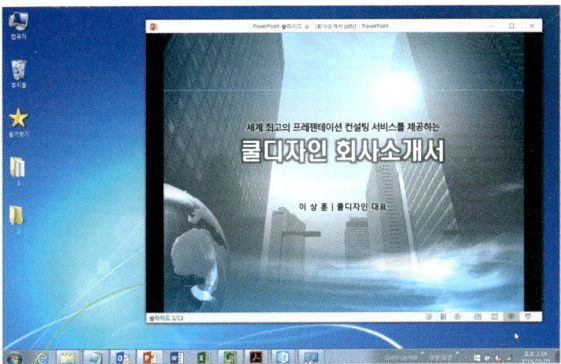

읽기용 보기로 전환

:: 오른쪽 상단 버튼의 역할

❶ **최소화(−)** 읽기용 창을 최소화합니다.
❷ **이전 크기로 복원 버튼(□)** 읽기용 창을 이전 크기로 만들거나 화면에 꽉차게 만듭니다.
❸ **[닫기](×)** 읽기용 모드를 종료합니다.

:: 오른쪽 하단 버튼의 역할

❹ **이전(◀)** 이전 애니메이션/슬라이드로 전환합니다.
❺ **메뉴(▤)** 읽기용 메뉴를 표시합니다. 여기에서 다른 슬라이드로 점프하거나 확대 등의 작업을 할 수 있습니다.

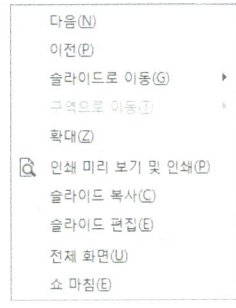

읽기용 보기 메뉴

❻ **다음(▶)** 다음 애니메이션/슬라이드로 전환합니다. 일반 슬라이드 쇼처럼 마우스 왼쪽 버튼을 클릭하거나 Enter+→를 눌러 전환할 수도 있습니다.

읽기용 모드는 전체 화면 상태보다는 창의 크기를 작게 만들어 다른 화면을 보면서 파워포인트 내용을 확인하거나, 두 개 이상의 프레젠테이션을 열어 비교할 때 유용합니다. 읽기용 보기를 종료하고 싶다면 Esc를 누릅니다.

핵심기능: 슬라이드 쇼 보기

모든 준비가 끝나면 컴퓨터를 프로젝터에 연결하고 발표를 진행하게 됩니다. 이때 슬라이드를 화면에 꽉 차게 표시하는 것을 슬라이드 쇼 보기라고 합니다. 슬라이드 쇼를 시작하고 Enter를 눌러 다음 슬라이드로 넘어가는 것은 너무 쉬운 쇼 진행 방법이지만 중요한 부분에 마킹을 하거나 특정 슬라이드로 빠르게 이동하거나, 슬라이드 노트를 발표자만 보면서 할 수 있다면 더 멋진 프레젠테이션을 할 수 있을 것입니다. 그 방법을 알아보겠습니다.

처음부터 슬라이드 쇼 시작하기

○ 처음부터 슬라이드 쇼 단축키
F5

- 빠른 실행 도구 모음에서 [슬라이드 쇼] 버튼()을 클릭합니다.
- [슬라이드 쇼] 탭에서 [처음부터]를 클릭합니다.

빠른 실행 도구 모음 [슬라이드 쇼] 버튼 클릭

현재 슬라이드부터 슬라이드 쇼 시작하기

○ 현재 슬라이드부터 슬라이드 쇼 단축키
Shift + F5

- 상태 표시줄에서 [슬라이드 쇼]()를 클릭합니다.
- [슬라이드 쇼] 탭에서 [현재 슬라이드부터]를 클릭합니다.

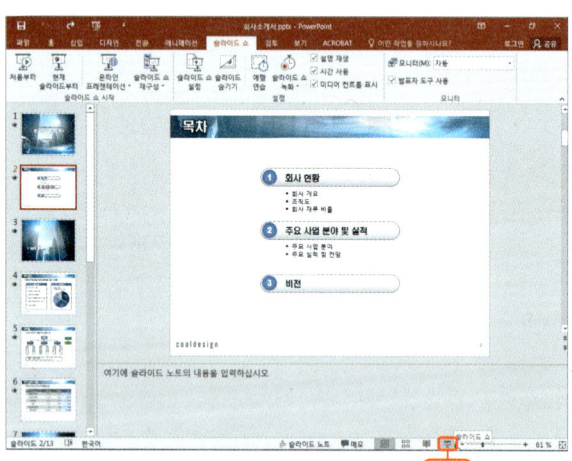

상태 표시줄에서 [슬라이드 쇼] 클릭

다음 슬라이드로 전환 또는 다음 애니메이션 실행하기

- 마우스의 왼쪽 버튼 클릭
- Enter 누르기
- Space Bar 누르기
- N 누르기(N: Next)
- Page Up 누르기
- → 누르기
- ↓ 누르기
- 쇼 보기 왼쪽 하단에서 [다음]() 클릭

이전 슬라이드로 전환 또는 이전 애니메이션 실행하기

- Back Space 누르기
- P 누르기(P: Previous)
- Page Down 누르기
- ← 누르기
- ↑ 누르기
- 쇼 보기 왼쪽 하단에서 [이전]() 클릭

:: 슬라이드 쇼에서 특정 슬라이드로 빠르게 이동하기

- 쇼 보기에서 슬라이드 번호를 입력하고 Enter를 누릅니다. 예를 들어 '10'번 슬라이드로 빠르게 전환하고 싶다면 키보드에서 '1', '0'을 차례로 누른 후 Enter를 누릅니다.
- 쇼 보기 왼쪽 하단에서 [모든 슬라이드 보기]( )를 클릭하고 슬라이드를 클릭합니다.

[모든 슬라이드 보기] 클릭   슬라이드 미리 보기 클릭

:: 슬라이드 쇼에서 화면 확대하기

쇼 보기 왼쪽 하단에서 [슬라이드 확대]( )를 클릭하고 확대할 부분을 클릭합니다. 그 부분이 확대됩니다. 마우스를 드래그해 다른 부분을 봅니다. Esc를 눌러 슬라이드 확대 모드를 마칩니다.

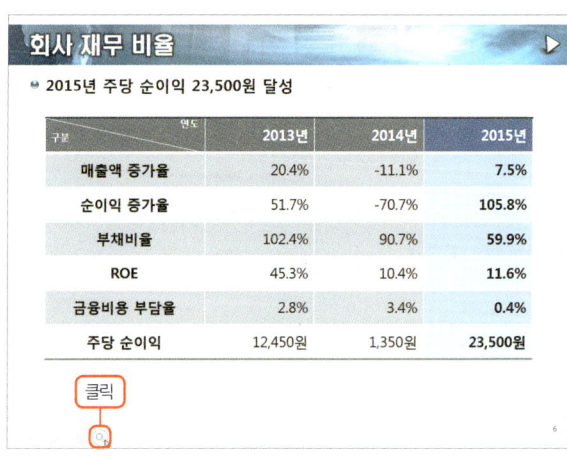 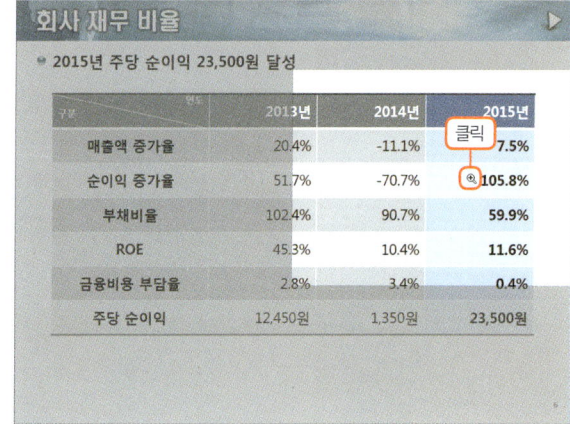

[슬라이드 확대] 클릭   확대할 부분 클릭

쇼 보기 왼쪽 하단에 표시되는 아이콘의 역할
쇼 보기에서 왼쪽 하단에 마우스 포인터를 위치시키면 6개의 아이콘이 표시되는데 각 아이콘의 역할은 다음과 같습니다.
- : 이전 슬라이드/애니메이션으로 되돌아가기
- : 다음 슬라이드/애니메이션 실행
- : 펜, 레이저 포인터를 실행할 수 있는 메뉴 표시
- : 모든 슬라이드 보기로 전환됨
- : 슬라이드의 특정 부분을 확대할 수 있음
- : 슬라이드 쇼와 관련된 옵션을 선택할 수 있는 메뉴 표시

슬라이드 쇼에서 펜 사용하기

- **펜 실행** 쇼 보기 왼쪽 하단에서 [펜 및 레이저 포인터 도구](✏️)를 클릭하고 [펜]을 선택합니다.

- **펜 칠하기** 마우스 포인터가 빨간색 점으로 바뀌면 드래그합니다. 기본적으로 빨간색 잉크가 칠해집니다.

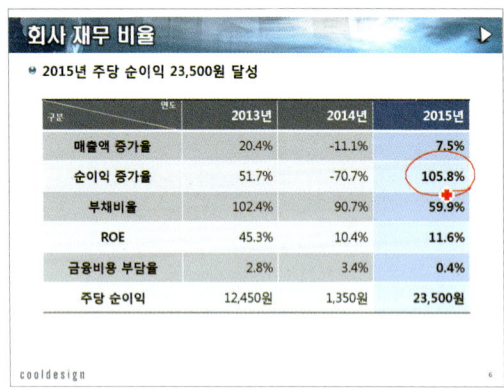

- **펜 색 바꾸기** 쇼 보기 왼쪽 하단에서 [펜 및 레이저 포인터 도구]를 클릭하고 다른 색을 선택합니다.

- **잉크 지우기** [펜 및 레이저 포인터 도구]를 클릭하고 [지우개]를 선택한 후 잉크를 클릭합니다. [슬라이드의 모든 잉크 삭제]를 선택하면 모든 잉크가 지워집니다.
- **펜 종료하기** Esc를 누릅니다.

> **잉크 저장하기**
> 슬라이드 쇼를 종료하면 잉크를 저장할 것인지를 물어보는데 [예] 버튼을 클릭하면 잉크가 개체로 남게 됩니다. 잉크는 일반 개체처럼 마우스로 클릭해 선택한 후, Delete를 눌러 지울 수 있습니다.

TIP

펜, 형광펜, 레이저 포인터 관련 단축키

기능	단축키	기능	단축키
펜	Ctrl+P	형광펜	Ctrl+I
지우개	Ctrl+E	모든 잉크 삭제	E
레이저 포인터	Ctrl+L		

- 레이저 포인터는 Ctrl을 누른 상태에서 마우스로 드래그해 실행할 수도 있습니다.
- 모든 잉크를 삭제하기 위해 E를 눌렀는데 잉크가 삭제되지 화면 왼쪽 상단에 [ㄷ]자가 표시되는 경우가 있습니다. 이것은 현재 한글 입력 상태이기 때문에 그런 것입니다. 이럴 때에는 키보드에서 [한/영]를 눌러 영문 입력 모드로 전환한 후, 다시 E를 누르면 됩니다.

슬라이드 쇼에서 검정/흰색 화면 만들기

잠깐 휴식을 취하거나, 현재 슬라이드와 무관한 내용을 설명하고 싶거나, 청중의 시선을 발표자에게 집중시키고 싶다면 화면을 일시적으로 검정이나 흰색으로 전환하는 것이 좋습니다.

- **메뉴 활용** 쇼 보기 왼쪽 하단에서 [슬라이드 쇼 옵션 더 보기](⋯)를 클릭하고 [화면]에서 [화면 어둡게 하기] 또는 [화면을 흰색으로 설정]을 선택합니다.

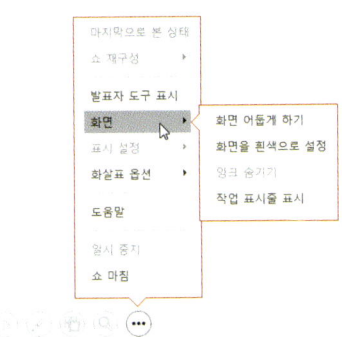

- **단축키 활용** 검정 화면으로 전환하고 싶다면 B 누르고, 흰색 화면으로 전환하고 싶다면 W 누릅니다. 마우스 왼쪽 버튼을 클릭하거나 키보드에서 아무키나 누르면 원래 화면으로 돌아옵니다.

슬라이드 쇼 종료하기

계속해서 Enter를 눌러 맨 마지막 슬라이드를 넘기게 되면 검은색 페이지가 표시됩니다. 여기에서 Enter를 눌러 슬라이드 쇼를 마칩니다. 쇼를 진행하는 중간에 쇼를 마치려면 Esc를 누릅니다.

슬라이드 쇼 도움말 보기

사실 이 정도만 익히면 슬라이드 쇼에서 별 어려움 없이 발표를 할 수 있을 것입니다. 하지만 슬라이드 쇼에서 실행할 수 있는 기능들을 모두 알고 싶다면 다음 중 하나를 실행합니다.

- 단축키 F1을 누릅니다.
- 쇼 보기 왼쪽 하단에서 [슬라이드 쇼 옵션 더 보기](⋯)를 클릭하고 [도움말]을 선택합니다.

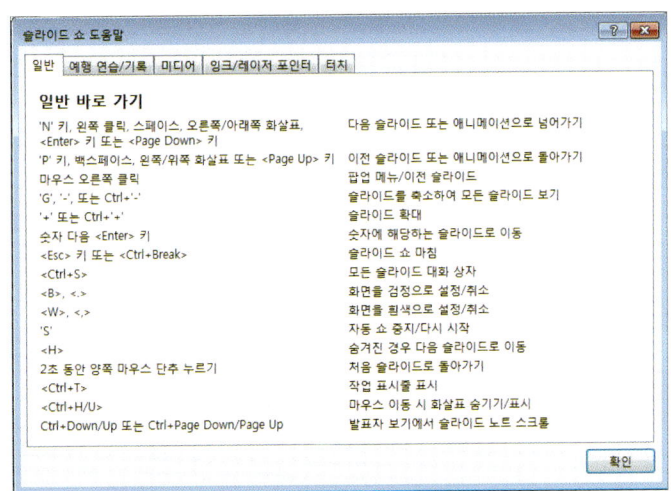

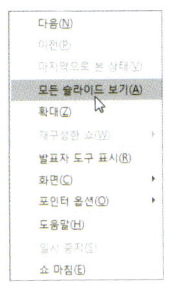

○ **슬라이드 쇼 컨텍스트 메뉴**
슬라이드 쇼에서도 마우스 오른쪽 버튼을 클릭하면 컨텍스트 메뉴가 표시됩니다. 여기에서 모든 슬라이드 보기, 확대, 발표자 도구 표시, 포인터 옵션 등의 명령을 실행할 수 있습니다.

핵심기능 쇼 설정하기

슬라이드 쇼를 제대로 하려면 쇼 설정 기능을 통해 몇 가지 옵션을 미리 설정해놓는 것이 좋습니다. 예를 들어, 펜 기능을 사용하겠다고 생각했다면 기본 펜 색을 원하는 색으로 설정하는 것이 좋습니다. 흰색 배경이라면 기본인 빨강이 좋지만, 어두운 배경이라면 노랑이 더 좋습니다. 이렇게 슬라이드 쇼의 기본 옵션을 설정할 수 있는 곳을 쇼 설정이라 합니다.

[쇼 설정] 대화상자 표시하기

[슬라이드 쇼] 탭에서 [슬라이드 쇼 설정]을 클릭하고 [쇼 설정] 대화상자에서 옵션을 조정합니다.

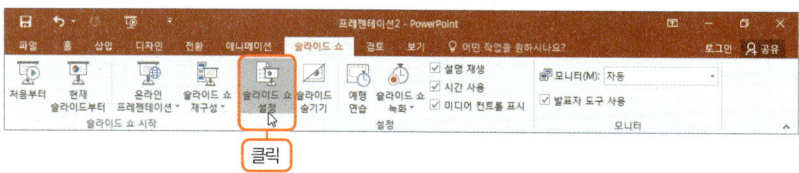

● **애니메이션 없이 보기 옵션**
[쇼 설정] 대화상자에서 필자가 가장 많이 사용했던 옵션은 [애니메이션 없이 보기]입니다. 프레젠테이션을 하다 보면 애니메이션 없이 슬라이드 쇼를 할 경우가 종종 발생하기 때문입니다.

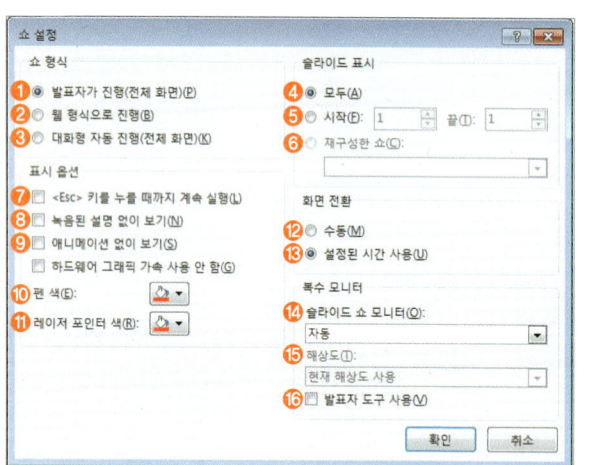

쇼 형식

슬라이드 쇼를 어떻게 진행할 지를 결정합니다.

❶ **발표자가 진행(전체 화면)** 일반적으로 쇼 보기 상태입니다. 발표자가 Enter 나 마우스 클릭으로 다른 슬라이드로 전환하면서 발표할 수 있습니다.

❷ **웹 형식으로 진행** 인터넷 웹 페이지처럼 표시됩니다.

❸ **대화형 자동 진행(전체 화면)** 이 옵션을 선택하면 슬라이드 쇼에서 Enter 나 마우스 클릭은 전혀 사용할 수 없습니다. 단지, 하이퍼링크가 설정된 개체를 클릭하는 방법으로만 슬라이드 쇼가 실행됩니다.

슬라이드 표시

❹ **모두** 모든 슬라이드를 쇼에서 재생합니다(숨겨진 슬라이드는 제외).

❺ **시작/끝** 시작과 끝 슬라이드를 지정합니다.

❻ **재구성한 쇼** [슬라이드 쇼] 탭에서 [슬라이드 쇼 재구성]을 클릭해 재구성한 쇼를 만든 경우에만 선택할 수 있는 옵션입니다. 슬라이드 쇼를 실행했을 기본적으로 재구성한 쇼가 실행됩니다.

표시 옵션

❼ **Esc를 누를 때까지 계속 실행** 슬라이드 쇼는 기본적으로 맨 마지막 슬라이드에서 Enter를 누르면 종료됩니다. 하지만 Enter를 눌렀을 때 다시 첫 번째 슬라이드로 되돌아와서 계속 실행되도록 하고 싶다면 이 옵션을 선택합니다. 화면 전환 기능을 이용해 자동으로 슬라이드 쇼가 진행되도록 할 경우 이 옵션을 설정하면 계속해서 반복 실행되도록 할 수 있습니다.

❽ **녹음된 설명 없이 보기** 현재 프레젠테이션에 설명이 녹음되어 있는 경우 이 옵션을 선택하면 이 녹음 없이 슬라이드 쇼를 진행합니다.

❾ **애니메이션 없이 보기** 애니메이션을 사용하지 않고 슬라이드 쇼를 진행합니다. 내용만 빠르게 확인하고 싶을 때 유용합니다.

❿ **펜 색** 슬라이드 쇼에서 펜 기능 실행 시 기본 색을 지정합니다. 기본적으로 빨강입니다.

⓫ **레이저 포인터 색** 슬라이드 쇼에서 레이저 포인터 기능 실행 시 기본 색을 지정합니다. 기본적으로 빨강입니다.

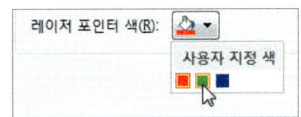

화면 전환

⓬ **수동** 화면 전환 시간을 사용하지 않고 사용자가 Enter나 기본적인 방법을 이용해 쇼를 진행할 수 있습니다.

⓭ **설정된 시간 사용** 슬라이드에 재생 시간이 설정되어 있는 경우 그 시간을 사용해 쇼를 진행할 수 있습니다.

복수 모니터

> ○ 발표자 도구를 실행하는 다른 방법
> [슬라이드 쇼] 탭에서 [발표자 도구 사용] 옵션을 선택합니다.

슬라이드 쇼는 기본적으로 발표자의 컴퓨터 모니터와 빔 프로젝터로 스크린에 영사하는 내용이 일치합니다. 하지만 여러분의 컴퓨터가 복수 모니터를 볼 수 있는 기능이 있다면 이 기능을 사용해 발표자의 컴퓨터 모니터와 스크린에 표시되는 내용을 다르게 설정할 수 있습니다.

⓮ **슬라이드 쇼 모니터** 슬라이드 쇼를 통해 보이는 모니터를 선택할 수 있습니다.

⓯ **해상도** [현재 해상도]가 선택되어 있다면 현재 컴퓨터의 기본 해상도를 사용해 쇼를 진행합니다. 만약 고해상도의 화면을 재생할 수 없는 프로젝터의 경우 프로젝터를 통해 영사되는 화면이 왜곡되거나 정상적으로 표시되지 않는 경우가 있습니다. 이런 경우 여기에서 해상도를 '1024'×'768'이나 '800'×'600'으로 변경하면 정상적으로 볼 수 있습니다.

⓰ **발표자 도구 사용** 이 옵션을 선택하면 현재 컴퓨터가 프로젝터에 연결되어 있는 경우, 쇼를 시작했을 때 자동으로 발표자 도구가 실행됩니다.

슬라이드 쇼 실행하기

예제 파일 Sample\Theme01\SNS마케팅.pptx **완성 파일** Sample\Theme01\SNS마케팅(결과).pptx

키 워 드 슬라이드 쇼
길라잡이 슬라이드 쇼를 실행해 몇 페이지를 점프했다가 다시 되돌아오고, 펜을 칠하고 잉크 주석을 저장하는 것까지 해보겠습니다.

STEP 01 처음부터 쇼 시작하기

● 처음부터 슬라이드 쇼 시작하기 단축키
F5

01 ❶ [슬라이드 쇼] 탭에서 ❷ [처음부터]를 클릭합니다.

02 첫 번째 슬라이드가 표시되면 Enter를 누르거나 마우스 왼쪽 버튼을 클릭해 다음 슬라이드로 전환합니다. 쇼 보기에서 키보드에서 숫자 1과 0으로 차례로 입력하고 Enter를 누릅니다. 그러면 10번 슬라이드로 곧바로 이동합니다.

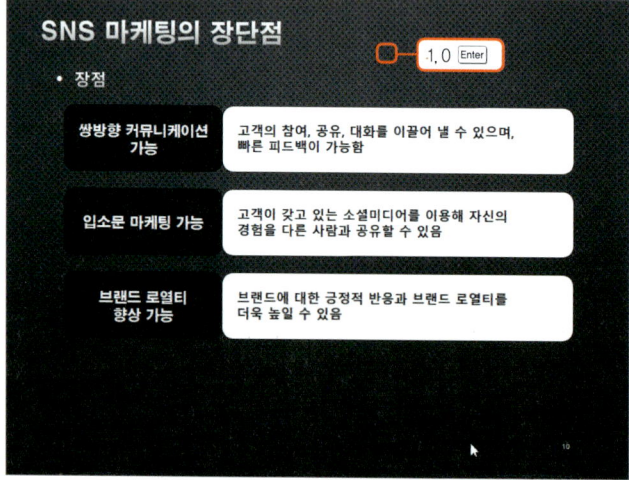

STEP 02 펜 실행하기

○ 쇼 보기에서 펜 실행 단축키
Ctrl + P

01 ❶ [펜 및 레이저 포인터 도구](✐)를 클릭하고 ❷ [펜]을 선택합니다.

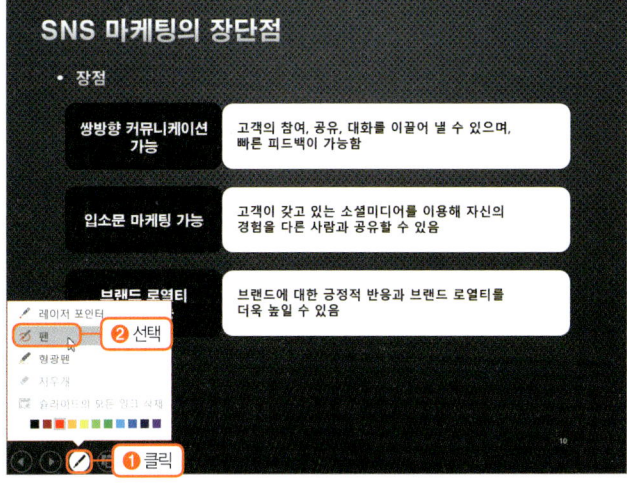

02 ❶ 마우스로 드래그해 펜을 칠한 후 ❷ 쇼 보기 왼쪽 하단에서 [펜](✐)을 클릭하고 ❸ [지우개]를 선택합니다.

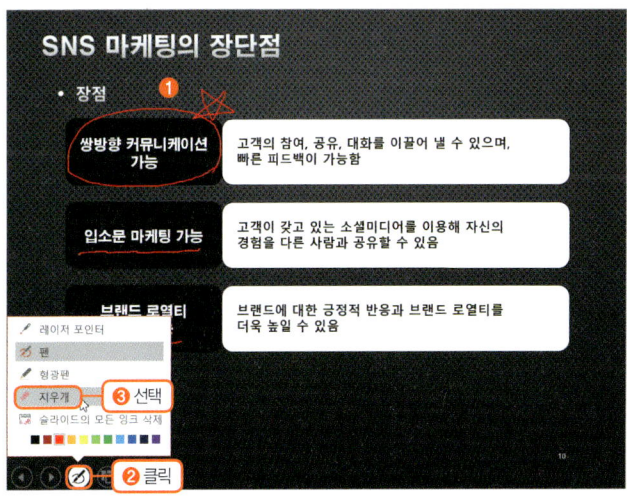

○ 펜, 형광펜, 레이저 포인터 관련 단축키
• 펜: Ctrl + P
• 형광펜: Ctrl + I
• 지우개: Ctrl + E
• 모든 잉크 삭제: E
• 레이저 포인터: Ctrl + L

03 마우스 포인터가 지우개 모양으로 변경되면 지우고 싶은 잉크 주석을 클릭합니다.

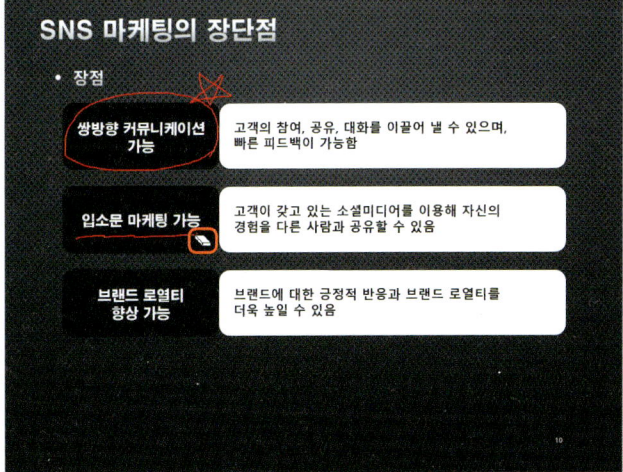

04 Esc를 눌러 지우개를 종료한 후 ❶ 쇼 보기 왼쪽 하단에서 [슬라이드 쇼 옵션 더 보기](...)를 클릭하고 ❷ [마지막으로 본 상태]를 선택합니다. 가장 최근에 봤던 슬라이드가 표시됩니다.

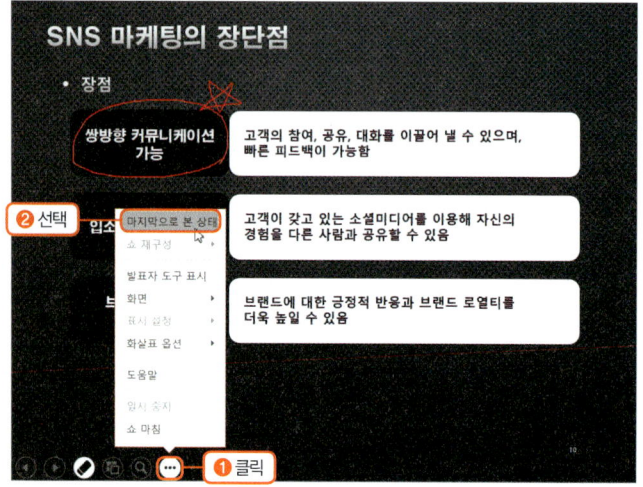

05 쇼를 종료하기 위해 Esc를 누른 후 [예]를 클릭합니다.

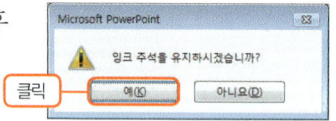

06 슬라이드에 잉크 주석이 남아 있는 것을 볼 수 있습니다. 잉크 주석을 선택하고 Delete를 누르면 삭제됩니다.

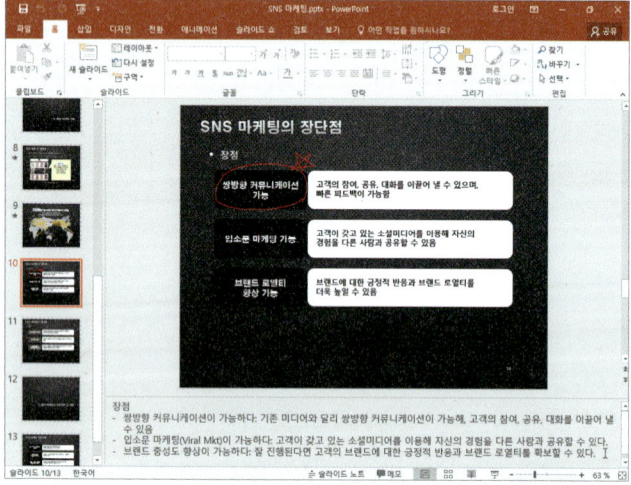

발표자 도구로 슬라이드 노트 보면서 발표하기

세상에서 가장 어려운 일 중에 하나가 대중 앞에서의 연설이라는 말이 있듯이 누구에게나 발표는 어렵습니다. 이런 어려운 발표 때 발표자 도구를 활용하면 청중 몰래 슬라이드 노트에 입력한 내용을 보거나 다른 파일을 열어 내용을 확인하는 등의 작업을 할 수 있습니다.

■ 발표자 도구 실행하기

컴퓨터를 프로젝터에 연결하고 다음 중 하나의 방법으로 발표자 도구를 선택합니다.

- ❶ [슬라이드 쇼] 탭에서 ❷ [발표자 도구] 옵션 선택하고 슬라이드 쇼를 시작합니다.

- 슬라이드 쇼 보기 왼쪽 하단에서 ❶ [슬라이드 쇼 옵션 더 보기](⋯)를 클릭하고 ❷ [발표자 도구 표시]를 선택합니다.

■ 발표자 도구 실행 화면

내 컴퓨터의 화면이 아래와 같이 변경됩니다. 왼쪽에 현재 화면, 오른쪽에 다음 화면, 오른쪽 하단에 슬라이드 노트에 입력한 내용, 그리고 각종 도구가 표시됩니다. 물론 프로젝터를 통해 스크린으로 영사되는 화면은 슬라이드만 표시됩니다.

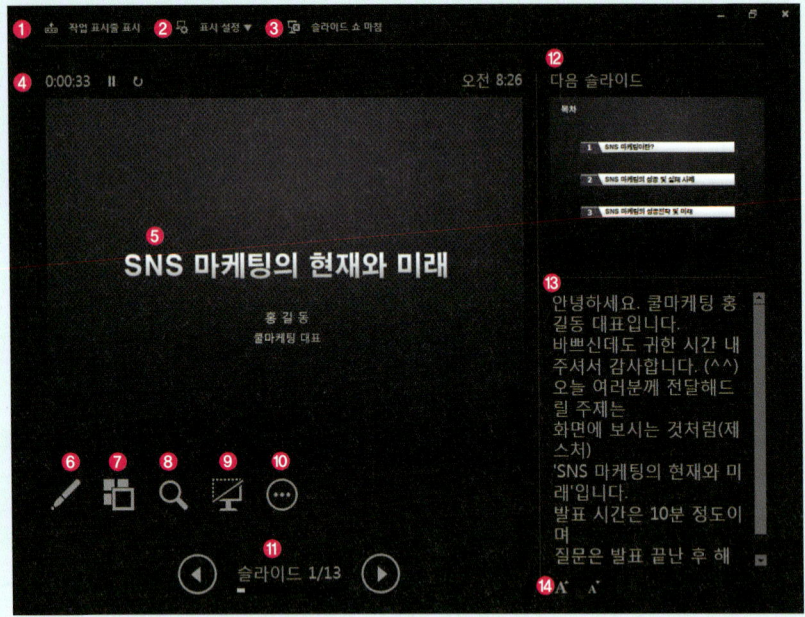

❶ **작업 표시줄 표시** 화면 하단에 작업 표시줄이 표시됩니다. 이 상태에서 다른 프로그램을 실행하거나, 인터넷을 실행하거나, 다른 자료를 여는 등의 작업을 할 수 있습니다. 물론 청중은 여러분이 하는 작업을 전혀 볼 수 없습니다.

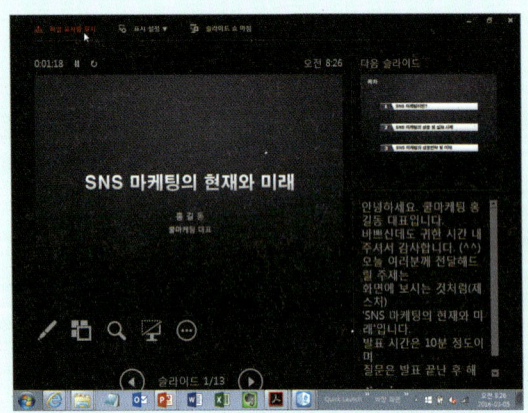

작업 표시줄 표시 상태

❷ **표시 설정** 발표자 도구와 슬라이드 쇼를 서로 바꾸거나 기본 보기 상태인 슬라이드 쇼 복제를 선택할 수 있습니다.
❸ **슬라이드 쇼 마침** 쇼를 마칩니다.
❹ **시간 표시** 슬라이드 쇼 진행 시간, 타이머 일시 중지, 타이머 다시 시작, 현재 시간을 표시합니다.
❺ **현재 화면** 현재 프로젝트를 통해 스크린에 영사되는 화면을 보여줍니다.
❻ **펜 및 레이저 포인터 도구( )** 펜과 레이저 포인터를 실행하거나 지우개를 실행할 수 있는 메뉴가 표시됩니다.

❼ **모든 슬라이드 보기(▦)** 모든 슬라이드가 표시되며 슬라이드를 클릭하면 그 슬라이드가 표시됩니다.

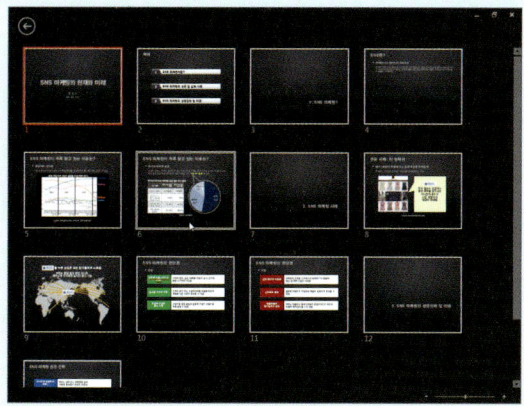

모든 슬라이드 보기 상태

❽ **슬라이드 확대(🔍)** 슬라이드의 특정 부분을 클릭하면 그 부분이 확대되며, 마우스를 드래그해 확대된 상태에서 다른 부분을 볼 수 있습니다. Esc 를 누르면 원래 상태로 되돌아옵니다.

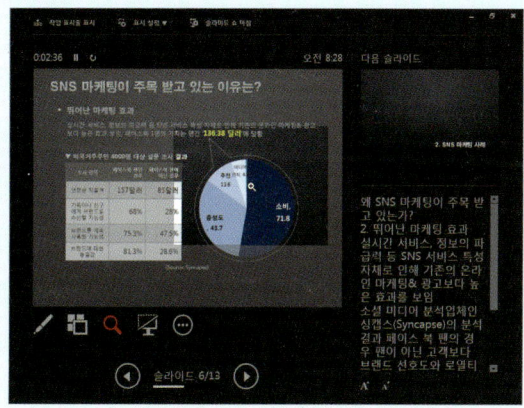

슬라이드 확대 기능 실행 상태

❾ **슬라이드 쇼를 검정으로 설정/취소(▨)** 화면이 검은색으로 변하며, Esc 를 누르면 원래 상태로 되돌아옵니다.
❿ **슬라이드 옵션 더 보기(⋯)** 마지막으로 본 상태, 발표자 도구 숨기기 등 쇼 관련 옵션을 볼 수 있습니다.
⓫ **슬라이드 내비게이터** 이전 또는 다음 슬라이드/애니메이션으로 전환할 수 있으며, 현재 슬라이드 번호와 전체 슬라이드 수를 표시합니다.
⓬ **다음 슬라이드/애니메이션** 다음에 표시되는 슬라이드나 애니메이션을 보여줌으로써 발표자가 다음에 이야기해야 할 것을 미리 생각하며 발표할 수 있도록 도와줍니다.
⓭ **슬라이드 노트** 슬라이드 노트에 입력한 내용이 표시됩니다.
⓮ **텍스트 확대/축소** 표시되는 슬라이드 노트 텍스트의 크기를 조정할 수 있습니다.

발표자 도구 모드에서도 일반 쇼 보기처럼 단축키를 이용해 쇼를 진행할 수 있음
발표자 도구 모드에서 번호를 입력하고 Enter 를 눌러 특정 슬라이드로 이동하거나, B 를 눌러 화면을 검은색으로 만들거나 하는 등 슬라이드 쇼에서 할 수 있는 모든 단축키를 사용할 수 있습니다.

실무테크닉 01 슬라이드 크기를 변경하고 PDF/그림 프레젠테이션으로 저장해보세요.

파워포인트 2016은 기본적으로 와이드 형태의 크기를 갖고 있는데 이것을 기본 슬라이드 쇼 크기나 A4용지와 같은 다른 크기로 변경해야 하는 경우가 종종 발생합니다. 그리고 파워포인트 파일을 공유하면 다른 사람들이 파일 내용을 수정하거나 자기 마음대로 사용할 수 있습니다. 이를 막고 싶다면 수정할 수 없는 상태이면서 슬라이드 내용을 그대로 표시할 수 있는 형태로 변환하는 것이 좋은데, 대표적인 방법이 PDF와 그림 프레젠테이션(PPTX)입니다.

예제 파일 Sample\Theme01\실무테크닉.pptx
완성 파일 Sample\Theme01\실무테크닉.pdf, 실무테크닉(배포용).pptx

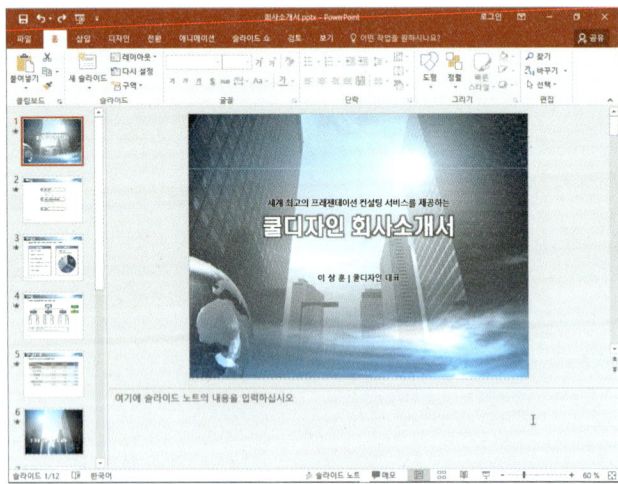

원본 회사소개서.pptx

1 슬라이드 크기를 A4용지로 변경해보세요.

[디자인] 탭에서 [슬라이드 크기]에서 [사용자 지정 슬라이드 크기]를 선택하고 [슬라이드 크기]를 [A4 용지]로 변경합니다. 만약 최대화/맞춤 확인 대화상자가 표시된다면 [맞춤 확인]을 클릭합니다.

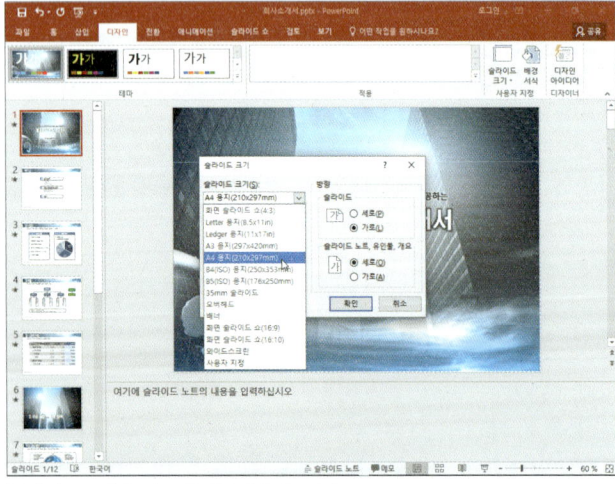

[슬라이드 크기]에서 [A4 용지]를 선택하는 장면

2 PDF로 저장해보세요

다른 이름으로 저장 대화상자의 [파일 형식] 목록에서 PDF를 선택하거나, [파일] 메뉴의 [내보내기]에서 PDF 명령을 사용하면 됩니다.

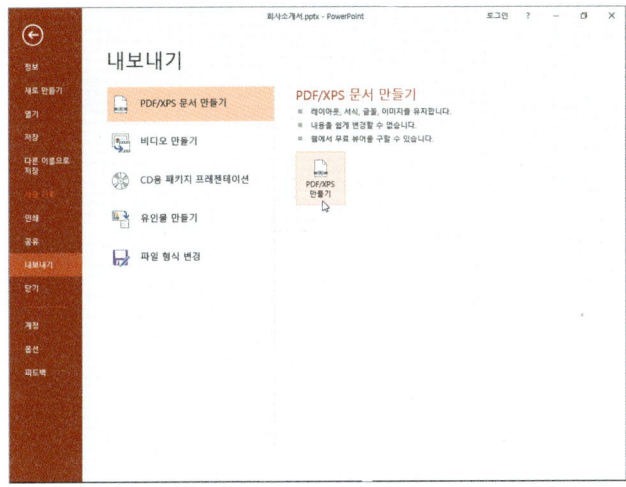

PDF로 저장 명령 선택 장면

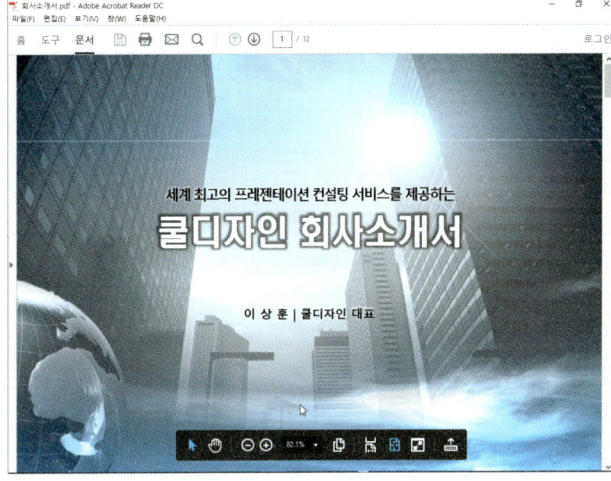

PDF로 저장한 파일을 PDF Reader에서 연 장면

○ PDF
PDF란 Portable Document Format의 약어입니다. 똑같은 문서를 다른 컴퓨터에서 보면 조금씩 다르게 보이는 문제를 해결하기 위해 '어도비(Adobe)'에서 만든(1993년) 문서 포맷으로 PDF 뷰어만 있다면 컴퓨터 환경과 상관없이 똑같은 모습의 문서를 볼 수 있게 해주며, 또한 똑같은 모습으로 인쇄할 있게 해줍니다.

3 그림 프레젠테이션으로 저장해보세요

[회사소개서.pptx] 파일을 [회사소개서(배포용).pptx]라는 이름의 그림 프레젠테이션으로 저장해보세요. [다른 이름으로 저장] 명령을 실행하고 표시되는 대화상자의 [파일 형식] 목록에서 [PowerPoint 그림 프레젠테이션]을 선택하면 됩니다. 그림 프레젠테이션으로 저장된 파워포인트 파일을 연 후, 슬라이드에서 개체를 클릭해 선택하면 개별 개체가 아니라 한 장의 그림이 선택되는 것을 볼 수 있습니다.

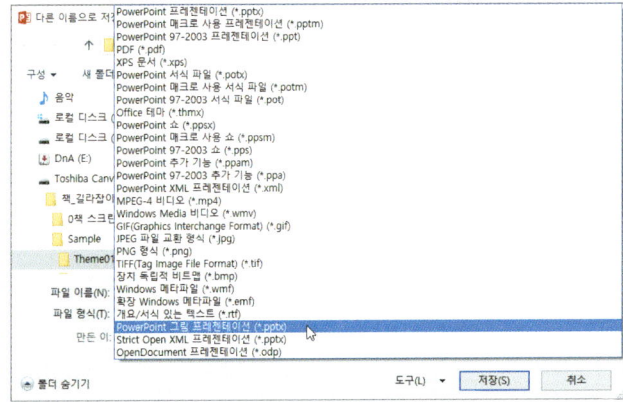

다른 이름으로 저장 대화상자에서 [PowerPoint 그림 프레젠테이션] 선택 장면

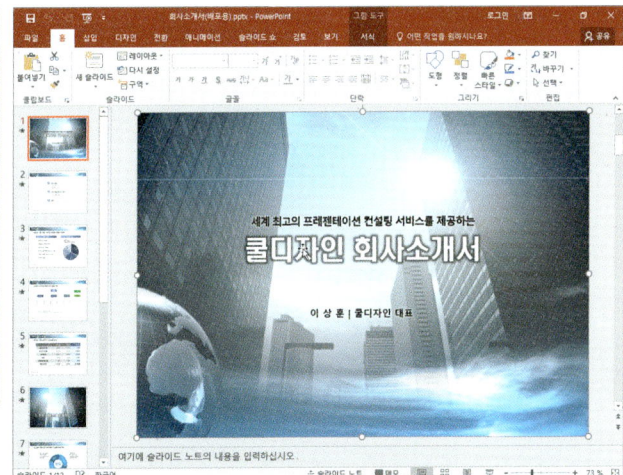

그림 프레젠테이션으로 저장한 결과

072 텍스트 입력 및 한자, 기호 삽입하기

085 텍스트 선택 및 글꼴 서식 변경하기

098 단락 서식 변경하기

113 텍스트에 특별한 효과 설정하고 서식 복사하기

THEME 02

텍스트 디자인 기법

곧바로 텍스트를 입력할 수 있는 워드프로세서와 달리 파워포인트에서는 텍스트를 입력할 수 있는 틀을 만들어야 합니다. 이번 테마에서는 텍스트를 입력하는 방법에서부터 글꼴 및 단락 서식을 변경하는 방법, 그리고 텍스트에 특별한 효과를 적용하고 그것을 다른 텍스트에 쉽게 복사하는 방법 등 텍스트 관련 핵심 기능에 대해 알아보겠습니다.

LESSON 01 텍스트 입력 및 한자, 기호 삽입하기

글자, 기호, 한자 삽입 방법 등 기본적인 텍스트 입력 방법에서부터 시작해, 스마트 조회 방법, 영어 번역 방법, 그리고 글자를 입력할 때 자동으로 실행되는 맞춤법 검사 관련 옵션을 조정하는 방법 등 텍스트와 관련된 주요 기능에 대해 알아보겠습니다.

핵심기능 ▶ 텍스트 관련 기능 알아보기

텍스트 관련 기능은 여기저기 산재되어 있습니다. 기본인 [홈]은 물론, [삽입], [검토] 탭에서도 텍스트와 관련된 기능을 실행할 수 있습니다.

▪ [홈] 탭

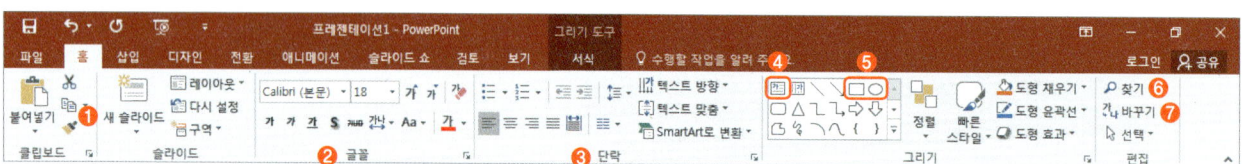

❶ **새 슬라이드** [홈] 탭에서 [새 슬라이드]를 클릭하고 빈 화면을 제외한 레이아웃을 선택하면 슬라이드가 삽입되면서 텍스트를 입력할 수 있는 기본 개체 틀이 표시됩니다. 개체 틀을 클릭하고 텍스트를 입력할 수 있습니다.

❷ **글꼴 영역** 텍스트의 글꼴, 글꼴 크기, 글꼴 색 등과 같은 글꼴 서식을 변경할 수 있습니다.

❸ **단락 영역** 글머리 기호, 번호 매기기, 왼쪽/가운데/오른쪽 맞춤 등 단락 관련 속성을 변경할 수 있습니다.

❹ **텍스트 상자** [홈] 탭의 [그리기] 영역에서 [텍스트 상자] 또는 [세로 텍스트 상자]를 선택하고 슬라이드에서 드래그하거나 클릭해 텍스트 상자를 만들고 텍스트를 입력합니다.

❺ **도형** [직사각형]□, [타원]○, [모서리가 둥근 직사각형]□ 등과 같은 도형을 선택하고 슬라이드에서 드래그해 도형을 만들고 텍스트를 입력합니다.

❻ **찾기** 현재 프레젠테이션에서 특정 텍스트를 찾습니다.

❼ **바꾸기** 현재 프레젠테이션에서 특정 텍스트를 다른 텍스트로 바꿉니다.

[삽입] 탭

① **새 슬라이드** 만들어진 슬라이드의 개체 틀에 텍스트를 입력할 수 있습니다.
② **표** 만들어진 표의 셀에 텍스트를 입력할 수 있습니다.
③ **도형** 만들어진 도형에 텍스트를 입력할 수 있습니다.
④ **텍스트 상자** 텍스트 상자를 만듭니다. [텍스트 상자] 메뉴를 열고 [세로 텍스트 상자]를 선택해 세로 텍스트 상자를 만들 수도 있습니다.
⑤ **WordArt** 표시되는 목록에서 WordArt를 선택하고 텍스트를 입력해 특별한 서식이 적용된 WordArt를 만들 수 있습니다.
⑥ **수식** 수식을 삽입할 수 있습니다.

[검토] 탭

① **맞춤법 검사** 현재 프레젠테이션에서 맞춤법 검사를 실행합니다.
② **동의어 사전** 영어의 동의어 사전을 표시합니다.
③ **번역** 선택한 텍스트의 번역본을 표시합니다.
④ **한글/한자 변환** 한글을 한자로, 한자를 한글로 변환합니다.
⑤ **언어** 언어와 관련된 기본 설정을 조정합니다.
⑥ **새 메모** 새 메모를 만들거나, 삭제, 이전/다음 메모로 빠르게 이동할 수 있습니다.

컨텍스트 메뉴

선택한 텍스트를 마우스 오른쪽 버튼으로 클릭하면 '컨텍스트 메뉴'에서 텍스트 편집 끝내기, 스마트 조회, 영어 동의어, 번역 등의 기능을 이용할 수 있습니다.

① **텍스트 편집 끝내기** 텍스트 편집을 종료하고 텍스트 상자나 도형의 테두리를 선택해줍니다.
② **스마트 조회** 선택한 텍스트와 관련된 정보를 찾아 작업창에 표시합니다.
③ **영어 동의어** 선택한 영어 텍스트의 동의어를 찾아 표시합니다.
④ **번역** 선택한 텍스트를 번역한 결과를 작업창에 표시합니다.

텍스트 입력 및 번역, 맞춤법 검사하기

예제 파일 Sample\Theme02\텍스트 입력.pptx   **완성 파일** Sample\Theme02\텍스트 입력(결과).pptx

키 워 드 개체 틀, 도형, 텍스트 상자, 기호, 한자, 스마트 조회, 번역, 맞춤법 검사, 사전
길라잡이 텍스트를 입력하는 3가지 방법을 알아보고, 기호 및 한자를 입력하는 방법, 스마트 조회, 번역, 맞춤법 검사 등 파워포인트의 텍스트 관련 기능을 살펴봅니다.

STEP 01 개체 틀에 텍스트 입력하기

01 슬라이드에서 '제목을 입력하십시오'가 표시되는 제목 개체 틀을 클릭합니다.

02 텍스트를 입력합니다.

TIP

개체 틀에 텍스트를 입력했을 때 자동으로 글꼴 크기가 조정된다면
개체 틀 주변에 표시되는 [자동 맞춤 옵션] 버튼(🔹)을 클릭하고 [이 개체 틀에 텍스트 맞춤 중지]를 선택합니다.
파워포인트에서 텍스트 맞춤 기능을 아예 사용하지 않고 싶다면, [자동 고침 옵션 조절]을 선택하고 표시되는 대화상자에서 [개체 틀에 제목 텍스트 자동 맞춤]과 [개체 틀에 본문 텍스트 자동 맞춤] 옵션을 선택 해제합니다.

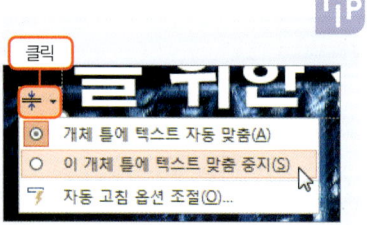

STEP 02 도형에 텍스트 입력하기

01 ❶ 2번 슬라이드를 선택하고 ❷ [홈] 탭의 [그리기] 영역에서 [모서리가 둥근 직사각형]□을 클릭합니다.

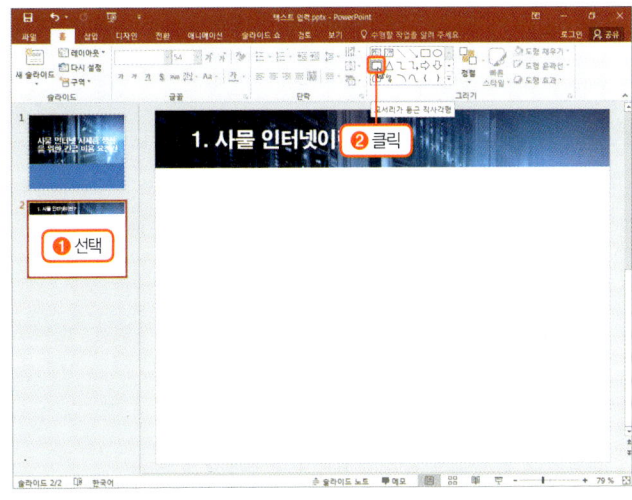

● 도형의 크기 조정하기
도형 테두리에 표시되는 [크기 조정 핸들]○을 드래그합니다.

02 슬라이드에서 드래그해 모서리가 둥근 직사각형을 만듭니다.

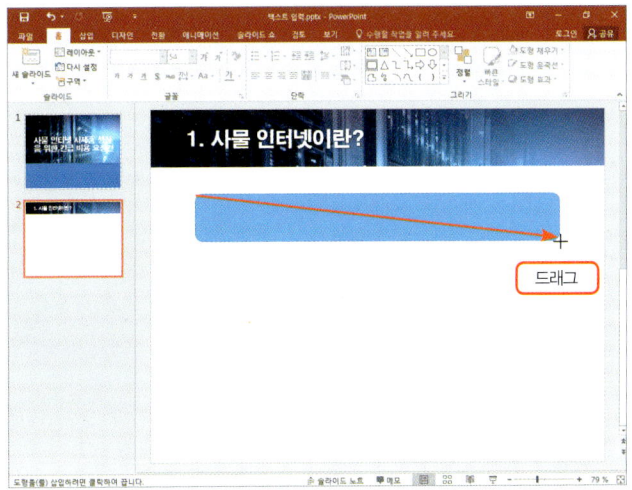

● 한/영 전환하기
키보드에서 [한/영 전환키]를 누릅니다.

03 다음과 같이 텍스트를 입력합니다. 도형에 텍스트가 입력됩니다.

사물 인터넷(Internet of Things, 약어로 IoT)은 각종 사물에 센서와 통신 기능을 내장하여 인터넷에 연결하는 기술

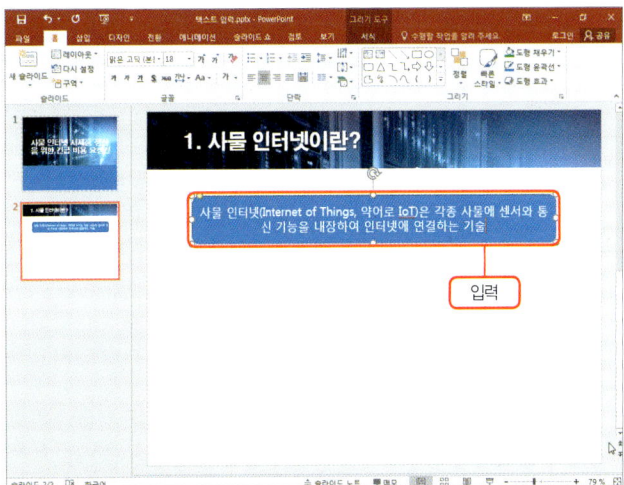

STEP 03 텍스트 상자 만들어 글자 입력하기

01 [홈] 탭의 [그리기] 영역에서 [텍스트 상자] 버튼(圄)을 클릭합니다.

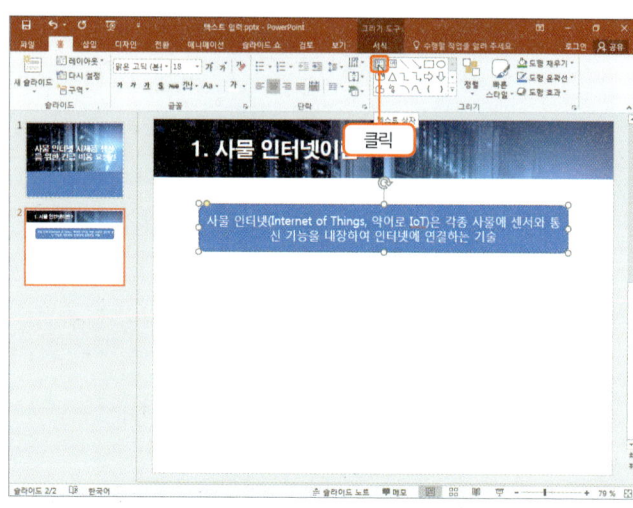

● **텍스트 상자를 만드는 다른 방법**
[텍스트 상자]를 선택하고 슬라이드를 클릭해 기본 텍스트 상자를 만들 수 있습니다. 글자를 입력하면 입력한 글자에 따라 자동으로 텍스트 상자의 너비가 늘어납니다. 여러 줄을 만들고 싶다면 Enter를 누르거나 텍스트 상자의 크기를 조정합니다.

02 슬라이드에서 드래그해 텍스트 상자를 만듭니다.

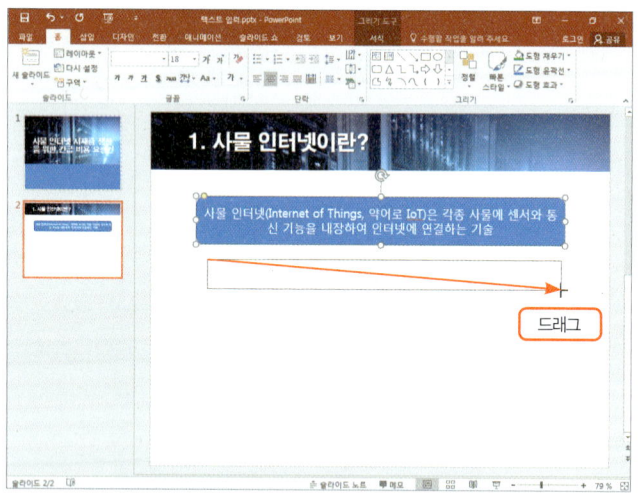

● **텍스트 상자의 크기 조정하기**
텍스트 상자 테두리에 표시되는 [크기 조정 핸들]○을 드래그합니다.

03 다음과 같이 텍스트를 입력합니다.

여기에서 '사물'은 가전제품, 모바일 장비, 웨어러블 컴퓨터 등 특정 프로그램의 임베디드가 가능한 모든 시스템을 의미

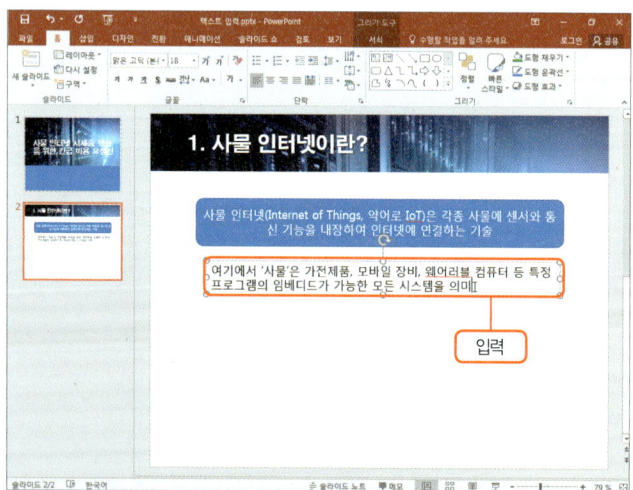

STEP 04 기호 삽입하기

01 ❶ 기호를 삽입할 곳(예 '여기에서' 왼쪽)을 클릭하고 ❷ [삽입] 탭에서 ❸ [기호]를 클릭합니다.

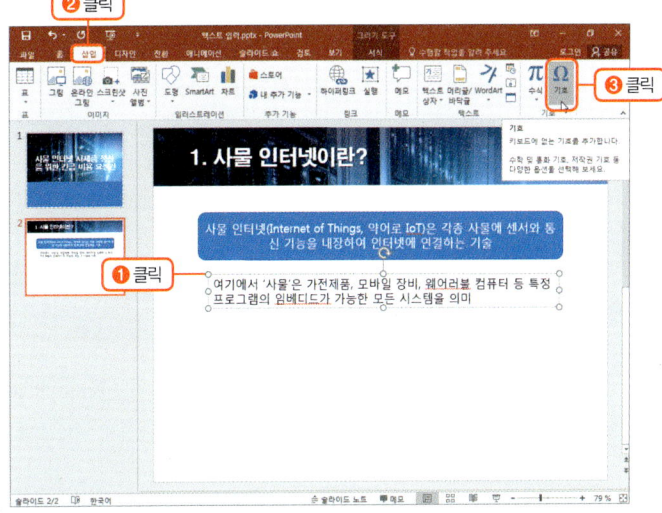

02 표시되는 [기호] 대화상자에서 ❶ [하위 집합] 메뉴를 열고 ❷ [일반 문장 부호]를 선택합니다.

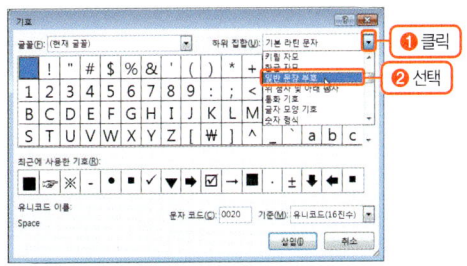

● 최근에 사용한 기호
[기호] 대화상자 아래에 있는 [최근에 사용한 기호]에 가장 최근에 사용한 기호가 표시됩니다. 따라서 다음에 동일한 기호를 추가할 때는 글꼴을 바꾸지 않고도 쉽게 기호를 추가할 수 있습니다.

03 ❶ 기호를 선택(예 ※)하고 ❷ [삽입]을 클릭한 후, ❸ [닫기]를 클릭합니다.

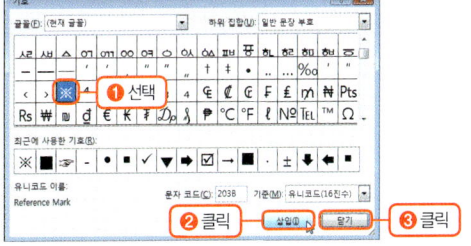

04 커서가 있던 곳에 선택한 기호가 추가됩니다. Space Bar 를 한 번 눌러 공란을 하나 추가합니다.

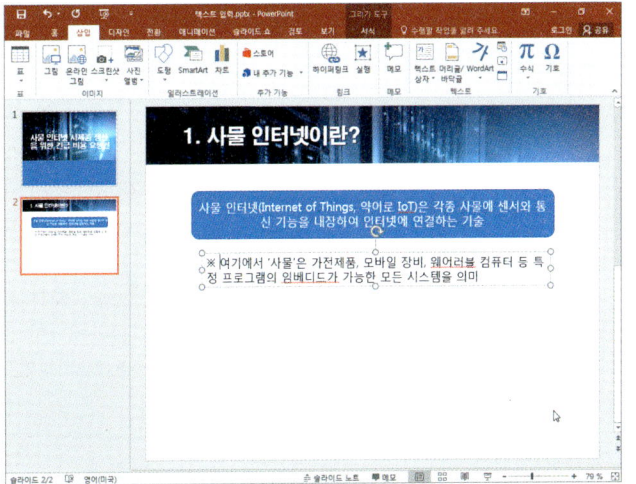

STEP 05 한글을 한자로 변환하기

● 한글을 한자로 변환하는 다른 방법
텍스트를 선택하고 키보드에서 한자를 누릅니다.

01 입력한 텍스트 중에서 ❶ [사물]을 선택하고 ❷ [검토] 탭에서 ❸ [한글/한자 변환]을 클릭합니다.

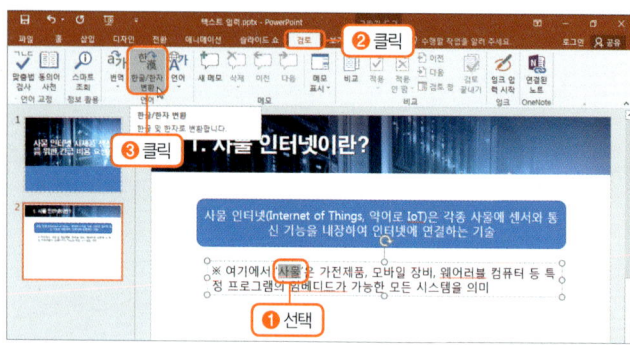

● 입력 형태
[한글/한자 변환] 대화상자의 [입력 형태]에서 한자 변환 옵션을 선택할 수 있는데 그 결과는 다음과 같습니다.
• 漢字: 事物
• 한글(漢字): 사물(事物)
• 漢字(한글): 事物(사물)

02 ❶ [한글/한자 변환] 대화상자의 [한자 선택]에서 적당한 한자를 선택하고, ❷ [입력 형태]에서 [한글(漢字)] 선택한 후 ❸ [변환]을 클릭합니다.

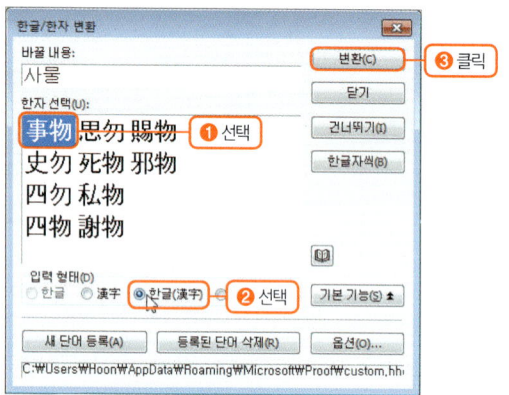

03 선택했던 글자가 한자로 변환됩니다.

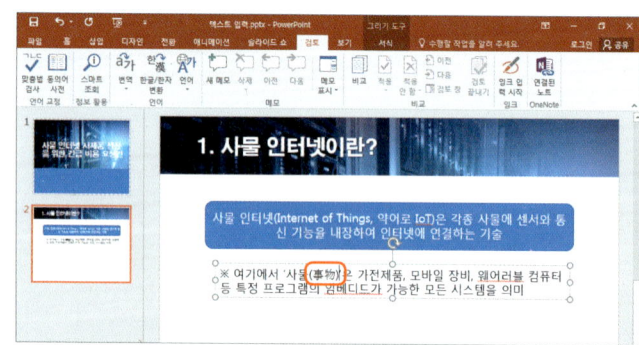

빠르게 한자로 변환하고 싶다면
선택한 텍스트를 마우스 오른쪽 버튼으로 클릭하고 표시되는 메뉴 맨 위에서 추천되는 한자 중에서 하나를 선택합니다.

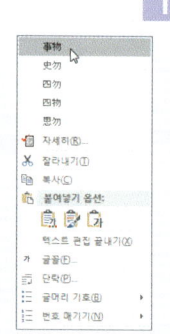

STEP 06 스마트 조회하기

01 제목 텍스트 중에서 ❶ '사물 인터넷'을 선택하고 선택한 텍스트를 마우스 오른쪽 버튼으로 클릭한 후, ❷ [스마트 조회]를 선택합니다.

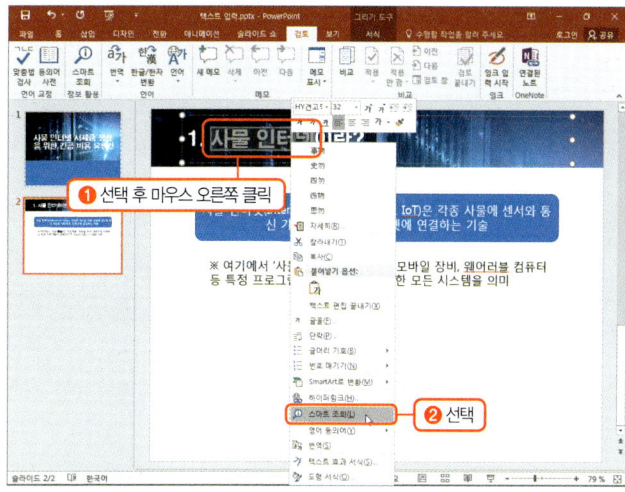

○ 스마트 조회에서 이미지를 클릭하면
웹 브라우저가 실행되며 Bing의 이미지 검색 결과창이 표시됩니다.

02 정보 활용 작업창이 표시되며 사물 인터넷과 관련된 정보가 표시됩니다. [웹 검색]에서 [사물 인터넷 - 위키백과...]를 선택합니다(검색 시기에 따라 검색 결과 화면은 다를 수 있습니다).

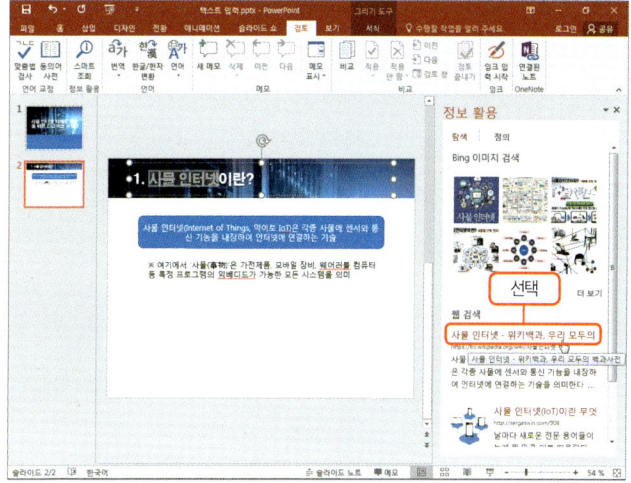

03 인터넷 익스플로러와 같은 웹 브라우저가 실행되며 관련 정보가 표시됩니다.

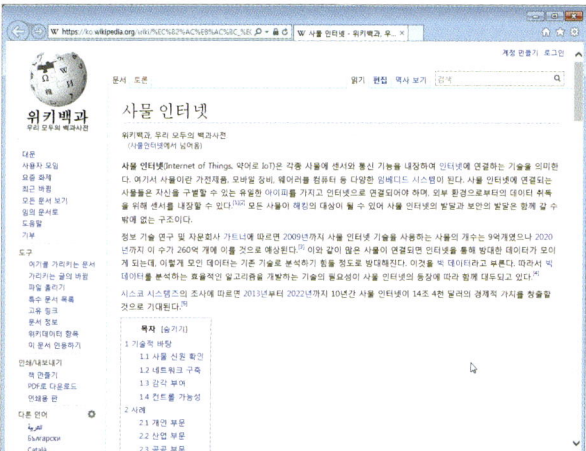

STEP 07 영어 번역하기

● **영어 동의어 찾기**
영어 단어를 마우스 오른쪽 버튼으로 클릭하고 표시되는 컨텍스트 메뉴에서 [영어 동의어]를 선택하면 선택된 단어의 동의어와 [동의어 사전]을 선택할 수 있습니다.

01 입력한 텍스트 중에서 [Things]에 마우스 포인터를 위치시킵니다. 잠시 기다리면 미니 번역기가 표시됩니다.

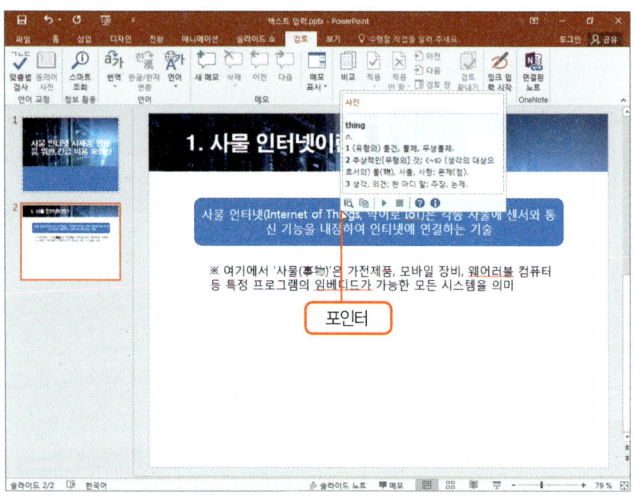

02 미니 번역기 아래에 있는 명령 버튼을 클릭해 복사하거나, 재생을 해봅니다.
  ❶ 확장: 리서치 창이 표시되며 좀 더 자세한 내용을 보여줍니다.
  ❷ 복사: 번역 내용을 복사합니다. [붙여넣기] 명령으로 붙여넣을 수 있습니다.
  ❸ 재생: 영문을 읽어줍니다.

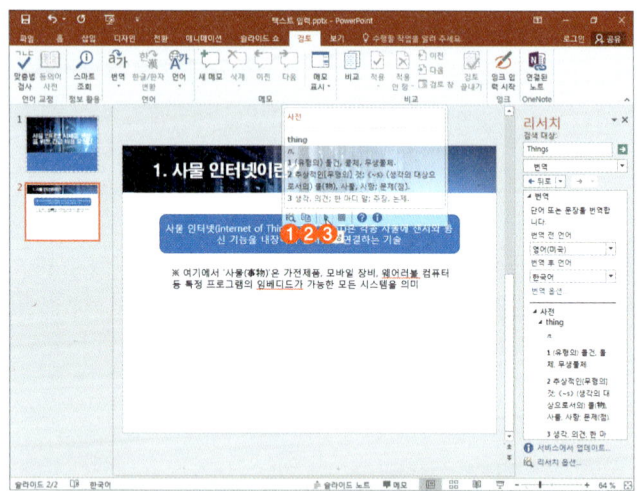

TIP

미니 번역기가 표시되지 않는다?
영문 텍스트에 마우스 포인터를 위치시키거나 선택했을 때 미니 번역기가 표시되지 않는다면 [검토] 탭에서 [번역]을 클릭하고 [(한국어) 미니 번역기]를 선택합니다. 이 명령을 다시 선택하면 이 기능이 비활성화할 수 있습니다.

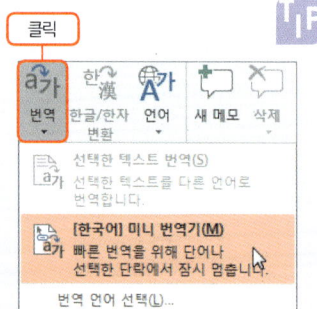

STEP 08 맞춤법 검사하기

파워포인트에서 텍스트를 입력하다보면 빨간색 물결 모양 ~~~ 이 나타나는 것을 종종 볼 수 있습니다. 이것은 사전에 없는 단어를 입력하거나 맞춤법에 오류가 있을 때 표시되는 것입니다. 맞춤법 검사를 실행하고 표시 관련 옵션을 조정해보겠습니다.

○ 맞춤법 검사를 실행하는 다른 방법
- 파워포인트 하단의 상태 표시줄에서 [맞춤법 검사] 버튼 ✓ 을 클릭합니다.
- F7 을 누릅니다.

01 [검토] 탭에서 [맞춤법 및 문법 검사]를 클릭합니다.

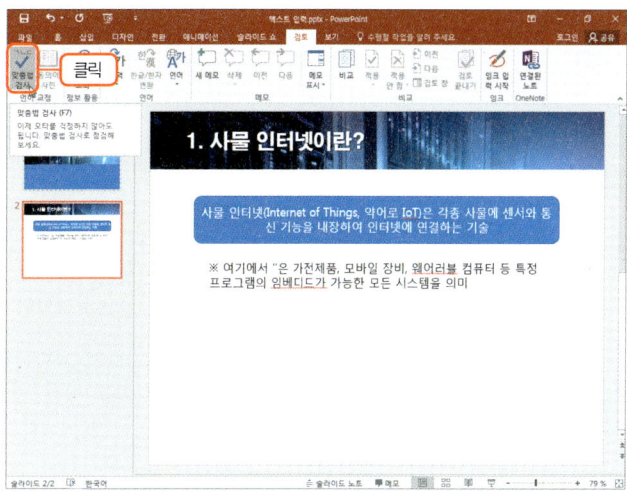

02 맞춤법 검사 작업창이 표시되며, 맞춤법이나 문법에 문제가 있다고 생각하는 단어를 찾아 보여줍니다. 여기에서 사용자는 다음 중 하나를 실행합니다.
❶ 건너뛰기: 현재 단어만 건너뜁니다.
❷ 모두 건너뛰기: 현재 문서에서 이 단어는 검사하지 않습니다.
❸ 추가: 이 단어를 사전에 추가합니다.
❹ 변경: 현재 단어를 추천 단어로 변경합니다.
❺ 모두 변경하기: 현재 문서에서 이 단어를 모두 추천 단어로 변경합니다.

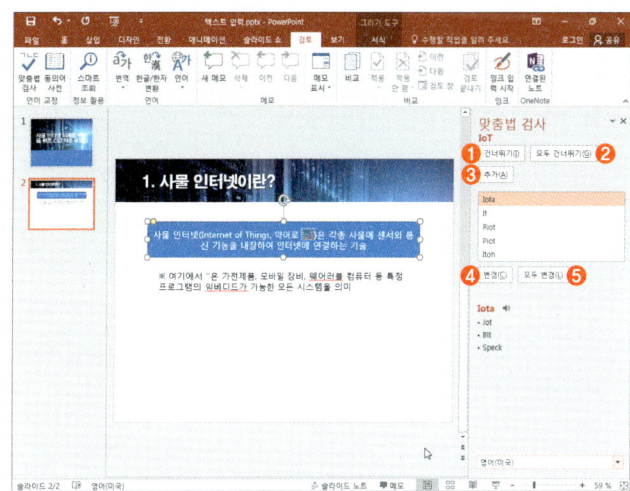

03 검사를 계속 하다가 맞춤법 검사가 끝났다는 메시지가 나타나면 [확인]을 클릭합니다.

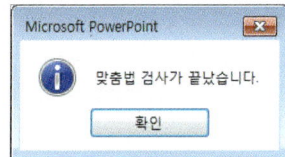

STEP 09 단어를 사전에 추가하기

IoT, 웨어러블 등의 글자를 보면 아래에 빨간색 물결 모양 〰 이 표시되는 것을 볼 수 있습니다. 하지만 이 단어는 문제가 없는 것입니다. 이런 경우에는 해당 단어를 사전에 추가하는 것이 좋습니다.

● 파란색 물결 모양
〰〰 은 문법적으로 오류가 있는 문장에 나타납니다.

01 ❶ 〰 가 나타나는 IoT 단어를 마우스 오른쪽 버튼으로 클릭하고 표시되는 메뉴에서 ❷ [사전에 추가]를 선택합니다.

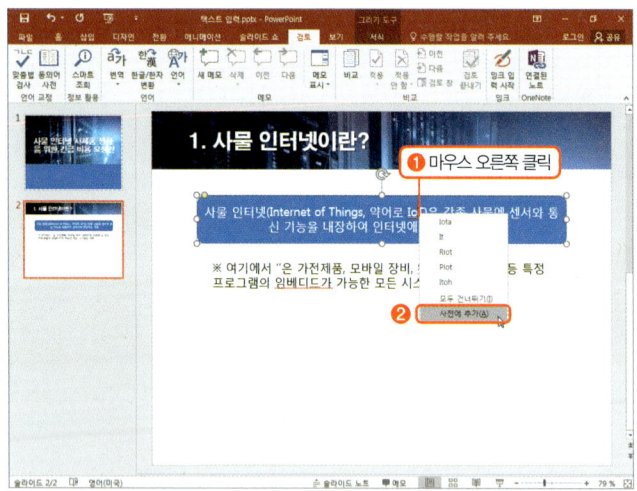

02 이렇게 되면 IoT 단어에는 〰 표시가 나타나지 않게 됩니다. 같은 방법으로 문제가 없는 단어를 사전에 추가합니다.

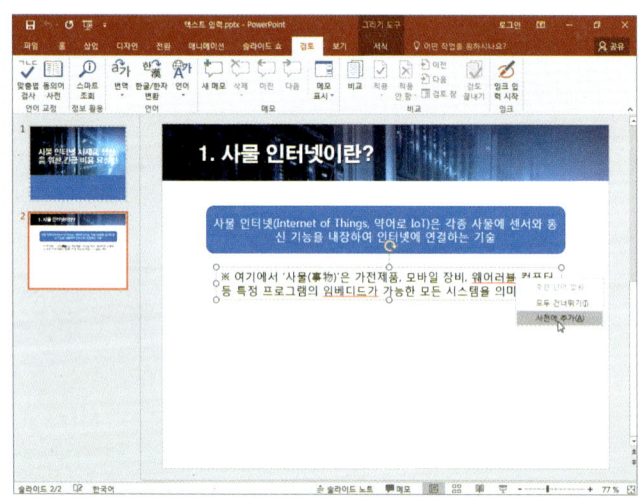

TIP

사전에 추가한 단어 삭제하기
사전에 추가한 단어를 확인하고 삭제하고 싶다면 [파일]을 클릭하고 [옵션]을 선택한 후, 표시되는 대화상자에서 [언어 교정]을 클릭하고 [사용자 지정 사전]을 클릭합니다. 표시되는 대화상자에서 [단어 목록 편집]을 클릭한 후 표시되는 사전에 추가된 단어를 확인하고 필요 없는 단어를 선택한 후 [삭제]를 클릭합니다.

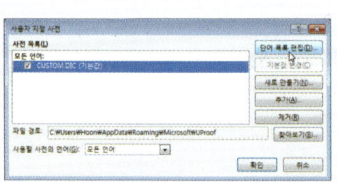
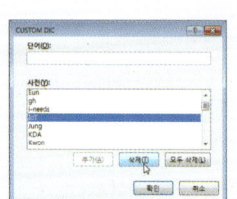

맞춤법 관련 옵션 및 자동 고침 옵션 변경하기

텍스트를 입력하다 보면 한글을 입력했는데 자동으로 영문으로 바뀌거나, 첫 글자를 'the'라고 입력했는데 'The'로 자동으로 바뀌는 등 무엇인가 자동으로 변경되는 것을 볼 수 있습니다. 이렇게 자동화된 기능을 사용하고 싶지 않다면 옵션을 변경해야 합니다.

【예제 파일】 Sample\Theme02\맞춤법 검사.pptx

■ 맞춤법 검사 하지 않기

1 [파일]을 클릭합니다.

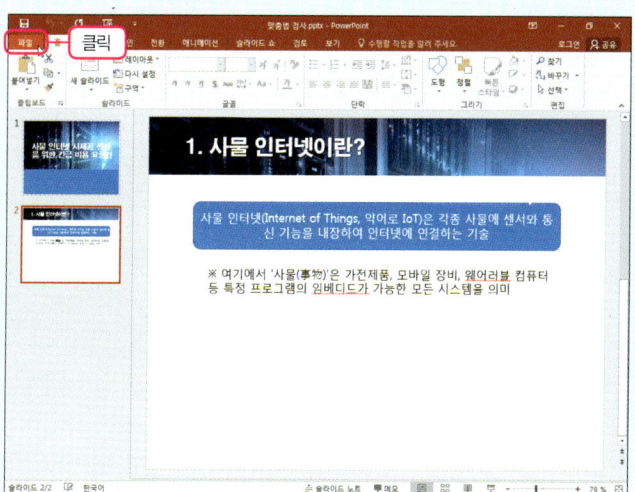

2 [옵션]을 선택합니다.

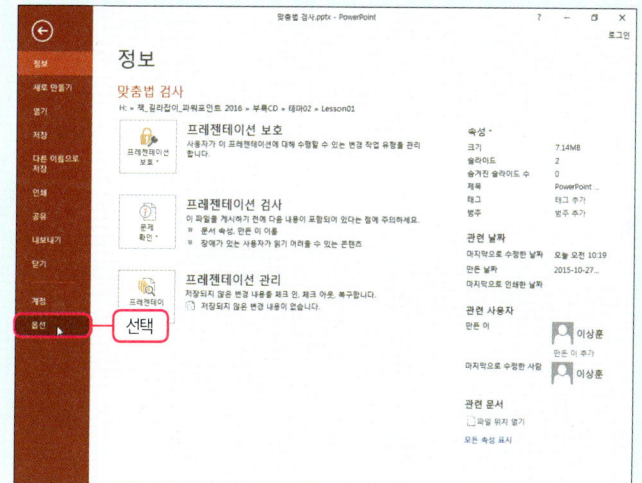

3 대화상자에서 ❶ [언어 교정]을 선택하고 ❷ [PowerPoint에서 맞춤법 검사] 영역에서 [입력할 때 자동으로 맞춤법 검사]와 [맞춤법 및 문법 동시 검사] 옵션을 해제합니다.

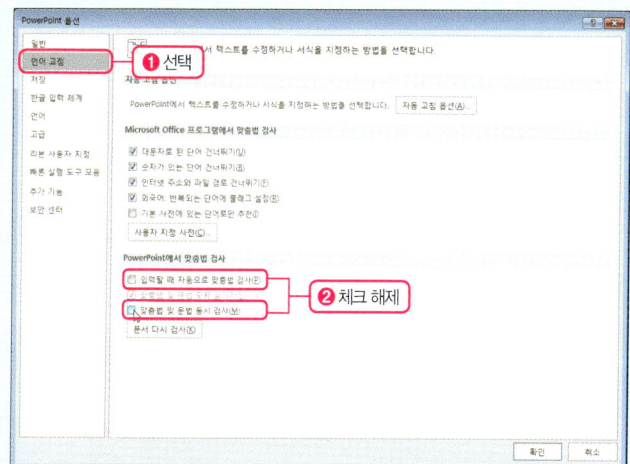

맞춤법 관련 명령 버튼
- 문서 다시 검사: 사전에 추가한 단어를 해제하고 다시 맞춤법 검사에서 검사 대상이 되도록 만듭니다.
- 사용자 지정 사전: 사전에 추가된 단어를 보여줍니다. 사용자는 단어를 편집하거나 삭제할 수 있습니다.

■ 자동 고침 옵션 변경하기

1 [자동 고침 옵션]을 클릭합니다.

2 [자동 고침] 대화상자의 [자동 고침] 탭에서 [한/영 자동 고침] 등과 같은 불필요한 옵션을 선택 해제합니다.

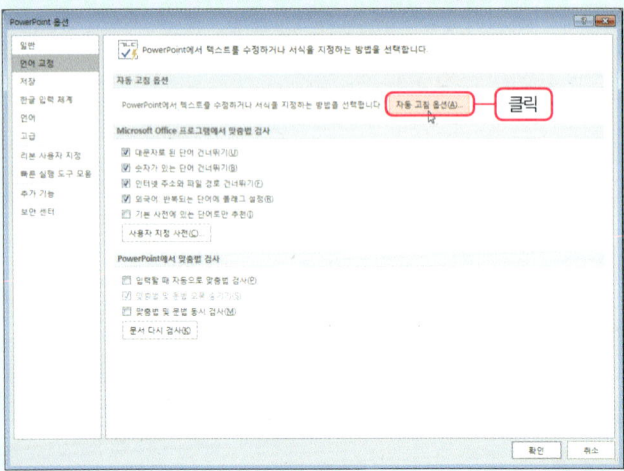

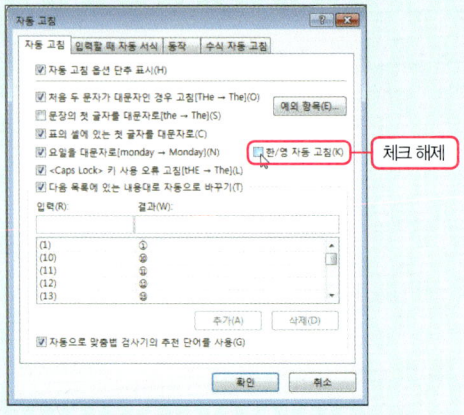

3 ❶ [입력할 때 자동서식] 탭을 열고 ❷ 여러분에게 필요 없는 옵션을 선택 해제한 후 ❸ [확인]을 클릭합니다.

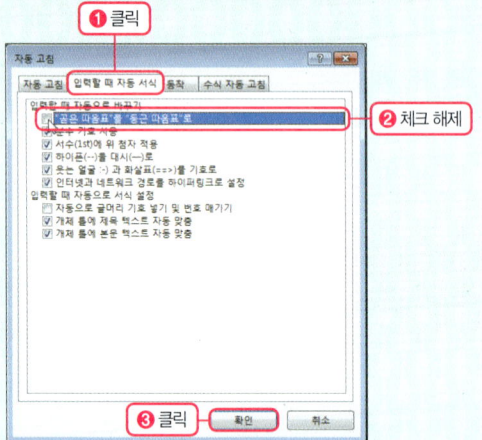

4 [확인]을 클릭합니다.

5 설정된 옵션은 파워포인트에 적용되므로 지금부터 만들어지는 모든 프레젠테이션에 적용됩니다.

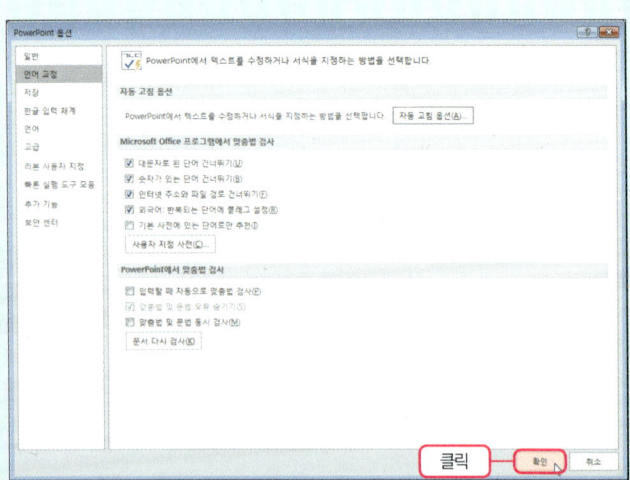

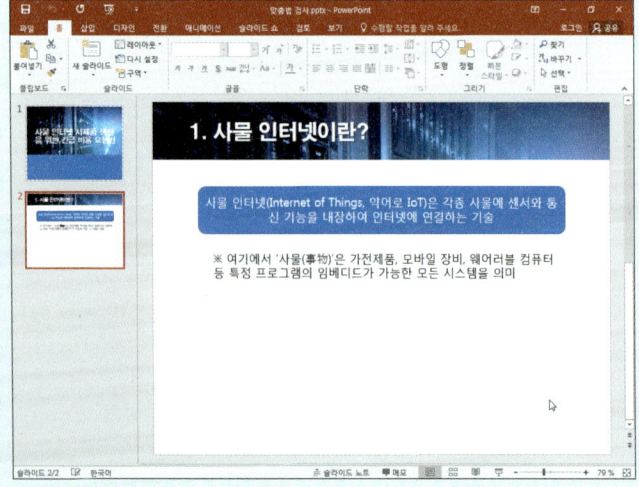

02 텍스트 선택 및 글꼴 서식 변경하기

파워포인트에서 텍스트를 입력하고 그대로 두는 분들은 없을 것입니다. 입력한 텍스트의 중요도나 내용에 따라 글꼴, 글꼴 크기, 글꼴 색 등을 변경하게 됩니다. 이를 위해서는 우선 텍스트를 선택하는 방법을 알아야 하며, 기본적인 글꼴, 크기 등과 같은 기본 서식을 변경하는 방법은 물론 자간, 첨자 등과 같은 세부 속성을 변경하는 방법 또한 알아야 합니다.

핵심기능 텍스트를 선택하는 방법

글꼴을 변경하려면 변경할 텍스트를 선택해야 하는데 일반적으로 마우스 드래그를 통해 선택하게 됩니다. 이 방법 말고도 텍스트를 선택하는 다양한 방법이 있는데 그 방법을 알아보겠습니다.

- **클릭** 텍스트를 클릭해 커서를 위치시킵니다. 그러면 커서가 있는 단어가 선택됩니다. 선택된 것처럼 보이지 않지만 글꼴이나 글꼴 크기를 변경하면 커서가 있는 단어만 서식이 변경됩니다.

> ※ 여기에서 '사물(事物)'은 가전제품, 모바일 장비, 웨어러블 컴퓨터 등 특정 프로그램의 임베디드가 가능한 모든 시스템을 의미

- **드래그** 마우스로 텍스트를 드래그해 선택합니다.

> ※ 여기에서 '사물(事物)'은 가전제품, 모바일 장비, 웨어러블 컴퓨터 등 특정 프로그램의 임베디드가 가능한 모든 시스템을 의미

- **더블클릭** 단어가 선택됩니다.

> ※ 여기에서 '사물(事物)'은 가전제품, 모바일 장비, 웨어러블 컴퓨터 등 특정 프로그램의 임베디드가 가능한 모든 시스템을 의미

- **세 번 클릭** 단락이 선택됩니다.

> ※ 여기에서 '사물(事物)'은 가전제품, 모바일 장비, 웨어러블 컴퓨터 등 특정 프로그램의 임베디드가 가능한 모든 시스템을 의미

Ctrl 로 텍스트 선택하기
어떤 텍스트를 선택하고 Ctrl을 누른 상태에서 다른 텍스트를 드래그해 선택하면 여기저기 산재되어 있는 글자를 선택할 수 있습니다. 흥미로운 것은 다른 텍스트 상자나 다른 도형, 표 등에 있는 텍스트도 선택 가능하다는 것입니다.

- **클릭 후, Shift+클릭** 첫 번째 클릭한 글자부터 Shift+클릭한 글자까지 선택됩니다.

- **클릭 후, Shift+방향키** 첫 번째 클릭한 글자부터 해당 방향으로 글자가 선택됩니다.

- **텍스트 클릭 후 [Ctrl], [A]** 텍스트 상자 또는 도형에 있는 모든 텍스트가 선택됩니다.

- **텍스트 상자 또는 도형의 테두리 클릭** 해당 텍스트 상자/도형에 있는 모든 텍스트가 선택됩니다.

◉ 테두리를 선택하는 다른 방법
- 텍스트 상자/도형/표 등에 텍스트를 입력하다가 Esc 누르기
- 텍스트 상자/도형/표에 있는 아무 텍스트나 클릭해 커서를 위치시킨 후, Esc 누르기

핵심기능 [홈] 탭의 [글꼴] 영역에서 제공하는 글꼴 서식 변경 명령

파워포인트의 [홈] 탭의 [글꼴] 영역에서 제공하는 글꼴, 글꼴 크기, 글꼴 색 등의 명령 버튼을 이용해 텍스트의 글꼴 서식을 변경할 수 있습니다.

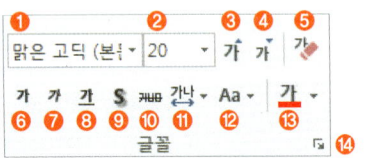

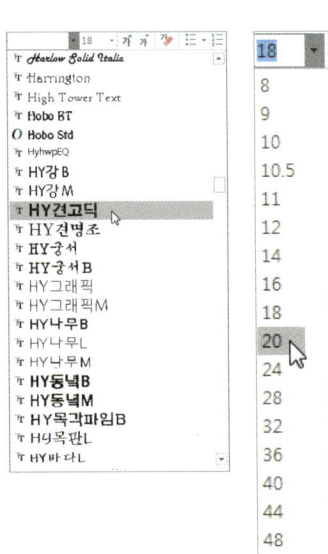

❶ **글꼴** 메뉴를 열고 목록에서 글꼴을 선택하거나 입력상자에 글꼴 이름을 입력합니다.

❷ **글꼴 크기** 메뉴를 열고 목록에서 글꼴 크기를 선택하거나 입력상자에 글꼴 크기를 입력합니다.

❸ **글꼴 크기 크게** 글꼴 크기를 한 단계 크게 만듭니다(단축키 Ctrl +Shift+>).

❹ **글꼴 크기 작게** 글꼴 크기를 한 단계 작게 만듭니다(단축키 Ctrl+Shift+<).

❺ **서식 지우기** 선택된 텍스트에 적용된 글꼴 서식을 모두 지웁니다.
❻ **굵게** 글자를 굵게 만듭니다(단축키 Ctrl+B).
❼ **기울임꼴** 글자를 기울이게 만듭니다(단축키 Ctrl+I).
❽ **밑줄** 글자 아래에 밑줄을 칩니다(단축키 Ctrl+U).
❾ **텍스트 그림자** 텍스트에 그림자를 표시합니다.
❿ **취소선** 텍스트 중간에 취소선을 만듭니다.

굵게, *기울임꼴*, 밑줄, 그림자, ~~취소선~~

⓫ **문자 간격** 선택된 텍스트의 자간을 좁게 또는 넓게 만듭니다.

문자 간격(매우 좁게)
문자 간격(좁게)
문자 간격(표준으로)
문자 간격 (넓 게)
문 자   간 격 (매 우   넓 게)

문자 간격 설정 결과

⓬ **대/소문자 바꾸기** 영어의 대소문자를 바꿉니다.

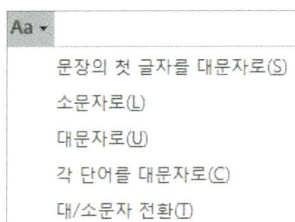

Microsoft PowerPoint(기본)
microsoft powerpoint(소문자로)
MICROSOFT POWERPOINT(대문자로)
Microsoft Powerpoint(각 단어를 대문자로)
mICROSOFT pOWERPOINT(대소문자 전환)

대/소문자 바꾸기 설정 결과

● **글꼴 색-스포이트 기능**
글꼴 색 메뉴에서 파워포인트 2016 버전에서 새롭게 추가된 [스포이트]를 선택한 후, 슬라이드에 있는 다른 텍스트나 도형, 그림 등을 클릭하면, 클릭한 곳에 있는 색이 채취되면서 선택되어 있던 글자에 적용됩니다.

⓭ **글꼴 색** 글꼴 색을 선택합니다.

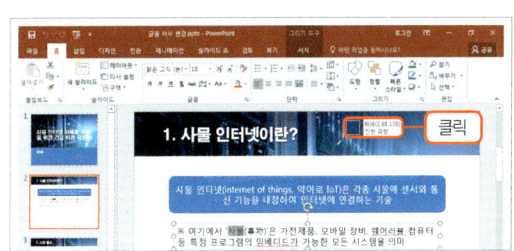

슬라이드에 있는 그림의 색을 채취하는 장면

⓮ **대화상자 표시 버튼** [글꼴] 대화상자가 표시돼 위 첨자와 같은 옵션을 선택할 수 있도록 해줍니다.

○ [글꼴] 대화상자의 [문자 간격] 탭

[글꼴] 대화상자의 [문자 간격] 탭에서 문자 간격을 세밀하게 조정할 수 있습니다. 이 탭은 [글꼴] 영역에서 [문자 간격]을 클릭하고 [기타 간격]을 선택했을 때 표시되는 것과 동일한 것입니다.

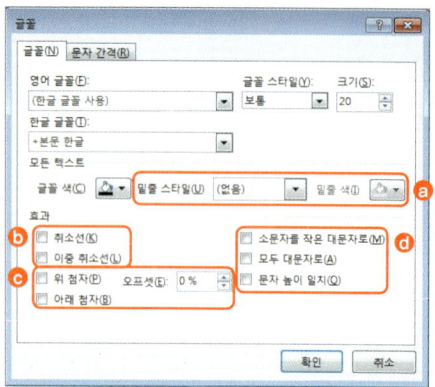

ⓐ **밑줄 스타일/밑줄 색** 밑줄 기능을 실행했을 때의 선의 종류와 색을 선택합니다.

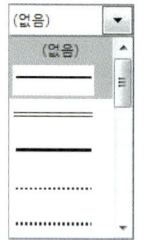  밑줄 스타일

밑줄로 빨간 이중선을 설정한 결과

ⓑ **취소선/이중 취소선** 글자에 취소선 또는 이중 취소선을 표시합니다.

취소선   이중 취소선

취소선/이중 취소선 설정 결과

ⓒ **위 첨자/아래 첨자** 선택한 글자를 위 첨자 또는 아래 첨자로 설정합니다. [오프셋]을 통해 첨자의 위치를 조정할 수 있습니다.

위 첨자 오프셋 30%   위 첨자 오프셋 50%

아래 첨자 오프셋 -25%   아래 첨자 오프셋 -50%

ⓓ **소문자를 작은 대문자로/모두 대문자로/문자 높이 일치** 영문자의 대소문자와 관련된 옵션을 설정합니다.

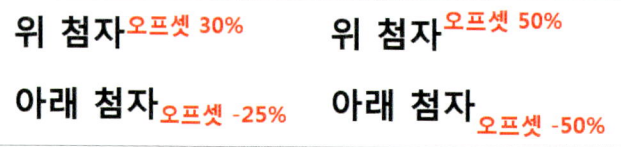

미니 도구 모음과 컨텍스트 메뉴에서 제공하는 글꼴 서식 변경 명령

선택한 텍스트를 마우스 오른쪽 버튼으로 클릭하면 표시되는 미니 도구 모음과 컨텍스트 메뉴에서 글꼴 서식을 변경할 수 있습니다.

미니 도구 모음

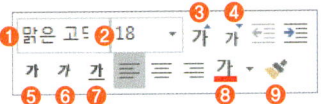

> **미니 도구 모음이 표시되지 않는다면**
> 글자를 마우스 오른쪽 버튼으로 클릭했을 때 미니 도구 모음이 표시되지 않는다면 [파일]에서 [옵션]을 선택하고 [일반]에서 [선택 영역에 미니 도구 모음 표시] 옵션을 선택하고 [확인]을 클릭합니다.

❶ **글꼴** 메뉴를 열고 목록에서 글꼴을 선택하거나 입력상자에 글꼴 이름을 입력합니다.
❷ **글꼴 크기** 메뉴를 열고 목록에서 글꼴 크기를 선택하거나 입력상자에 글꼴 크기를 입력합니다.
❸ **글꼴 크기 크게** 글꼴 크기를 한 단계 크게 만듭니다(단축키 Ctrl+Shift+>).
❹ **글꼴 크기 작게** 글꼴 크기를 한 단계 작게 만듭니다(단축키 Ctrl+Shift+<).
❺ **굵게**(단축키 Ctrl+B)
❻ **기울임꼴**(단축키 Ctrl+I)
❼ **밑줄**(단축키 Ctrl+U)
❽ **글꼴 색** 현재 표시되는 색을 클릭하거나 메뉴를 열어 다른 색을 선택합니다.
❾ **서식 복사** 텍스트의 글꼴 및 단락 속성을 복사합니다. 다른 텍스트를 선택하면 복사한 속성을 붙여넣을 수 있습니다.

컨텍스트 메뉴

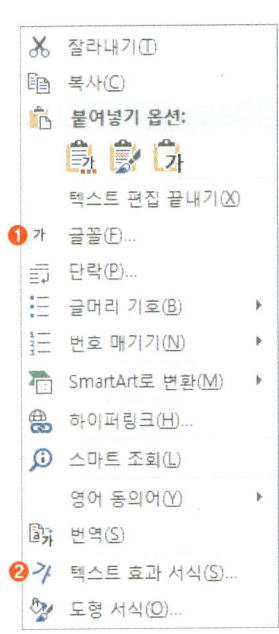

❶ **글꼴** [글꼴] 대화상자를 표시합니다.
❷ **텍스트 효과 서식** 텍스트에 그림자, 네온 등을 설정할 수 있는 텍스트 옵션 작업창이 표시됩니다.

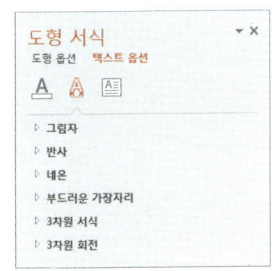

자간 조정, 첨자 설정, 글꼴 바꾸기, 글꼴 저장하기

예제 파일 Sample\Theme02\글꼴 서식 변경.pptx　　**완성 파일** Sample\Theme02\글꼴 서식 변경(결과).pptx

키 워 드 자간, 첨자, 글꼴 바꾸기, 글꼴 저장

길라잡이 자간을 세밀하게 조정하고, 텍스트에 위첨자를 설정해 각주처럼 표시한 후, 한꺼번에 글꼴을 바꾸고, 현재 프레젠테이션 파일에 글꼴 저장하는 방법을 알아보겠습니다.

STEP 01 자간을 세밀하게 조정하기

01 ❶ 3번 슬라이드에서 ❷ 텍스트를 선택하고 [홈] 탭에서 ❸ [문자 간격]을 클릭한 후, ❹ [기타 간격]을 선택합니다.

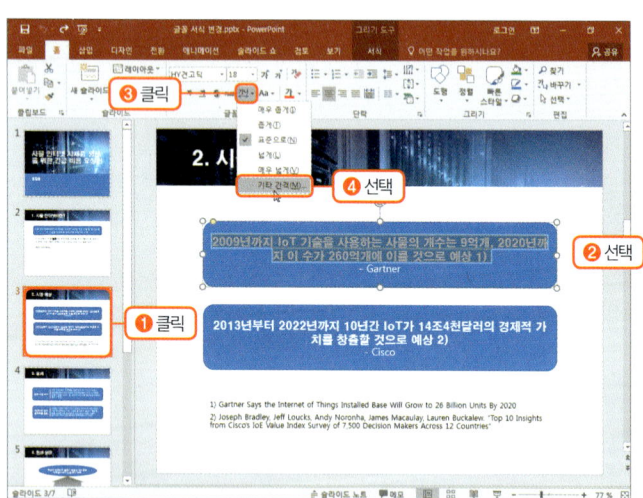

02 ❶ [간격] 메뉴를 열고 ❷ [좁게]를 선택합니다.

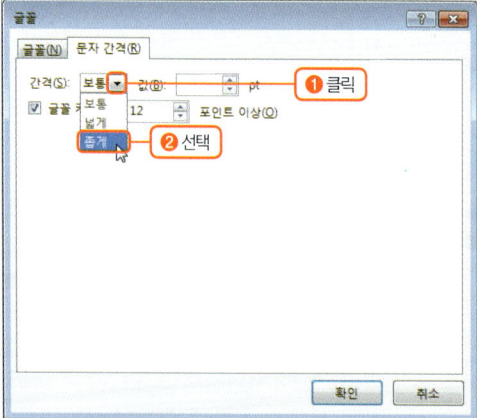

● 좁게/넓게 값
- [간격]을 [좁게]로 설정하고 값을 높이면 높일수록 글자간의 간격은 좁혀집니다. 예를 들어, 0.5를 입력했을 때보다 1을 입력하면 간격이 더 좁혀집니다.
- [간격]을 [넓게]로 설정하고 값을 높이면 높일수록 글자간의 간격은 넓어집니다. 예를 들어, 0.5를 입력했을 때보다 1을 입력하면 간격이 더 넓혀집니다.

03 ❶ [값]에 [0.5]를 입력하고 ❷ [확인]을 클릭합니다. 지정한 대로 텍스트 간격이 조정됩니다.

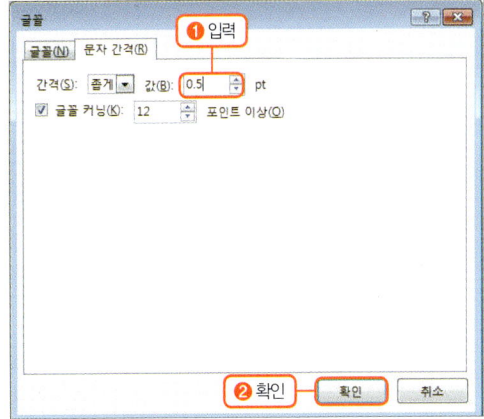

● 반복 명령 단축키
- Ctrl + Y
- F4

04 ❶ 아래에 있는 다른 텍스트를 선택하고 ❷ 빠른 실행 도구 모음에서 [반복] 버튼을 클릭합니다.

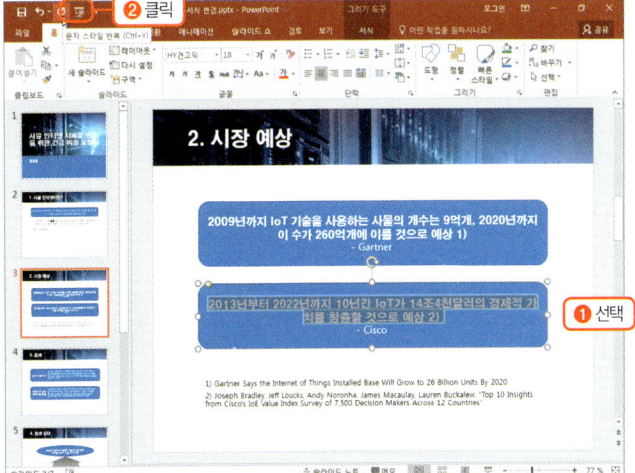

05 앞서 실행했던 자간 조정 작업이 선택된 텍스트에 적용됩니다.

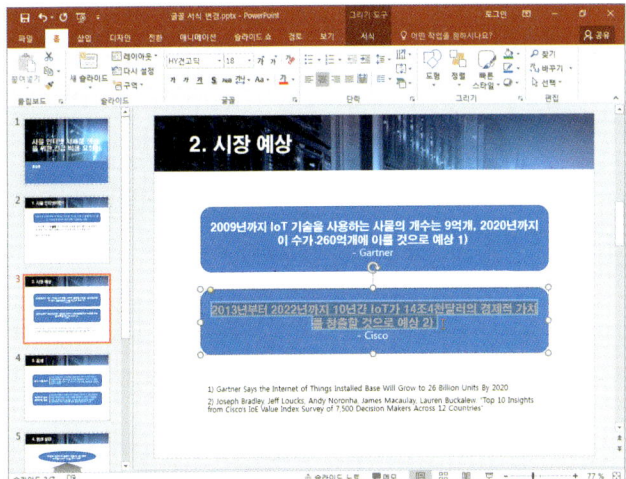

Lesson 02 _ 텍스트 선택 및 글꼴 서식 변경하기   091

STEP 02 | 첨자 설정하기

01 '1)'을 선택합니다.

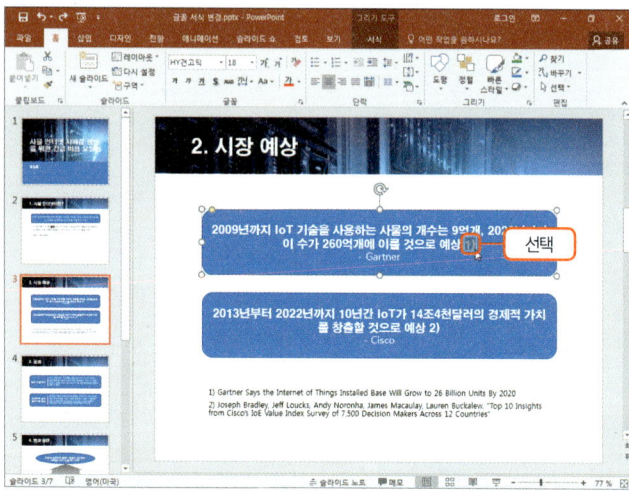

○ [글꼴] 대화상자를 표시하는 다른 방법
[홈] 탭의 [글꼴] 영역에서 [대화상자 표시] 버튼 을 클릭합니다.

02 선택한 텍스트를 ❶ 마우스 오른쪽 버튼으로 클릭하고 표시되는 메뉴에서 ❷ [글꼴]을 선택합니다.

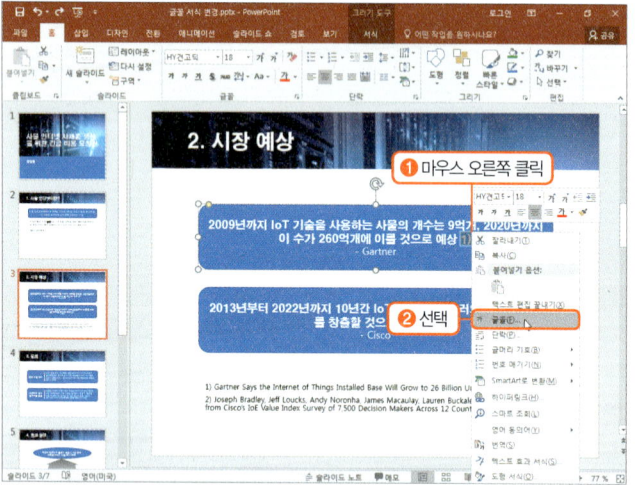

03 [글꼴] 대화상자에서 ❶ [위 첨자]를 선택하고 ❷ [확인]을 클릭합니다. 선택된 글자가 위 첨자가 됩니다.

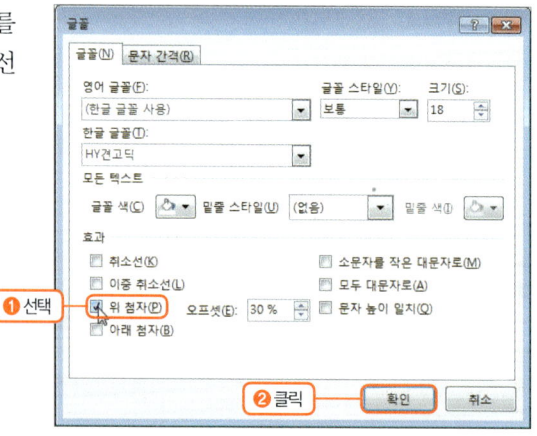

○ 반복 명령 단축키
- Ctrl + Y
- F4

04 ❶ '2)'를 선택하고 빠른 실행 도구 모음에서 ❷ [반복] 버튼 을 클릭합니다.

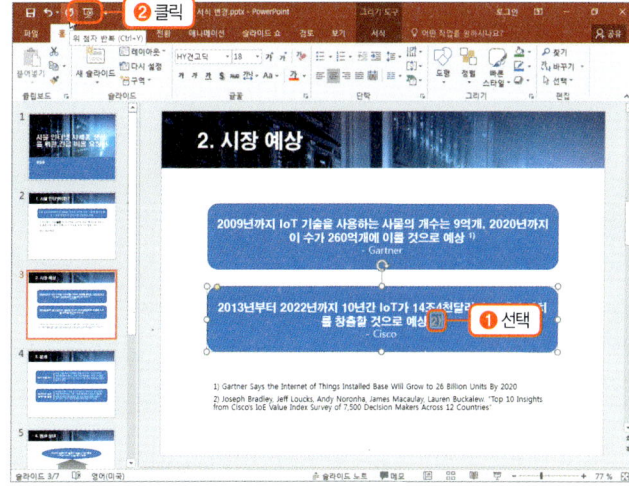

○ 첨자 단축키
- 아래 첨자 Ctrl + =
- 위 첨자 Ctrl + Shift + =

05 앞서 실행했던 위첨자 설정 작업이 선택된 텍스트에 적용됩니다.

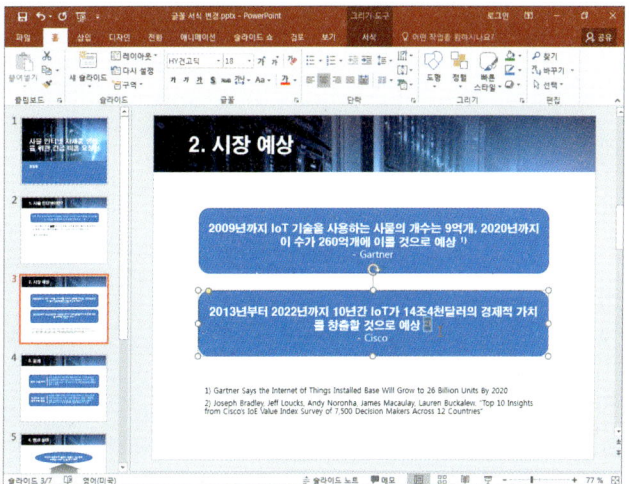

STEP 03 한꺼번에 글꼴 바꾸기

01 [홈] 탭의 맨 오른쪽에 있는 ❶ [바꾸기] 메뉴를 열고 ❷ [글꼴 바꾸기]를 선택합니다.

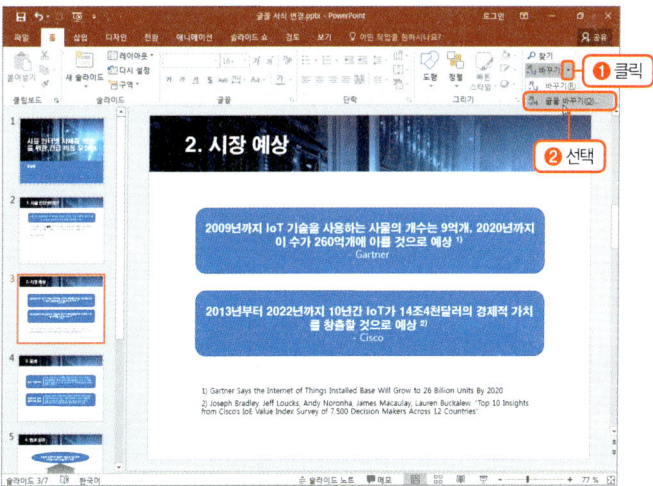

02 표시되는 [글꼴 바꾸기] 대화상자에서 ❶ [현재 글꼴] 메뉴를 열고 ❷ [HY견고딕]을 선택합니다.

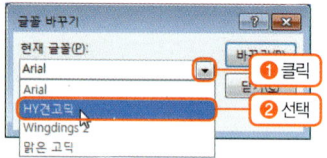

● 나눔고딕 ExtraBold가 없다면
[HY중고딕]과 같은 다른 글꼴을 선택합니다.

03 ❶ [새 글꼴] 메뉴를 열고 ❷ 글꼴(예: 나눔고딕 ExtraBold)을 선택합니다.

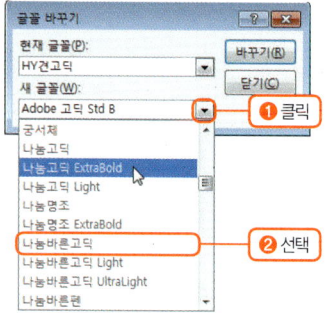

04 [바꾸기]를 클릭합니다.

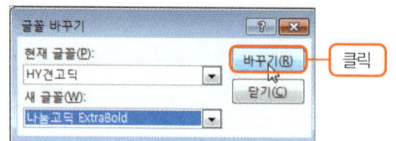

05 필요한 경우 현재 대화상자에서 같은 방법으로 글꼴을 바꾼 후 [닫기]를 클릭합니다.

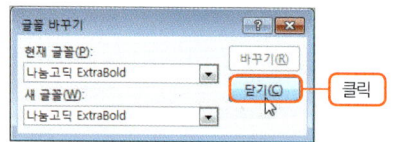

● 더블/싱글 바이트 오류 메시지
글꼴 바꾸기를 할 때 '더블 바이트 글꼴을 싱글 바이트 글꼴로 바꿀 수 없습니다.'와 같은 메시지가 표시되는 경우가 있습니다. 이것은 더블 바이트의 한글 글꼴을 싱글 바이트의 영문 글꼴로 바꿀 때 주로 발생하는 것입니다. [확인]을 클릭하고 글꼴을 바꿔주면 됩니다.

06 현재 프레젠테이션에서 [HY견고딕]이 적용된 모든 텍스트의 글꼴이 선택한 글꼴로 변경됩니다.

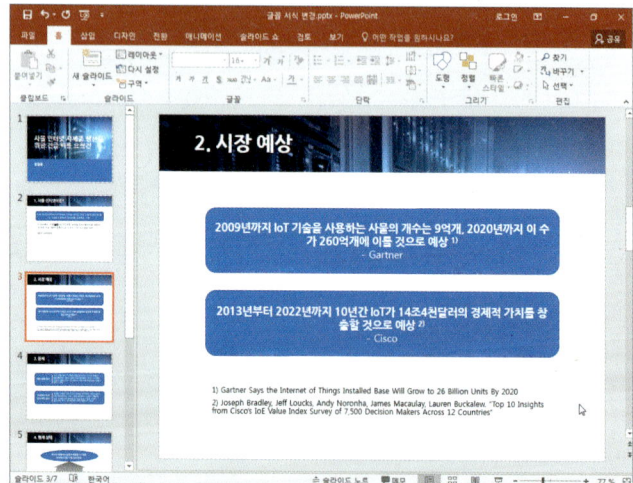

기능향상 01

글꼴 저장하기

윈도우의 기본 글꼴이 아닌 특별한 글꼴(예 나눔고딕 ExtraBold)을 사용한 파워포인트 파일을 다른 컴퓨터에서 보게 되면 글꼴이 정상적으로 보이지 않는 경우가 있습니다. 글꼴 저장 기능을 사용하면 이 문제를 쉽게 해결할 수 있습니다.

■ [파일의 글꼴 포함] 옵션 선택하기

1 [파일] 메뉴에서 [옵션]을 선택합니다.

2 [PowerPoint 옵션] 대화상자에서 ❶ [저장]을 클릭하고 ❷ [파일의 글꼴 포함] 옵션을 선택하고 ❸ [확인]을 클릭합니다.

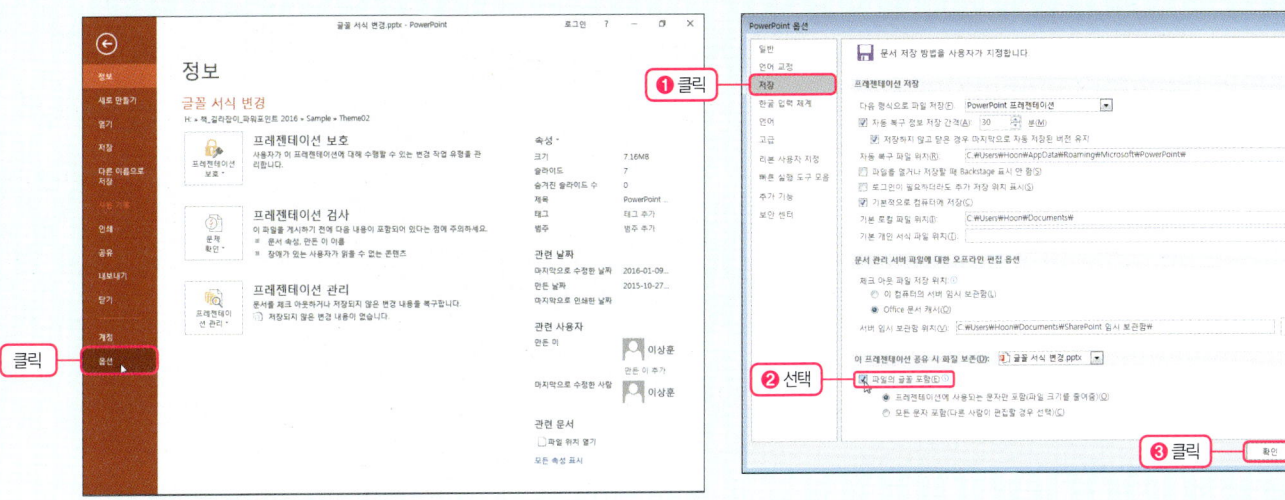

이제 문서를 저장하면 현재 프레젠테이션에서 사용된 모든 글꼴이 현재 프레젠테이션 문서에 저장돼 해당 글꼴이 없는 컴퓨터에서 프레젠테이션을 볼 때 정상적으로 볼 수 있게 됩니다.

■ 글꼴 저장 오류 메시지

현재 프레젠테이션을 저장했을 때 아래와 같은 오류 메시지가 표시되는 경우가 있습니다. 이것은 현재 프레젠테이션에 저장할 수 없는 글꼴이 있다는 의미입니다. 글꼴을 저장하고 싶다면 해당 글꼴을 다른 글꼴로 변경해야 합니다.

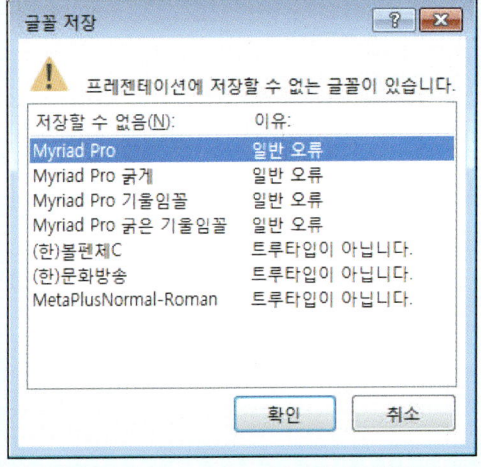

■ 다른 컴퓨터에서 현재 프레젠테이션을 열었을 때 표시되는 메시지

글꼴이 저장된 프레젠테이션을 다른 컴퓨터에서 열었을 때 '이 프레젠테이션에는 읽기 전용 포함(제한) 글꼴이 하나 이상 있으므로 편집할 수 없습니다.' 메시지가 표시되는 경우가 있습니다.

이것은 오류 메시지가 아니라 현재 상태를 알려주는 것입니다. 현재 파워포인트 문서를 편집하고 싶다면 [제한된 글꼴 제거]를 클릭하고, 글꼴을 정상적으로 표시하고 싶다면 [읽기 전용으로 열기]를 클릭합니다.

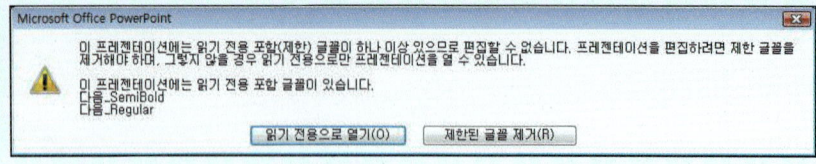

CD용 패키지 기능으로 글꼴 저장하기

파워포인트의 CD용 패키지 기능을 활용하면 현재 연결된 파일과 글꼴을 한꺼번에 지정한 장소(CD, 외장하드디스크, USB 메모리 카드 등)로 저장할 수 있습니다.

1. [파일]에서 [보내기]를 클릭하고 [CD용 패키지 프레젠테이션]을 클릭한 후 [CD용 패키지]를 클릭합니다.
2. CD용 패키지 대화상자에서 [옵션]을 클릭합니다.

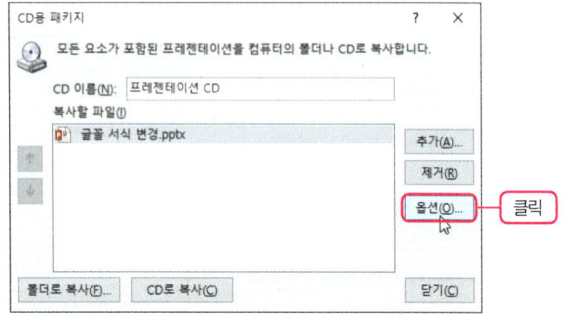

3. 옵션 대화상자에서 [포함된 트루타입 글꼴] 옵션이 선택되어 있음을 확인하고 [확인]을 클릭합니다.

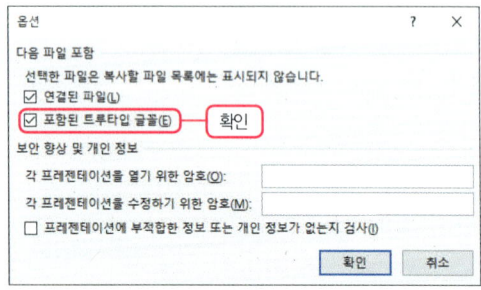

4. CD용 패키지 대화상자에서 [폴더로 복사] 또는 [CD로 복사]를 클릭하고 원하는 곳으로 파일을 복사합니다.

추천 글꼴 및 글꼴 크기

텍스트에 어떤 글꼴을 적용하고, 어떤 글꼴 크기를 설정하느냐에 따라 프레젠테이션은 상당히 다르게 보일 수 있으며, 가독성에도 많은 영향을 끼칩니다.

발표용 프레젠테이션의 경우에는 프로젝터로 영사될 때 선명하게 보일 정도의 굵기를 가진 글꼴을 사용하는 것이 좋으며, 글꼴 크기도 충분히 크게 하는 것이 좋습니다.

다음은 필자가 프레젠테이션 디자인에 주로 사용하는 글꼴과 글꼴 크기입니다. 여기에서 주의해야 할 것은 기본 글꼴이 아닌 무료나 유료 글꼴을 사용할 경우입니다. 이 글꼴이 적용된 프레젠테이션을 내 컴퓨터가 아닌 곳에서 발표할 경우 그 글꼴을 포함(프레젠테이션에 저장)하거나, 해당 글꼴을 발표하는 컴퓨터에 설치해야 글꼴이 깨지지 않는다는 것입니다.

■ **추천 한글 글꼴**

	기본	무료	유료
제목/중제목	HY견고딕/HY헤드라인M	나눔 고딕Extra Bold	산돌고딕B
본문	맑은 고딕(굵게)	나눔 고딕(굵게)	산돌고딕M

• 나눔 고딕: 네이버   • 산돌고딕: 산돌커뮤니케이션

■ **추천 영문 글꼴**

	기본	무료	유료
제목/중제목	Tahoma(굵게)/Verdana(굵게)	Segoe UI(굵게)	Myriad Pro(굵게)
본문	Arial(굵게)	Segoe UI Semibold	Myriad Pro Light

• Segoe UI: Microsoft   • Myriad Pro: Adobe

■ **추천 글꼴 크기**

	인쇄용	발표용
제목	18pt	28pt 이상
중제목	16pt	24pt
	~	~
본문	10~12pt	14~18pt
참조	9~10pt	12~14pt

컴퓨터에 글꼴 설치하기

윈도우의 [시작] 버튼을 클릭하고 [제어판]을 선택한 후, [글꼴]을 클릭하면 표시되는 창에 해당 글꼴 파일(*.ttf, *.fon 등)을 드래그해 복사하면 됩니다.

단, 인터넷을 통해 배포되는 글꼴 중에서는(예. 나눔 고딕) 파일을 다운로드하고 압축을 풀었을 때 나타나는 실행 파일(*.exe)을 더블클릭하면 자동으로 컴퓨터에 설치되는 것도 있습니다.

LESSON 03 단락 서식 변경하기

단락이란 텍스트를 입력하다 Enter 를 눌렀을 때 나눠지는 것으로 한 단락은 한 줄이 될 수 있고, 수십 줄이 될 수도 있습니다. 이번 레슨에서는 글머리 기호, 번호 매기기, 줄 및 단락 간격 등 단락과 관련된 핵심 기능을 다루는 방법과 그림 글머리를 추가하는 방법에 대해 알아보겠습니다.

핵심 기능 [홈] 탭의 [단락] 영역에서 제공하는 단락 서식 변경 명령

파워포인트의 [홈] 탭의 [단락] 영역에서 제공하는 글머리 기호, 번호 매기기, 줄 간격 등의 명령 버튼을 이용해 텍스트의 단락 서식을 변경할 수 있습니다.

:: [홈] 탭의 [단락] 영역에서 제공하는 명령 버튼

○ 글머리 기호/번호 매기기 메뉴 표시하기
- [글머리 기호] 버튼(≡)이나 [번호 매기기] 버튼(≡)을 클릭하면 기본 글머리 기호 또는 기본 번호 매기기가 설정됩니다.
- 글머리 기호/번호 매기기 명령 버튼 오른쪽에 있는 메뉴 표시 버튼(·)을 클릭해야 세부 옵션을 선택할 수 있습니다.

❶ **글머리 기호** 단락 왼쪽에 ■, ◆, ● 와 같은 글머리 기호를 표시합니다.
❷ **번호 매기기** 단락 왼쪽에 1, ①과 같은 번호를 표시합니다.
❸ **목록 수준 줄임** 단락의 수준을 높입니다(단축키 Shift + Tab).
❹ **목록 수준 늘림** 단락의 수준을 낮춥니다(단축키 Tab).
❺ **줄 간격** 단락 및 줄 간격을 조정합니다.

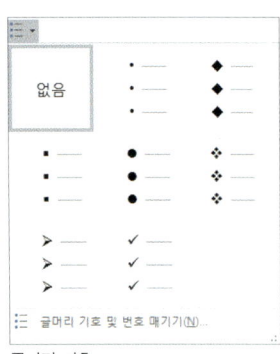
글머리 기호

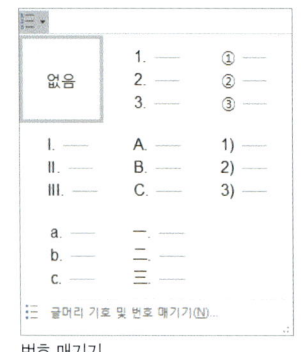
번호 매기기

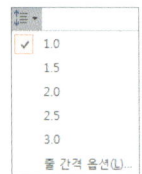
줄 간격

❻ **왼쪽 맞춤**(단축키 Ctrl+L)
❼ **가운데 맞춤**(단축키 Ctrl+E)

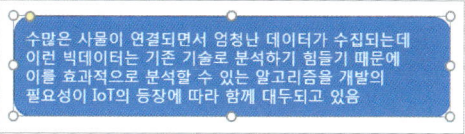

왼쪽 맞춤 / 가운데 맞춤

❽ **오른쪽 맞춤**(단축키 Ctrl+R)
❾ **양쪽 맞춤**

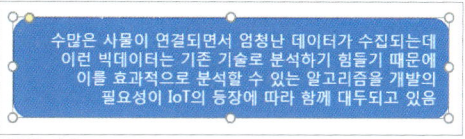

오른쪽 맞춤 / 양쪽 맞춤

❿ **균등 분할**

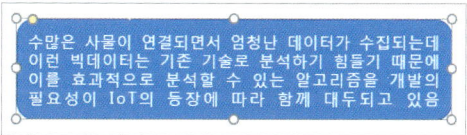

⓫ **열 추가 또는 제거** 다단을 설정할 수 있습니다. [기타 단]을 선택하고 표시되는 대화상자에서 단 간의 간격을 설정할 수도 있습니다.

 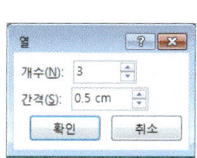

단 간의 간격을 설정할 수 있는 대화상자

⓬ **텍스트 방향** 텍스트 방향을 세로, 90도 회전할 수 있습니다.
⓭ **텍스트 맞춤** 텍스트의 세로 위치를 설정합니다.

● **도형-텍스트 맞춤-위쪽**
기본적으로 [텍스트 맞춤]이 [위쪽]에 설정되어 있는 텍스트 상자 달리, 도형의 기본은 [중간]입니다. 따라서 도형에 글자를 입력하면 중간에서부터 입력되는 것입니다. 글자 수가 많지 않으면 큰 문제가 없는데 글자 수가 많은 경우, 위쪽에서부터 입력하는 것이 보기에 좋을 경우가 있습니다. 이 경우 [텍스트 맞춤]을 [위쪽]으로 설정하는 것이 좋습니다.

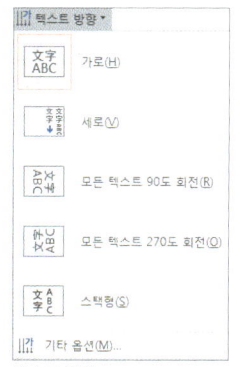  

텍스트 방향 / 텍스트 맞춤 / 위쪽 설정 예

○ 다른 SmartArt를 선택하고 싶다면
[SmartArt 변환]을 클릭하고 맨 아래에 있는 [기타 SmartArt 그래픽]을 선택한 후 표시되는 대화상자에서 SmartArt를 선택합니다.

⑭ **SmartArt로 변환** 텍스트를 SmartArt로 변환합니다.

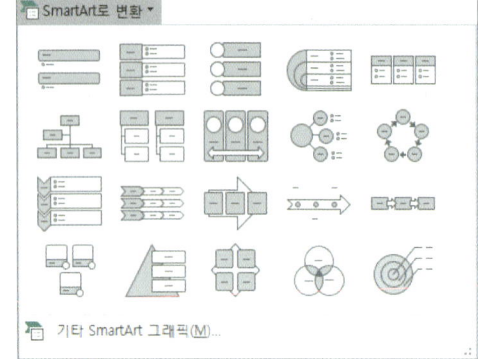

텍스트 클릭

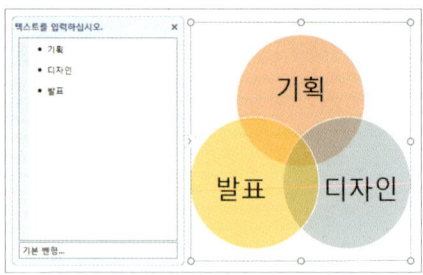

기본 벤형 SmartArt로 변환

⑮ **대화상자 표시 버튼** [단락] 대화상자가 표시돼 줄 간격, 단락 간격, 들여쓰기 등을 수치 값을 이용해 조정할 수 있습니다.

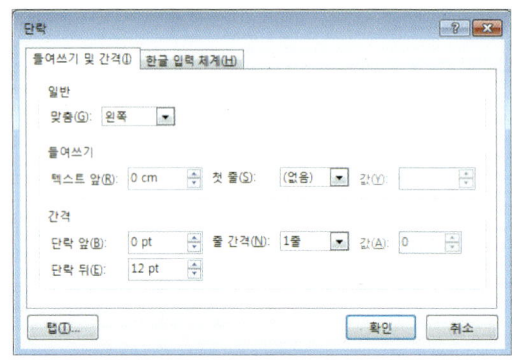

한글 단어 잘림 허용

- 단락 대화상자의 [한글 입력 체계] 탭을 보면 [한글 단어 잘림 허용] 옵션을 볼 수 있습니다.
  텍스트 상자, 도형, 표 셀 등에 글자를 입력할 때 맨 오른쪽에 다다르게 되면 자동으로 아래 줄로 내려가게 되는데 이때 단어가 잘려내려 갈 것인지 아니면 단어 전체가 내려갈 것인지 결정하는 옵션입니다.

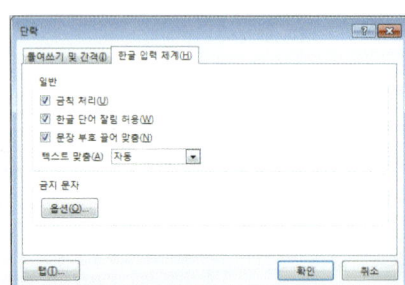

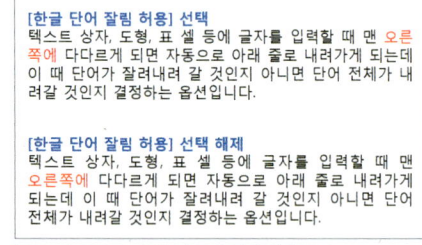

[한글 단어 잘림 허용] 선택
텍스트 상자, 도형, 표 셀 등에 글자를 입력할 때 맨 오른쪽에 다다르게 되면 자동으로 아래 줄로 내려가게 되는데 이 때 단어가 잘려내려 갈 것인지 아니면 단어 전체가 내려갈 것인지 결정하는 옵션입니다.

[한글 단어 잘림 허용] 선택 해제
텍스트 상자, 도형, 표 셀 등에 글자를 입력할 때 맨 오른쪽에 다다르게 되면 자동으로 아래 줄로 내려가게 되는데 이 때 단어가 잘려내려 갈 것인지 아니면 단어 전체가 내려갈 것인지 결정하는 옵션입니다.

[한글 단어 잘림 허용] 선택 및 선택 해제 예

핵심 기능 | 미니 도구 모음과 컨텍스트 메뉴에서 제공하는 단락 서식 변경 명령

선택한 텍스트를 마우스 오른쪽 버튼으로 클릭하면 표시되는 미니 도구 모음과 컨텍스트 메뉴에서 글꼴 및 단락 서식을 변경할 수 있습니다.

미니 도구 모음

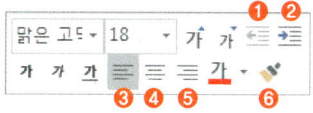

○ 미니 도구 모음이 표시되지 않는다면
글자를 마우스 오른쪽 버튼으로 클릭했을 때 미니 도구 모음이 표시되지 않는다면 [파일]에서 [옵션]을 선택하고 [일반]에서 [선택 영역에 미니 도구 모음 표시] 옵션을 선택하고 [확인]을 클릭합니다.

❶ **목록 수준 줄임** 단락의 수준을 높입니다(단축키 Shift + Tab).
❷ **목록 수준 늘림** 단락의 수준을 낮춥니다(단축키 Tab).
❸ **왼쪽 맞춤**(단축키 Ctrl + L)
❹ **가운데 맞춤**(단축키 Ctrl + E)
❺ **오른쪽 맞춤**(단축키 Ctrl + R)
❻ **서식 복사** 텍스트의 글꼴 및 단락 속성을 복사합니다. 다른 텍스트를 선택하면 앞서 복사한 속성이 붙여넣어 집니다.

컨텍스트 메뉴

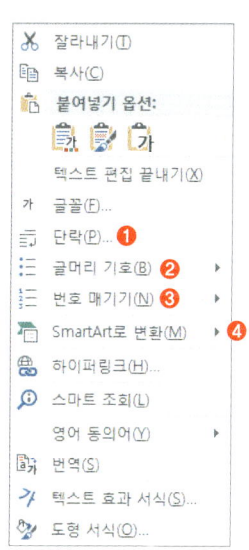

❶ **단락** [단락] 대화상자를 표시합니다.
❷ **글머리 기호** 글머리 기호를 선택할 수 있습니다.
❸ **번호 매기기** 번호 종류를 선택할 수 있습니다.
❹ **SmartArt로 변환** 텍스트를 SmartArt로 전환할 수 있습니다.

글머리 기호 설정하기

예제 파일 Sample\Theme02\글머리 기호.pptx **완성 파일** Sample\Theme02\글머리 기호(결과).pptx

키 워 드 글머리 기호 위치 조정, 수준 조정, 글머리 기호 변경
길라잡이 텍스트에 글머리 기호를 배치하고, 글머리 기호와 텍스트의 시작 위치를 조정한 후, 수준을 조정하고, 글머리 기호를 변경하는 방법을 알아보겠습니다.

STEP 01 기본 글머리 기호 설정하기

◉ [글머리 기호 및 번호 매기기] 명령을 실행하는 다른 방법
[홈] 탭의 [단락] 영역에서 [글머리 기호] 버튼 메뉴를 열고 [글머리 기호 및 번호 매기기]를 선택합니다.

01 ❶ 기획 텍스트를 선택하고 선택한 텍스트를 마우스 오른쪽 버튼으로 클릭한 후, ❷ [글머리 기호]에서 ❸ [글머리 기호 및 번호 매기기]를 선택합니다.

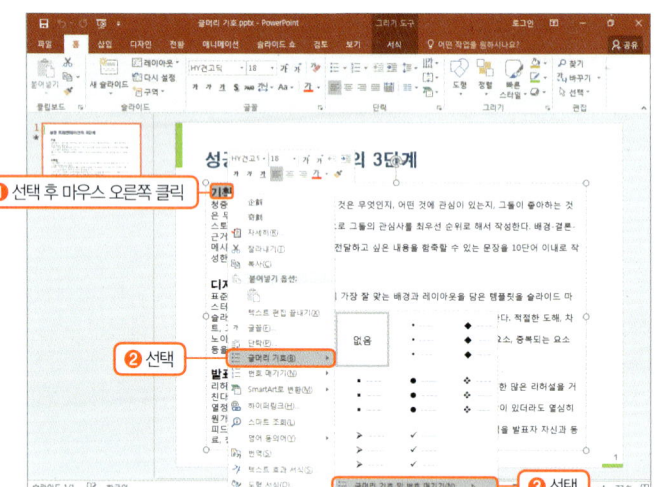

02 [글머리 기호 및 번호 매기기] 대화상자에서 [사용자 지정]을 클릭합니다.

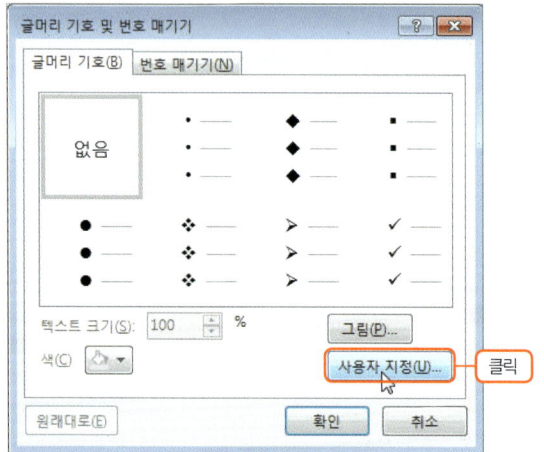

03 [기호] 대화상자에서 ❶ [하위 집합] 메뉴를 열고 ❷ [도형 기호]를 선택합니다.

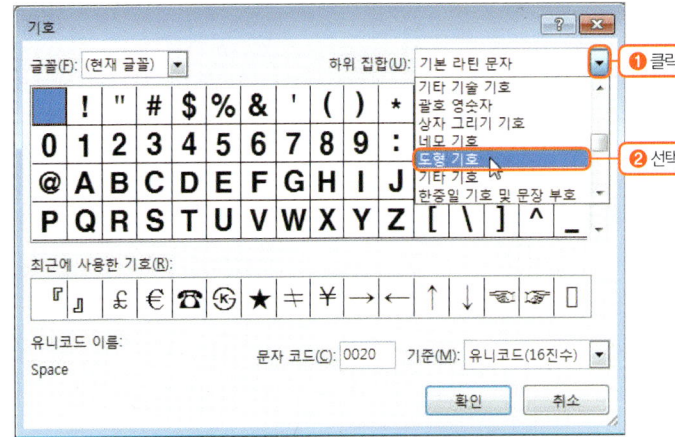

● 최근에 사용한 기호
[기호] 대화상자 아래에 있는 [최근에 사용한 기호]에 가장 최근에 사용한 기호가 표시됩니다. 따라서 다음에 동일한 기호를 추가할 때는 글꼴을 바꾸지 않고도 쉽게 기호를 추가할 수 있습니다.

04 표시되는 기호 중에서 ❶ ■를 선택하고 ❷ [확인]을 클릭합니다.

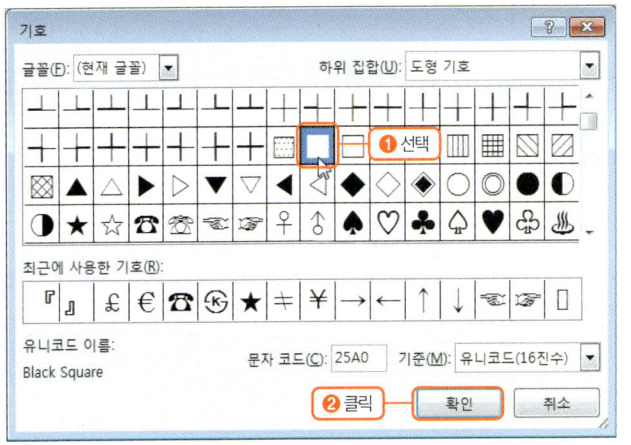

● 글머리 기호 크기/색 설정하기
• 텍스트 크기: 글머리 기호의 크기를 변경할 수 있는데 25~400%까지 설정할 수 있습니다.
• 색: 글머리 기호의 색을 변경합니다.

05 [확인]을 클릭합니다.
선택했던 기획 텍스트 왼쪽에 ■ 글머리 기호가 추가됩니다.

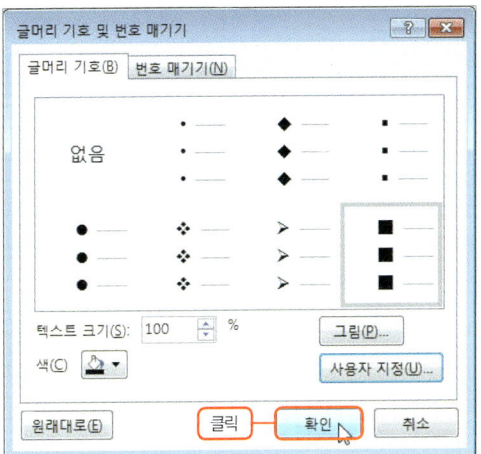

○ [반복] 명령 단축키
Ctrl + Y 또는 F4

06 ❶ '디자인' 텍스트를 선택하고 ❷ 빠른 실행 도구 모음에서 [반복] 버튼 ↻ 을 클릭합니다. '발표' 텍스트도 같은 방법으로 글머리 기호를 추가합니다.

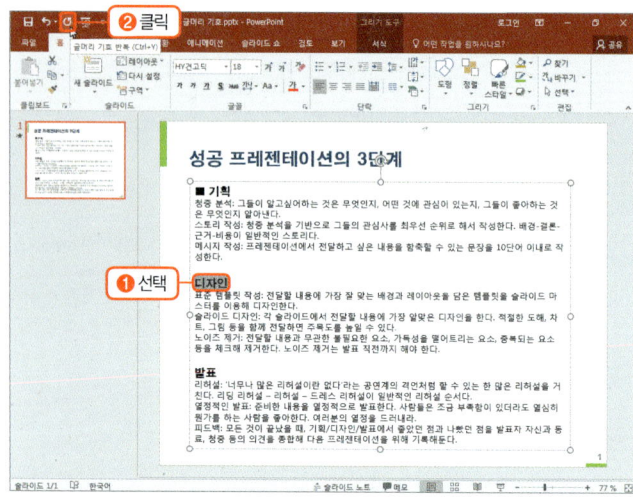

STEP 02 글머리 기호 수준 조정하기

01 [기획] 텍스트 아래에 있는 세 단락을 선택합니다.

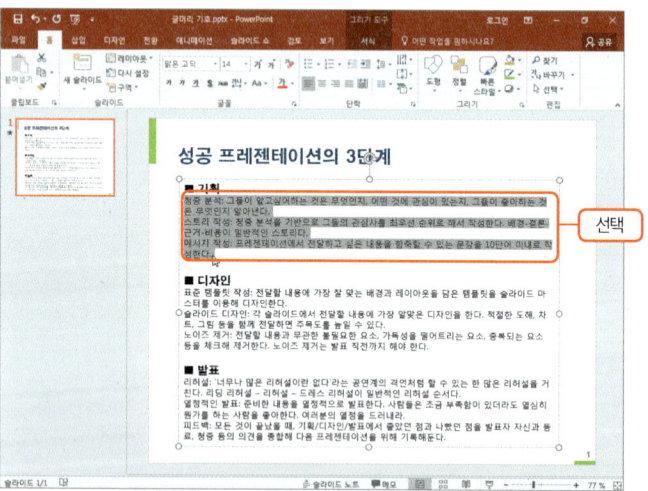

02 [홈] 탭의 [단락] 영역에서 [글머리 기호] 버튼 ≡ 을 클릭해 기본 글머리 기호를 추가합니다.

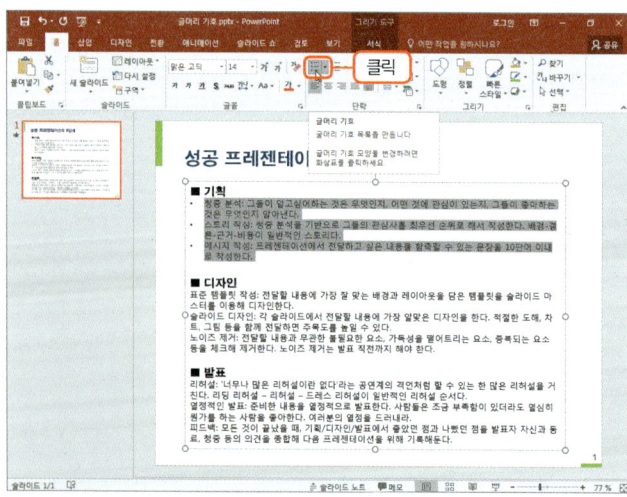

○ [목록 수준 늘림] 명령 단축키
`Tab`

03 [홈] 탭의 [단락] 영역에서 [목록 수준 늘림] 버튼 을 클릭합니다. 수준이 낮아지면서 단락 전체가 오른쪽으로 이동합니다.

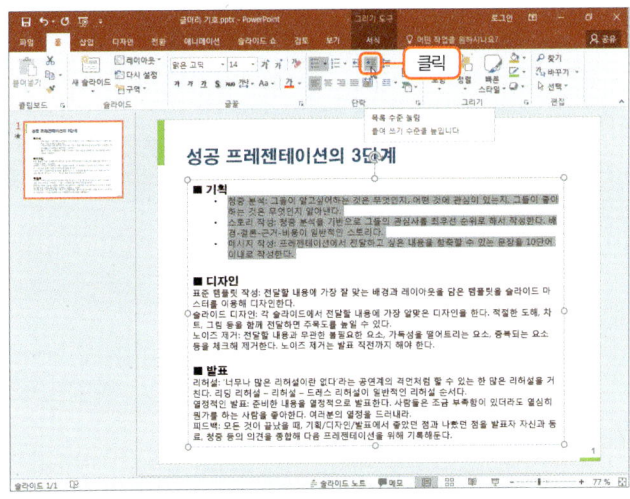

04 같은 방법으로 [디자인] 아래에 있는 세 단락과 [발표] 아래에 있는 세 단락에 기본 글머리 기호를 추가하고 수준을 낮춥니다.

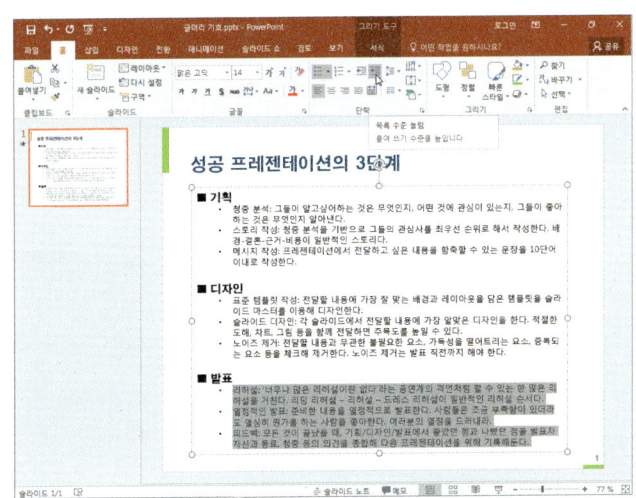

STEP 03 눈금자에서 글머리 기호와 텍스트 위치 변경하기

01 ❶ [보기] 탭에서 ❷ [눈금자]를 선택해 눈금자를 표시합니다. 표시되는 숫자의 단위는 'cm'입니다.

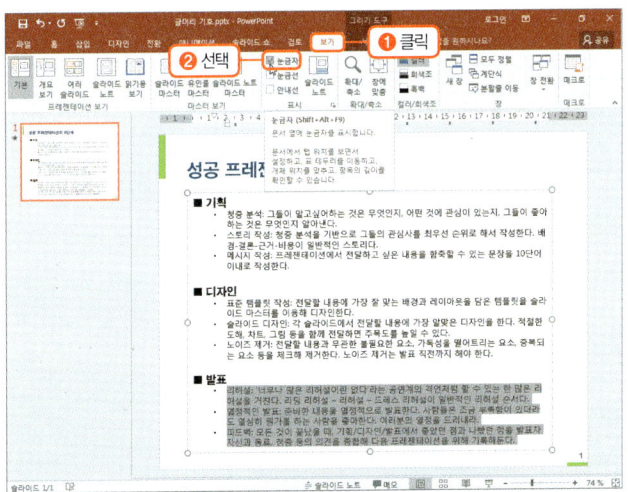

Lesson 03 _ 단락 서식 변경하기 105

◎ 눈금자에서 아이콘의 역할
- ♡ : 글머리 기호/번호 매기기의 시작 위치 설정하기
- △ : 텍스트의 시작 위치 조정하기
- □ : 두 아이콘을 한꺼번에 조정하기

02 ❶ [기획] 밑에 있는 세 단락을 선택하고 ❷ 눈금자에서 ♡를 왼쪽을 드래그해 1cm로 이동합니다. 글머리 기호의 시작 위치가 조정되는 것을 볼 수 있습니다.

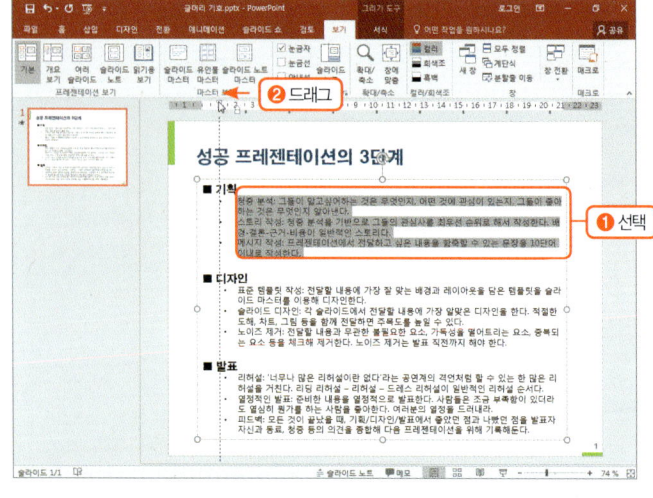

03 눈금자에서 △를 드래그해 1.5cm 위치까지 이동합니다. 텍스트의 시작 위치가 조정되는 것을 볼 수 있습니다.

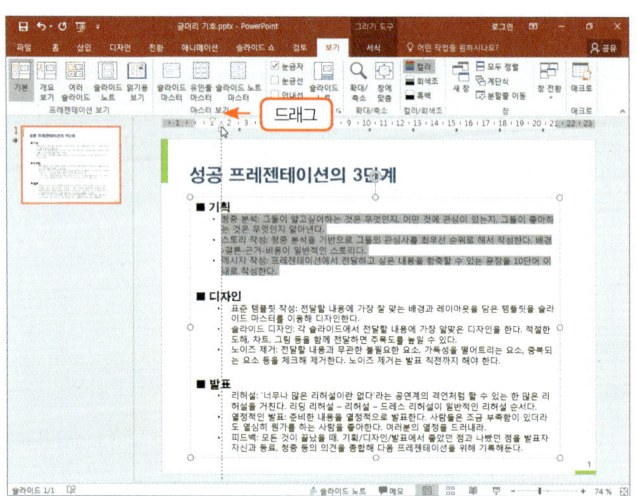

◎ 글머리 기호와 텍스트의 시작 위치를 세밀하게 조정하고 싶다면
선택한 텍스트를 마우스 오른쪽 버튼으로 클릭하고 표시되는 메뉴에서 [단락]을 선택하고 표시되는 [단락] 대화상자에서 아래와 같이 설정합니다.
- 텍스트 앞: 텍스트의 시작 위치 설정
- 첫 줄, 내어쓰기, 값: 텍스트의 시작 위치로부터 내어쓰기할 위치 설정

04 같은 방법으로 [디자인] 아래에 있는 세 단락과 [발표] 아래에 있는 세 단락의 글머리 기호와 텍스트의 시작 위치를 변경합니다.

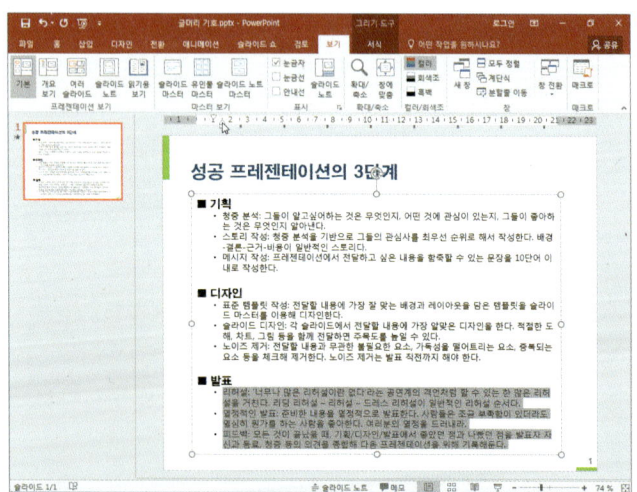

번호 매기기 설정하기

예제 파일 Sample\Theme02\번호 매기기.pptx **완성 파일** Sample\Theme02\번호 매기기(결과).pptx

키 워 드 번호 매기기, 시작 번호 설정
길라잡이 입력된 텍스트에 순서를 표시하고 싶거나 전체 목록의 개수를 쉽게 알아볼 수 있도록 하고 싶다면 번호를 붙이는 것이 좋습니다. 단락에 번호 매기기를 설정하고 시작 번호를 변경하는 방법에 대해 알아보겠습니다.

STEP 01 번호 매기기 설정하기

● **모든 텍스트 선택하기**
텍스트 상자에 있는 아무 텍스트나 클릭해 커서를 위치시키고 Ctrl + A 를 누릅니다. 여기에서 A는 All의 약어입니다.

01 ❶ 텍스트 상자에 있는 모든 텍스트를 선택합니다. ❷ [홈] 탭의 [단락] 영역에서 [번호 매기기] 버튼 을 클릭합니다. 기본 번호 매기기가 설정됩니다.

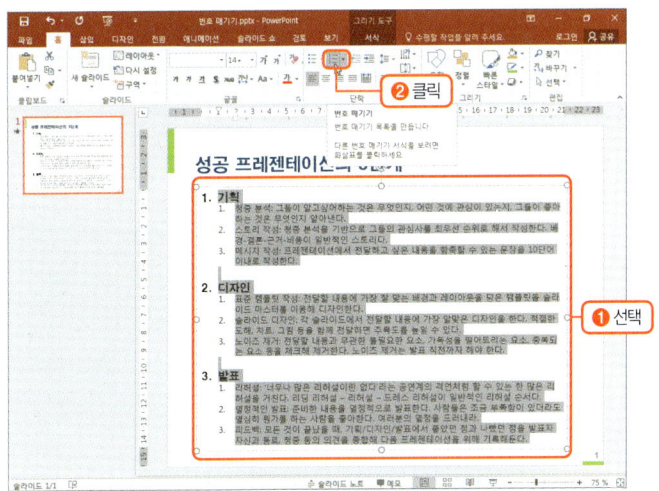

02 ❶ [기획] 밑에 있는 세 단락을 선택하고 선택한 텍스트를 마우스 오른쪽 버튼으로 클릭한 후, ❷ [번호 매기기]에서 ❸ [원 숫자]를 선택합니다.
선택되어 있던 세 단락에 원 숫자 번호 매기기가 표시됩니다.

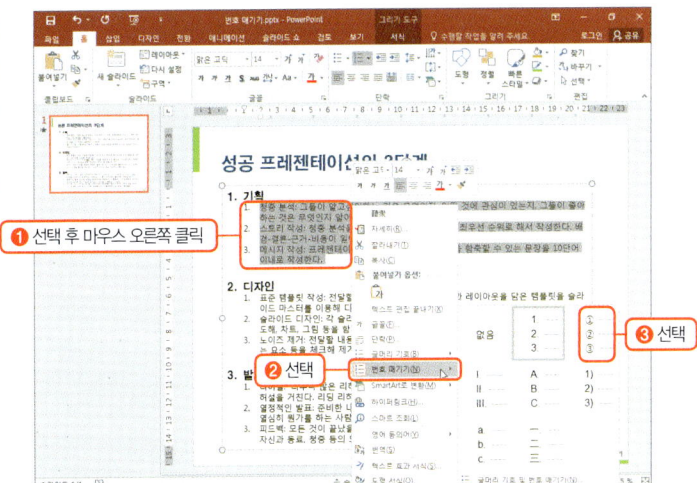

Lesson 03 _ 단락 서식 변경하기 107

03 같은 방법으로 ❶ [디자인] 밑에 있는 세 단락과 ❷ [발표] 밑에 있는 세 단락에서도 원 숫자를 적용합니다.

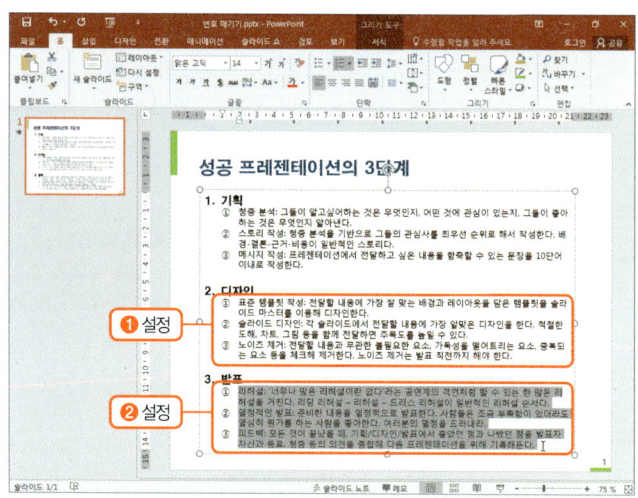

STEP 02 번호 매기기의 시작 번호 변경하기

01 ❶ [디자인] 바로 밑에 있는 단락을 선택하고 선택된 단락을 마우스 오른쪽 버튼으로 클릭한 후, ❷ [번호 매기기]에서 ❸ [글머리 기호 및 번호 매기기]를 선택합니다.

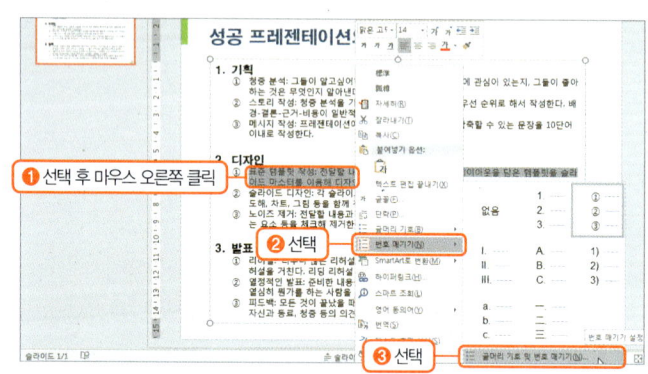

02 ❶ [시작 번호]를 [4]로 변경하고 ❷ [확인]을 클릭합니다.
선택된 단락의 시작 번호가 지정한 대로 변경되면서 아래에 있는 단락의 번호도 업데이트됩니다.

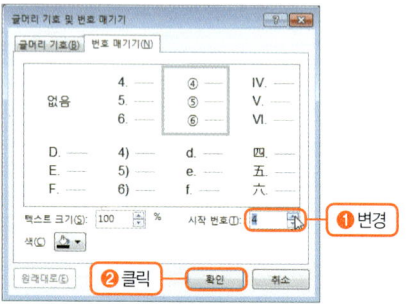

● 줄 나누기 단축키
글머리 기호나 번호 매기기를 설정한 텍스트 맨 오른쪽에 한 두 글자가 애매하게 걸쳐지는 경우 줄을 내고 싶을 때가 있습니다. 이때 Enter 를 누르는 경우가 많은데, 그렇게 되면 단락이 나눠지면서 새로운 글머리 기호나 번호 매기기가 설정됩니다. 따라서 이렇게 같은 단락에서 줄만 내리고 싶다면 Enter 가 아니라 Shift + Enter 를 눌러야 합니다.

03 [발표] 바로 밑에 있는 단락을 선택하고 같은 방법으로 [시작 번호]를 ⑦로 변경합니다.

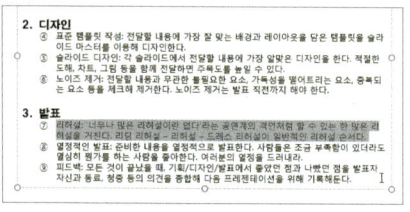

줄 및 단락 간격 조정하기

예제 파일 Sample\Theme02\단락 및 줄 간격.pptx **완성 파일** Sample\Theme02\단락 및 줄 간격 조정(결과).pptx

키 워 드 줄 간격, 배수, 단락 앞, 단락 뒤
길라잡이 텍스트가 많은 경우 줄이나 단락의 간격을 세밀하게 조정할 수 있다면 좀 더 읽기 편한 슬라이드를 만들 수 있을 것입니다. 줄과 단락의 간격을 조정해 보겠습니다.

STEP 01 줄 간격 조정하기

01 1번 슬라이드의 ❶ 본문 텍스트 상자에 있는 모든 텍스트를 선택하고 선택한 텍스트를 마우스 오른쪽 버튼으로 클릭한 후, ❷ [단락]을 선택합니다.

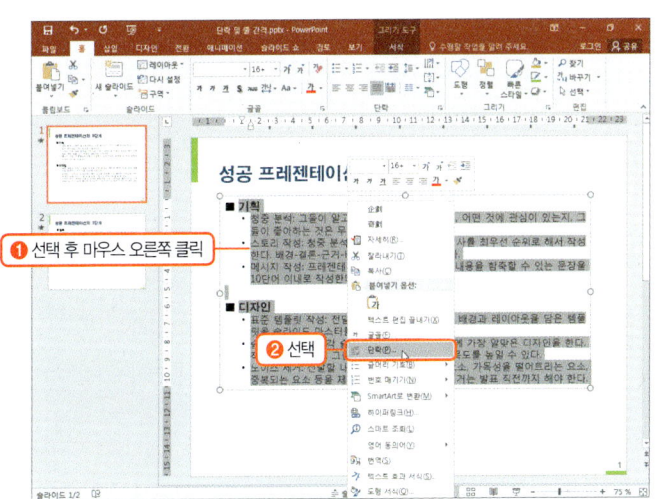

02 [단락] 대화상자의 ❶ [줄 간격] 메뉴에서 ❷ [배수]를 선택합니다.

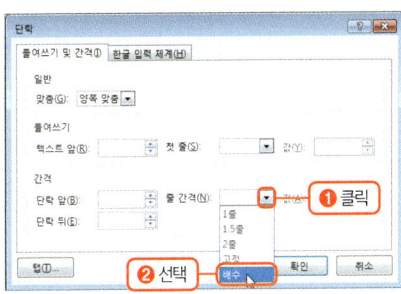

03 ❶ [값]에 [0.9]를 입력하고 ❷ [확인]을 클릭합니다. 선택된 텍스트의 줄 간격이 0.9, 즉 90%로 조정됩니다.

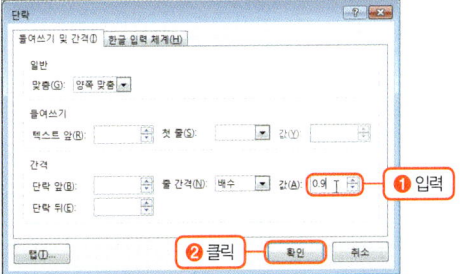

STEP 02 단락 간격 조정하기

01 ❶ [기획] 밑에 있는 세 단락을 선택하고 선택된 텍스트를 마우스 오른쪽 버튼으로 클릭한 후 ❷ [단락]을 선택합니다.

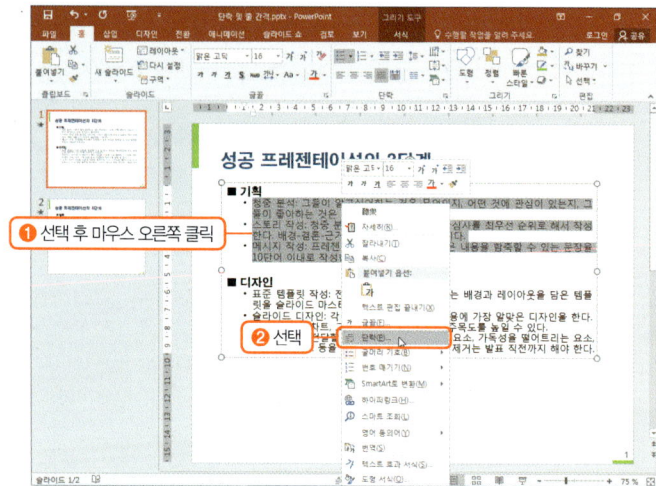

02 [단락] 대화상자에서 ❶ [단락 앞]을 [3pt]로, [단락 뒤]를 [6pt]로 변경하고 ❷ [확인]을 클릭합니다.
선택되어 있던 텍스트의 단락 앞/뒤 간격이 지정한 대로 변경됩니다.

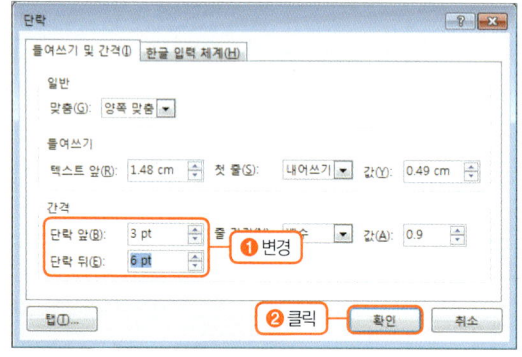

○ [반복] 명령 단축키
- Ctrl + Y
- F4

03 ❶ [디자인] 밑에 있는 세 단락을 선택하고 ❷ 빠른 실행 도구 모음 [반복] 버튼 을 클릭합니다.

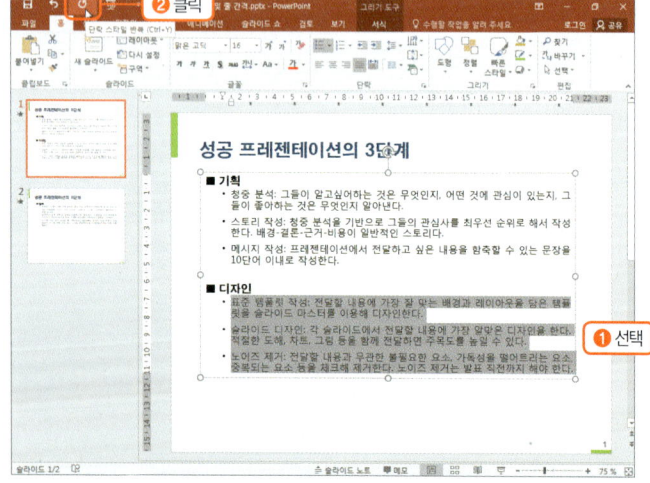

그림 글머리 기호 설정하고 크기 조정하기

글머리 기호로 사용할만한 멋진 그림을 갖고 있다면 기본 글머리 대신 그림을 글머리로 설정할 수 있으며, 그 크기도 마음대로 변경할 수 있습니다.

【예제 파일】Sample\Theme02\그림 글머리 기호.pptx 　【완성 파일】Sample\Theme02\그림 글머리 기호(결과).pptx

1 ❶ [디바이스 메시...] 텍스트를 선택하고 선택한 텍스트를 마우스 오른쪽 버튼으로 클릭한 후, ❷ [글머리 기호]에서 ❸ [글머리 기호 및 번호 매기기]를 선택합니다.

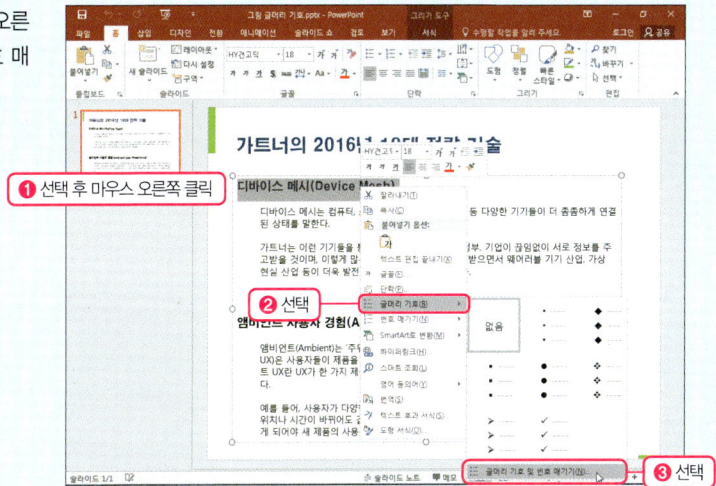

2 [글머리 기호 및 번호 매기기] 대화상자에서 [그림]을 클릭합니다.

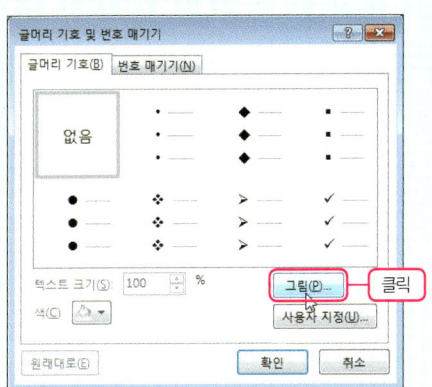

3 [그림 삽입] 대화상자에서 [파일에서... 찾아보기]를 클릭합니다.

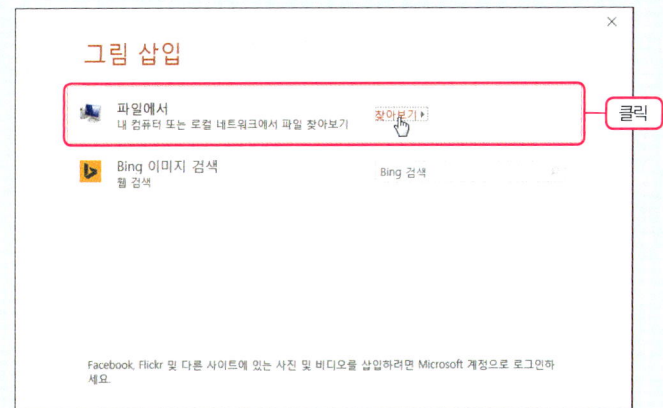

4 Sample에 있는 ① 글머리 그림을 선택하고 ② [삽입]을 클릭합니다.
선택한 텍스트 왼쪽에 그림이 글머리로 추가됩니다.

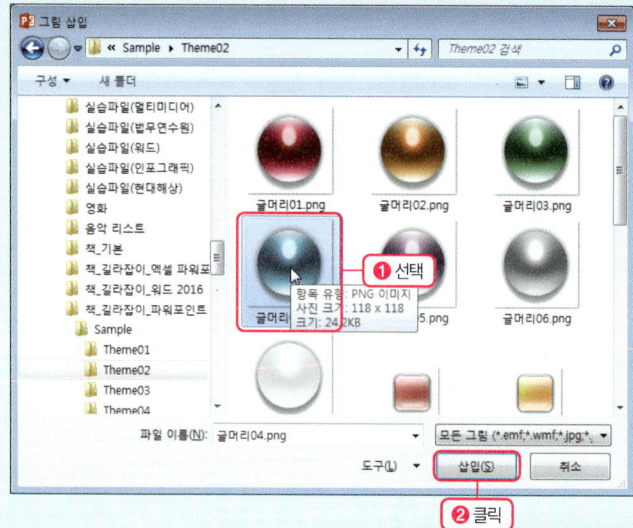

5 ① [앰비언트 사용자 경험] 텍스트를 선택하고 ② [반복] 버튼 을
클릭합니다(단축키 Ctrl+Y 또는 F4).

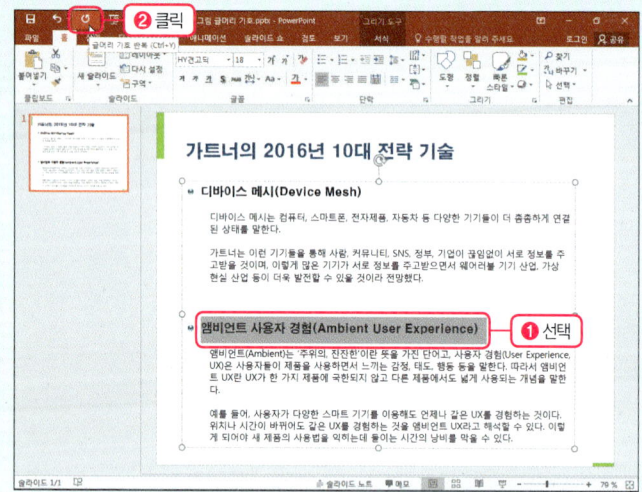

그림 글머리 크기 변경하기

텍스트를 마우스 오른쪽 버튼으로 클릭하고 [글머리 기호]에서 [글머리 기호 및 번호 매기기]를
선택하고 [텍스트 크기]에 적당한 값(2.5~400%)을 입력하고 [확인]을 클릭합니다.

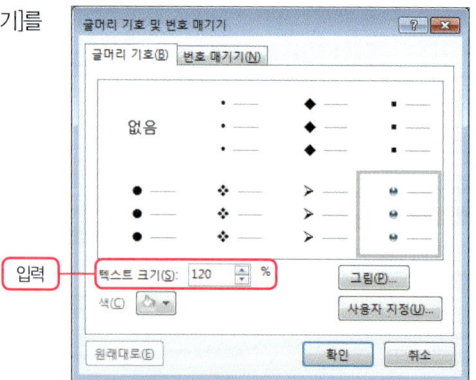

LESSON 04
텍스트에 특별한 효과 설정하고 서식 복사하기

텍스트에는 글꼴, 글꼴 색 등 외에는 특별한 효과를 설정하지 않는 것이 일반적이지만, 표지나 특별히 강조하고 싶은 내용을 담고 있는 슬라이드에 있는 글자라면 좀 더 눈에 띄도록 만들고 싶습니다. 이번 레슨에서 포토샵처럼 텍스트를 디자인하는 방법에 대해 알아보겠습니다.

핵심 기능 | [그리기 도구]-[서식] 탭의 [WordArt 스타일 영역]에서 제공하는 기능

● **[그리기 도구]-[서식] 탭 여는 방법**
텍스트 상자의 테두리를 더블클릭합니다.

텍스트를 선택하고 [그리기 도구]-[서식] 탭의 [WordArt 스타일] 영역을 보면 텍스트 윤곽선, 효과 등을 설정할 수 있습니다.

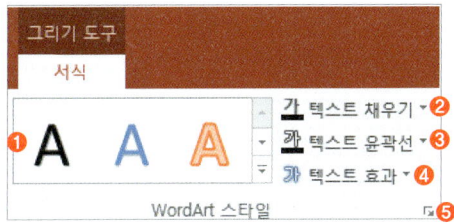

❶ **WordArt 스타일** 기본적으로 제공하는 WordArt 스타일을 선택할 수 있습니다.
❷ **텍스트 채우기** 텍스트 색, 그림, 그라데이션 타입, 질감 등을 선택할 수 있습니다.

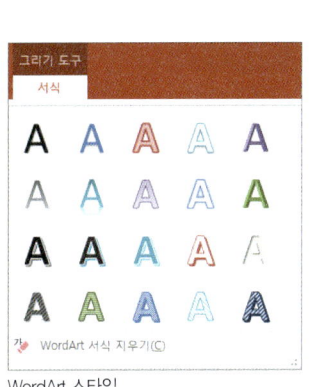
WordArt 스타일

텍스트 채우기

Lesson 04 _ 텍스트에 특별한 효과 설정하고 서식 복사하기 113

❸ **텍스트 윤곽선** 텍스트 윤곽선 색, 두께, 대시 스타일 등을 선택할 수 있습니다.
❹ **텍스트 효과** 그림자, 반사, 네온 등 특별한 효과를 선택할 수 있습니다.

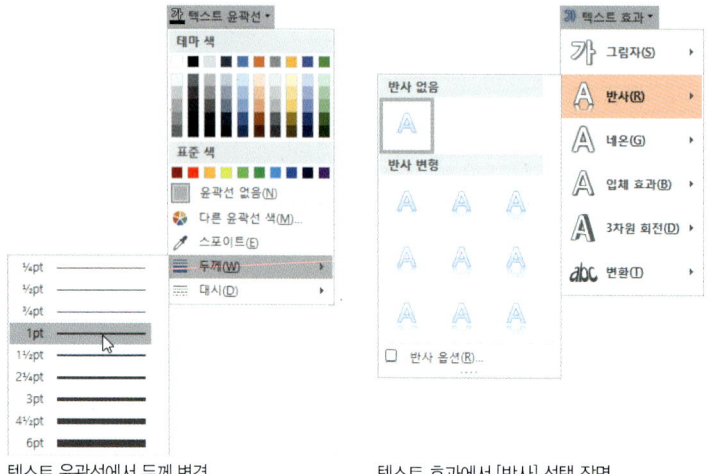

텍스트 윤곽선에서 두께 변경   텍스트 효과에서 [반사] 선택 장면

○ **[도형 서식] – [텍스트 옵션] 작업창을 표시하는 방법**
텍스트를 마우스 오른쪽 버튼으로 클릭하고 표시되는 컨텍스트 메뉴에서 [텍스트 효과 서식]을 선택합니다.

❺ **[대화상자 표시] 버튼** [도형 서식] 작업창에 [텍스트 옵션]이 표시됩니다. 여기에서 텍스트 관련 세부 옵션을 변경할 수 있습니다.

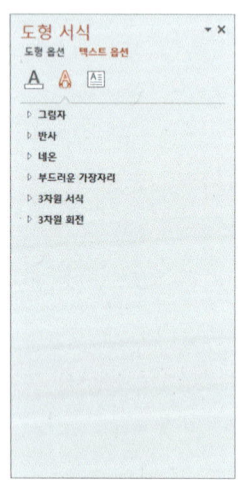 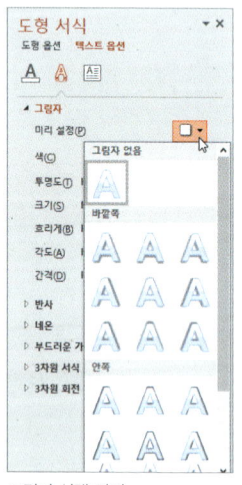 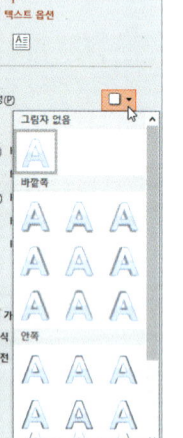

도형 서식 작업창   그림자 선택 장면   텍스트 그림자 설정 예

네온 색 설정 장면   텍스트 네온 설정 예

핵심기능 › 서식 복사 관련 기능들

서식 복사란 텍스트와 도형의 속성을 다른 텍스트와 도형에 복사할 수 있도록 해주는 특별한 기능입니다.

❚❚ 서식 복사 방법

○ 서식 복사/붙여넣기 단축키
• 서식 복사: Ctrl + Shift + C
• 서식 붙여넣기: Ctrl + Shift + V

텍스트를 선택하고 [서식 복사] 버튼 을 클릭하면 선택된 텍스트의 서식이 윈도우의 임시 저장 장소인 클립보드로 복사되고 마우스 포인터에 붓 이 표시됩니다. 다른 텍스트를 드래그해 선택하면 복사된 서식이 붙여넣어 집니다.

[홈] 탭의 [클립보드] 영역에서 [서식 복사] 명령 선택 장면

❚❚ 글꼴 서식만 복사하고 싶다면

텍스트 서식 복사의 경우 텍스트만 선택했는지 단락 전체를 선택했는지에 따라 다른 결과가 나오므로 주의해야 합니다.

텍스트에 있는 아무 글자나 클릭해 커서를 위치시키거나 텍스트를 드래그해 선택하고 서식 복사 명령을 실행합니다. 글꼴 서식은 글꼴, 글꼴 크기, 글꼴 색, 굵게, 기울임꼴, 밑줄, 텍스트 그림자, 취소선, 문자 간격, 첨자 등을 말합니다.

서식 복사 전, 텍스트 클릭

서식 복사 전, 텍스트 선택

❚❚ 글꼴 서식은 물론 단락 서식까지 복사하고 싶다면

○ 단락을 선택하는 방법
단락에 있는 아무 글자나 세 번 연속 클릭합니다.

단락 전체를 선택하고 서식 복사 명령을 실행합니다. 단락 서식은 글머리 기호, 번호 매기기, 줄 및 단락 간격, 왼쪽 맞춤, 가운데 맞춤, 오른쪽 맞춤, 양쪽 맞춤, 균등 분할, 텍스트 방향, 텍스트 맞춤 등을 말합니다.

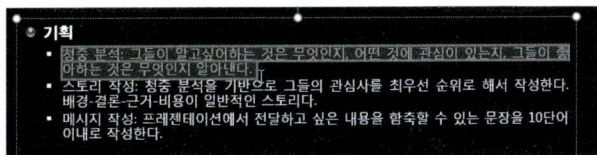

서식 복사 전, 단락 전체 선택

포토샵처럼 텍스트에 특별한 효과 적용하기

예제 파일 Sample\Theme02\텍스트 효과.pptx   **완성 파일** Sample\Theme02\텍스트 효과(결과).pptx

키 워 드 네온, 3차원 서식, 그라데이션

길라잡이 일반적으로 텍스트는 단순하게 디자인하는 것이 좋지만, 표지에 배치되는 텍스트나 포인트를 주고 싶은 숫자와 문자의 경우 포토샵과 같은 특별한 효과를 주고 싶을 때가 있습니다. 네온, 그라데이션, 그림자 등과 같은 특수 효과를 텍스트에 적용할 수 있습니다.

STEP 01 | 텍스트에 네온 및 3차원 서식 설정하기

01 ❶ 1번 슬라이드 제목 텍스트를 선택하고 마우스 오른쪽 버튼으로 클릭한 후, 표시되는 메뉴에서 ❷ [텍스트 효과 서식]을 선택합니다.

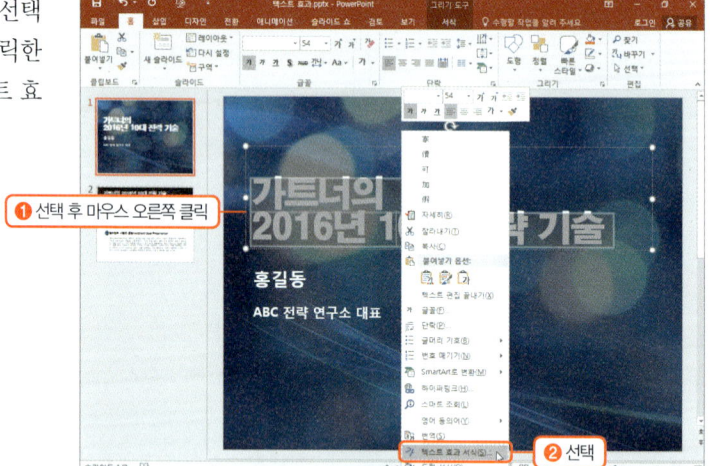

02 ❶ 도형 서식 창의 [텍스트 옵션]의 [텍스트 효과]에서 [네온]을 클릭하고 ❷ [색] 버튼을 클릭한 후, ❸ 테마 색에서 [검정, 텍스트 1]을 선택합니다.

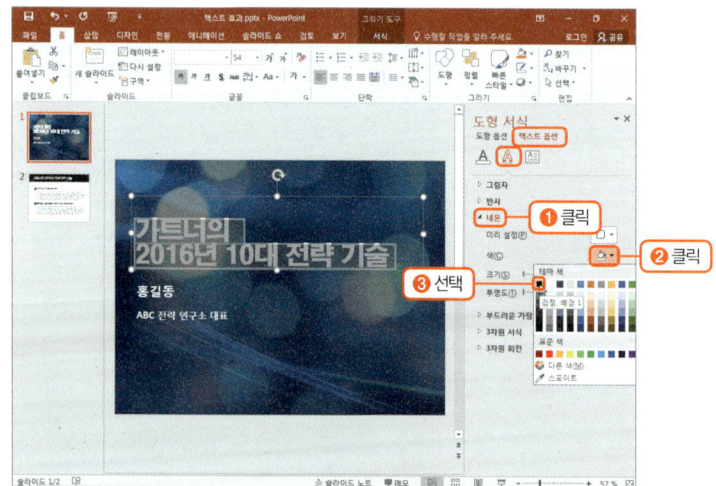

03 [크기]를 [10pt]로, [투명도]를 [70%]로 변경합니다. 텍스트 주변에 네온이 설정되면서 텍스트가 좀더 선명하게 보이게 됩니다.

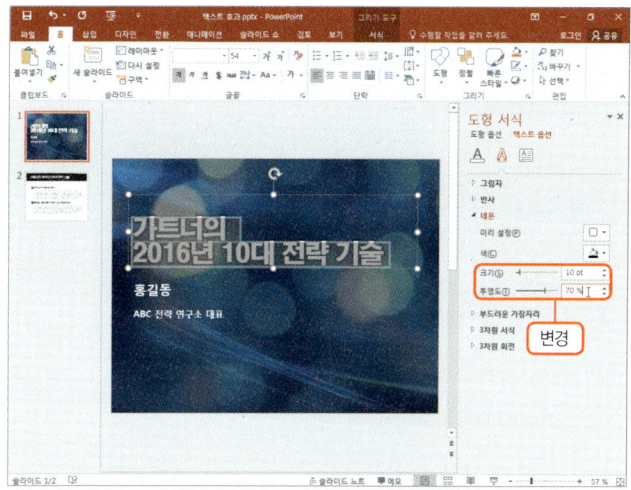

04 작업창에서 ❶ [3차원 서식]을 클릭하고 [위쪽 입체]에서 ❷ [너비]와 [높이] 값을 모두 [2pt]로 변경합니다.

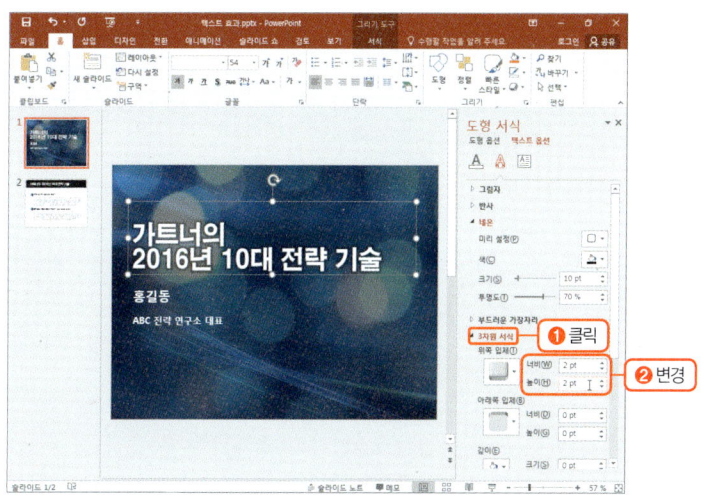

STEP 02 텍스트에 그라데이션 설정하기

01 작업창에서 ❶ [텍스트 채우기 및 윤곽선] A를 클릭하고 [텍스트 채우기]를 클릭한 후, ❷ [그라데이션 채우기]를 선택하고 [그라데이션 중지점]에서 ❸ [중지점 3]을 선택하고 ❹ [그라데이션 중지점 제거]를 클릭합니다.
선택했던 중지점이 삭제됩니다.

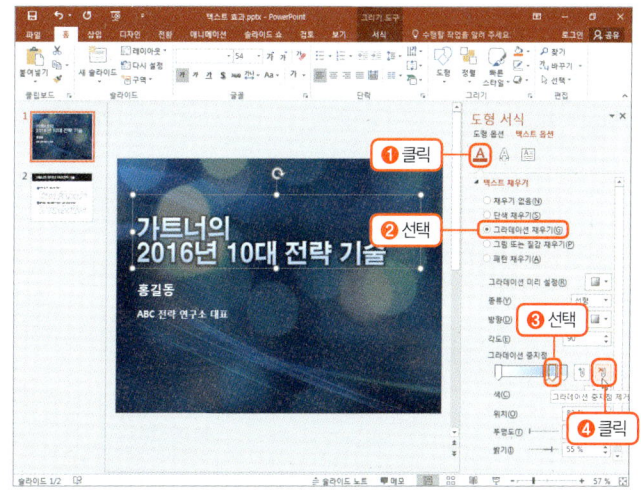

◉ 중지점을 추가하는 방법
- [그라데이션 중지점 추가] 클릭
- 그라데이션 중지점 막대를 클릭

02 [중지점 2]를 선택합니다.

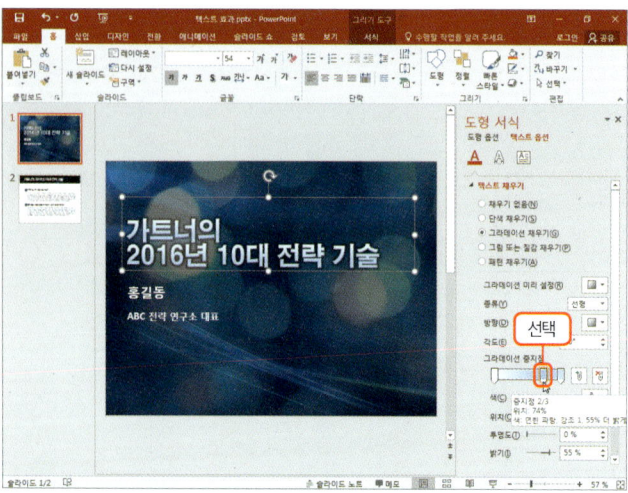

03 ❶ [색]을 클릭한 후 ❷ [흰색, 배경 1, 15% 더 어둡게]를 선택합니다.

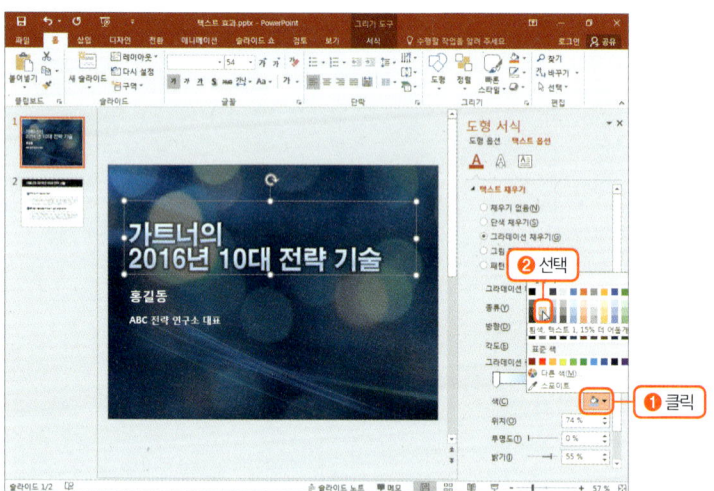

04 [위치]를 [70%]로 변경합니다.

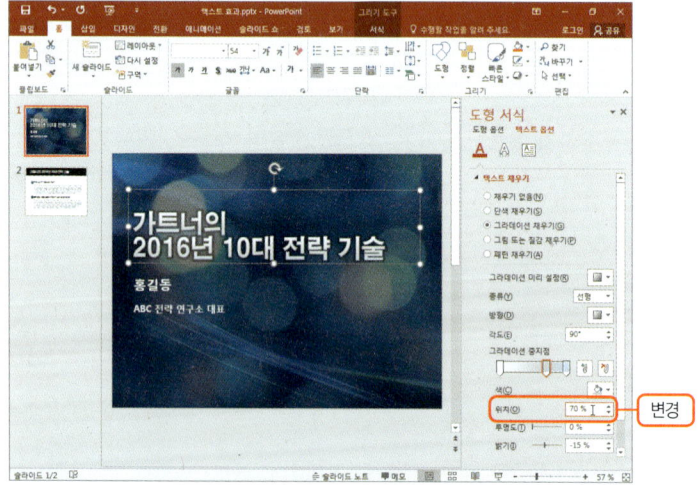

STEP 03 텍스트에 그림자 설정하기

01 2번 슬라이드에서 ❶ 숫자 [1]이 입력된 텍스트 상자를 선택하고 ❷ Shift 를 누른 상태에서 숫자 [2]가 입력된 텍스트 상자를 클릭해 선택한 후, ❸ 상태 표시줄에서 [확대] + 를 몇 번 클릭해 화면을 확대합니다. ❹ [홈] 탭에서 [글꼴 색] 메뉴를 열고 ❺ [흰색, 배경 1]을 선택합니다.

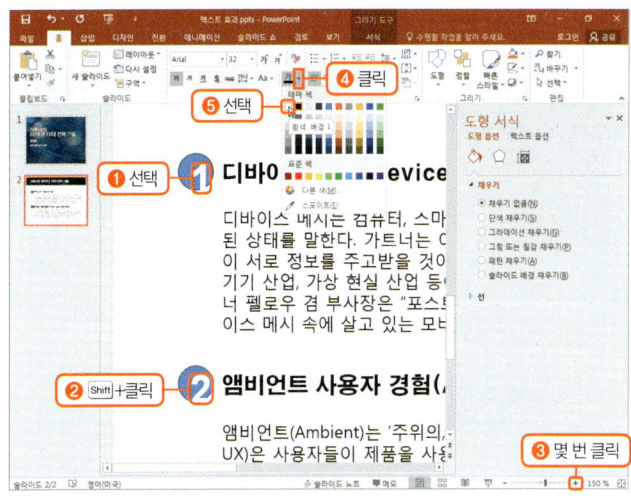

02 도형 서식 작업창에서 ❶ [텍스트 옵션]을 클릭하고, ❷ [텍스트 효과] 를 클릭한 후, ❸ [그림자]를 선택하고 ❹ [미리 설정]을 클릭하고 ❺ [바깥쪽]에서 [오프셋 대각선 왼쪽 위]를 선택합니다.

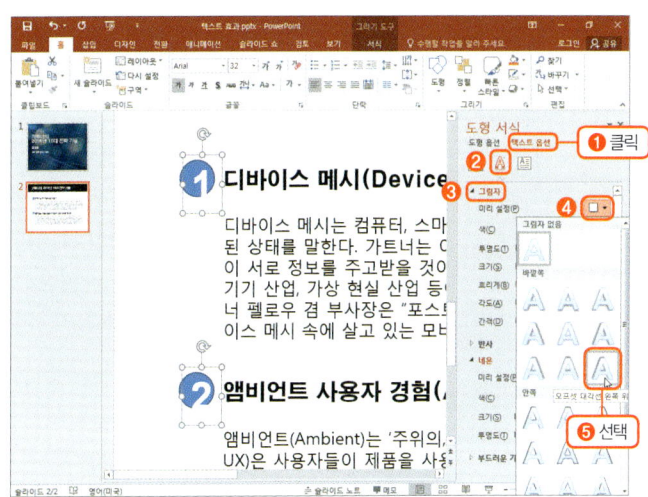

03 ❶ [흐리게]를 [8pt]로, ❷ [간격]을 [5pt]로 변경합니다.

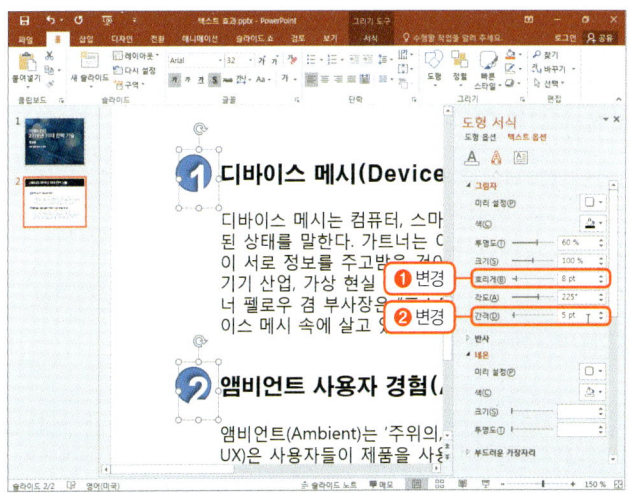

글꼴 서식 복사하기

예제 파일 Sample\Theme02\글꼴 서식 복사.pptx **완성 파일** Sample\Theme02\글꼴 서식 복사(결과).pptx

키 워 드 서식 복사, 글꼴 서식
길라잡이 텍스트의 글꼴, 글꼴 크기, 글꼴 색 등과 같은 서식을 변경할 때 좋은 방법 중에 하나는 다른 텍스트에 적용된 서식을 복사하는 것입니다. 파워포인트는 이것을 '서식 복사'라고 하는데, 그 방법을 알아보겠습니다.

STEP 01 글꼴 서식 복사하기

01 2번 슬라이드에서 ❶ [―마크 트웨인] 텍스트 중에서 아무 글자나 클릭해 커서를 위치시키고 ❷ [홈] 탭의 [클립보드] 영역에서 [서식 복사] 를 클릭합니다.
커서가 있던 글자의 글꼴 속성(글꼴, 글꼴 크기, 글꼴 색, 굵게, 기울임꼴, 밑줄, 자간 등)이 윈도우의 임시 저장 장소인 클립보드에 복사되고 마우스 포인터에 붓 이 표시됩니다.

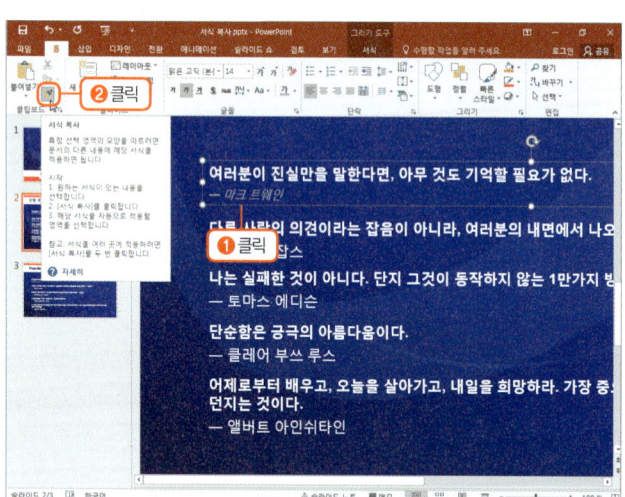

02 [―스티브 잡스] 텍스트를 드래그해 선택합니다. 앞서 클립보드로 복사한 글꼴 서식이 선택한 텍스트에 붙여넣어 집니다.

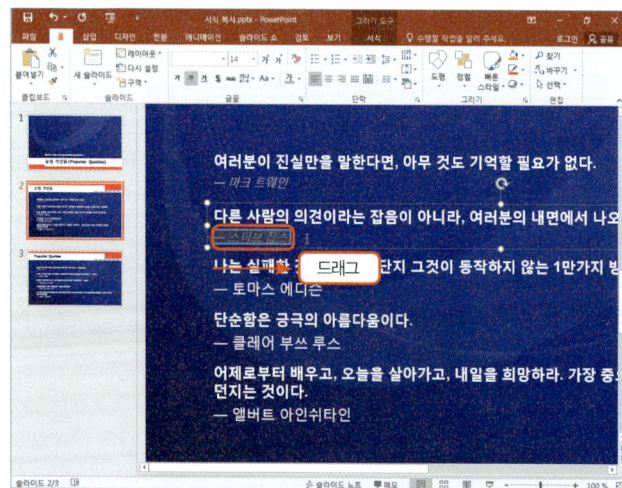

STEP 02 연속 서식 복사하기

01 ❶ 다시 [—마크 트웨인] 텍스트를 클릭해 커서를 위치시키고 ❷ [홈] 탭의 [클립보드] 영역에서 이번에는 [서식 복사] 를 더블클릭합니다.

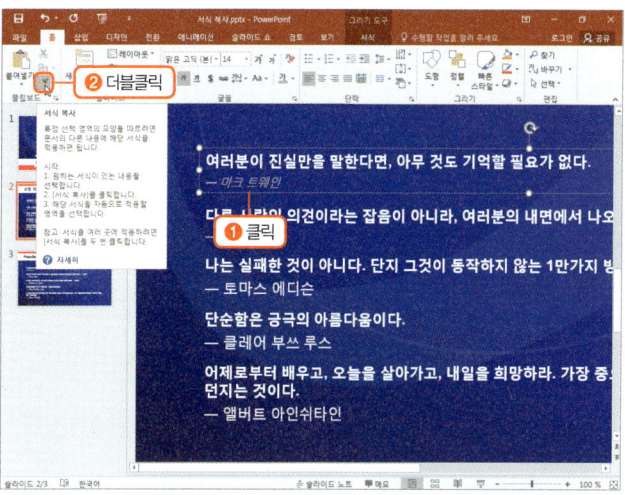

02 [-토마스 에디슨] 텍스트를 드래그해 선택합니다. 앞서 복사해두었던 서식이 붙여넣어 지는데 마우스 포인터에는 여전히 붓 이 표시되는 것을 볼 수 있습니다. 계속해서 붙여넣을 수 있다는 의미입니다.

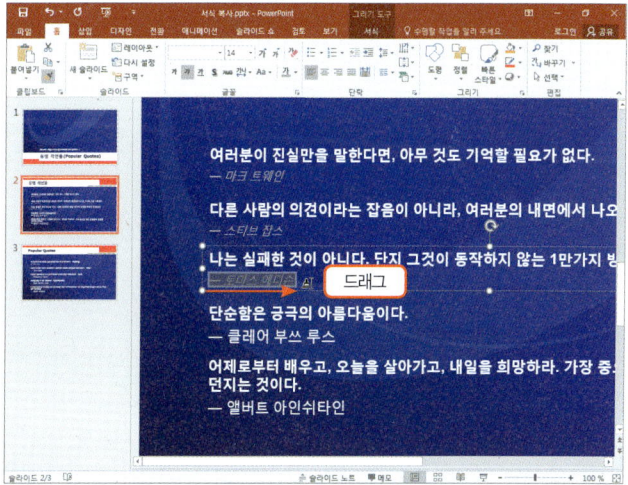

○ 서식 복사는 다른 슬라이드나 다른 프레젠테이션 간에도 가능

서식 복사는 일반적인 복사/붙여넣기와 마찬가지로 다른 슬라이드에 있는 텍스트나 다른 프레젠테이션에 있는 텍스트 간에도 할 수 있습니다.

03 ❶ [—클레어 부쓰 루스]와 ❷ [—앨버트 아인쉬타인] 텍스트를 차례로 선택해 복사했던 서식을 붙여넣습니다. 더 이상 서식을 붙여넣을 텍스트가 없다면 Esc를 누르거나 슬라이드의 빈 곳을 클릭합니다. 마우스 포인터에 붓이 사라집니다.

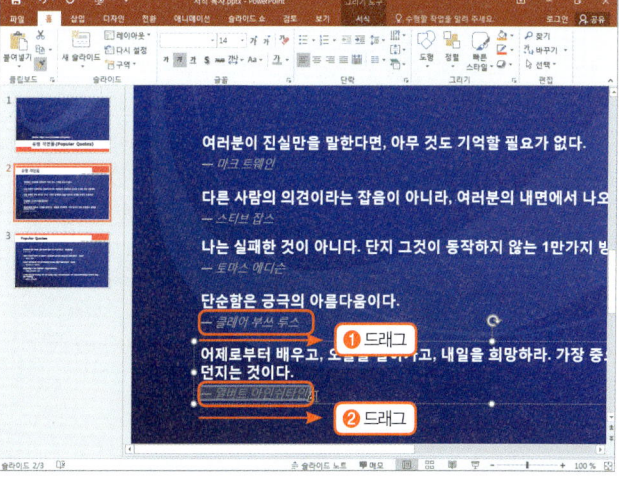

단축키로 글꼴 및 단락 서식 복사하기

기본적으로 텍스트 서식 복사는 글꼴 서식만 복사됩니다. 만약 여러분이 글꼴 서식은 물론 글머리 기호, 번호 매기기, 줄 및 단락 간격, 왼쪽/가운데/오른쪽 맞춤과 같은 단락 속성까지 복사하고 싶다면 단락 전체를 선택하고 서식 복사 기능을 사용하면 됩니다.

【예제 파일】 Sample\Theme02\글꼴 및 단락 서식 복사.pptx
【완성 파일】 Sample\Theme02\글꼴 및 단락 서식 복사(결과).pptx

1 [기획] 단락 전체를 선택하고 서식 복사의 단축키인 Ctrl + Shift + C 를 누릅니다. 선택된 기획 단락의 글꼴 및 단락 서식 전체가 클립보드로 복사됩니다. 단, 마우스 포인터에 붓이 나타나지는 않습니다.

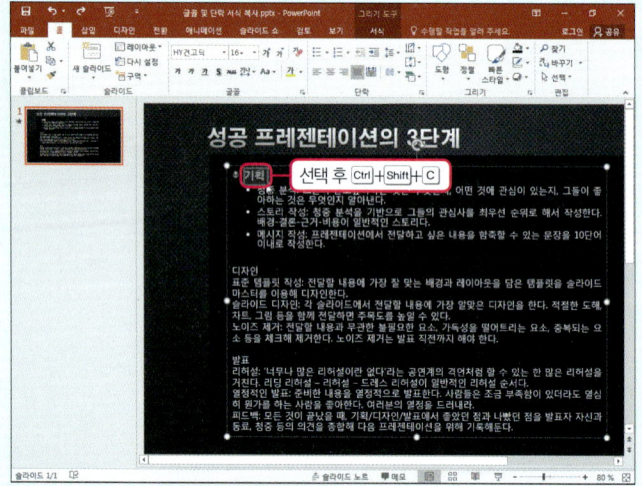

2 [디자인] 단락 전체를 선택합니다.

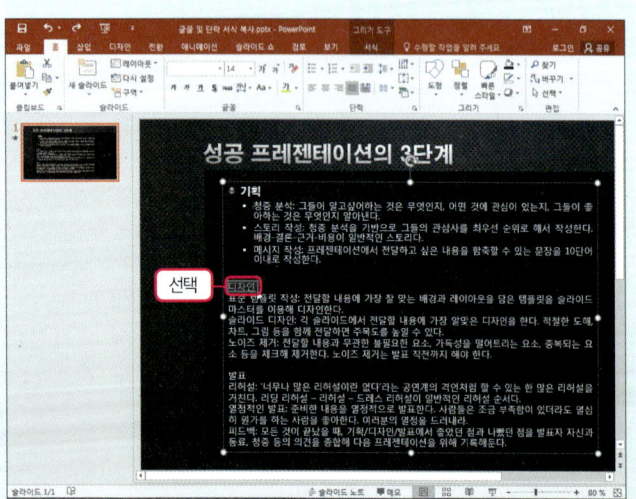

3 서식 붙여넣기 단축키인 Ctrl + Shift + V 를 누릅니다. 복사해두었던 기획 단락의 글꼴 및 단락 서식이 모두 붙여넣어 집니다.

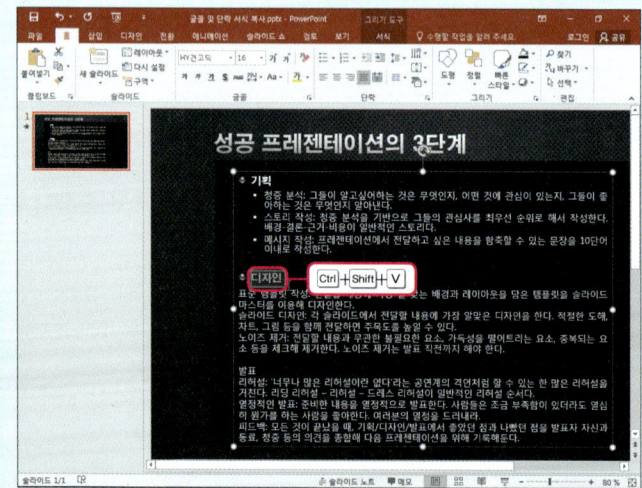

4 [발표] 단락 전체를 선택하고 Ctrl+Shift+V를 누릅니다. 복사해두었던 기획 단락의 글꼴 및 단락 서식이 모두 붙여넣어 집니다.

5 [기획] 텍스트 바로 아래에 있는 [청중 분석] 단락 전체를 선택하고 Ctrl+Shift+C를 눌러 서식을 복사합니다.

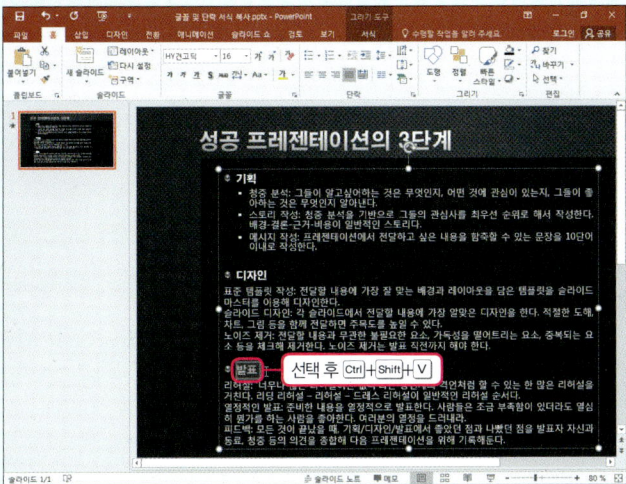
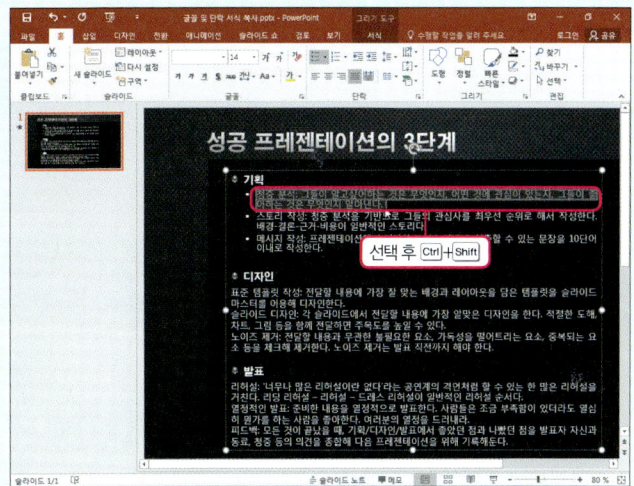

6 [디자인] 탭 밑에 있는 세 단락을 선택합니다. Ctrl+Shift+V를 누릅니다.

7 [발표] 텍스트 밑에 있는 세 단락을 선택하고 Ctrl+Shift+V를 누릅니다.

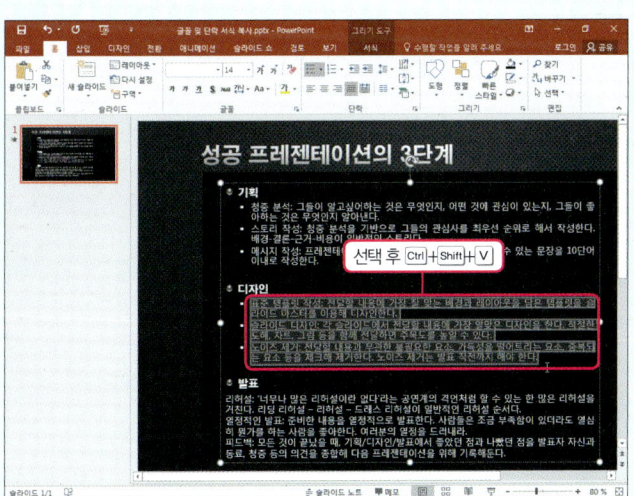
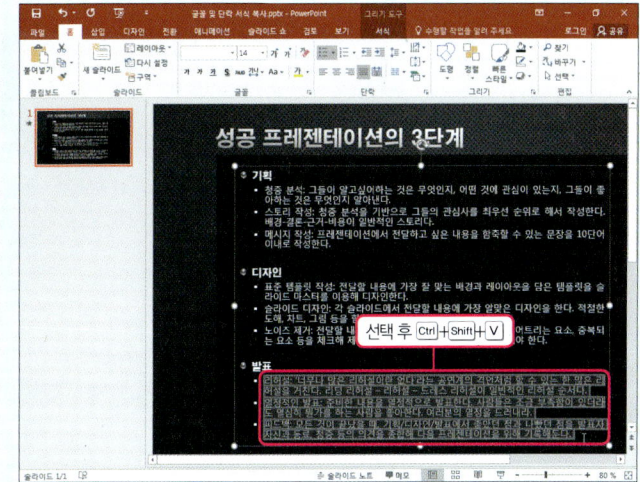

서식 복사가 가능한 글꼴 및 단락 서식
- 글꼴 서식: 글꼴, 글꼴 크기, 글꼴 색, 굵게, 기울임꼴, 밑줄, 텍스트 그림자, 취소선, 문자 간격, 첨자 등
- 단락 서식: 글머리 기호, 번호 매기기, 줄 및 단락 간격, 왼쪽 맞춤, 가운데 맞춤, 오른쪽 맞춤, 양쪽 맞춤, 균등 분할, 텍스트 방향, 텍스트 맞춤 등

01 텍스트 서식을 변경해보세요.

6번 슬라이드 가운데에 있는 "당월..." 텍스트의 글꼴을 HY견고딕으로 바꾸고 글꼴 크기와 글꼴 색을 변경한 후, 파란색 네온을 설정합니다.

예제 파일 Sample\Theme02\실무 테크닉.pptx
완성 파일 Sample\Theme02\실무 테크닉(결과).pptx

7번 슬라이드에 있는 Q&A 텍스트의 글꼴을 Tahoma로 변경하고, 굵게 만들고, 글꼴 크기를 적절히 변경한 후, 그라데이션을 설정합니다. 중지점 2와 중지점 3을 회색으로 변경해 은색 느낌을 만듭니다. 마지막으로 검은색 반투명한 네온을 설정해 완성합니다.

128 도형을 만드는 다양한 방법 알아보기

141 전달할 내용에 맞는 도해 만들기

156 SmartArt로 도해 쉽게 만들기

165 도형 채우기 및 윤곽선 설정하기

THEME 03

도해 디자인의 기술

일반적으로 사람들은 텍스트로 가득 찬 슬라이드보다 그림 형태로 되어 있는 슬라이드를 더 좋아하고 주목하는 경향이 있습니다. 텍스트를 그림 형태로 변환하는 기본이 '도형을 활용한 도해(圖解)'입니다. 이번 테마에서는 도해를 그리기 위해 반드시 알아야 하는 도형 관련 기능, 즉 도형 생성 및 편집 방법, 색 칠하기, 그라데이션 설정 방법 등 기능적인 면뿐만 아니라 보기에 좋은 도해의 방향, 색을 칠하는 방법 등 도해와 관련해 꼭 알아두어야 할 필수적인 기능 및 지식에 대해 알아보겠습니다.

LESSON 01 도형을 만드는 다양한 방법 알아보기

선, 직사각형, 타원 등과 같은 개체를 도형이라 하는데 이런 도형을 그리는 방법이 의외로 많습니다. 그냥 드래그해 그리는 것 외에 기본 도형을 그린 후 모양을 바꾸거나, 아예 그릴 때부터 내 맘대로 그리거나, 두 개 이상의 도형을 결합해 전혀 다른 도형을 만들거나 할 수 있습니다. 이번 레슨에서는 이런 도형 그리는 다양한 방법에 대해 알아보겠습니다.

핵심기능 ▶ 도형을 만드는 다양한 방법

파워포인트에서 도형 명령을 선택하고, 슬라이드에 도형을 만든 후, 도형의 모양을 변경하는 방법에 대해 알아봅니다.

▪▪ 도형 명령 선택하기

[홈] 탭의 [그리기] 영역에 표시되는 ❶ '최근에 사용한 도형' 중에서 하나를 클릭합니다.

> **● 도형 명령을 선택하는 다른 방법**
> [삽입] 탭에서 [도형]을 클릭하고 표시되는 도형 목록에서 도형을 선택합니다.

'최근에 사용한 도형' 중에 그리고 싶은 도형이 없다면 ❷ [자세히] 버튼을 클릭하고 표시되는 도형 목록에서 원하는 도형을 선택합니다.

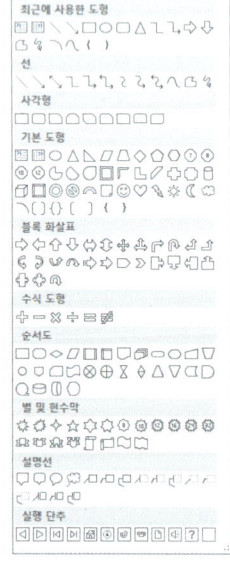

파워포인트에서 제공하는 주요 도형들

슬라이드에서 드래그해 도형 그리기

도형 명령을 선택하고 슬라이드에서 드래그하면 드래그를 시작한 곳에서부터 드래그를 끝낸 곳을 꼭지점으로 하는 도형이 만들어집니다.

예를 들어, [선] \을 선택하고 슬라이드에서 드래그하면 드래그를 시작한 곳에서부터 드래그를 끝낸 곳까지 선이 그려지며, [직사각형] □을 선택하고 드래그하면 드래그를 시작한 곳에서부터 드래그를 끝낸 곳까지 직사각형이 만들어집니다.

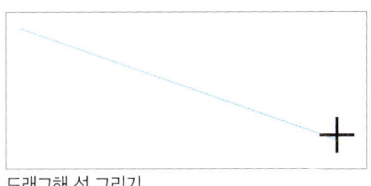
드래그해 선 그리기

드래그해 직사각형 그리기

● 도형을 그리는 다른 방법
도형 명령을 선택하고 슬라이드를 '클릭'하면 기본 크기를 가진 도형이 만들어집니다.

Shift를 누른 상태에서 드래그해 도형 그리기

도형 명령을 선택하고 Shift를 누른 상태에서 슬라이드를 드래그하면 정형화된 도형을 만들 수 있습니다.
예를 들어, [선] \을 선택하고 Shift를 누른 상태에서 슬라이드를 드래그하면 수평선, 수직선, 45도 각도의 선을 그릴 수 있습니다.

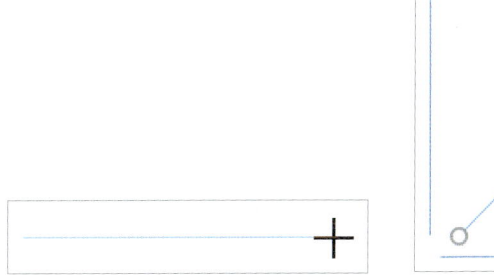
Shift를 누른 상태에서 드래그해 수평선 만들기

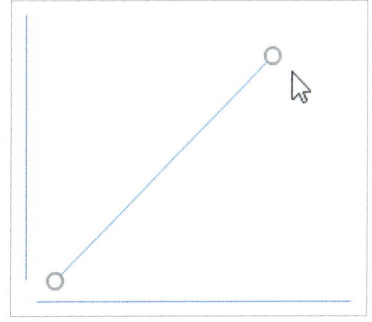
Shift를 누른 상태에서 드래그해 수직선과 45도 각도의 대각선 만들기

또한 [타원] ○이나 [직사각형] □을 선택하고 Shift를 누른 상태에서 슬라이드를 드래그하면 원하는 크기의 정원과 정사각형을 그릴 수 있습니다.

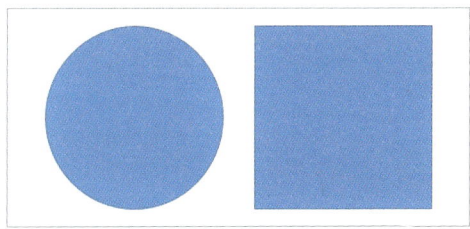

> **TIP**
> Ctrl을 이용해서 도형을 그리는 방법
> - 도형 명령을 선택하고 Ctrl을 누른 상태에서 슬라이드에서 드래그하면 드래그를 시작한 지점을 중심으로 하는 도형을 그릴 수 있습니다.
> - 도형 명령을 선택하고 Ctrl + Shift를 누른 상태에서 슬라이드에서 드래그하면 드래그를 시작한 지점을 중심으로 하는 정형화된 도형을 그릴 수 있습니다.

연결선 그리기

선이나 꺾인 연결선과 같은 도형은 특정 개체에서 다른 개체로 연결할 수 있습니다.
[꺾인 연결선] ㄱ을 클릭하고 개체에 마우스 포인터를 위치시키면, 그 개체의 변에 연결할 수 있는 지점을 알려주는 핸들 ●이 표시됩니다. 이때 드래그를 시작해 다른 개체로 드래그하다가 그 개체의 변에 표시되는 ●에서 드래그를 마치면 연결되며 연결된 곳은 ●이 표시됩니다.

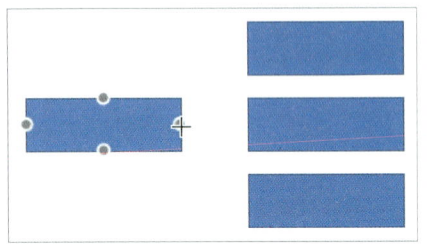
드래그 시작

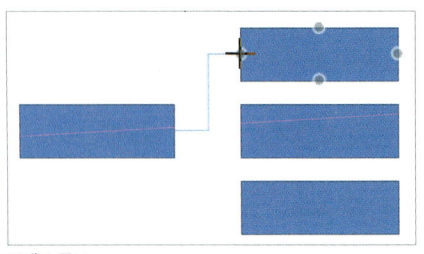
드래그 종료

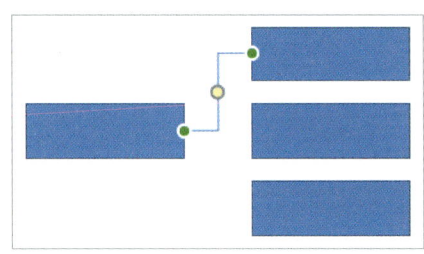
연결된 상태

연결된 상태를 확인하고 싶다면 연결된 개체를 드래그해 이동합니다. 개체의 움직임에 따라 연결된 선이 따라오게 됩니다.

도형 모양 변경하기

도형 중에서 [모양 조절 핸들] ●이 있는 것이 있습니다. 이 핸들을 드래그해 도형의 모양을 변경할 수 있습니다.
예를 들어, [모서리가 둥근 직사각형] □을 만들고, 도형의 왼쪽 상단에 [모양 조절 핸들] ●을 드래그해 모서리의 둥근 정도를 조정할 수 있습니다.

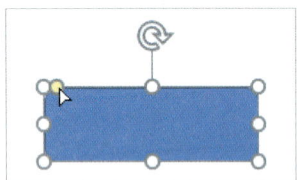
모양 조절 핸들에 마우스 포인터 위치시킴

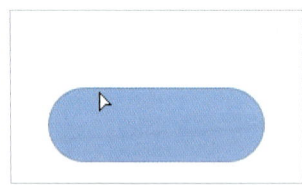
오른쪽으로 드래그해 모양 변경

[설명선]에 있는 [사각형 설명선] ▱의 경우 뾰족한 부분에 있는 [모양 조절 핸들] ●을 드래그해 뾰족한 부분의 위치와 모양을 자유롭게 바꿀 수 있습니다.

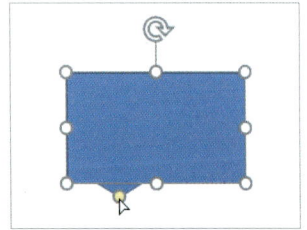
모양 조절 핸들에 마우스 포인터 위치시킴

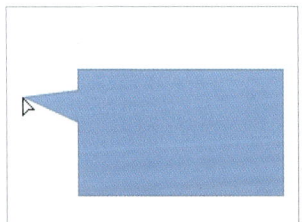
왼쪽 위로 드래그해 모양 변경

핵심기능 자유롭게 도형 만들기

파워포인트에서 제공하는 도형 중에서 원하는 도형이 없는 경우나 자유롭게 무엇인가를 그리고 싶을 때 활용할 수 있는 자유형 도형 기능에 대해 알아보겠습니다.

∷ 자유형 도형 그리기

● **자유형 선 만들기**
자유형 도형을 그리다가 첫 번째 클릭했던 점을 다시 클릭하지 않고, Esc를 누르면 도형 그리기가 종료되며 자유형 선이 만들어집니다.

● **곡선 만들기**
[곡선] ∿ 도 같은 방법으로 그릴 수 있는데 자유형 도형과 다른 점은 선이 곡선 형태가 된다는 것입니다.

[자유형] ♧을 클릭하고 슬라이드에서 클릭해 첫 번째 점을 선택하고 마우스를 이동하다가 클릭해 두 번째 점을 선택하고 마우스를 이동하다가 클릭해 세 번째 점을 선택합니다. 이런 식으로 점을 추가하다가 첫 번째 점을 클릭해 선택하면 도형 그리기가 종료되며 자유형 도형이 만들어집니다.

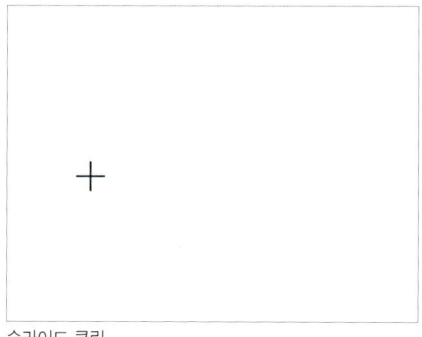
슬라이드 클릭

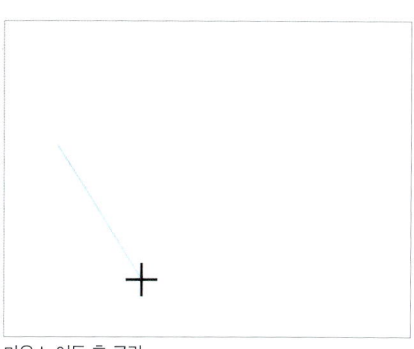
마우스 이동 후 클릭

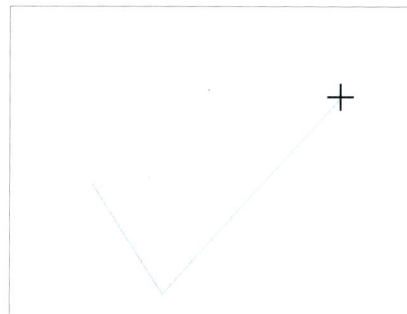
마우스 이동 후 클릭

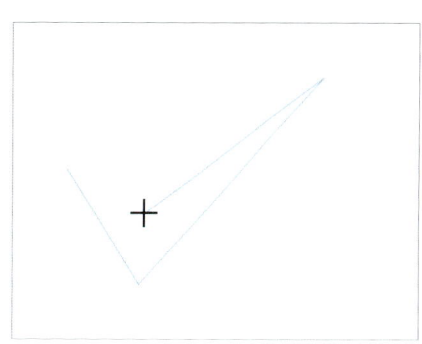
마우스 이동 후 클릭

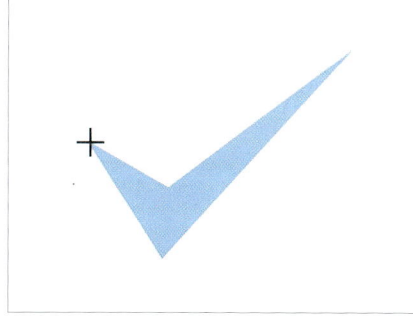
첫 번째 지점 클릭

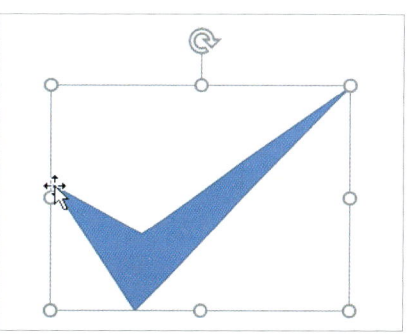
만들어진 자유형 도형

점 편집하기

자유형 도형을 마우스 오른쪽 버튼으로 클릭하고 표시되는 컨텍스트 메뉴에서 [점 편집]을 선택해 점 편집 모드로 전환할 수 있습니다.

○ **[점 편집] 명령을 실행하는 다른 방법**
도형을 선택하고 [그리기 도구] – [서식] 탭의 왼쪽에서 [도형 편집] 버튼(도형 편집▼)을 클릭하고 [점 편집]을 선택합니다.

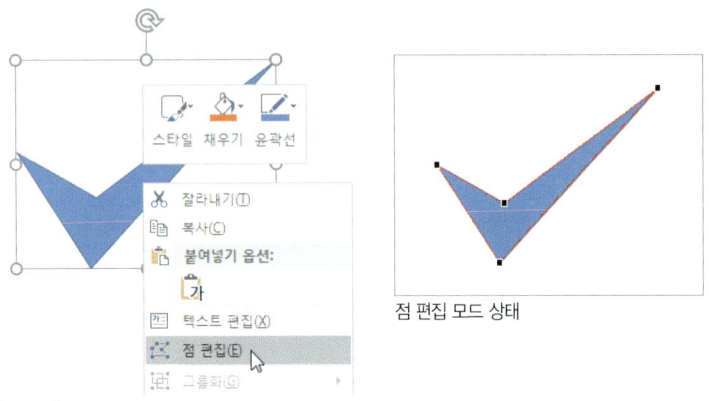

[점 편집] 명령 선택   점 편집 모드 상태

점 편집 모드에서 사용자는 다음과 같은 작업을 할 수 있습니다.
- 검은색 조정점 ■에 마우스 포인터를 위치시키고 드래그해 점을 이동함으로써 도형의 모양을 바꿀 수 있습니다.
- 검은색 조정점을 클릭하면 표시되는 흰색 조정점 □을 드래그해 직선을 곡선으로 만들 수 있습니다.

○ **점을 추가하는 다른 방법**
점이 없는 부분에 마우스 포인터를 위치시키고 드래그해 점을 추가할 수 있습니다.

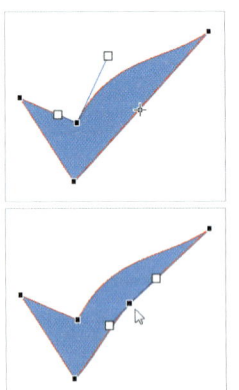

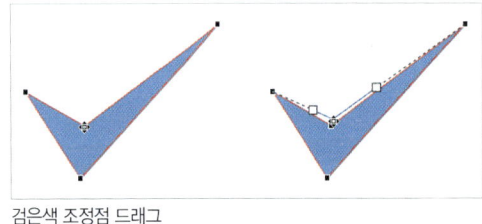   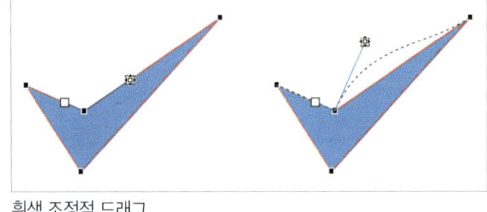

검은색 조정점 드래그   흰색 조정점 드래그

점 편집 메뉴 사용하기

점 편집 모드에서 조정점이나 점이 없는 부분을 마우스 오른쪽 버튼으로 클릭하면 점 편집 메뉴가 표시됩니다. 여기에서 사용자는 다음과 같은 명령을 실행할 수 있습니다.

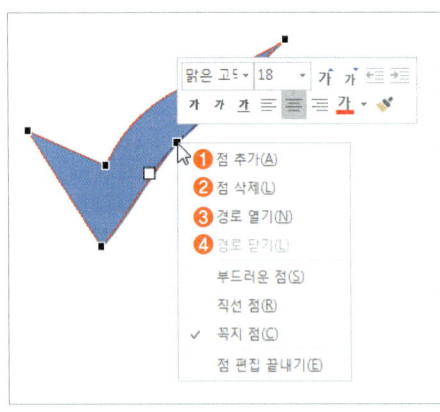

❶ **점 추가** 점을 추가합니다.
❷ **점 삭제** 점을 삭제합니다.
❸ **경로 열기** 자유형 도형을 자유형 선으로 변환합니다.
❹ **경로 닫기** 자유형 선을 자유형 도형으로 변환합니다.

두 개 이상의 도형을 병합해 특별한 도형 만들기

두 개 이상의 도형을 겹쳐놓은 상태에서 그 도형을 선택한 후 다섯 가지 도형 병합 명령을 실행하면 전혀 다른 형태의 특별한 도형을 만들어낼 수 있습니다. 그 방법은 다음과 같습니다.

∷ 도형 병합 명령 실행 방법

두 개의 도형을 선택하고 ❶ [그리기도구]-[서식] 탭에서 ❷ [도형 병합]을 클릭한 후, 표시되는 메뉴에서 명령을 선택합니다.

[그리기 도구]-[서식] 탭에서 [도형 병합] 명령 선택

∷ 다섯 가지 도형 병합 명령 실행 결과

- **병합**: 선택된 도형을 합쳐 하나의 도형으로 만듭니다.
- **결합**: 도형이 겹쳐진 부분을 삭제하고 하나의 도형으로 합칩니다.
- **조각**: 겹쳐지는 부분을 조각내버립니다.
- **교차**: 겹쳐지는 부분만 남기고 모두 제거합니다.
- **빼기**: 첫 번째 선택한 도형에서 두 번째 선택한 도형을 빼버립니다.

> 도형 병합 실행 시 주의할 점
> - 도형 병합으로 만들어진 새로운 도형은 첫 번째 선택한 도형의 속성(채우기 색, 윤곽선 등)을 따르므로 선택된 도형의 속성이 다른 경우, 남기고 싶은 도형을 먼저 선택합니다.
> - 그룹 개체에는 도형 병합 명령을 사용할 수 없습니다. 그룹을 해제한 후 다시 시도합니다.

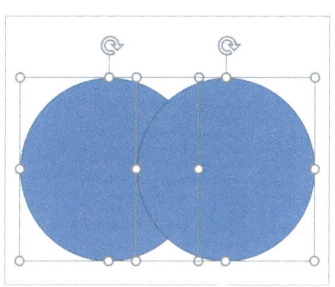

두 개의 도형 선택

병합

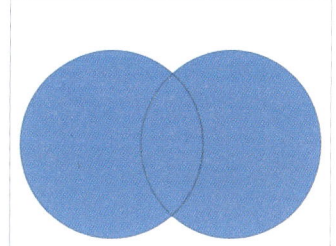

결합

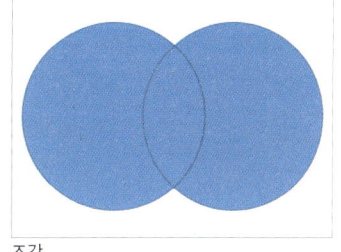

조각

교차

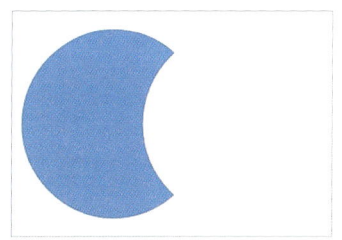

빼기

자유형 도형으로 블록 화살표 만들기

예제 파일 Sample\Theme03\자유형 도형.pptx　　**완성 파일** Sample\Theme03\자유형 도형(결과).pptx

키 워 드 자유형 도형, 점 편집, 곡선 만들기
길라잡이 특별한 형태의 블록 화살표를 만들 때 자유형 도형은 아주 좋은 솔루션을 제공합니다. 원하는 도형을 파워포인트에서 제공하지 않을 때, 자유형 모양이 없을 때 자유형 도형은 큰 도움이 됩니다.

STEP 01 자유형 도형 그리기

01 상태 표시줄에서 ❶ [확대] + 를 몇 번 클릭해 화면을 확대하고, ❷ [홈] 탭의 [그리기] 영역에서 [자유형] ⌒을 클릭합니다.

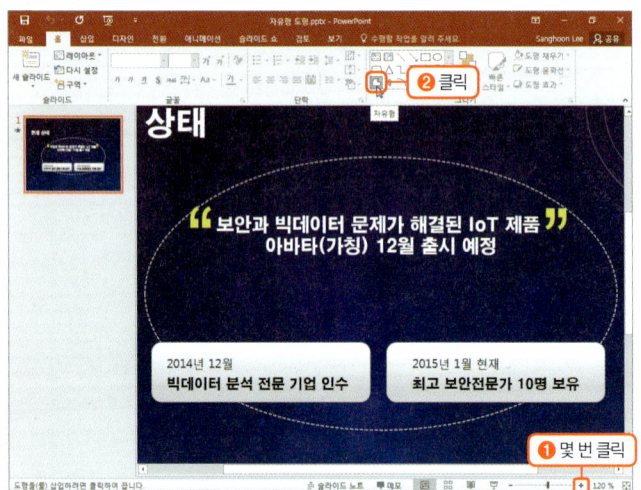

02 슬라이드에서 클릭, 마우스 이동, 클릭, 마우스 이동 방법으로 그림과 같은 블록 화살표를 하나 만듭니다.

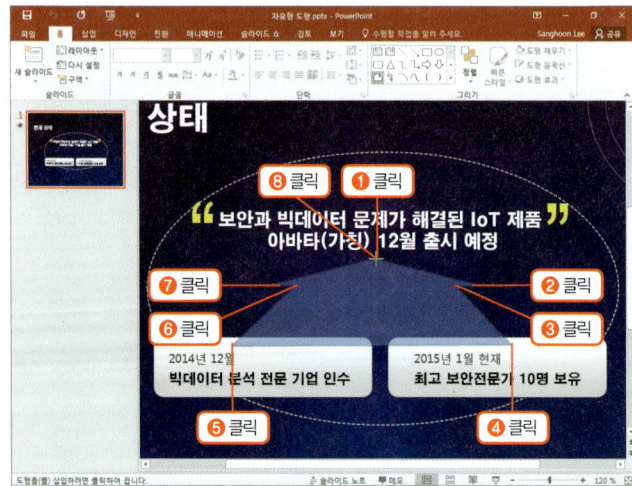

STEP 02 점 편집하기

01 만들어진 블록 화살표를 ❶ 마우스 오른쪽 버튼으로 클릭하고 표시되는 컨텍스트 메뉴에서 ❷ [점 편집]을 선택합니다.

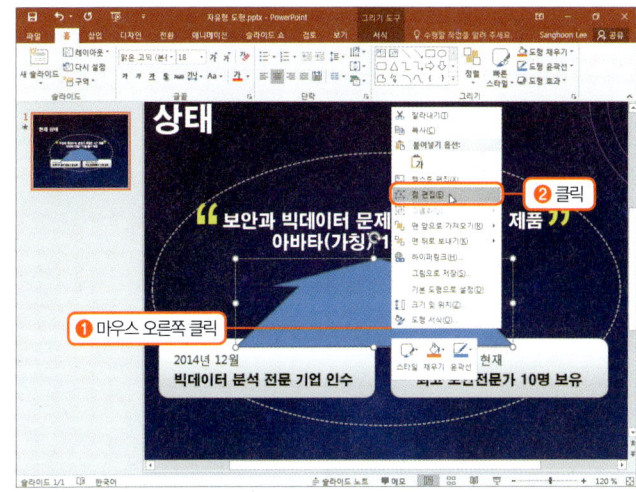

02 점 편집 모드에서 검은색 조정점 ■을 드래그해서 도형의 모양을 적절히 변경합니다.

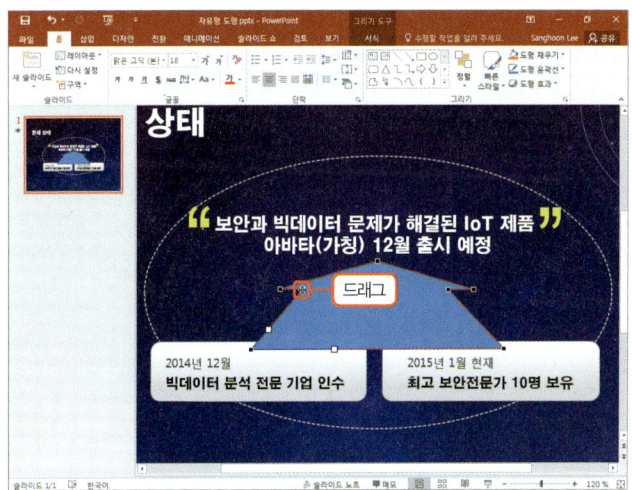

03 곡선으로 만들고 싶은 부분에 있는 검은색 조정점 ■을 클릭합니다.

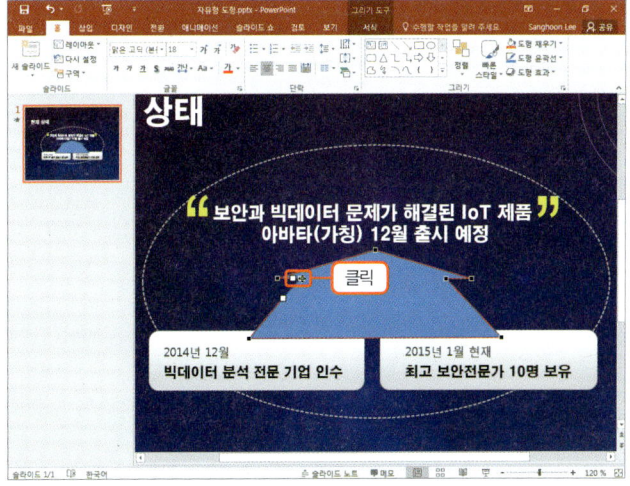

Lesson 01 _ 도형을 만드는 다양한 방법 알아보기   135

04 흰색 조정점 □에 마우스 포인터를 위치시키고, 드래그해서 곡선으로 만듭니다.

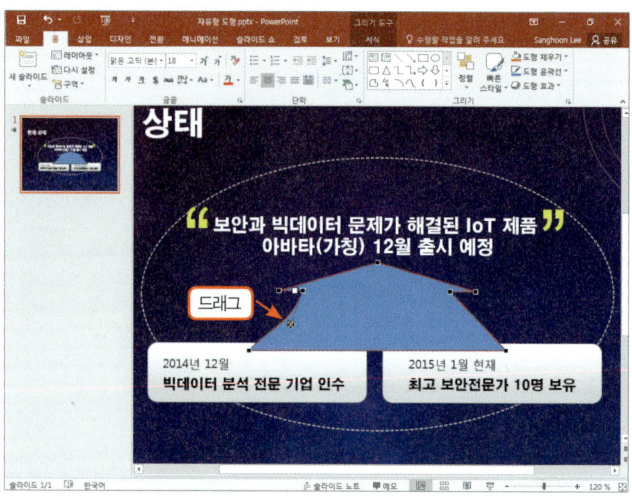

05 같은 방법으로 ① 오른쪽도 곡선으로 만든 후, ② Esc를 눌러 점 편집을 마칩니다.

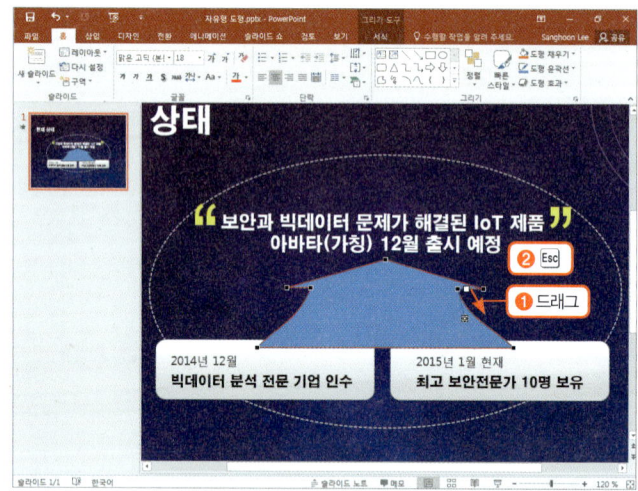

● 도형에 반투명 그라데이션 설정하기
174~177 페이지 '반투명 그라데이션 설정하기'를 참고하세요.

06 도형의 서식을 변경해 완성합니다.

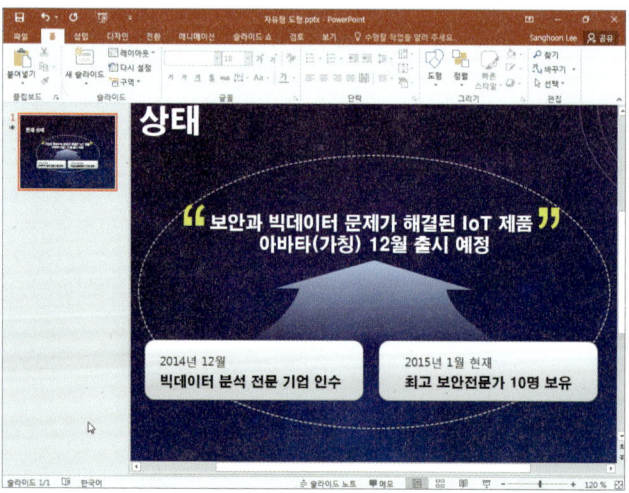

 ## 도형 병합—조각으로 특별한 도형 만들기

예제 파일 Sample\Theme03\도형 병합.pptx   **완성 파일** Sample\Theme03\도형 병합(결과).pptx

키 워 드 도형 병합, 조각
길라잡이 두 개 이상의 도형을 일정 부분 겹쳐놓고 '도형 병합—조각' 명령을 실행하면 겹쳐진 부분을 기준으로 도형들을 산산조각 내버려 편집하기가 쉬워집니다. 조각 실행 예를 알아보겠습니다.

STEP 01 직사각형 도형 그리기

01 [직사각형] □을 클릭합니다.

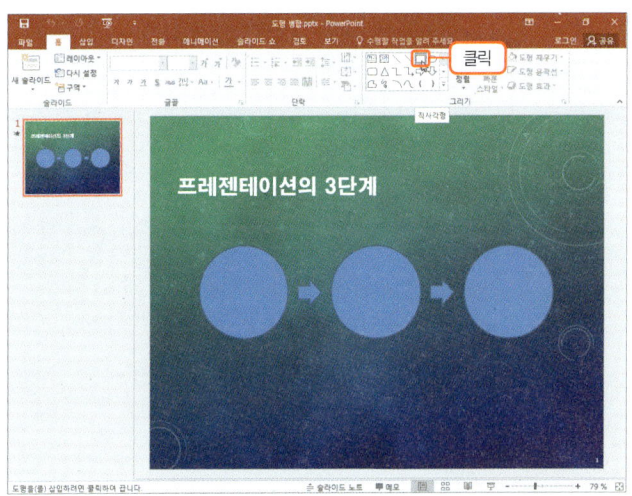

02 슬라이드에서 드래그해 그림처럼 세 개의 타원과 겹쳐지는 직사각형을 만듭니다. 필요한 경우 직사각형의 크기를 조정하고 이동합니다.

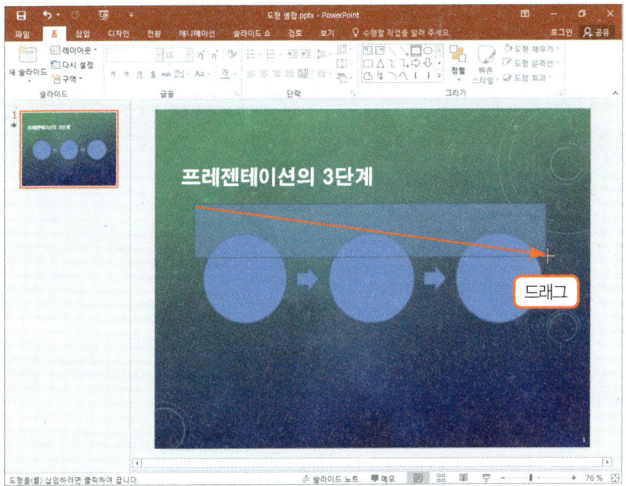

STEP 02 도형 병합하기

● **반드시 번호 순서대로 선택해야 하나요?**
똑같은 속성(채우기, 윤곽선 등)을 갖고 있는 도형에 병합 명령을 실행할 때 개체 선택 순서는 중요하지 않습니다. 번호 순서대로 선택하지 않아도 된다는 것입니다. 한 개의 직사각형과 세 개의 타원만 선택하면 명령을 실행하는데 문제가 없습니다. 도형 병합에서 선택 순서가 중요한 명령은 [빼기]입니다. 한쪽에서 다른 쪽을 빼야 하기 때문입니다.

01 ❶ 현재 직사각형이 선택되어 있는 상태임을 확인하고 ❷ Shift를 누른 상태에서 첫 번째 타원을 선택하고 ❸ Shift를 누른 상태에서 두 번째 타원을 클릭하고 ❹ Shift를 누른 상태에서 세 번째 타원을 클릭해 선택합니다. ❺ [그리기 도구]-[서식] 탭을 열고 ❻ [도형 병합]을 클릭한 후 ❼ [조각]을 선택합니다.

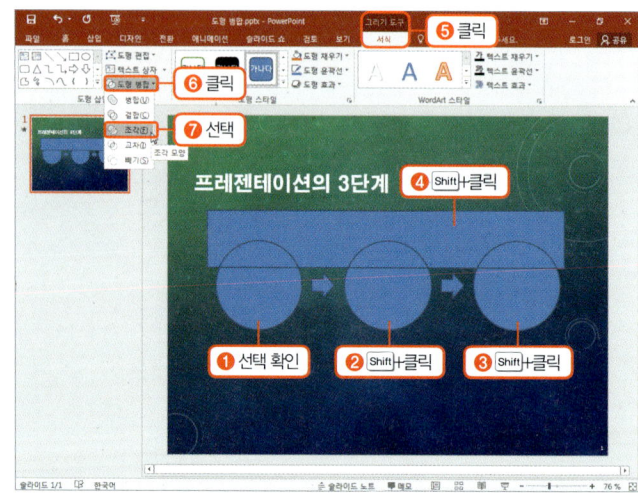

02 선택되어 있던 도형들의 서로 겹쳐진 부분들이 모두 조각으로 변하게 됩니다. ❶ Esc를 눌러 선택을 해제하고 ❷ 맨 위에 있는 직사각형 조각을 선택합니다.

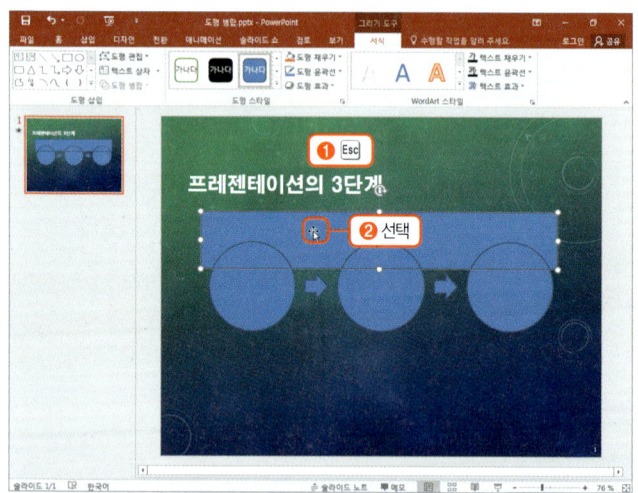

04 Delete를 눌러 선택한 도형을 지웁니다. 텍스트를 배치하고 서식을 변경해 완성합니다.

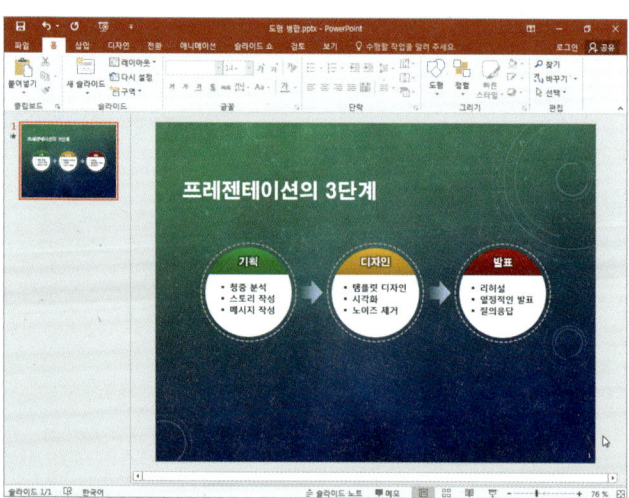

자유형 도형과 도형 병합 활용 예

자유형 도형과 도형 병합은 사용자가 상상하는 도형을 만들어낼 수 있습니다. 실제 활용 예를 몇 가지 소개하겠습니다.

【예제 파일】Sample\Theme03\자유형 도형 및 도형 병합 예.pptx

■ 자유형 도형 예

자유형 도형을 이용하면 포토샵이나 일러스트레이터의 '펜(Pen)' 기능과 비슷한 방법으로 자유롭게 개체를 만들고, 편집할 수 있습니다. 따라서 조금만 연습한다면 아래와 같은 다양한 형태의 개체를 만들 수 있습니다.

❶ 원본 그림 ❷ 기본 도형과 자유형 도형 결합 ❸ 서식 변경 ❹ 응용

안드로이드

■ 도형 병합 활용 예

도형 병합 기능은 두 개 이상의 도형을 결합해 새로운 도형을 만들어내는 방식이기 때문에 사용자의 상상력이 필요합니다. 전혀 만들 수 없을 것 같은 개체도 몇 개의 도형을 조합하면 의외로 쉽게 만들 수 있기 때문입니다.

❶ 원본 도형 ❷ 도형 병합 – 교차 실행 ❸ 다른 도형 배치, 완성

교차

❶ 원본 도형 ❷ 도형 병합 – 조각 실행 ❸ 서식 변경

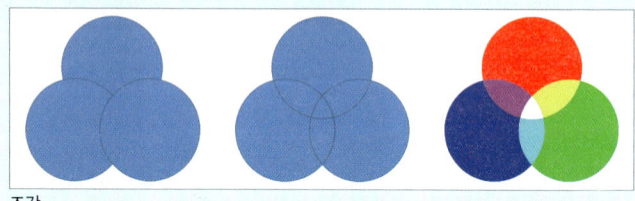

조각

❶ 원본 도형 ❷ 도형 병합 – 빼기 실행 ❸ 서식 변경 및 텍스트 배치

빼기

❶ 원본 도형 ❷ 도형 병합 – 빼기 실행 ❸ 개체 복제 및 회전 배치, 완성

빼기

❶ 원본 도형 ❷ 도형 병합 – 빼기 실행 ❸ 개체 복제 및 회전

빼기

LESSON 02 전달할 내용에 맞는 도해 만들기

전달할 어떤 내용을 도해로 표현하기로 결정했다면 우선 어떤 형태로 만드는 것이 가장 적절한지를 생각하고 그 형태를 파워포인트를 이용해 구현해내면 됩니다. 하지만 여러분이 도형의 편집, 복제, 맞춤 등의 기술을 알고 있다면 좀 더 빠르고 정확하게 도해를 만들 수 있을 것입니다. 이번 레슨에서 실전 도해를 만드는 방법에 대해 알아보겠습니다.

도해 작성을 위한 필수 기능 알아보기

두 개 이상의 개체 선택, 이동, 크기 조정, 회전, 순서 조정, 그룹, 복제 등 도해를 그리기 위한 필수 기능을 알아보겠습니다.

∷ 두 개 이상의 개체 선택하기

- **Shift 또는 Ctrl 활용하기** 한 개의 개체를 선택한 상태에서 Shift 또는 Ctrl을 누른 상태에서 선택되어 있지 않은 개체를 클릭합니다.

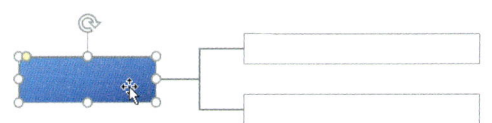
개체 선택

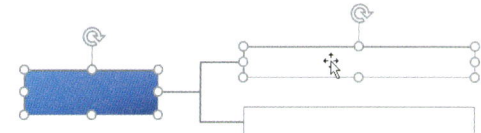
Shift 또는 Ctrl 누른 상태에서 다른 개체 클릭

- **선택 영역 활용하기** 슬라이드의 빈 곳에 마우스 포인터를 위치시키고 드래그를 하면 반투명한 사각형이 만들어집니다. 이것은 선택 영역이라 하는데, 이 사각형에 완전히 포함된 개체를 선택할 수 있습니다.

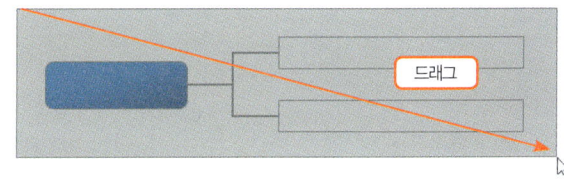
슬라이드에서 빈 곳을 드래그해 선택 영역 설정

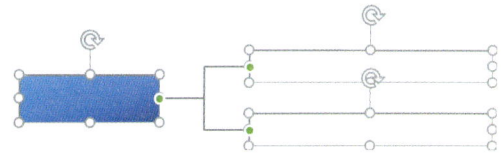
선택 영역에 완전히 포함된 개체가 선택됨

- **선택 해제하기** 다음 중 하나를 실행합니다.
    - Shift나 Ctrl을 누른 상태에서 선택되어 있는 개체를 클릭해 특정 개체의 선택을 해제할 수 있습니다.
    - Esc를 누르거나 슬라이드의 빈 곳을 마우스로 클릭해 모든 개체를 선택 해제할 수 있습니다.

∷ 이동하기

○ 스마트 가이드가 표시되지 않는다면
[보기] 탭의 [표시] 영역에서 [대화상자 표시] 버튼( )을 클릭한 후 표시되는 대화상자에서 [도형 맞춤 시 스마트 가이드 표시] 옵션을 선택하고 [확인]을 클릭합니다.

- **마우스 활용하기** 텍스트 상자의 테두리나 도형에 마우스를 위치시키면 포인터가 으로 변합니다. 이때 마우스의 왼쪽 버튼을 누른 상태로 마우스를 이동(드래그)하면 개체가 포인터를 따라 이동합니다. 마우스 왼쪽 버튼에서 손을 떼면(드롭) 이동을 마칠 수 있습니다. 개체를 드래그하다가 다른 개체의 가장자리나 중심에 맞춰지면 자동으로 빨간색 점선의 스마트 가이드가 나타나 이동 작업을 도와줍니다.

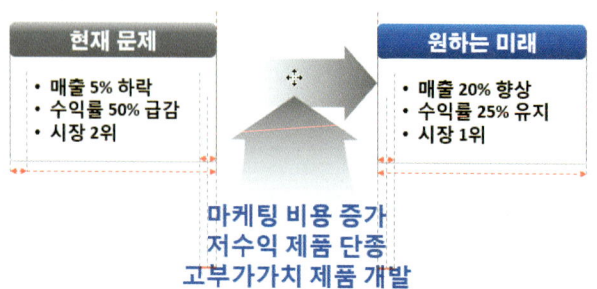

개체를 드래그하는 도중 스마트 가이드가 나타난 상태

- **키보드 방향키 활용하기** 개체를 선택하고 키보드에서 [방향키] ←→↑↓를 누릅니다. 해당 방향으로 개체가 0.2cm 씩 이동합니다. Ctrl을 누른 상태에서 [방향키] ←→↑↓를 누르면 1픽셀씩 이동할 수 있습니다.

TIP 선택 창 활용해 개체 선택 및 표시 조정하기

슬라이드에 개체가 많고 겹쳐진 개체가 많을 때 선택 창은 개체 선택 작업에 많은 도움을 줍니다.

- **선택 창 표시하기** [홈] 탭의 [편집] 영역에서 ❶ [선택]을 클릭하고 ❷ [선택 창]을 선택합니다.

선택 창에서 사용자는 다음과 같은 작업을 할 수 있습니다.

- **개체 선택하기** 개체 이름을 클릭합니다. Ctrl을 누른 상태에서 개체 이름을 클릭해 두 개 이상의 개체를 선택할 수 있습니다.
- **순서 조정하기** 개체 이름을 선택하고 [앞으로 가져오기] 버튼 ▲ 또는 [뒤로 보내기] 버튼 ▼을 클릭합니다. 위 또는 아래로 순서가 한 칸씩 조정됩니다. 개체 이름에 마우스 포인터를 위치시키고 위 또는 아래로 드래그해 순서를 바꿀 수도 있습니다.
- **개체 숨기기** 개체 이름 오른쪽에 있는 눈 모양 아이콘 ◉을 클릭해 개체를 숨길 수 있으며, 숨겨진 개체 오른쪽에 표시되는 아이콘 ─을 클릭해 다시 표시할 수도 있습니다. 또한 [모두 표시] 또는 [모두 숨기기] 버튼을 클릭해 슬라이드에 있는 모든 개체를 숨기거나 표시할 수 있습니다.
- **개체 이름 바꾸기** 개체 이름을 클릭해 선택하고 다시 한 번 개체 이름을 클릭하면 이름 편집 모드로 전환됩니다. 이름을 입력하고 Enter 를 누르면 개체 이름을 변경할 수 있습니다.

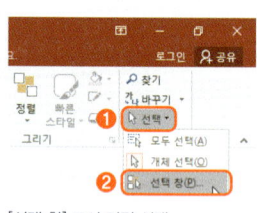

[선택 창] 표시 명령 선택

표시된 선택 창

◉ [맞춤] 명령을 실행하는 다른 방법
[그리기 도구] - [서식] 탭의 [정렬] 영역에서 [맞춤] 버튼을 클릭하고 표시되는 메뉴에서 명령을 선택합니다.

• **[맞춤] 기능 활용하기** 맞추고 싶은 개체를 선택하고 [홈] 탭에서 [정렬]을 클릭한 후, [맞춤]에서 명령을 선택합니다.

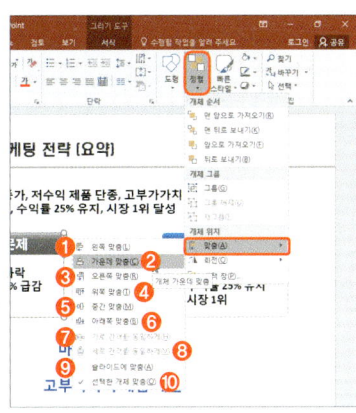

❶ **왼쪽 맞춤** 선택된 개체 중에서 가장 왼쪽에 있는 개체에 맞춰 다른 개체를 이동합니다.
❷ **가운데 맞춤** 선택된 개체의 가운데로 모든 개체를 이동합니다.
❸ **오른쪽 맞춤** 선택된 개체 중에서 가장 오른쪽에 있는 개체에 맞춰 다른 개체를 이동합니다.
❹ **위쪽 맞춤** 선택된 개체 중에서 가장 위쪽에 있는 개체에 맞춰 다른 개체를 이동합니다.
❺ **중간 맞춤** 선택된 개체의 중간으로 모든 개체를 이동합니다.
❻ **아래쪽 맞춤** 선택된 개체 중에서 가장 아래쪽에 있는 개체에 맞춰 다른 개체를 이동합니다.
❼ **가로 간격을 동일하게** 선택된 개체 중에서 가장 왼쪽과 오른쪽에 있는 개체를 기준으로 그 사이에 있는 개체의 가로 간격을 맞춥니다.
❽ **세로 간격을 동일하게** 선택된 개체 중에서 가장 위쪽과 아래쪽에 있는 개체를 기준으로 그 사이에 있는 개체의 세로 간격을 맞춥니다.
❾ **슬라이드에 맞춤** 슬라이드를 기준으로 맞춤 명령을 실행합니다. 예를 들어, 이 옵션을 선택한 상태에서 [왼쪽 맞춤]을 했다면 선택되어 있던 개체(들)가 슬라이드 맨 왼쪽으로 이동하게 됩니다.
❿ **선택한 개체 맞춤** 선택한 개체를 기준으로 맞춤 명령을 실행합니다(기본값).

⁝⁝ 크기 조정하기

◉ 정확하게 크기 조정하기
도형이 선택된 상태에서 [그리기 도구] - [서식] 탭을 열고 맨 오른쪽에 있는 [크기] 영역에서 [높이]와 [너비] 값을 입력합니다.

• **마우스 활용하기** 개체를 선택하면 도형의 변과 모서리에 [크기 조정 핸들] ○이 표시됩니다. 여기에 마우스 포인터를 위치시키고 마우스 포인터가 ⇔, ⤡ 등으로 변하면 드래그해 도형의 크기를 조정할 수 있습니다. 또한, Shift를 누른 상태에서 선택된 도형의 모서리에 있는 [크기 조정 핸들] ○을 드래그하면 '높이와 너비의 비율(종횡율)'을 유지한 채 도형의 크기를 조정할 수 있습니다.

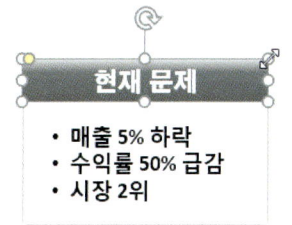

크기 조정 핸들에 마우스 포인터 위치시키기

• **키보드 활용하기** 개체를 선택하고 Shift + Ctrl + 방향키를 이용해 크기를 조정할 수도 있습니다.
- Shift + ←: 너비가 10% 작아집니다.
- Shift + ↓: 높이가 10% 작아집니다.
- Ctrl + Shift + ←: 너비가 1% 작아집니다.
- Ctrl + Shift + ↓: 높이가 1% 작아집니다.
- Shift + →: 너비가 10% 커집니다.
- Shift + ↑: 높이가 10% 커집니다.
- Ctrl + Shift + →: 너비가 1% 커집니다.
- Ctrl + Shift + ↑: 높이가 1% 커집니다.

:: 회전하기

- **마우스 활용하기** 개체를 선택하고 선택된 도형에 표시되는 [회전 핸들] ⟲을 드래그해 원하는 방향으로 개체를 회전합니다. Shift를 누른 상태에서 [회전 핸들] ⟲을 드래그하면 15도 각도씩(15, 30, 45, 90도 등) 개체를 회전할 수 있습니다.

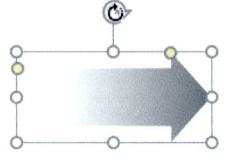 

선택된 개체의 회전 핸들을 드래그

- **[회전] 기능 활용하기** 개체를 선택하고 다음 중 하나를 사용해 90도 회전할 수 있습니다.
    - [홈] 탭에서 [정렬]을 클릭하고 [회전]에서 [오른쪽으로 90도 회전], [왼쪽으로 90도 회전]을 선택합니다.
    - [그리기 도구]-[서식] 탭에서 [개체 회전]을 클릭하고 [오른쪽으로 90도 회전], [왼쪽으로 90도 회전]을 선택합니다.

:: 뒤집기

- **마우스 활용하기** 개체를 선택하고 [크기 조정 핸들] ○을 반대쪽으로 드래그합니다.

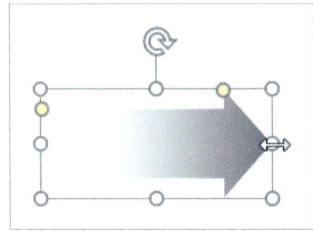 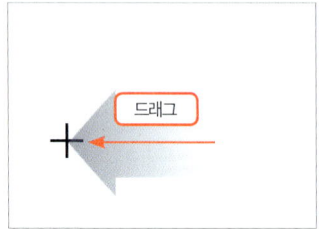 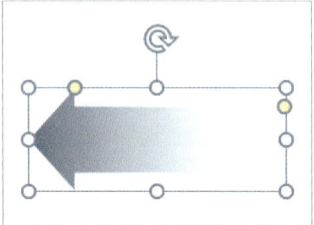

- **대칭 명령 사용하기** 개체를 선택하고 다음 중 하나를 실행합니다.
    - [홈] 탭에서 [정렬]을 클릭하고 [회전]에서 [상하 대칭], [좌우 대칭]을 선택합니다.
    - 개체를 선택하고 [그리기 도구]-[서식] 탭에서 [개체 회전]을 클릭하고 [상하 대칭], [좌우 대칭]을 선택합니다.

> **TIP**
>
> **정확하게 크기 조정, 회전하기**
> 개체를 마우스 오른쪽 버튼으로 클릭하고 표시되는 컨텍스트 메뉴에서 [크기 및 위치]를 선택하면 표시되는 도형 서식 작업창의 [도형 옵션]의 [크기 및 속성] 영역에서 도형의 크기, 회전, 위치 등을 정확하게 설정할 수 있습니다. 가로 세로 비율 고정 옵션을 선택하면 가로(너비)×세로(높이)의 비율이 유지돼, 한쪽 크기를 조정하면 다른 쪽도 자동으로 비율에 맞게 조정됩니다.

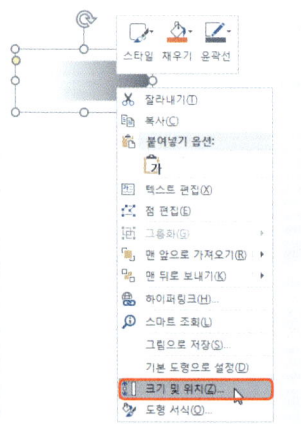

컨텍스트 메뉴에서 [크기 및 위치] 명령 선택   크기 및 속성 작업창

순서 조정하기

두 개 이상의 개체가 한 지역에 배치되면 그 개체가 겹쳐보이게 됩니다. 이때 앞뒤의 순서를 바꿔야 할 경우가 종종 발생하는데 순서 조정 명령으로 쉽게 작업할 수 있습니다.

> ● 선택 창에서 순서 조정하기
> 선택 창이 표시되어 있다면 개체를 선택하고 [앞으로 가져오기] 버튼(▲) 또는 [뒤로 보내기] 버튼(▼)을 클릭해 순서를 조정할 수 있습니다.

- **컨텍스트 메뉴 활용하기** 개체를 마우스 오른쪽 버튼으로 클릭하고 표시되는 메뉴에서 [맨 앞으로 가져오기], [맨 뒤로 보내기] 또는 그 하위 명령을 선택합니다.

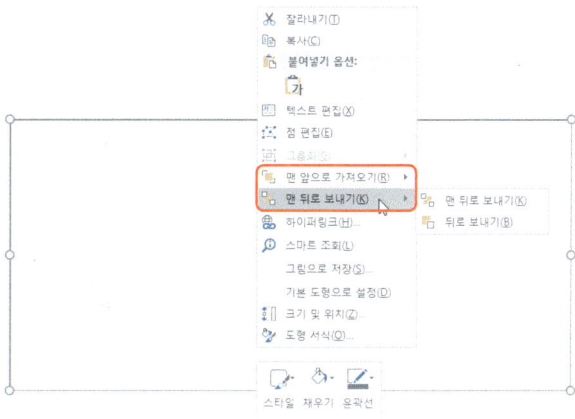

컨텍스트 메뉴에서 [맨 뒤로 보내기] 선택

- **[정렬] 명령 사용하기** 개체를 선택하고 다음 중 하나를 실행합니다.
  - [홈] 탭에서 [정렬]을 클릭하고 [개체 순서] 명령을 선택합니다.
  - [그리기 도구]-[서식] 탭의 [정렬] 영역에서 [앞으로 가져오기], [뒤로 보내기] 명령을 선택합니다.

그룹 만들기

파워포인트에서는 두 개 이상의 개체를 하나의 그룹으로 만들 수 있으며, 그룹 개체끼리 다시 그룹을 할 수 있습니다. 그룹을 해제하지 않고도 하위 개체의 크기, 위치, 회전 각도 등을 변경할 수 있으며, 색을 바꿀 수도 있습니다.

- **그룹 만들기** 두 개 이상의 개체를 선택하고 다음 중 하나를 실행합니다.
  - 선택한 개체 중에서 아무 것이나 마우스 오른쪽 버튼으로 클릭하고 표시되는 컨텍스트 메뉴에서 [그룹화]-[그룹]을 선택합니다.
  - [홈] 탭에서 [정렬]을 클릭하고 [그룹]을 선택합니다.
  - 단축키인 Ctrl+G를 누릅니다.

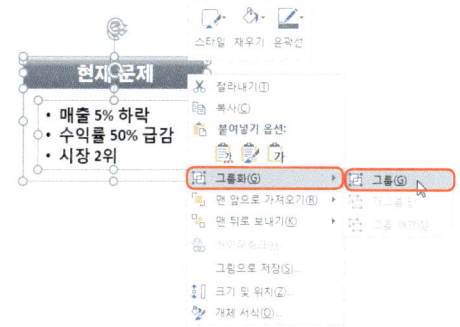

컨텍스트 메뉴에서 [그룹] 명령 선택

- **그룹 하위 개체의 특징** 그룹 개체는 일반 개체와 마찬가지로 이동, 크기 조정, 회전, 복사 등과 같은 작업을 할 수 있으며, 그룹 내 하위 개체도 다음과 같은 작업이 가능합니다.
    - 그룹 개체가 선택된 상태에서 그룹 내 하위 개체를 클릭해 그 개체를 선택할 수 있습니다. 계속해서 Shift나 Ctrl을 누른 상태에서 그룹 내의 다른 하위 개체를 클릭해 두 개 이상의 하위 개체를 선택할 수도 있습니다.
    - 선택한 하위 개체의 이동, 크기 조정, 회전 등의 작업이 가능합니다.
    - 선택한 하위 개체의 글꼴 및 단락 서식, 채우기/윤곽선 속성을 변경할 수 있습니다.
    - Delete를 눌러 선택된 하위 개체를 삭제할 수 있습니다.

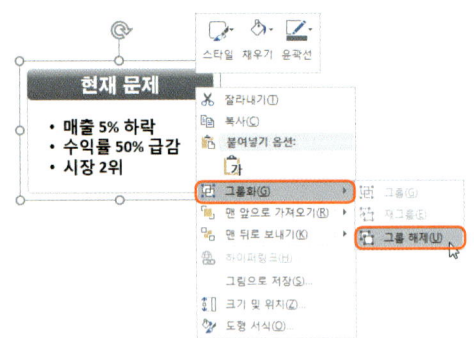

그룹 내의 하위 개체 선택

○ **재그룹하기**
그룹 해제를 했다가 다시 그룹으로 만들고 싶을 때 모든 그룹 개체를 다시 선택할 필요가 없습니다. 파워포인트가 그룹 개체의 하위 개체를 기억하기 때문입니다.
그룹의 하위 개체 중에서 한 개체를 선택하고 다음과 같은 방법으로 [재그룹] 명령을 실행하면 다시 그룹을 만들어줍니다.
- 개체를 마우스 오른쪽 버튼으로 클릭하고 컨텍스트 메뉴에서 [그룹화]-[재그룹]을 선택합니다.
- 개체를 선택하고 [홈] 탭에서 [정렬]을 클릭하고 [재그룹]을 선택합니다.

- **그룹 해제하기** 그룹을 해제하고 싶다면 다음 중 하나를 실행합니다.
    - 그룹 개체를 마우스 오른쪽 버튼으로 클릭하고 표시되는 컨텍스트 메뉴에서 [그룹화]-[그룹 해제]를 선택합니다.
    - 그룹 개체를 선택하고 [홈] 탭에서 [정렬]을 클릭하고 [그룹 해제]를 선택합니다.
    - 단축키인 Ctrl+Shift+G를 누릅니다.

개체 복제하기

개체를 복제하는 가장 일반적인 방법은 전통적인 복사/붙여넣기(Ctrl+C/Ctrl+V)를 사용하는 것입니다. 하지만 파워포인트에서는 이런 복사/붙여넣기 말고 다른 복제 방법을 갖고 있습니다.

- **Ctrl 활용하기** Ctrl을 누른 상태에서 개체에 마우스 포인터를 위치시키면 마우스 포인터가 으로 변경됩니다. 이때 개체를 드래그하면 개체를 복제할 수 있습니다. 또한 Ctrl과 Shift를 동시에 누른 상태에서 개체를 드래그하면 개체를 수평이나 수직으로 복제할 수 있습니다. Shift가 똑바로 개체를 이동하는 역할을 하기 때문입니다.

○ **그룹 개체를 복제할 때 주의할 점**
그룹 개체를 선택한 상태에서 Ctrl을 누르고 하위 개체를 드래그하면 하위 개체만 복제됩니다. 그룹 전체를 복제하고 싶다면 Ctrl을 누른 상태에서 그룹 개체의 테두리를 드래그합니다.

Ctrl을 누른 상태에서 개체에 마우스 포인터 위치시키기

Ctrl을 누른 상태에서 개체를 드래그해 복제

- **Ctrl+D 활용하기** 개체를 선택하고 Ctrl+D를 누르면 선택된 개체가 복제됩니다.

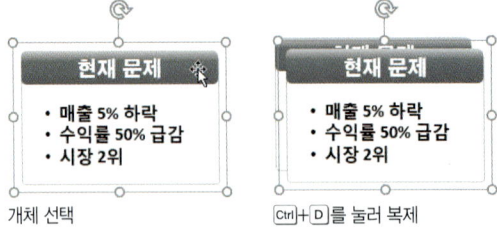

개체 선택

Ctrl+D를 눌러 복제

기능실습 01 도해 만들기

예제 파일 Sample\Theme03\도해 만들기.pptx   **완성 파일** Sample\Theme03\도해 만들기(결과).pptx

키 워 드 복제, 크기 조정, 그룹, 맞춤, 회전
길라잡이 도형을 만들고, 복제하고, 크기 조정하고, 그룹으로 만든 후, 또 복제하고, 도형을 회전하고, 간격을 맞추는 등 도해를 만드는데 꼭 필요한 필수 기능을 익힙니다.

STEP 01 기본 도형 만들기

01 ❶ [홈] 탭의 [그리기] 영역에서 [모서리가 둥근 직사각형] □을 선택하고 ❷ 슬라이드에서 드래그해 도형을 만듭니다.

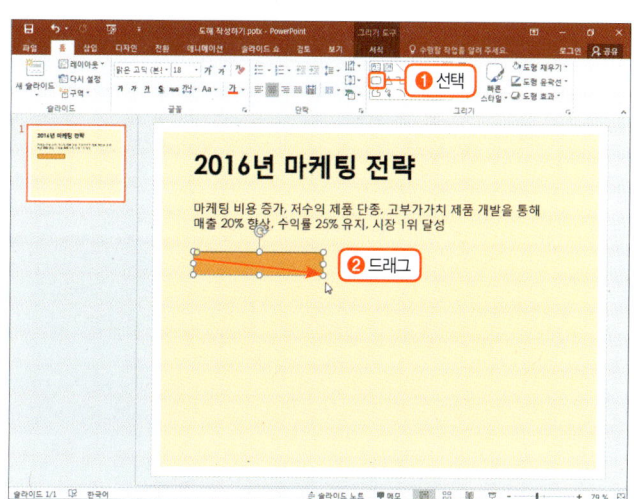

○ Ctrl과 Shift의 역할
• Ctrl: 복제
• Shift: 똑바로 이동

02 Ctrl + Shift 를 누른 상태에서 도형을 아래로 드래그해 수직 복제합니다.

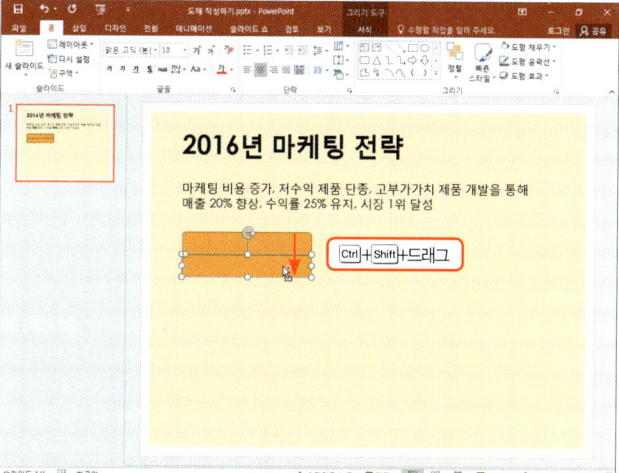

Lesson 02 _ 전달할 내용에 맞는 도해 만들기   **147**

03 복제된 도형의 아래에 있는 [크기 조정 핸들] ○을 아래로 드래그해 높이를 조정합니다.

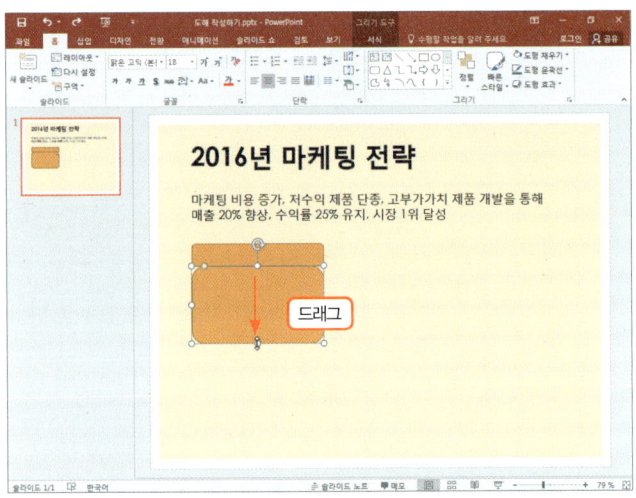

04 높이가 조정된 모서리가 둥근 직사각형의 왼쪽 상단에 있는 [모양 조절 핸들] ○을 왼쪽으로 드래그해 모서리 둥근 정도를 위에 있는 원본 도형에 맞춥니다.

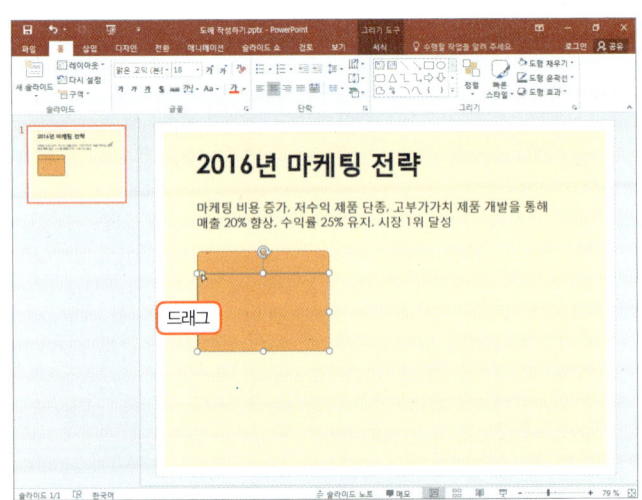

STEP 02 그룹으로 만들고 복제하기

01 슬라이드에서 빈 곳을 드래그해 두 도형을 선택합니다.

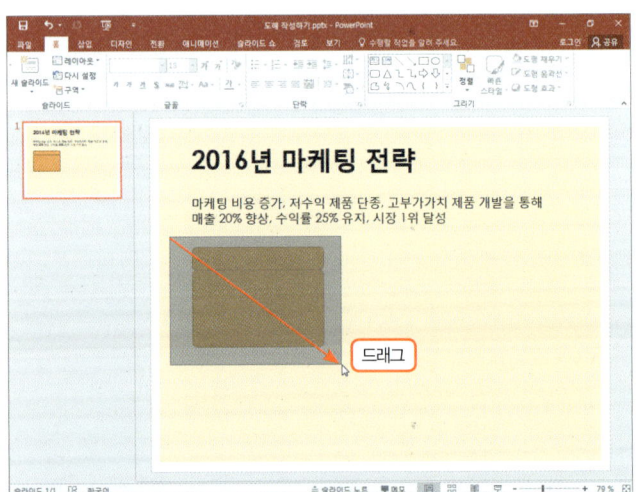

● **그룹 명령을 실행하는 다른 방법**
선택된 개체 중에서 아무 것이나 마우스 오른쪽 버튼으로 클릭하고 표시되는 컨텍스트 메뉴에서 [그룹화]-[그룹]을 선택합니다.

02 Ctrl+G를 눌러 그룹으로 만듭니다.

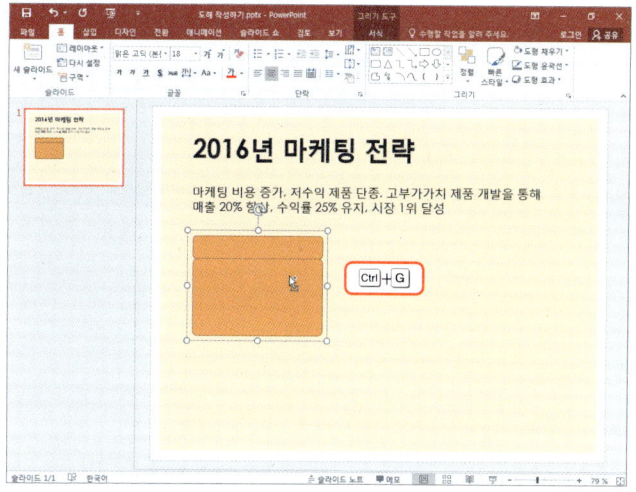

03 Ctrl+Shift를 누른 상태에서 그룹 개체에 마우스를 위치시키고 포인터에 플러스 표시가 나타나면 오른쪽으로 드래그해 수평 복제합니다.

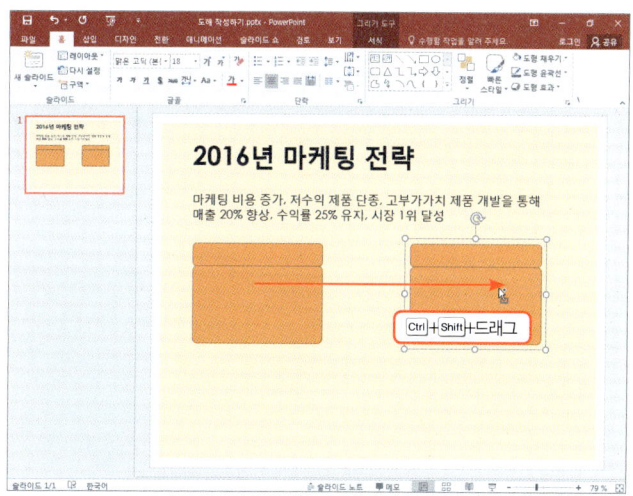

STEP 03 블록 화살표 만들고 정렬하기

01 [홈] 탭의 [그리기] 영역에서 [오른쪽 화살표] ⇨를 클릭합니다.

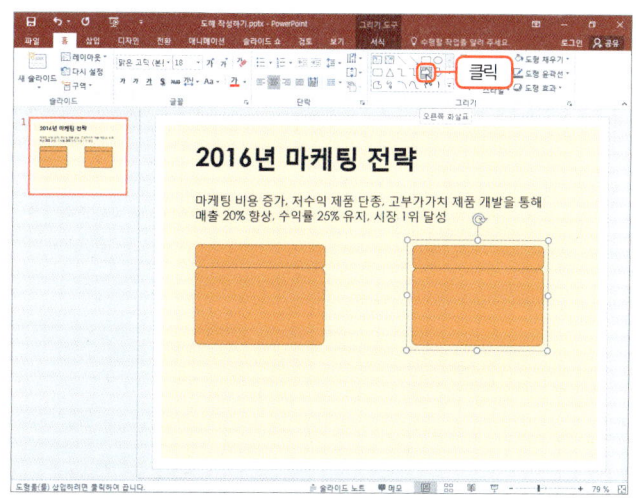

02 두 그룹 개체 사이에서 드래그해 블록 화살표를 만듭니다.

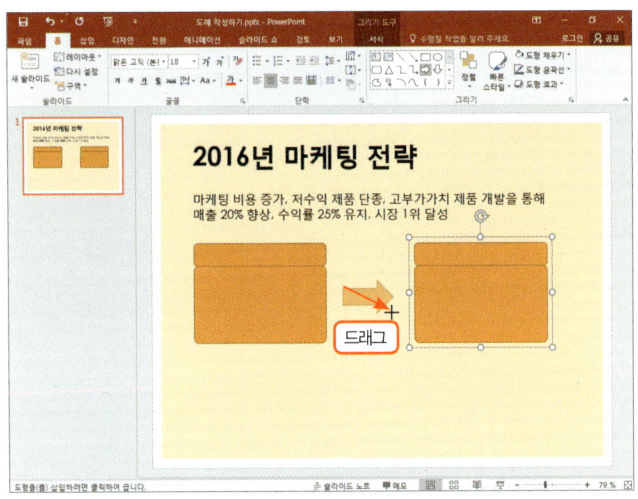

03 슬라이드 빈곳을 드래그해 두 그룹 개체와 방금 그린 블록 화살표를 선택합니다.

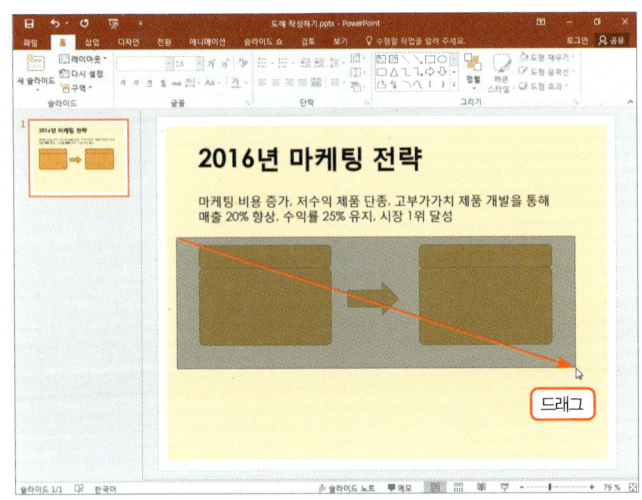

○ [정렬]-[맞춤] 명령을 실행하는 다른 방법
[그리기 도구]-[서식] 탭의 [정렬] 영역에서 [맞춤]을 클릭하고 표시되는 메뉴에서 명령을 실행합니다.

04 [홈] 탭에서 ❶ [정렬]을 클릭하고 ❷ [맞춤]에서 ❸ [중간 맞춤]을 선택합니다.

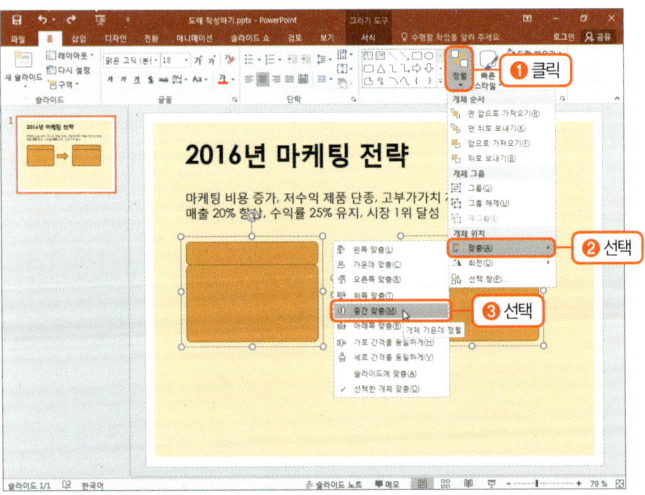

05 다시 ❶ [정렬]을 클릭하고 ❷ [맞춤]에서 ❸ [가로 간격을 동일하게]를 선택해 개체의 가로 간격을 맞춥니다.

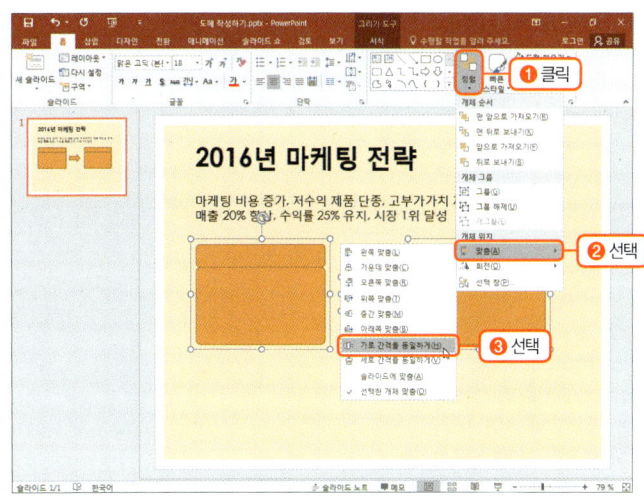

STEP 04 블록 화살표 복제하고 회전하기

01 ❶ Esc 를 눌러 선택을 해제하고 ❷ Ctrl 을 누른 상태에서 블록 화살표를 드래그해 복제합니다.

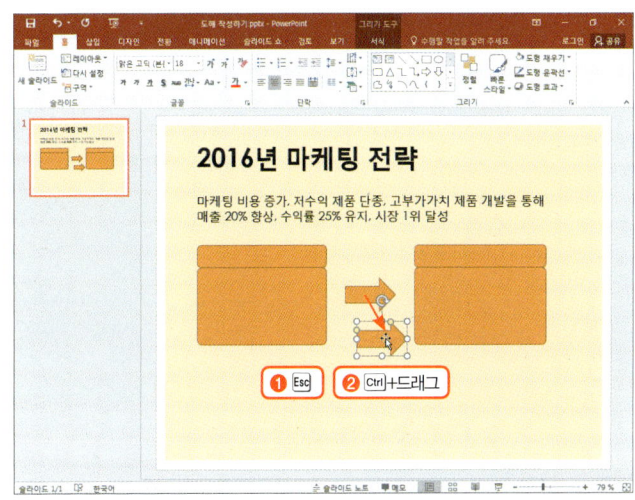

○ Shift 의 다른 역할
- 도형 그리기 명령을 선택한 후 Shift 를 누른 상태에서 드래그해 수평선, 수직선, 정사각형, 정원을 만들 수 있습니다.
- 도형을 선택하고 Shift 를 누른 상태에서 모서리에 있는 [크기 조정 핸들] ○ 을 드래그해 높이와 너비의 비율을 유지한 채 크기를 조정할 수 있습니다.

02 복제한 블록 화살표의 [회전 핸들] ⟲ 에 마우스 포인터를 위치시키고 Shift 를 누른 상태에서 왼쪽으로 90도 회전합니다.

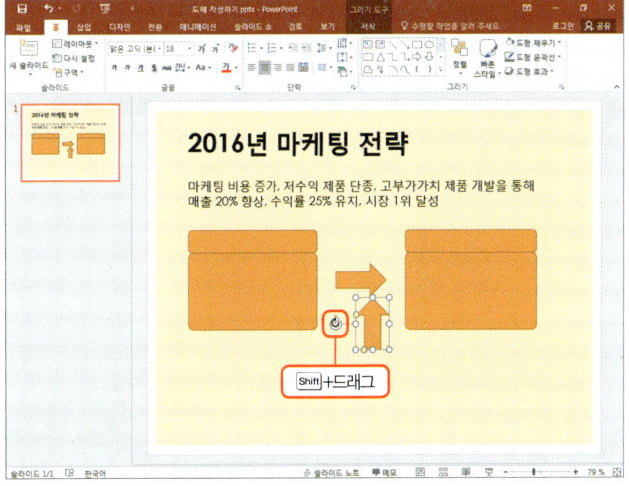

03 회전한 블록 화살표의 모서리에 있는 [크기 조정 핸들] ○을 드래그해 크기를 조정합니다.

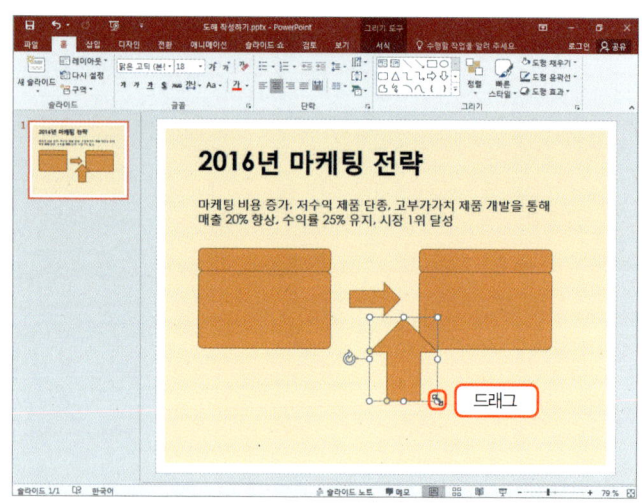

○ 스마트 가이드가 표시되지 않는다면
[보기] 탭의 [표시] 영역에서 [대화상자 표시] 버튼 을 클릭하고 표시되는 [눈금 및 안내선] 대화상자에서 [도형 맞춤 시 스마트 가이드 표시] 옵션을 선택합니다.

04 블록 화살표를 그룹 개체 사이로 드래그하다 보면 스마트 가이드가 표시될 것입니다. 두 그룹 개체 사이에 배치합니다.

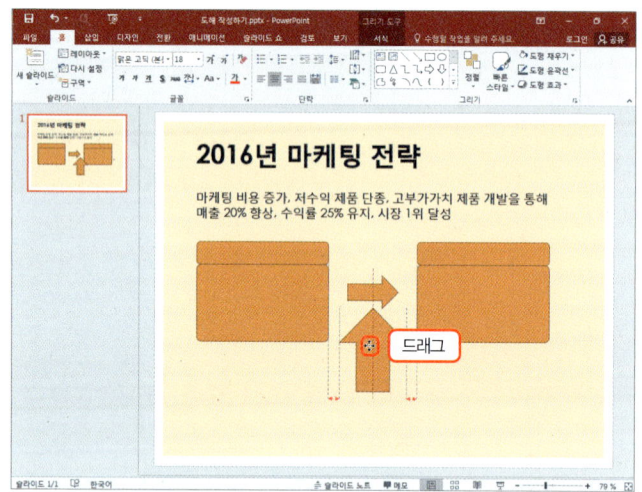

05 텍스트를 배치하고 서식을 변경해 완성합니다.

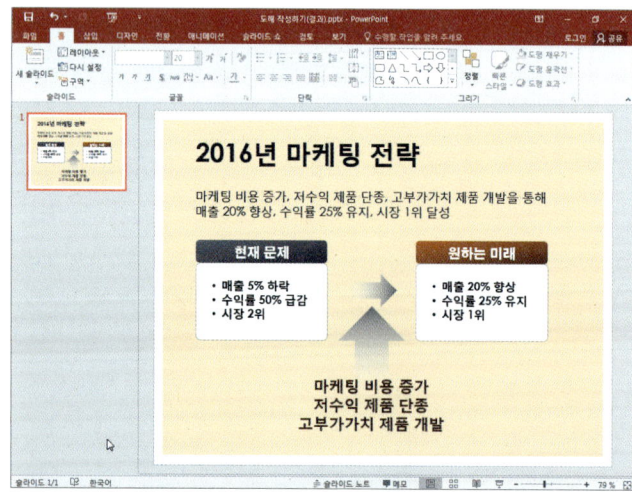

도해 작성 시 기본 방향

도해에서 전달하고자 하는 내용을 쉽게 읽도록 하고 싶다면 청중이 편안하게 읽을 수 있는 방향으로 개체를 배치하는 것이 좋습니다. 위에서 아래로, 왼쪽에서 오른쪽으로, 시계 방향으로, Z자 형태가 그것입니다.

■ **위에서 아래로**

단순히 목록을 나열하거나 시간의 흐름(과거 – 현재 – 미래)을 표시하기 위해 사용됩니다.

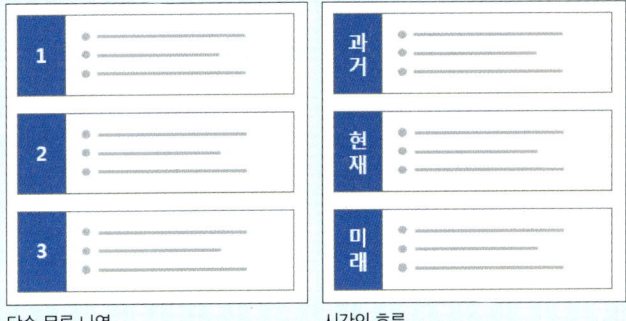

■ **왼쪽에서 오른쪽으로**

대부분의 도해는 왼쪽에서 오른쪽으로의 방향을 따르고 있습니다. 사람들이 왼쪽에서 오른쪽으로 볼 때 편안함을 느끼기도 하고, 파워포인트 슬라이드가 높이보다 너비가 길기 때문에 개체를 배치하기도 쉽기 때문입니다.

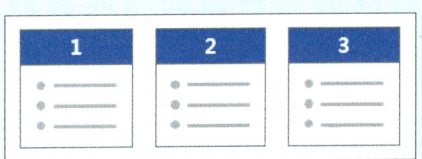

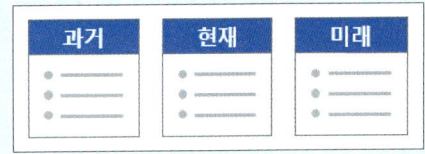

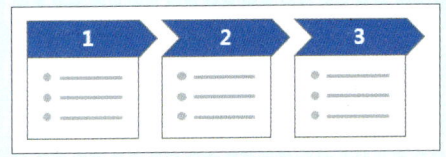

경쟁사와 당사의 비교, 장점과 단점의 비교와 같은 경우에는 오른쪽에 당사와 장점을 배치하는 것이 좋습니다. 그것은 먼저 말한 것보다 나중에 말한 것(최근에 말한 것)을 사람들이 더 잘 기억하기 때문입니다.

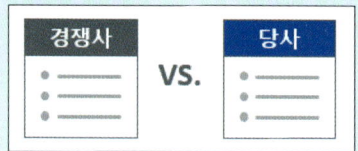

경쟁사에 대해 먼저 말하고 당사를 나중에

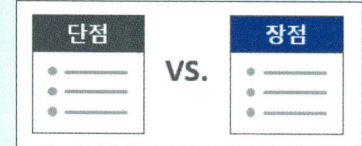

단점을 먼저 전달하고 장점을 나중에

문제-해결, As-Is/To-Be, 원인-결과, Invest-Return과 같은 구성도 오른쪽에 핵심이 되는 내용을 배치하는 것이 좋습니다.

물론 이 경우에는 내용 자체가 시간의 흐름을 따르고 있으므로 왼쪽에 과거(문제, As-Is, 원인, Invest)를 오른쪽에 현재나 미래(해결, To-Be, 결과, Return)를 배치하는 것이 당연하다 할 수 있습니다.

■ 시계 방향으로

일반적으로 어떤 것이 원인이 되어 여러 가지 요소를 거쳐 그것이 다시 처음 항목에 영향을 미치게 되는 경우 순환 구조의 도해를 만들게 됩니다. 이 경우 맨 위나 오른쪽 상단에 첫 번째 요소를 배치하고 시계 방향으로 배치합니다.

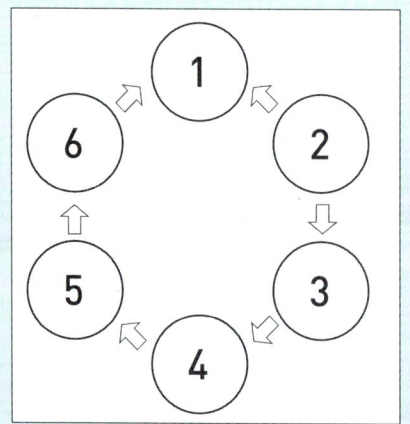

인과 관계: 결과가 다시 처음에 영향을 끼치는 꼬리에 꼬리를 무는 형태라면 시계 방향으로 표현하는 것이 적당합니다.

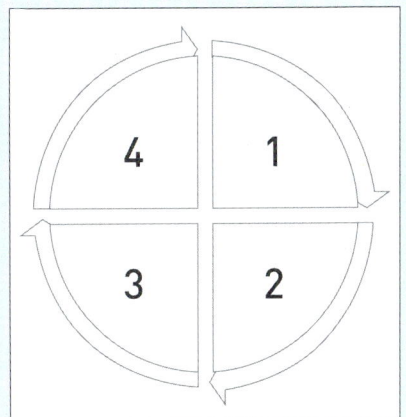
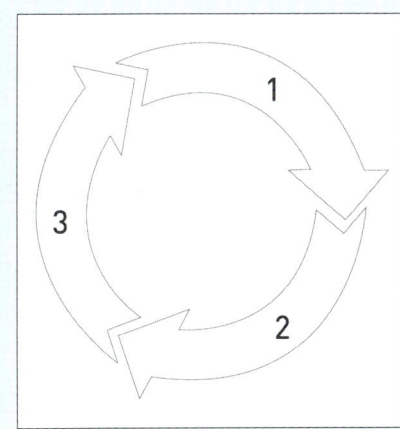

■ Z자 형태로

SWOT 분석이나 Time Management Matrix와 같이 4개의 요소로 되어 있는 경우 Z자 형태로 볼 수 있도록 배치하는 것이 가장 보기 좋습니다.

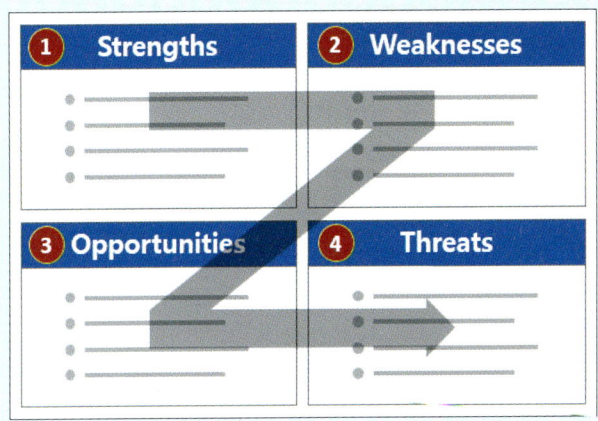

Z자로 읽도록 배치된 SWOT 분석

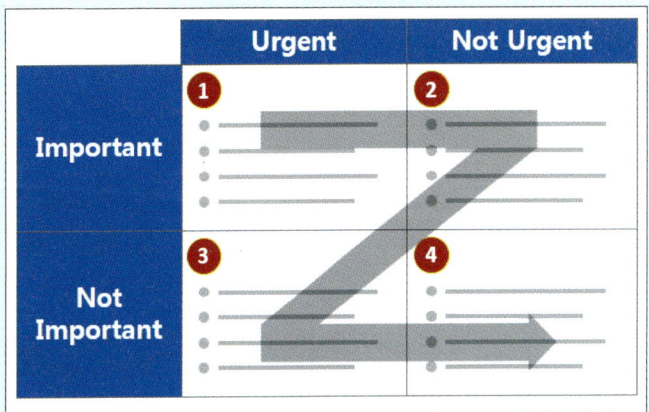

Z자로 읽도록 배치된 Time Management Matrix

읽기 어려운 배치

만약 Time Managment Matrix에서 Urgent와 Not Urgent의 위치나 Important와 Not Important의 위치를 바꿔버리면 사람들은 중요한 것을 읽는데 어려움을 겪게 됩니다.

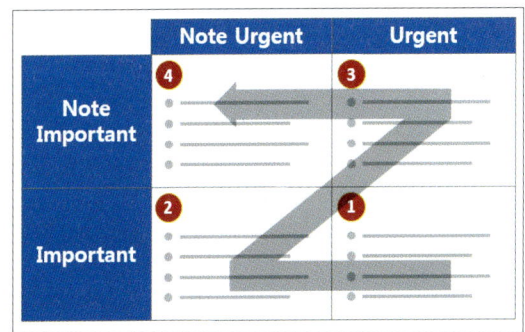

오른쪽 하단부터 읽어야 하는 Time Management Matrix

LESSON 03 SmartArt로 도해 쉽게 만들기

파워포인트에서 도형을 이용해 도해를 만드는 것이 기본이기는 하지만 사실 그렇게 쉽지는 않은 작업입니다. 자유롭게 도해를 그리고 싶다면 도형이 적격이지만 벤다이어그램, 조직도, 프로세스 등 정형화된 형태가 있는 도해의 경우라면 SmartArt를 사용하는 것이 더 좋을 것입니다. SmartArt를 만들고 필요한 경우 SmartArt를 도형으로 변환함으로써 원하는 도해를 좀 더 빠르게 만드는 방법을 알아보겠습니다.

SmartArt 생성 방법과 SmartArt 속성 변경 탭

○ **SmartArt의 역사**
SmartArt는 파워포인트 2007 버전에서 처음 등장한 기능으로 사용 방법은 버전에 상관없이 거의 같습니다. 따라서 파워포인트 2007, 2010, 2013 버전 사용자도 이번 레슨만 잘 익히면 SmartArt를 다루는데 문제가 없을 것입니다.

SmartArt를 만드는 방법, SmartArt의 기본 구조, SmartArt가 선택되면 나타나는 [SmartArt 도구]-[디자인] 탭과 [서식] 탭에서 제공하는 각종 기능에 대해 알아봅니다.

:: SmartArt 만들기

[삽입] 탭에서 [SmartArt]를 클릭하고 SmartArt 종류를 선택해 SmartArt를 삽입할 수 있습니다.

[삽입] 탭에서 [SmartArt] 클릭

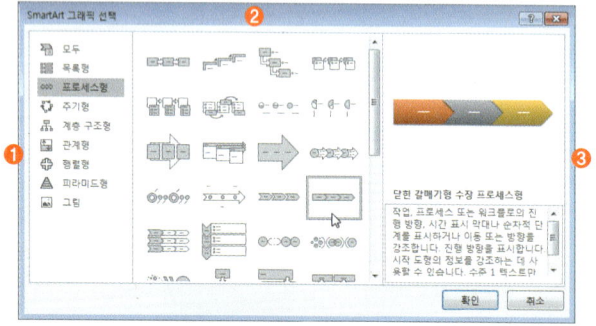

SmartArt 선택

① **범주** SmartArt를 주제별, 유형별로 구분한 8개의 범주 이름을 표시합니다.
② **SmartArt** 선택된 범주에 속해 있는 SmartArt가 표시됩니다.
③ **미리 보기** 선택한 SmartArt의 미리 보기가 표시됩니다.

:: SmartArt 구조

> **텍스트 창이 안 보이는 경우**
> SmartArt 왼쪽에 표시되는 [SmartArt 텍스트 창 표시하기] 버튼(<)을 클릭해 표시할 수 있습니다.

❶ 텍스트 창에 텍스트를 입력하면 SmartArt에 표시됩니다. Enter 를 누르면 새로운 도형이 추가됩니다.

❷ SmartArt는 그룹 개체와 유사한 구조로 되어 있어 하위 개체를 선택하고 일반 도형처럼 위치, 크기, 회전, 채우기 서식, 윤곽선 서식 등을 변경할 수 있습니다.

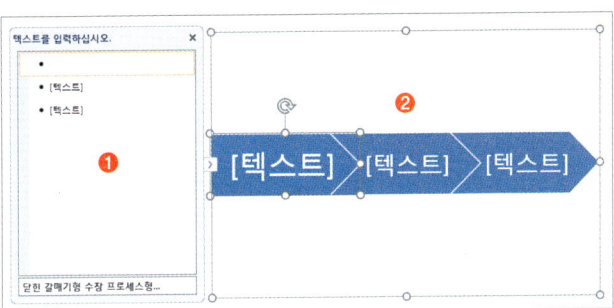

삽입된 SmartArt

:: [SmartArt 도구] – [디자인] 탭

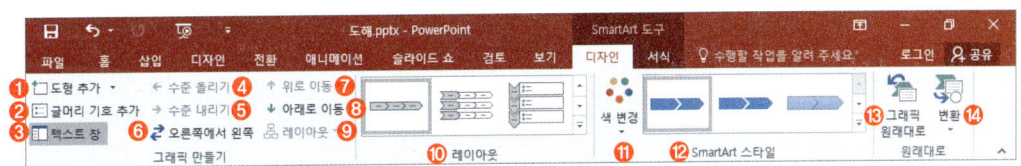

❶ **도형 추가** SmartArt에 새 도형을 추가합니다.

❷ **글머리 기호 추가** 하위 수준의 텍스트를 추가합니다.

❸ **텍스트 창** 텍스트 창을 숨기거나 표시합니다.

❹ **수준 올리기** 현재 수준을 올립니다.

❺ **수준 내리기** 현재 수준을 내립니다.

❻ **오른쪽에서 왼쪽** 화살표의 방향을 바꿉니다. 이 옵션은 현재 SmartArt가 무엇이냐에 따라 달라집니다.

❼ **위로 이동** 커서를 이전 도형으로 이동합니다.

❽ **아래로 이동** 커서를 다음 도형을 이동합니다.

❾ **레이아웃** 레이아웃이 필요한 SmartArt(예 조직도형)에 선택할 수 있는 옵션으로 레이아웃을 변경할 수 있습니다.

❿ **레이아웃** SmartArt의 종류를 바꿀 수 있습니다.

⓫ **색 변경** 기본적으로 제공되는 색을 선택할 수 있습니다.

> **SmartArt를 도형으로 변환하는 다른 방법**
> SmartArt를 마우스 오른쪽 버튼으로 클릭하고 표시되는 컨텍스트 메뉴에서 [도형으로 변환]을 선택합니다.

⓬ **SmartArt 스타일** SmartArt에 다른 디자인(예 3차원)을 적용할 수 있습니다.

⓭ **그래픽 원래대로** SmartArt의 색이나 글꼴 등과 같은 속성을 변경했을 때 이 버튼을 클릭하면 초기 상태로 되돌아갑니다.

⓮ **변환** 현재 SmartArt를 텍스트나 도형으로 바꿀 수 있습니다.

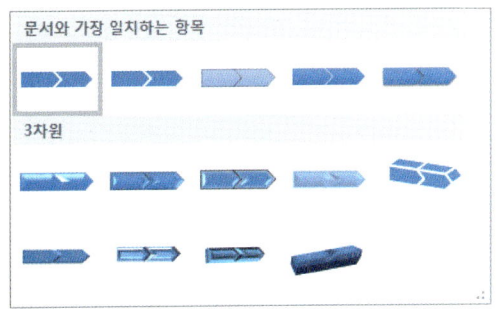

SmartArt 스타일 목록

[SmartArt 도구]-[서식] 탭

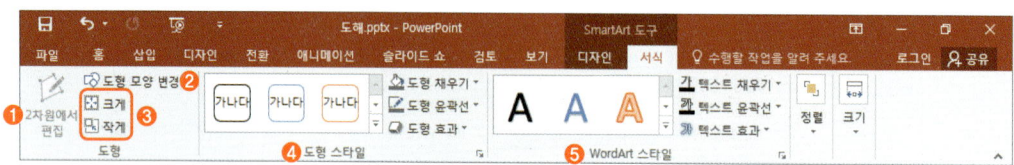

❶ **2차원에서 편집** SmartArt 스타일을 3차원으로 설정했을 때만 사용할 수 있는 버튼으로 2차원으로 할 수 있도록 해줍니다. 이 버튼을 선택 해제하면 다시 3차원으로 복원됩니다.
❷ **도형 모양 변경** 선택된 도형을 다른 도형으로 바꿀 수 있습니다.
❸ **크게/작게** 도형의 크기를 크거나 작게 만듭니다.
❹ **도형 스타일** 기본 도형 효과와 채우기 서식, 윤곽선 서식, 도형 효과 등을 적용할 수 있습니다.
❺ **WordArt 스타일** 기본 텍스트 효과와 글꼴 색, 텍스트 윤곽선, 텍스트 효과 등을 적용할 수 있습니다.

SmartArt 마우스 오른쪽 버튼 메뉴

SmartArt를 마우스 오른쪽 버튼으로 클릭하면 SmartArt와 관련된 컨텍스트 메뉴가 표시됩니다.

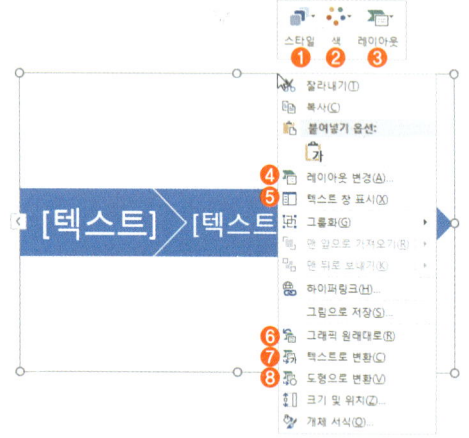
SmartArt 테두리를 마우스 오른쪽 버튼으로 클릭했을 때 표시되는 컨텍스트 메뉴

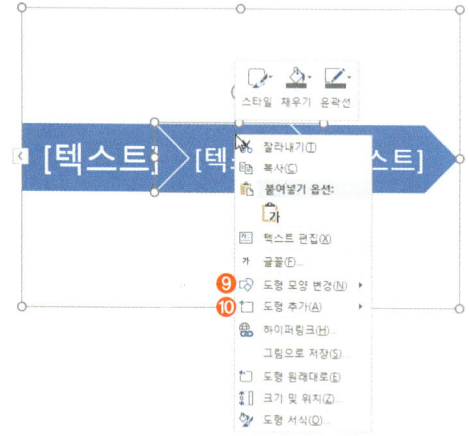
SmartArt에 있는 하위 개체를 마우스 오른쪽 버튼으로 클릭했을 때 표시되는 컨텍스트 메뉴

❶ **스타일** 테마 스타일을 선택할 수 있습니다.
❷ **색** 색을 변경할 수 있습니다.
❸ **레이아웃** SmartArt의 종류를 바꿀 수 있는 메뉴가 표시됩니다.
❹ **레이아웃 변경** SmartArt의 종류를 바꿀 수 있는 대화상자가 표시됩니다.
❺ **텍스트 창 표시/숨기기** 텍스트 창을 표시하거나 숨깁니다.
❻ **그래픽 원래대로** SmartArt의 색이나 글꼴 등과 같은 속성을 변경했을 때 이 버튼을 클릭하면 초기 상태로 되돌아갑니다.
❼ **텍스트로 변환** SmartArt를 텍스트로 바꿀 수 있습니다.
❽ **도형으로 변환** SmartArt를 도형으로 바꿀 수 있습니다.
❾ **도형 모양 변경** 선택한 도형을 다른 도형으로 변경합니다.
❿ **도형 추가** 새로운 도형을 추가합니다.

 # 조직도형 SmartArt 만들기

예제 파일 Sample\Theme03\SmartArt.pptx, SmartArt02.pptx **완성 파일** Sample\Theme03\SmartArt(결과).pptx

키 워 드 SmartArt, 조직도, 하위 요소 추가 방법

길라잡이 사실 많이 그리기는 하지만 만들기 까다로운 도해 중에 하나가 조직도입니다. SmartArt의 조직도 기능을 이용하면 쉽게 조직도를 그릴 수 있습니다. 여기에서 핵심은 하위 요소를 추가하는 방법으로, 그 방법을 알아보겠습니다.

STEP 01 조직도 SmartArt 만들기

01 ❶ [삽입] 탭에서 ❷ [SmartArt]를 클릭합니다.

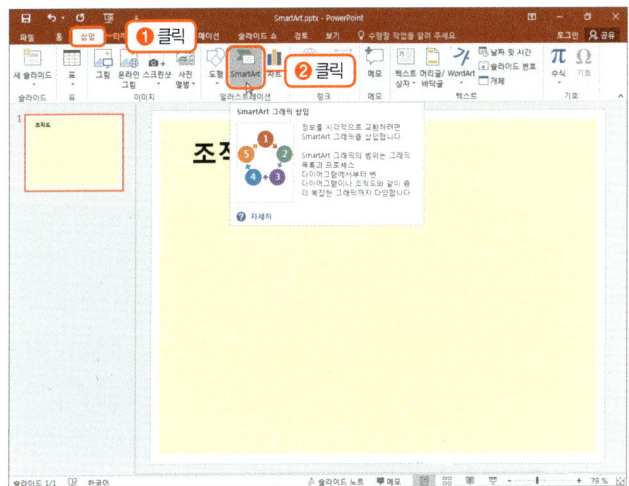

02 [SmartArt 그래픽 선택] 대화상자에서 ❶ [계층 구조형]을 선택하고 ❷ [가로 다단계 계층형]을 선택한 후 ❸ [확인]을 클릭합니다.

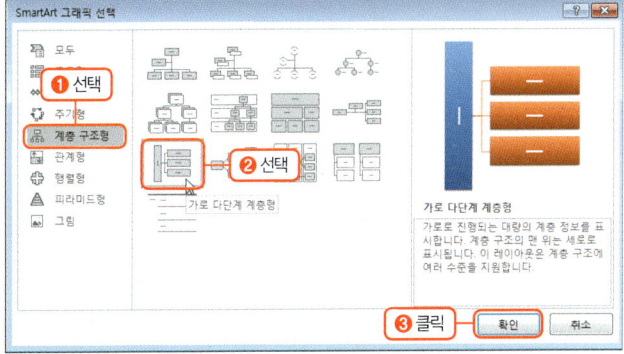

STEP 02 도형 추가하기

01 오른쪽에 있는 세 개의 도형 중에서 ❶ 맨 아래에 있는 도형을 선택하고 ❷ [SmartArt 도구]-[디자인] 탭에서 ❸ [도형 추가] 메뉴를 열고 ❹ [뒤에 도형 추가]를 선택합니다. 선택한 도형과 같은 수준의 도형이 아래에 추가됩니다.

02 ❶ 맨 위에 있는 도형을 선택하고 ❷ [도형 추가]를 클릭합니다. 선택되어 있던 도형의 오른쪽에 하위 도형이 추가됩니다.

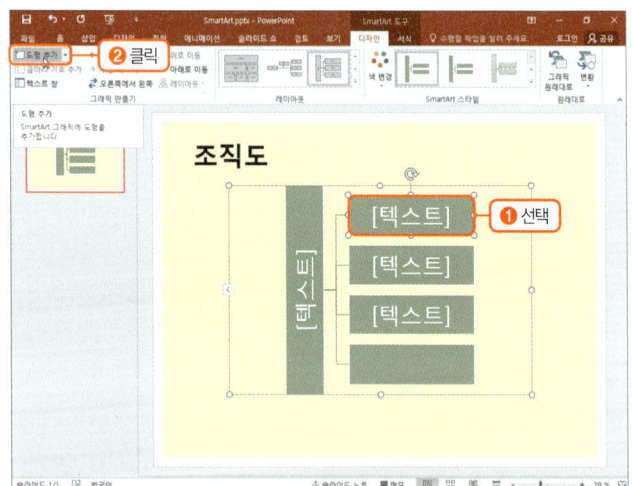

03 다시 한 번 [도형 추가]를 클릭합니다. 도형이 하나 더 추가됩니다.

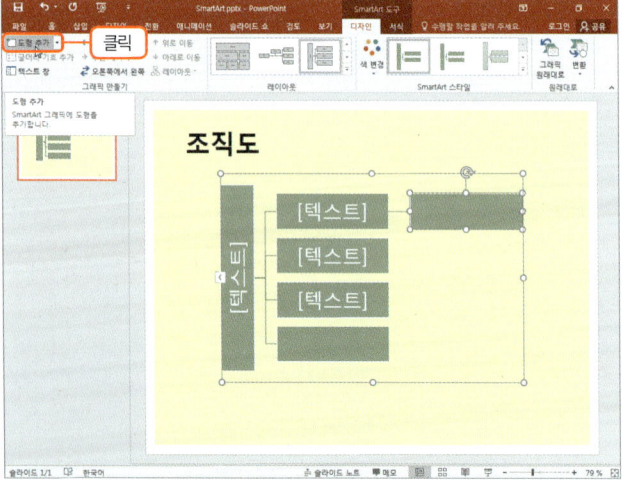

04 ❶ 위에 있는 도형을 선택하고 ❷ [도형 추가] 메뉴를 열고 ❸ [아래에 도형 추가]를 선택합니다. 선택되어 있던 도형의 오른쪽에 하위 도형이 추가됩니다.

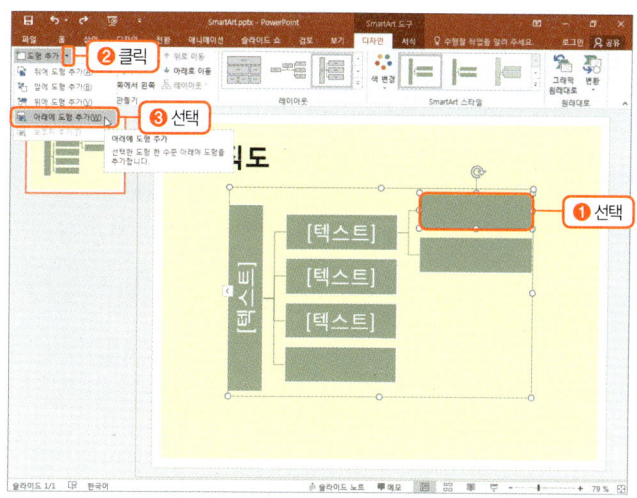

05 ❶ 다시 한 번 [도형 추가] 메뉴를 열고 ❷ [아래에 도형 추가]를 선택합니다. 선택되어 있던 도형의 오른쪽에 하위 도형이 추가됩니다.

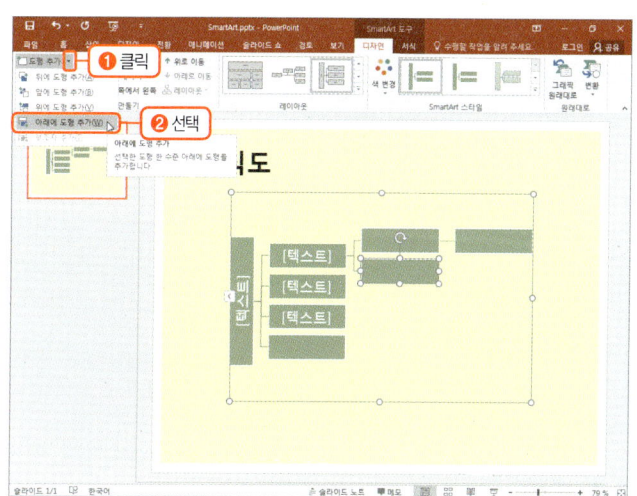

06 같은 방법으로 도형을 추가한 후 각 도형에 텍스트를 입력합니다.

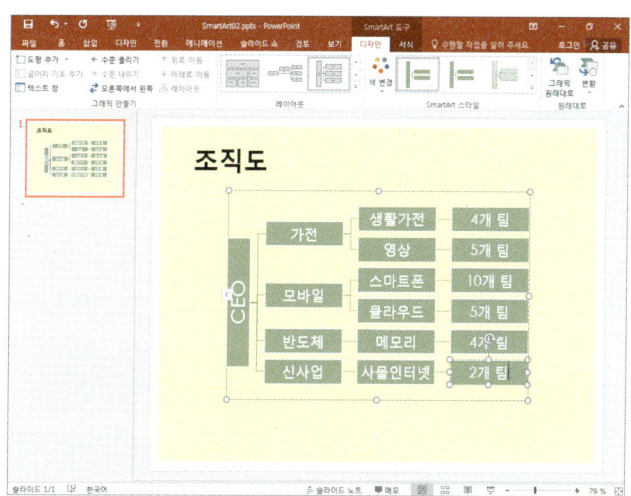

STEP 03 디자인 변경하기

● 예제 파일: Sample\Theme03\SmartArt02.pptx

01 ❶ 슬라이드에서 SmartArt를 선택한 후 ❷ [SmartArt 도구]-[디자인] 탭에서 ❸ [색 변경]을 클릭하고 ❹ [기본 테마 색]에서 첫 번째 견본을 선택합니다.

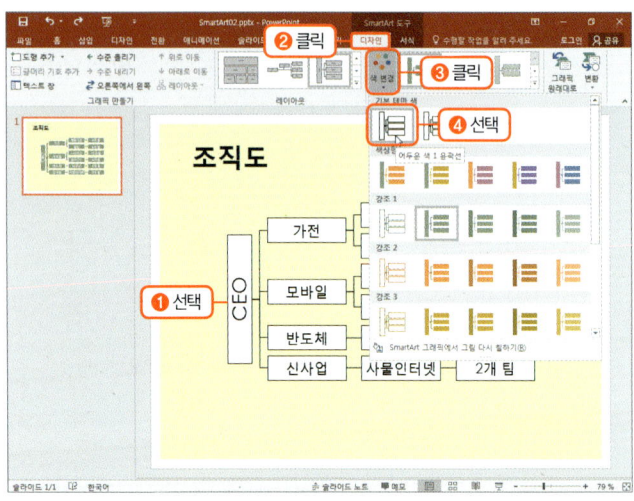

02 ❶ Shift 를 누른 상태에서 각 도형을 차례로 클릭해 조직도에 있는 모든 도형을 선택한 후 ❷ [SmartArt 도구]-[서식] 탭에서 ❸ [도형 모양 변경]을 클릭하고 ❹ [모서리가 둥근 직사각형]을 선택합니다.
선택되어 있던 도형이 모서리가 둥근 직사각형으로 변경됩니다.

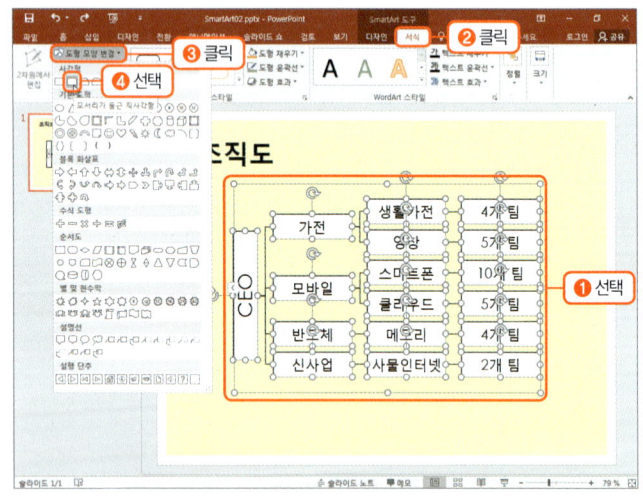

● [굵게] 단축키
Ctrl + B

03 ❶ [홈] 탭에서 ❷ [글꼴 크기]를 [16]으로 변경하고 ❸ [굵게]를 클릭합니다.

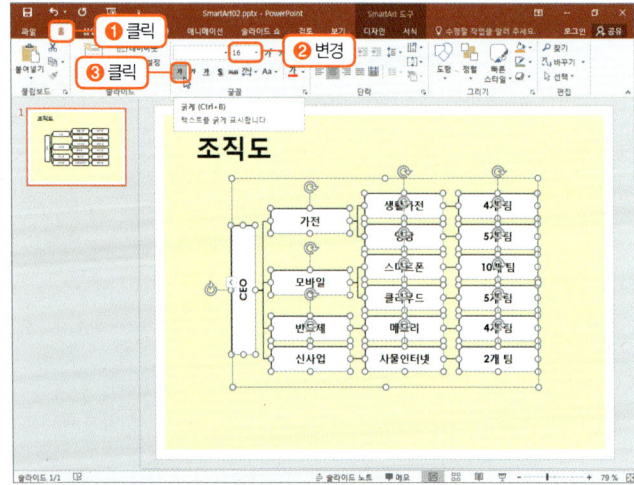

●도형의 색을 변경하는 다른 방법

SmartArt에 있는 도형을 마우스 오른쪽 버튼으로 클릭하고 표시되는 미니 도구 모음에서 [채우기]를 클릭하고 색을 선택합니다.

04 Esc 를 눌러 선택을 해제하고 ❶ 맨 왼쪽에 있는 [CEO] 도형을 선택한 후 ❷ [도형 채우기]를 클릭하고 ❸ 표준 색에서 [노랑]을 선택합니다.

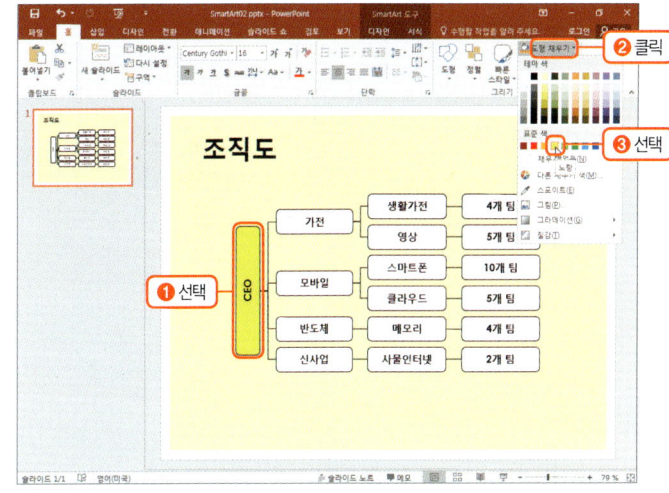

05 ❶ [가전] 도형을 선택하고 ❷ Shift 를 누른 상태에서 아래에 있는 세 개의 도형을 클릭해 선택하고 ❸ [도형 채우기]를 클릭한 후 ❹ 테마 색에서 [연한 노랑, 배경 2, 10% 더 어둡게]를 선택합니다.

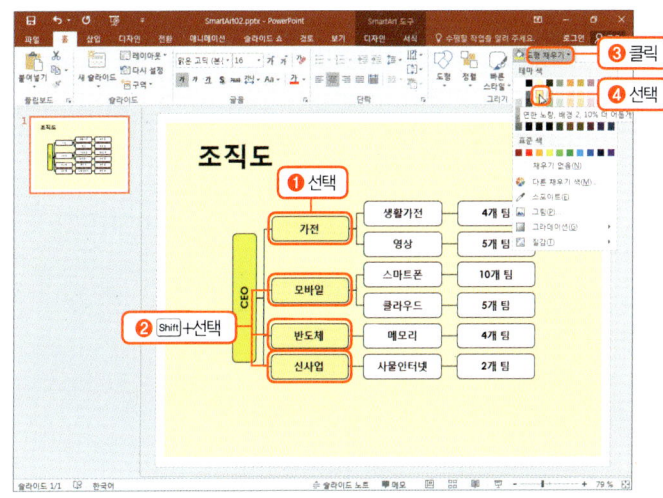

06 SmartArt의 테두리를 드래그해 위치를 이동하고 필요한 경우 [크기 조정 핸들] ○을 드래그해 크기를 조정합니다.

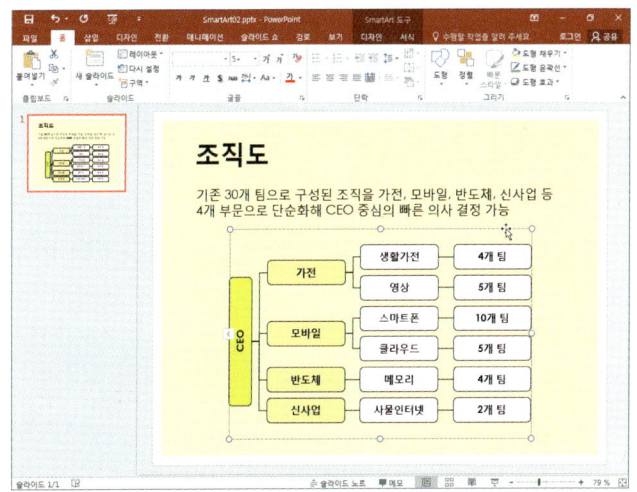

SmartArt를 도형으로 변환하기

SmartArt는 그 자체로도 훌륭한 도해지만, 도형으로 변환할 수 있다면 좀 더 자유롭게 디자인을 수정할 수 있게 됩니다.

【예제 파일】 Sample\Theme03\SmartArt를 도형으로 변환.pptx
【완성 파일】 Sample\Theme03\SmartArt를 도형으로 변환(결과).pptx

1 SmartArt의 테두리를 ① 마우스 오른쪽 버튼으로 클릭하고 표시되는 컨텍스트 메뉴에서 ② [도형으로 변환]을 선택합니다.

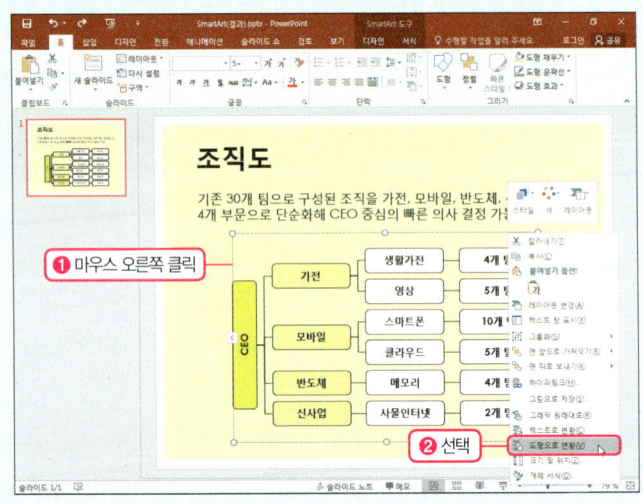

도형으로 변환 명령을 실행하는 다른 방법
- [SmartArt 도구] – [디자인] 탭에서 [변환]을 클릭하고 [도형으로 변환]을 선택합니다.
- [그룹 해제] 명령을 실행합니다.

2 SmartArt가 도형으로 변환되며 그룹핑되어 있는 상태가 됩니다. 이대로 작업이 가능하기는 하지만 좀 더 편하게 개별적으로 작업하고 싶다면 ① 그룹 개체를 마우스 오른쪽 버튼으로 클릭하고 ② [그룹화]에서 ③ [그룹 해제]를 선택해 그룹을 해제합니다.
한번 도형으로 변환된 SmartArt는 곧바로 취소 명령(단축키 Ctrl+Z)을 실행하지 않는 한 다시 SmartArt로 되돌아갈 수 없으므로 도형으로 변환 명령은 신중하게 실행하는 것이 좋습니다.

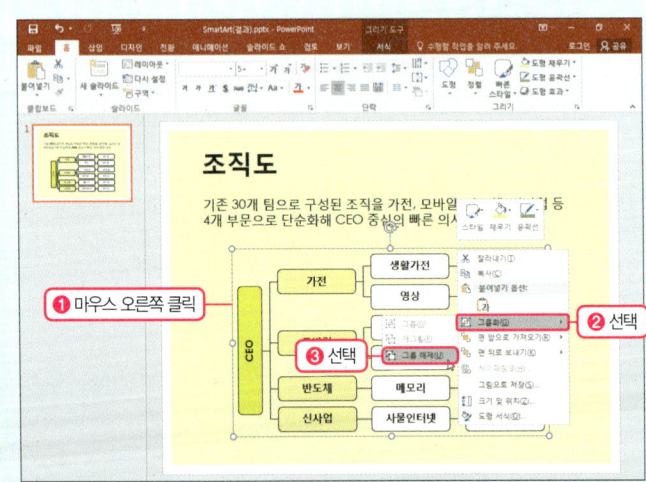

그룹 해제 단축키
Ctrl+Shift+G

LESSON 04 도형 채우기 및 윤곽선 설정하기

도해를 만드는 도중, 또는 만들고 난 후, 도형에 어떤 색을 칠해야 할지 고민하는 경우가 많습니다. 일반적인 원칙은 중요한 부분에 색을 적용하고, 중요도가 낮은 요소에는 중요한 도형에 적용한 색의 흐린 색(명도 조정), 회색, 흰색 등을 적용하는 것입니다. 당연하게도 중요한 것이 눈에 더 잘 띄어야 하기 때문입니다. 이번 레슨에서는 도형에 색을 칠하는 다양한 방법에 대해 알아보겠습니다.

핵심기능 도형 채우기와 도형 윤곽선

도형은 채우기와 윤곽선으로 구성되어 있으며, 사용자는 도형의 채우기에 색을 칠하거나, 그림을 삽입하거나 재질을 적용할 수 있으며, 윤곽선의 색, 두께, 점선 등을 설정할 수 있습니다.

도형 채우기

○ 도형 채우기 명령을 실행하는 다른 방법
[그리기 도구] – [서식] 탭의 [도형 스타일] 영역에서 [도형 채우기]를 클릭합니다.

도형을 선택하고 다음 중 하나의 방법으로 도형 채우기 명령을 실행합니다.
- 도형을 마우스 오른쪽 버튼으로 클릭하고 표시되는 메뉴에서 [채우기]를 클릭합니다.
- 도형을 선택하고 [홈] 탭의 [그리기] 영역에서 [도형 채우기]를 클릭합니다.

표시된 도형 채우기 메뉴에서 사용자는 색, 그림, 그라데이션, 질감 등을 선택할 수 있습니다.
❶ **테마 색/표준 색** 기본적으로 표시되는 색 견본 중에서 하나를 선택해 도형을 채울 수 있습니다.
❷ **채우기 없음** 도형 채우기를 없앱니다.
❸ **다른 채우기 색** [색] 대화상자가 표시되며 여기에서 원하는 색을 선택할 수 있습니다.

❹ **스포이트** 이 명령을 선택하면 마우스 포인터가 스포이트로 변경되는데 슬라이드에 있는 다른 도형이나 다른 개체를 클릭하면 클릭한 곳에 있는 색을 채취할 수 있습니다.

❺ **그림** 표시되는 대화상자에서 그림을 선택해 도형을 그림으로 채울 수 있습니다.
❻ **그라데이션** 도형에 기본 그라데이션을 적용합니다.
❼ **질감** 도형에 기본 질감을 채웁니다.

그림   그라데이션   질감

도형 윤곽선

도형을 선택하고 다음 중 하나의 방법으로 도형 윤곽선 명령을 실행합니다.
- 도형을 마우스 오른쪽 버튼으로 클릭하고 표시되는 메뉴에서 [윤곽선]을 클릭합니다.
- 도형을 선택하고 [홈] 탭의 [그리기] 영역에서 [도형 윤곽선]을 클릭합니다.

○ 도형 윤곽선 명령을 실행하는 다른 방법
[그리기 도구] – [서식] 탭의 [도형 스타일] 영역에서 [도형 윤곽선]을 클릭합니다.

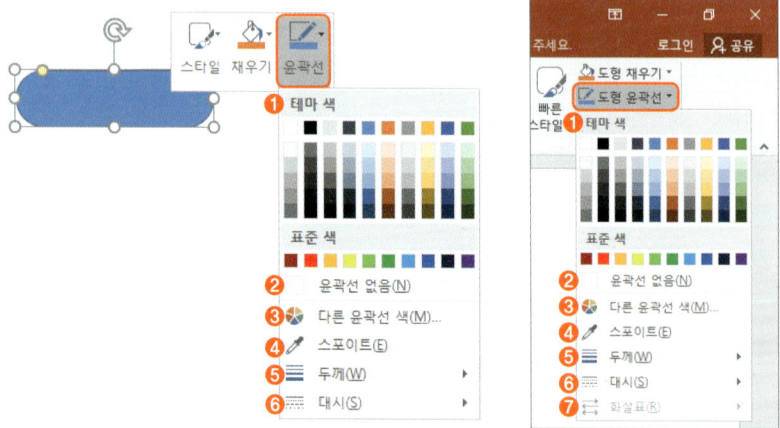

도형 윤곽선 메뉴에서 사용자는 윤곽선의 색, 두께, 대시 등의 속성을 변경할 수 있습니다.
❶ **테마 색/표준 색** 기본적으로 표시되는 색 견본 중에서 하나를 선택해 도형을 채울 수 있습니다.
❷ **윤곽선 없음** 도형 윤곽선을 없앱니다.

❸ **다른 윤곽선 색** [색] 대화상자가 표시되며 여기에서 원하는 색을 선택할 수 있습니다.
❹ **스포이트** 이 명령을 선택하고 슬라이드에 있는 다른 도형이나 다른 개체를 클릭하면 클릭한 곳에 있는 색을 채취할 수 있습니다.
❺ **두께** 기본 두께 중에서 하나를 선택합니다. 만약 다른 두께를 원한다면 [다른 선]을 선택하고 표시되는 작업창에서 [너비] 값을 입력합니다.
❻ **대시** 점선의 종류를 선택할 수 있습니다.
❼ **화살표** 선을 선택했을 때만 설정할 수 있는 옵션으로 화살표 종류를 선택할 수 있습니다.

두께: 6pt   두께: 3pt, 대시: 사각 점선   화살표 스타일 9

:: 빠른 스타일

○ **빠른 스타일을 선택하는 다른 방법**
도형을 선택하고 [그리기 도구] - [서식] 탭의 [도형 스타일] 영역에서 [빠른 스타일] 목록을 열어 선택합니다.

도형의 채우기와 윤곽선 서식을 한꺼번에 변경하고 싶다면 다음 중 하나의 방법으로 빠른 스타일을 사용합니다.
- 도형을 마우스 오른쪽 버튼으로 클릭하고 [스타일]을 클릭한 후 표시되는 견본 중에서 하나를 선택합니다.
- [홈] 탭의 [그리기] 영역에서 [빠른 스타일]을 클릭하고 표시되는 견본 중에서 하나를 선택합니다.

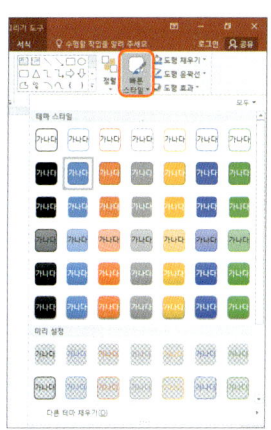

:: 도형 효과

○ **도형 효과 명령을 실행하는 다른 방법**
도형을 선택하고 [그리기 도구] - [서식] 탭의 [도형 스타일] 영역에서 [도형 효과]를 클릭합니다.

도형에 그림자, 반사, 입체감 등을 설정하고 싶다면 [도형 효과] 기능을 사용합니다. 도형을 선택하고 [홈] 탭의 [그리기] 영역에서 [도형 효과]를 클릭하고 표시되는 메뉴에서 원하는 기능을 선택합니다.

❶ **기본 설정** 파워포인트가 제공하는 12가지 기본 설정을 선택할 수 있습니다.
❷ **그림자** 도형의 특정 부분에 그림자를 설정할 수 있습니다.
❸ **반사** 도형 아래에 반사 효과를 만듭니다.

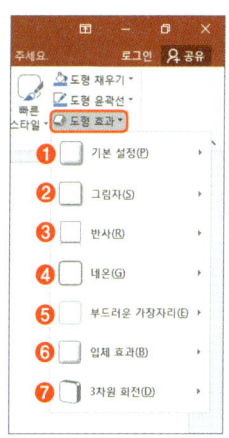

❹ **네온** 도형 주변에 네온 효과를 설정합니다.

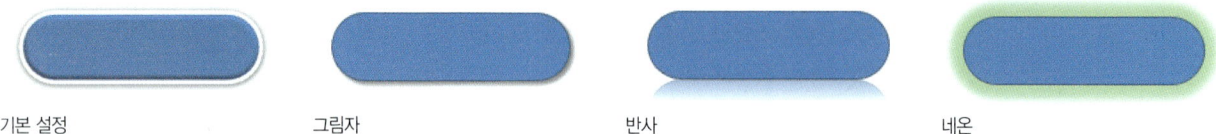

기본 설정　　　　　　그림자　　　　　　반사　　　　　　네온

❺ **부드러운 가장자리** 도형 가장자리를 부드럽게 만듭니다.
❻ **입체 효과** 도형을 볼록하게 만듭니다.
❼ **3차원 회전** 도형을 3차원으로 만듭니다.

부드러운 가장자리　　　　　　입체 효과　　　　　　3차원 회전

핵심기능 도형 서식 작업창에서 채우기 및 윤곽선 변경하기

그라데이션, 패턴, 그림자, 화살표 등과 같은 특별한 효과를 좀 더 디테일하게 수정하고 싶다면 도형 서식 작업창을 활용하는 것이 좋습니다.

∷ 도형 서식 작업창 표시하기

○ **도형 서식 작업창을 표시하는 다른 방법**
도형을 선택하고 [그리기 도구]-[서식] 탭의 [도형 스타일] 영역에서 [작업창 표시] 버튼 을 클릭합니다.

다음 중 하나의 방법으로 도형 서식 작업창을 표시합니다.
- 도형을 마우스 오른쪽 버튼으로 클릭하고 표시되는 메뉴에서 [도형 서식]을 선택합니다.
- [홈] 탭의 [그리기] 영역에서 [작업창 표시] 버튼 을 클릭합니다.

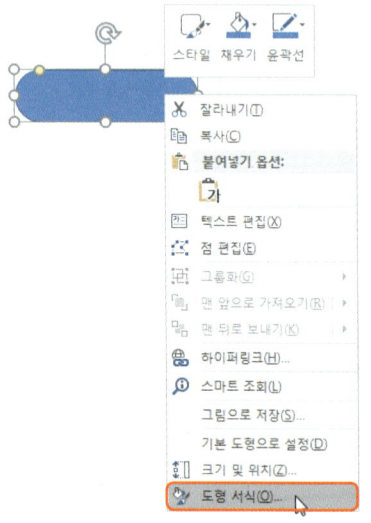
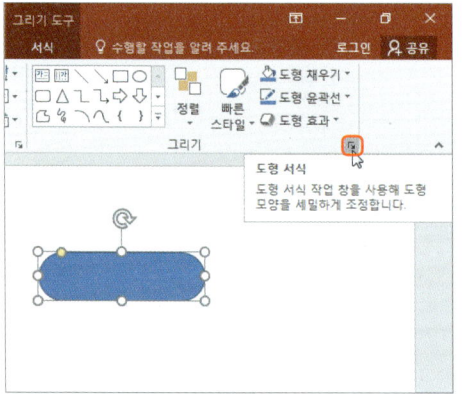

∷ 도형 서식 작업창 – 채우기

표시되는 도형 서식 작업창의 [도형 옵션] - [채우기 및 선] ◊에서 [채우기]를 클릭하면 채우기와 관련된 옵션을 설정할 수 있습니다.

❶ **채우기 없음** 채우기를 없앱니다.
❷ **단색 채우기** 색을 클릭해 다른 색을 선택하거나 투명도를 조정할 수 있습니다.
❸ **그라데이션 채우기** 그라데이션의 색, 방향, 투명도 등을 변경할 수 있습니다.
❹ **그림 또는 질감 채우기** 그림이나 질감을 채운 후, 그림의 위치나 배율을 조정할 수 있습니다.
❺ **패턴 채우기** 패턴의 무늬와 색을 선택할 수 있습니다.
❻ **슬라이드 배경 채우기** 도형의 채우기를 현재 슬라이드의 배경과 똑같이 만듭니다.

∷ 도형 서식 작업창 – 선

표시되는 도형 서식 작업창의 [도형 옵션] - [채우기 및 선] ◊에서 [선]을 클릭해 윤곽선 관련 옵션을 설정할 수 있습니다.

❶ **선 없음** 도형 윤곽선을 없앱니다.
❷ **실선** 윤곽선의 색, 투명도, 너비 등 각종 옵션을 변경합니다.
❸ **그라데이션 선** 윤곽선에 그라데이션을 설정합니다.
❹ **색** 윤곽선의 색을 설정합니다.
❺ **투명도** 윤곽선의 투명도를 조정합니다.
❻ **너비** 윤곽선의 두께를 설정합니다.
❼ **겹선 종류** 윤곽선의 겹선 종류를 선택합니다.
❽ **대시 종류** 윤곽선의 대시 종류를 선택합니다.
❾ **끝 모양 종류** 선의 끝 모양 종류를 선택합니다.
❿ **연결점 종류** 선의 연결점 종류를 선택합니다.
⓫ **화살표 머리 유형** 선의 머리 유형(6종)을 선택합니다.
⓬ **화살표 머리 크기** 선의 머리 크기(9종)를 선택합니다.
⓭ **화살표 꼬리 유형** 선의 꼬리 유형(6종)을 선택합니다.
⓮ **화살표 꼬리 크기** 선의 꼬리 크기(9종)를 선택합니다.

도형에 색 칠하기

예제 파일 Sample\Theme03\도형 서식 변경.pptx **완성 파일** Sample\Theme03\도형 서식 변경(결과).pptx

키 워 드 빠른 도형 스타일, 스포이트, 색 명도 조정, 점선 윤곽선, 반투명 그라데이션
길라잡이 빠른 도형 스타일과 스포이트를 이용해 도형에 쉽게 멋진 채우기 색을 칠하고, 윤곽선을 점선으로 만들고, 반투명 그라데이션을 설정하는 등 도형의 채우기와 윤곽선 서식을 변경하는 각종 방법을 실습을 통해 알아보겠습니다.

STEP 01 빠른 도형 스타일 사용하기

01 슬라이드 빈곳을 드래그해 네 개의 도형을 모두 선택합니다.

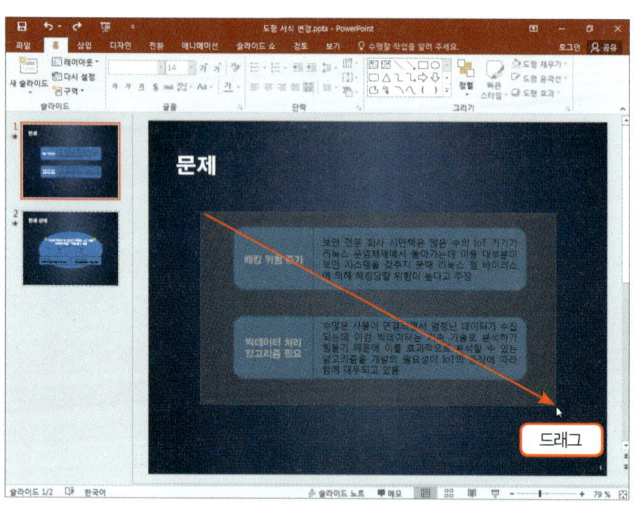

02 ❶ 선택된 도형 중에서 아무 도형이나 텍스트가 입력되지 않은 부분을 마우스 오른쪽 버튼으로 클릭하고 표시되는 미니 도구 모음에서 ❷ [도형 빠른 스타일]을 클릭한 후 ❸ [미세 효과 - 회색 - 50% - 강조 3]을 선택합니다.

● **도형에 입력된 텍스트를 마우스 오른쪽 버튼으로 클릭하지 마세요**
여러 개체를 선택하고 선택된 개체 중에서 텍스트가 입력된 곳을 마우스 오른쪽 버튼으로 클릭하면 선택이 모두 해제되고, 클릭한 텍스트에만 적용할 수 있는 텍스트 관련 컨텍스트 메뉴와 미니 도구 모음이 표시됩니다. 따라서 텍스트가 입력된 도형을 마우스 오른쪽 버튼으로 클릭할 때는 텍스트가 아닌 도형(텍스트가 입력되어 있지 않은 부분)을 클릭합니다.

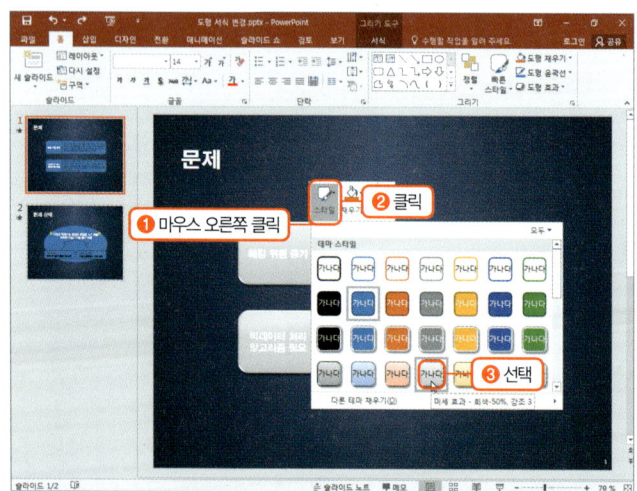

STEP 02 스포이트로 색 채취 및 기본 그라데이션 설정하기

01 슬라이드의 빈곳을 드래그해 왼쪽에 있는 두 개의 도형을 선택합니다.

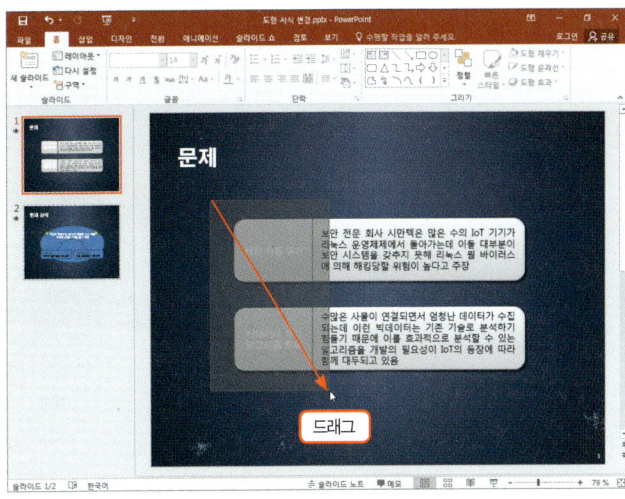

◉ [스포이트]를 실행하는 다른 방법
[홈] 탭에서 [도형 채우기]를 클릭하고 [스포이트]를 선택합니다.

02 ❶ 선택된 도형 중에서 아무 도형이나 텍스트가 입력되어 있지 않은 부분을 마우스 오른쪽 버튼으로 클릭하고 ❷ 미니 도구 모음에서 [도형 채우기]를 클릭한 후 ❸ [스포이트]를 선택합니다.

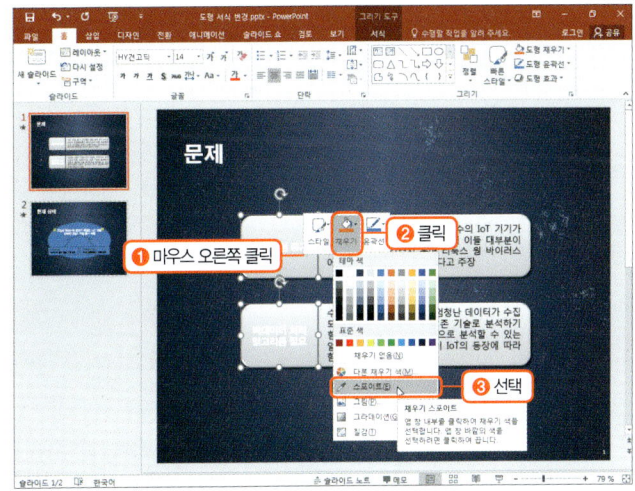

03 마우스 포인터가 스포이트로 바뀌면 슬라이드에서 마음에 드는 색이 있는 부분을 클릭합니다.

클릭한 부분에 있는 색이 채취되면서 선택된 도형에 칠해집니다.

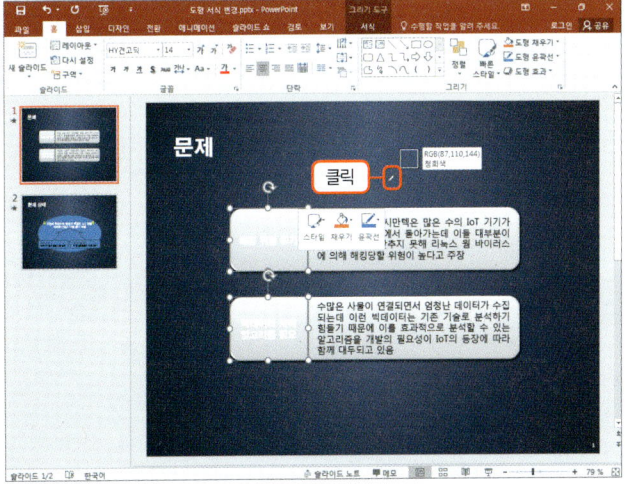

Lesson 04 _ 도형 채우기 및 윤곽선 설정하기 | 171

○ [그라데이션]을 선택하는 다른 방법
[홈] 탭에서 [도형 채우기]를 클릭하고 [그라데이션]을 선택합니다.

04 ① 현재 선택된 도형을 다시 마우스 오른쪽 버튼으로 클릭하고 ② 미니 도구 모음에서 [도형 채우기]를 클릭한 후 ③ [그라데이션]에서 마지막 견본을 선택하고 ④ Esc를 누릅니다.

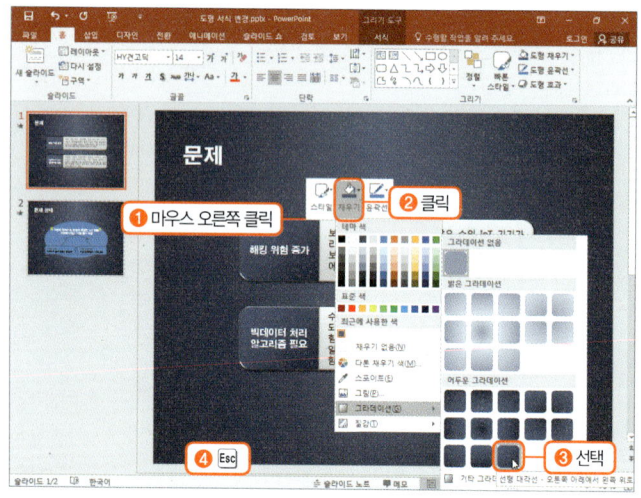

STEP 03 윤곽선 서식 변경하기

01 ① [2번 슬라이드]에서 ② 커다란 타원을 마우스 오른쪽 버튼으로 클릭하고 미니 도구 모음에서 ③ [윤곽선]을 클릭한 후 ④ [최근에 사용된 색] 중에서 앞서 스포이트로 채취했던 색을 선택합니다.

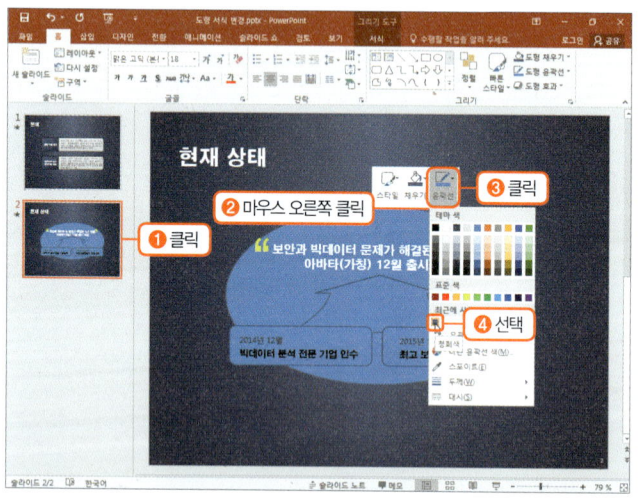

○ [윤곽선]을 설정하는 다른 방법
[홈] 탭에서 [도형 윤곽선]을 클릭합니다.

02 ① 미니 도구 모음에서 다시 [윤곽선]을 클릭하고 ② [다른 윤곽선 색]을 선택합니다.

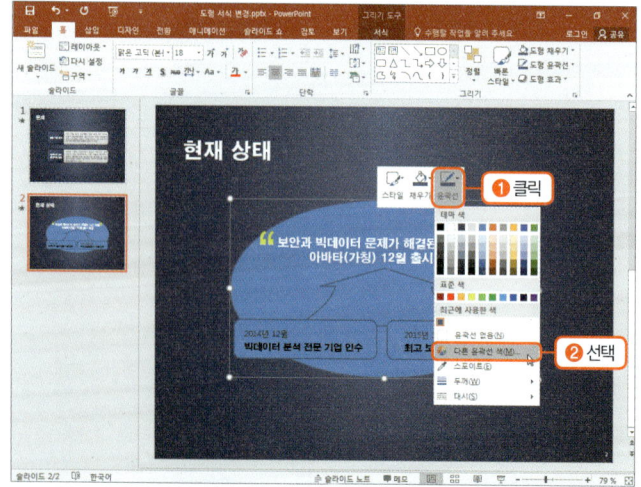

○ 색을 잘 사용하는 방법 – 명도 조정

색을 잘 사용하는 방법 중에서 가장 쉬운 방법 중에 하나가 바로 색의 명도(밝기)를 조정해 개체에 적용하는 것입니다. 이렇게 되면 전체적으로 같은 색 톤을 유지하면서도 색을 다양하게(명도 조정을 통해) 사용할 수 있어 좋습니다.

명도 조정 후, 중요한 요소에는 어두운(진한) 색을, 상대적으로 중요도가 낮은 요소에는 밝은(흐린) 색을 적용하면 됩니다.

03 ❶ [색] 대화상자의 [사용자 지정] 탭에서 ❷ 오른쪽에 있는 명도 조정 삼각형(◀)을 위쪽으로 드래그해 현재 색을 밝게 만듭니다.

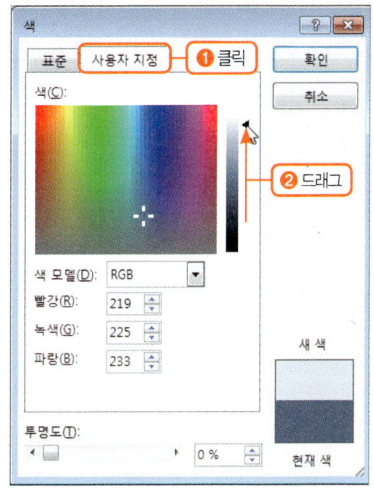

04 ❶ 타원을 마우스 오른쪽 버튼으로 클릭하고 미니 도구 모음에서 ❷ [윤곽선] 을 클릭한 후 ❸ [두께]에서 ❹ [3pt]를 선택합니다.

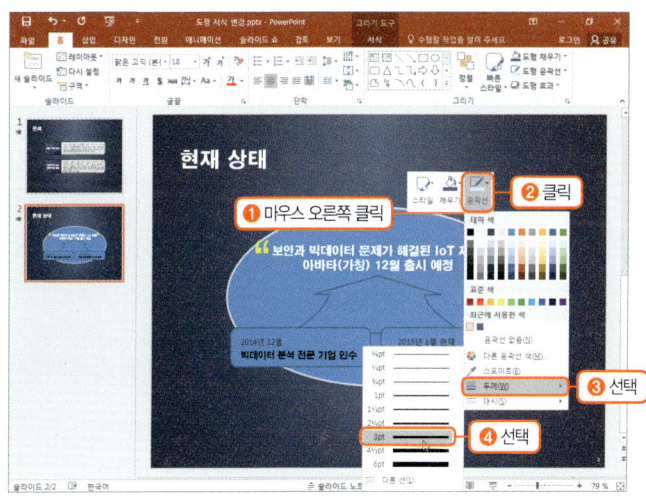

○ 점선의 역할

점선은 크게 두 가지 역할이 있습니다. 이번 실습처럼 특정 부분을 강조하는 역할이거나, 미확정, 예정 등과 같이 아직 실현되지 않은 요소를 보여줄 때 사용합니다.

05 ❶ 미니 도구 모음에서 [윤곽선] 을 클릭하고 ❷ [대시]에서 ❸ [사각 점선]을 선택합니다.

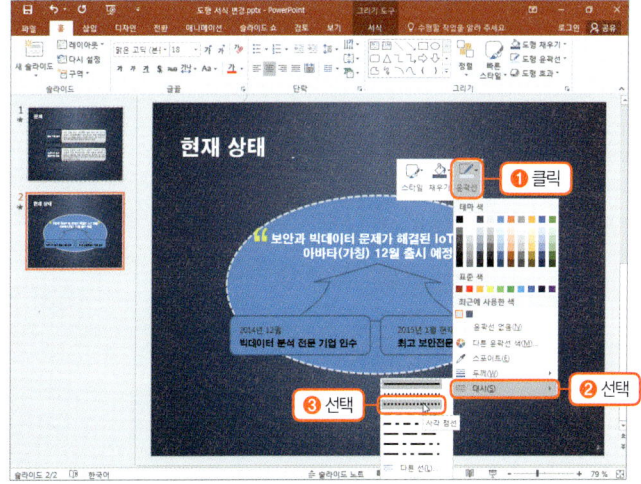

Lesson 04 _ 도형 채우기 및 윤곽선 설정하기 173

06 ❶ 미니 도구 모음에서 [도형 채우기]를 클릭하고 ❷ [채우기 없음]을 선택합니다.

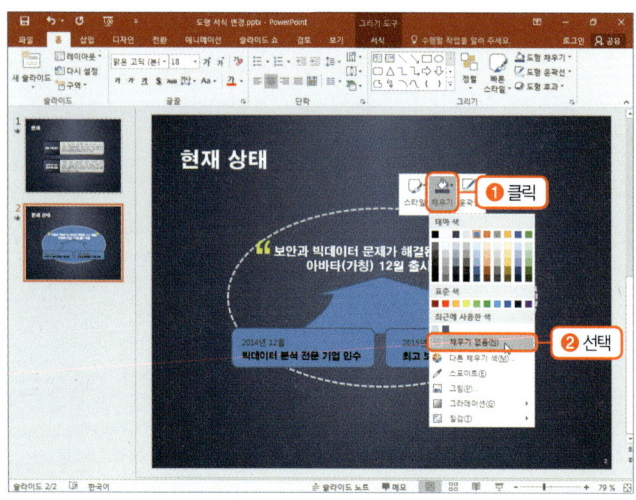

STEP 04 반투명 그라데이션 설정하기

01 ❶ 블록 화살표를 마우스 오른쪽 버튼으로 클릭하고 표시되는 컨텍스트 메뉴에서 ❷ [도형 서식]을 선택합니다.

02 ❶ 도형 서식 작업창에서 [채우기]를 클릭하고 ❷ [그라데이션 채우기]를 선택합니다. 가장 최근에 설정된 그라데이션이 표시됩니다. 원활한 연습을 위해 ❸ [그라데이션 미리 설정]을 클릭하고 ❹ [첫 번째 견본]을 선택합니다.

○ 그라데이션 채우기의 기본은 이전 그라데이션! 도형 서식 작업창에서 [그라데이션 채우기]를 선택하면 가장 최근에 설정했던 그라데이션이 적용됩니다. 이것은 잘못된 것이 아니라 기본이 그렇게 되어 있으니 곧바로 수정해서 원하는 그라데이션을 만들거나, 이번 실습처럼 기본 그라데이션을 선택하고 다시 처음부터 그라데이션 설정을 시작하면 됩니다.

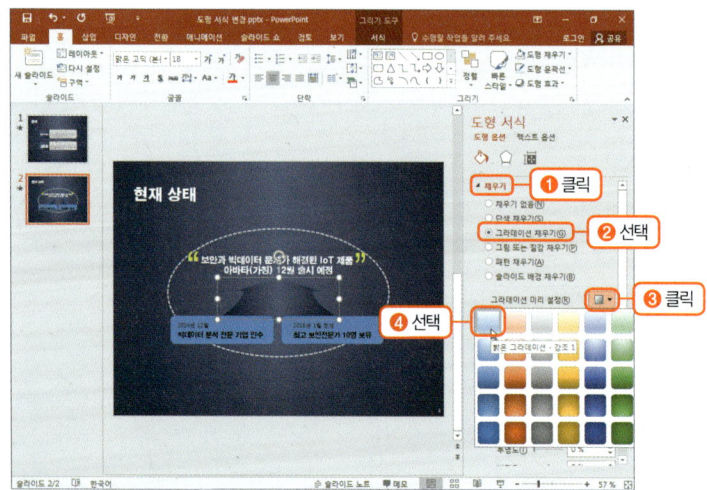

03 ❶ 그라데이션 중지점에서 [중지점 1/4] 🛢 이 선택되어 있는 상태임을 확인한 후 ❷ [색]을 클릭하고 ❸ [최근에 사용한 색] 중에서 밝은 색을 선택합니다.

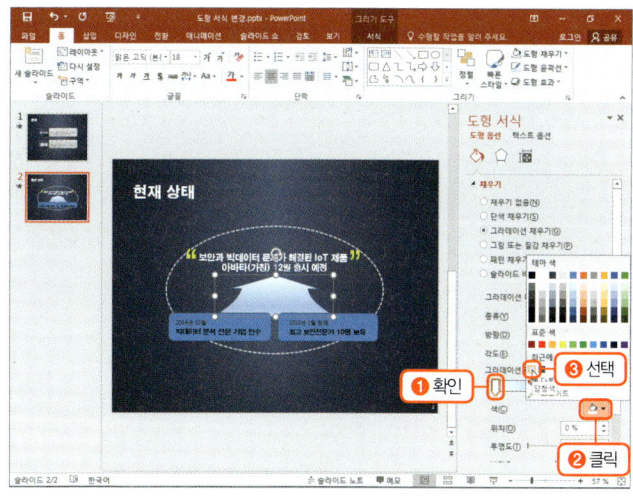

○ **중지점을 제거하는 다른 방법**
그라데이션 중지점 🛢을 위 또는 아래로 드래그합니다.

04 ❶ 그라데이션 중지점에서 [중지점 2/4] 🛢를 선택하고 ❷ [그라데이션 중지점 제거] 를 클릭합니다. 선택되어 있던 중지점이 삭제됩니다.

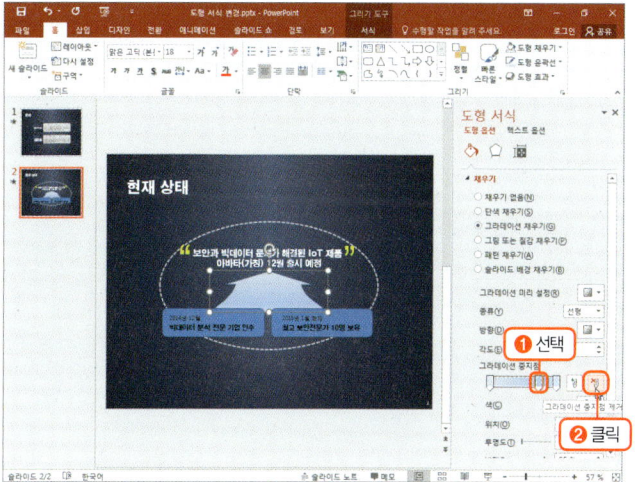

05 ❶ [중지점 2/3] 🛢를 선택하고 ❷ [그라데이션 중지점 제거] 를 클릭합니다. 선택되어 있던 중지점이 삭제됩니다.

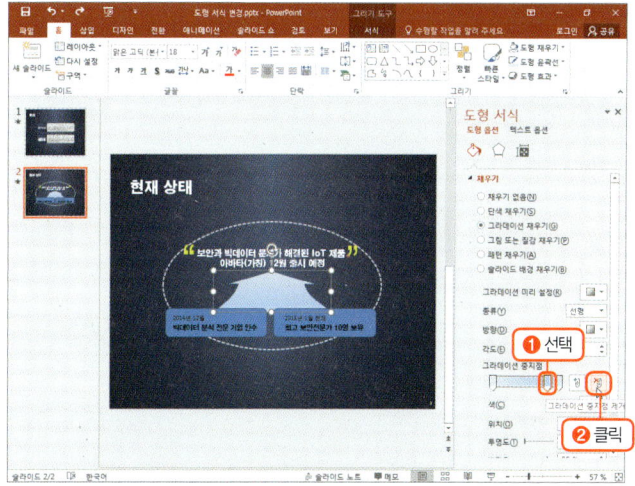

06 맨 오른쪽에 있는 [중지점 2/2] 🏳를 선택합니다.

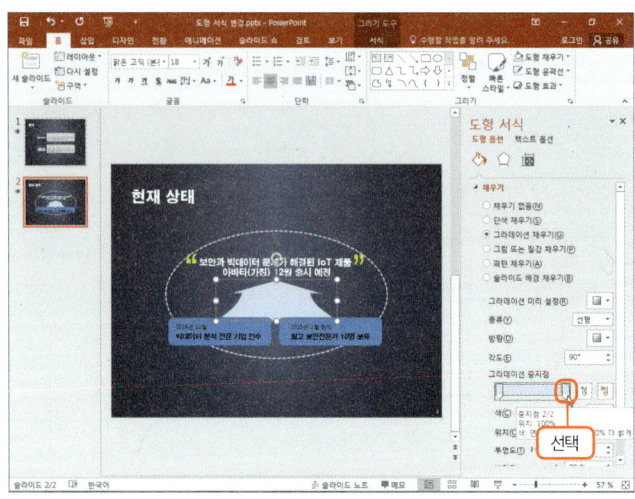

07 ❶ [색]을 클릭하고 ❷ [최근에 사용된 색] 중에서 앞서 스포이트로 채취한 색을 선택합니다. 선택한 두 색이 자연스럽게 연결되는 그라데이션이 만들어집니다.

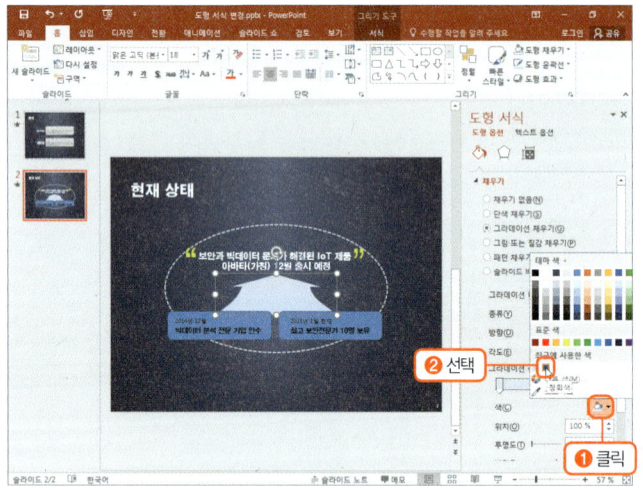

● 그라데이션 각도를 변경하는 방법
[방향]을 클릭하고 표시되는 견본 중에서 하나를 선택합니다.

08 [각도]를 [90°]로 변경합니다.

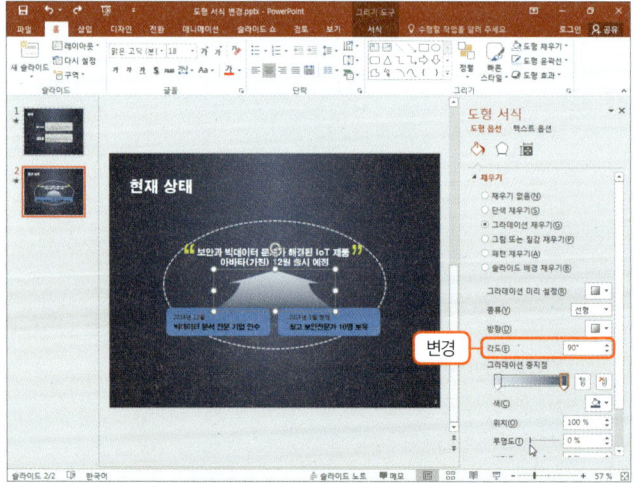

09 ❶ [투명도]를 [100%]로 변경합니다. 현재 선택되어 있는 [중지점 2/2]가 투명해지면서 도형의 위에서 아래로 갈수록 점점 투명해지는 그라데이션이 만들어집니다. ❷ 도형 서식 작업창에서 [작업창 닫기] 버튼 ✕을 클릭합니다.

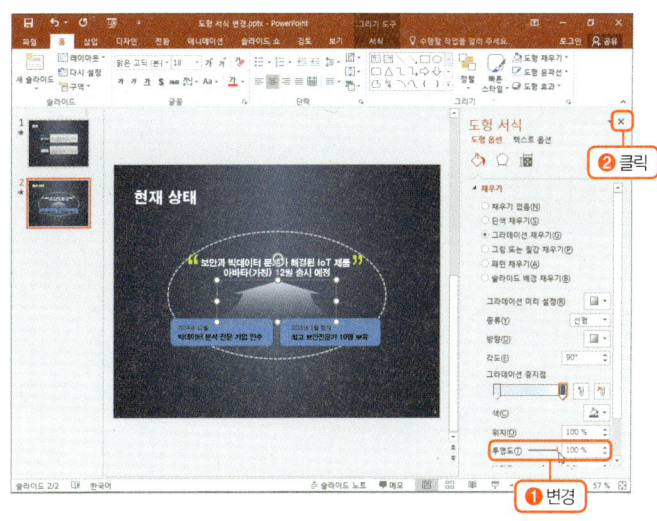

○ [윤곽선 없음]을 실행하는 다른 방법
[홈] 탭에서 [도형 윤곽선]을 클릭하고 [윤곽선 없음]을 선택합니다.

10 ❶ 블록 화살표를 마우스 오른쪽 버튼으로 클릭하고 미니 도구 모음에서 ❷ [윤곽선]을 클릭한 후 ❸ [윤곽선 없음]을 선택합니다.

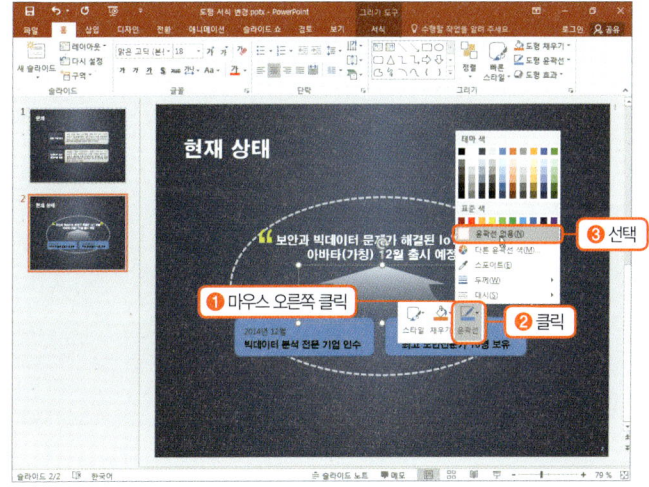

11 ❶ 블록 화살표 왼쪽 아래에 있는 모서리가 둥근 직사각형을 선택하고 ❷ Shift를 누른 상태에서 오른쪽에 있는 모서리가 둥근 직사각형을 클릭해 두 도형을 선택합니다. ❸ 선택된 도형 중에서 아무 것이나 마우스 오른쪽 버튼으로 클릭하고 ❹ [스타일]을 클릭한 후 ❺ [미세 효과 - 회색 - 50% -강조 3]을 선택합니다.

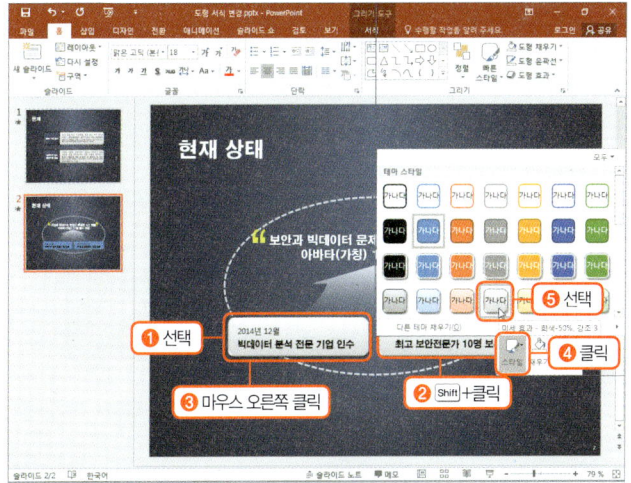

Lesson 04 _ 도형 채우기 및 윤곽선 설정하기 | 177

색의 채도 및 명도 조정하기

색을 잘 사용하고 싶다면 중심색을 선택하고 그 색에 채도 또는 명도 변화를 줍니다. 이렇게 하면 전체적으로 통일감이 느껴지면서도 색을 통한 구분 또한 가능하기 때문입니다.

■ 채도

순색에 탁함을 추가하는 것으로 값의 범위는 0~255입니다. 채도값이 255이면 순색이고, 숫자가 감소하면 색이 점점 탁해져 0이 되면 회색이 됩니다. 일반적으로 순색을 사용하게 되면 색이 도드라져 보이는데 채도값을 낮춰주면 순색에 탁함이 추가되면서 색이 덜 튀어 보이게 됩니다.

■ 명도

색의 밝기를 조정하는 것으로 값의 범위는 0~255입니다. 명도값이 0에 가까워지면 점점 색이 어두워지며, 255에 가까워지면 점점 밝아집니다. 명도의 경우 변화가 뚜렷하기 때문에 채도보다 더 많이 활용되고 있습니다. 일반적으로 중요한 요소에는 명도를 낮춰 진하게 표시되도록 하며, 상대적으로 덜 중요한 요소는 명도를 높여 흐리게 표시되도록 합니다.

■ 채도와 명도 조정 방법

파워포인트에서 채도와 명도는 모두 [색] 대화상자의 [사용자 지정] 탭에서 조정할 수 있습니다. 색 스펙트럼에서 맨 위의 채도가 255, 맨 아래의 채도가 0입니다. 사용자가 마우스로 색을 클릭해 채도를 선택할 수 있으며, 위 또는 아래 방향키를 눌러 채도값을 조정할 수도 있습니다. 명도는 오른쪽에 있는 수직 슬라이더에서 검은색 삼각형(◀)을 위 또는 아래로 드래그해 조정할 수 있습니다. 만약 정확하게 채도값과 명도값을 조정하고 싶다면 ❶ [색 모델] 메뉴를 열고 ❷ [HSL]을 선택합니다. 표시되는 ❸ 채도와 ❹ 명도 입력상자에 0~255값을 입력합니다.

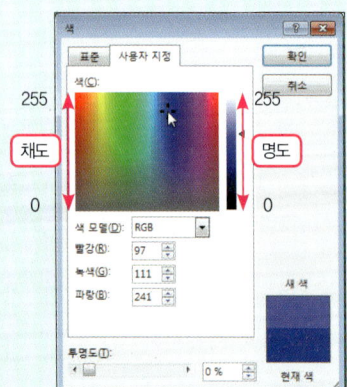
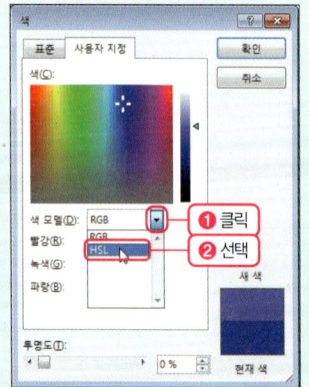

도형 서식 복사하기

도형에 색, 윤곽선, 그라데이션 등 특별한 효과를 적용했는데 그 속성을 다른 도형에도 적용하고 싶다면 '서식 복사' 기능을 활용하는 것이 좋습니다.

【예제 파일】 Sample\Theme03\서식 복사.pptx 　　【완성 파일】 Sample\Theme03\서식 복사(결과).pptx

1 ❶ 왼쪽에 있는 블록 화살표를 선택하고 ❷ [홈] 탭의 [클립보드] 영역에서 [서식 복사] 를 클릭합니다.
선택되어 있던 도형의 모든 서식(채우기, 윤곽선)이 윈도우의 임시저장 장소인 클립보드로 복사되고 마우스 포인터에 붓이 표시됩니다.

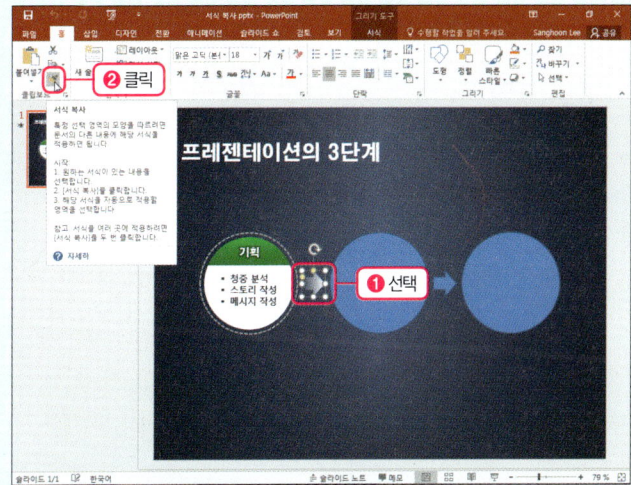

2 오른쪽에 있는 블록 화살표를 클릭합니다. 클립보드에 복사되어 있던 도형 서식이 클릭한 도형에 붙여 넣어집니다.

3 ❶ 왼쪽에 점선 윤곽선을 갖고 있는 타원을 선택하고 ❷ [서식 복사] 를 더블클릭합니다. 선택되어 있던 도형의 모든 서식(채우기, 윤곽선)이 윈도우의 임시저장 장소인 클립보드로 복사되고 마우스 포인터에 붓이 표시됩니다.

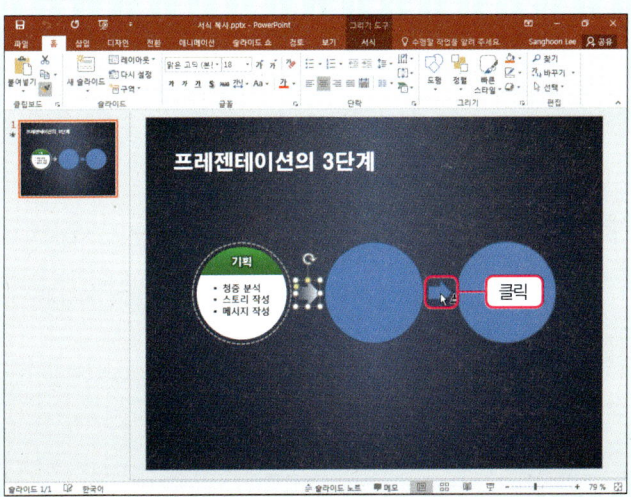

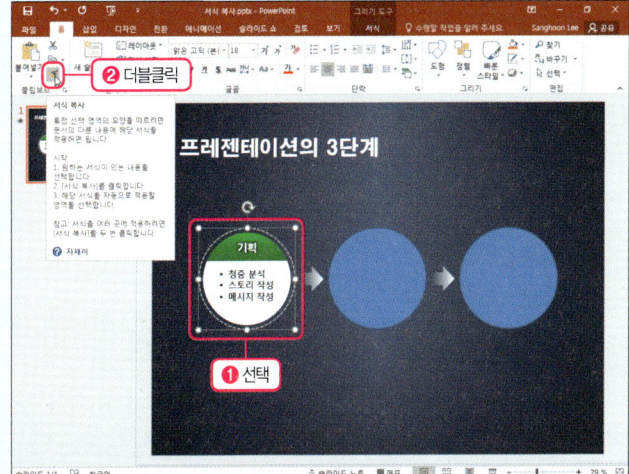

Lesson 04 _ 도형 채우기 및 윤곽선 설정하기　179

4 오른쪽에 있는 타원을 클릭합니다. 클립보드에 복사되어 있던 도형의 서식이 클릭한 도형에 붙여넣어집니다.

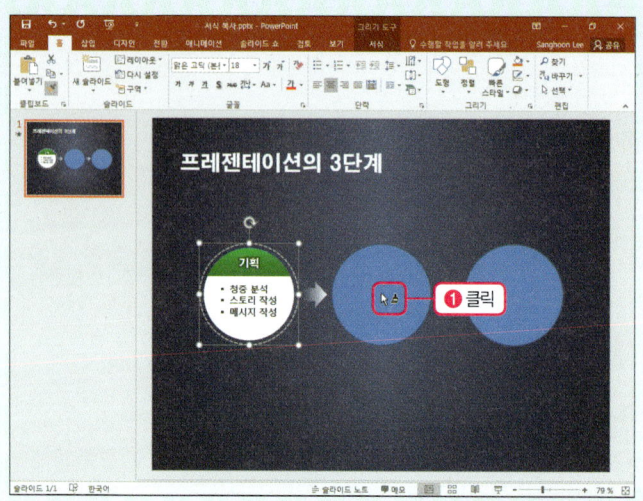

5 그런데 마우스 포인터에는 여전히 붓이 표시되어 있습니다. 그것은 앞서 [서식 복사] 버튼을 더블클릭했기 때문입니다. 계속해서 서식을 붙여넣을 수 있습니다. ❶ 맨 오른쪽에 있는 타원을 클릭합니다. 역시 서식이 붙여넣어집니다.

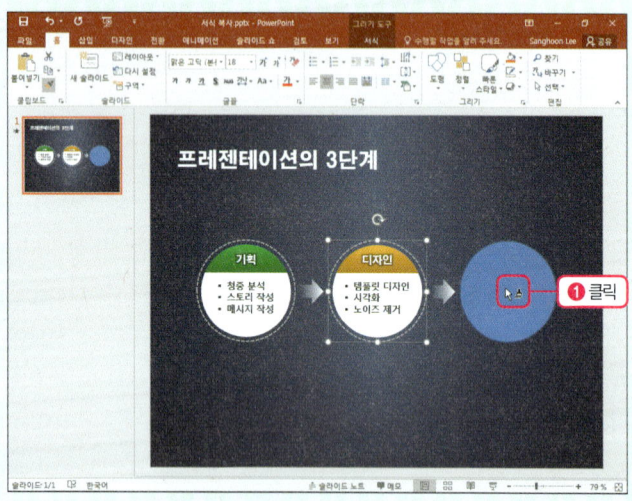

6 마우스 포인터에는 여전히 붓이 표시됩니다. 더 이상 서식 붙여넣기를 할 것이 없으므로 Esc를 누릅니다.

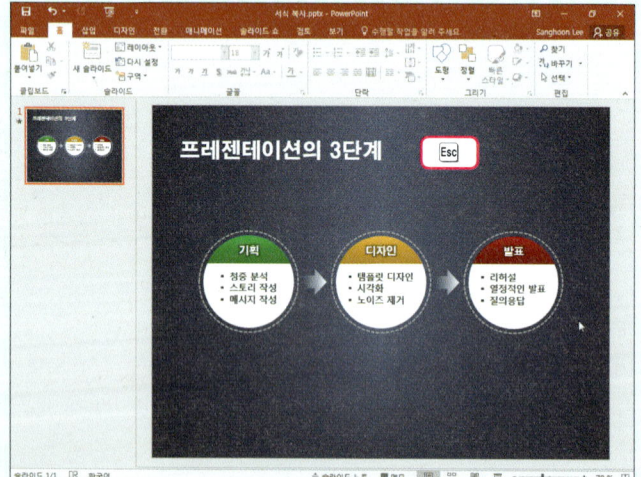

서식 복사/붙여넣기 단축키
- 서식 복사: 텍스트/도형 선택 후, Ctrl + Shift + C
- 서식 붙여넣기: 텍스트/도형 선택 후, Ctrl + Shift + V

서식 복사는 텍스트에도 사용 가능
텍스트를 선택하고 서식 복사 명령을 실행한 후, 다른 텍스트를 선택하면 텍스트 속성(글꼴 및 단락 속성)을 복사할 수 있습니다.

서식 복사는 다른 오피스에서도 사용 가능
서식 복사는 엑셀, 워드와 같은 다른 오피스 프로그램에서도 같은 방법으로 사용할 수 있습니다.

실무 테크닉 01 — 텍스트를 도해로 만들어보세요

제시된 텍스트를 도해로 만들어보세요. 디자인에는 정답이 없습니다. 여기에서 제시하는 것은 하나의 예일 뿐이니 여러분 마음대로 디자인해보세요.

예제 파일 Sample\Theme03\실무 테크닉.pptx　　**완성 파일** Sample\Theme03\실무 테크닉(결과).pptx

---

도해 중에서 ["최고의 빅데이터 인포그래픽 시스템 구축] 뒤와 맨 아래 기본 인프라 위에 있는 도형은 기본 도형 중에서 [사다리꼴] △을 이용해 만든 후, [모양 조절 핸들] ◎을 드래그해 모양을 바꾸고, 반투명 그라데이션을 설정했습니다. [분석 결과 보고] 텍스트가 입력된 도형은 [직사각형] □과 [오각형] ▷을 살짝 겹쳐놓고 [도형 병합]에서 [빼기] 명령을 이용해 만든 것입니다.

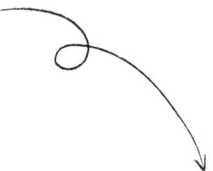

184 표 디자인 및 엑셀 데이터 복사하기

199 차트 디자인 및 차트 서식 파일 저장하기

THEME 04

표 및 차트 디자인의 기술

내용을 일목요연하게 보여주는 '표(table)'와 숫자를 그림 형태로 보여주는 '차트(chart)'는 프레젠테이션의 핵심 요소 중에 하나입니다. 이번 테마에서는 이런 표와 차트를 만드는 기본적인 방법은 물론, 중요한 부분이 더 잘 부각되도록 해주는 디자인 스킬에 대해 알아보겠습니다.

LESSON 01 표 디자인 및 엑셀 데이터 복사하기

표 생성, 셀 선택, 표 관련 명령 등 기본적인 표 관련 기능을 살펴보고, 보기 좋게 표를 만드는 방법과 엑셀 데이터를 원본 그대로 파워포인트로 복사하는 방법에 대해 실습해본 후, 보기 좋으면서도 핵심 요소가 강조된 표 디자인 방법을 사례를 통해 알아보겠습니다.

핵심기능 › 표 관련 명령

표 삽입, 표 구조, 표에서 커서 이동, 셀 선택, [표 도구] - [디자인] 탭, [표 도구] - [레이아웃] 탭, 셀을 마우스 오른쪽 버튼으로 클릭했을 때 표시되는 컨텍스트 메뉴 등 표 관련 기본 기능에 대해 알아봅니다.

:: 표 삽입 기능

슬라이드에 표를 삽입하고 싶다면 [삽입] 탭에서 [표]를 클릭하고 다음 중 하나를 실행합니다.

❶ 마우스로 원하는 행 및 열 개수를 선택합니다.
❷ 표 삽입 이 명령을 선택하면 표시되는 대화상자에서 열 및 행 개수를 입력합니다.

> **엑셀이나 워드의 표 복사하기**
> 엑셀에서 셀을 선택하거나 워드에서 표를 선택하고 복사(Ctrl+C)를 한 후, 파워포인트에서 붙여넣기(Ctrl+V)를 해 표를 복사할 수도 있습니다.

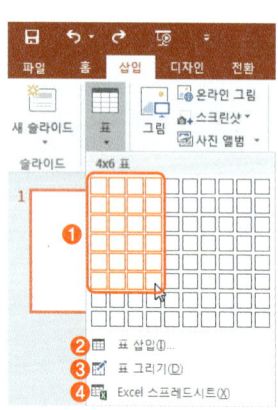
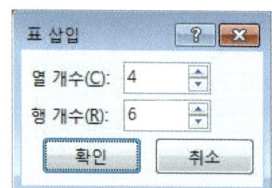

❸ 표 그리기 이 명령을 선택하면 마우스 포인터가 연필 모양(✏)으로 바뀝니다. 이때 마우스로 드래그해 표를 직접 그릴 수 있습니다.
❹ Excel 스프레드시트 이 명령을 선택하면 엑셀 스프레드시트가 추가되며, 엑셀처럼 계산식, 함수 등을 사용할 수 있습니다.

표 구조

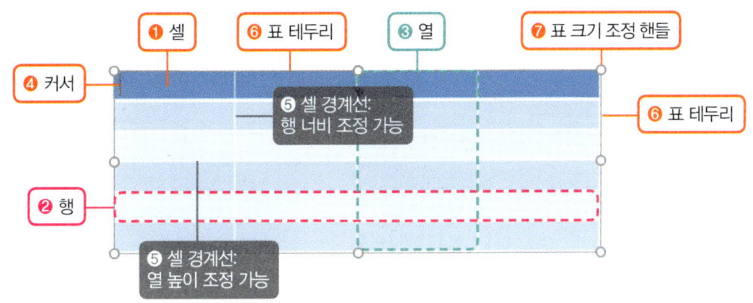

❶ **셀** 내용을 입력하는 곳으로 색이나 그림으로 채워놓을 수 있습니다.
❷ **행** 가로로 표시되는 셀들의 집합을 의미합니다.
❸ **열** 세로로 표시되는 셀들의 집합을 의미합니다.
❹ **커서** 텍스트를 입력할 수 있는 위치를 표시해줍니다. 기본적으로 첫 번째 셀에 나타나며, 사용자가 마우스로 다른 셀을 클릭하거나, 상하좌우 방향키를 누르거나, Tab 또는 Shift + Tab 을 눌러 다른 셀로 커서를 이동할 수 있습니다.
❺ **셀 경계선** 이 부분을 드래그 해 행 너비 또는 열의 높이를 조정할 수 있습니다.
❻ **표 테두리** 이 부분을 마우스로 드래그하거나 상하좌우 방향키를 눌러 표 전체를 이동할 수 있습니다.
❼ **표 크기 조정 핸들** 표 가장자리에 표시되는 [크기 조정 핸들](○)을 드래그해 표 전체의 크기를 조정할 수 있습니다.

◎ **표를 조금씩 이동하기**
도형이나 텍스트 상자와 마찬가지로 표 테두리를 선택하고 Ctrl 을 누른 상태에서 상하좌우 방향키를 눌러 조금씩 이동할 수 있습니다.

표에서 커서 이동하기

- **마우스 활용** 마우스로 셀을 클릭합니다.
- **방향키 활용** 키보드에서 상하좌우 방향키를 누릅니다. 해당 방향으로 커서가 이동합니다.
- **Tab 활용** Tab 을 누르면 다음 셀로 커서가 이동하고, Shift + Tab 을 누르면 이전 셀로 커서가 이동합니다. 맨 오른쪽 셀에서 Tab 을 누르면 아래 줄의 첫 번째 셀로 커서가 이동하고, 맨 왼쪽의 셀에서 Shift + Tab 을 누르면 바로 윗 줄의 맨 오른쪽 셀로 커서가 이동합니다. 표의 맨 마지막 셀에서 Tab 을 누르면 아래에 줄이 하나 추가됩니다.

	2013	2014	2015
국내	35.9	38.1	41.1
미주	51.3	62.0	61.5
유럽	45.3	51.4	52.1
아시아	23.1	24.5	25.4
중국	15.6	24.3	43.1

표의 마지막 셀에 커서가 위치된 상태

	2013	2014	2015
국내	35.9	38.1	41.1
미주	51.3	62.0	61.5
유럽	45.3	51.4	52.1
아시아	23.1	24.5	25.4
중국	15.6	24.3	43.1

Tab 을 눌러 줄을 추가한 장면

:: 셀 및 표 선택하기

❶ **마우스 활용** 표에서 선택하고 싶은 셀을 드래그해 선택합니다.

❷ **표 테두리 클릭** 표 테두리를 클릭하면 표 전체를 선택할 수 있습니다.

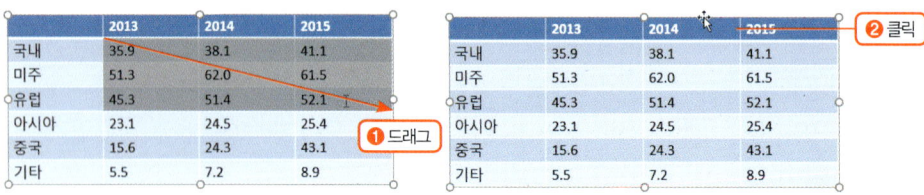

> **Shift로 셀 선택하기**
> - 한 셀을 클릭하고 Shift를 누른 상태에서 방향키를 누르면 해당 방향에 있는 셀이 선택됩니다.
> - 한 셀을 클릭하고 Shift를 누른 상태에서 다른 셀을 클릭하면 커서가 있던 셀에서부터 클릭한 셀까지 선택됩니다.

:: [표 도구] – [디자인] 탭

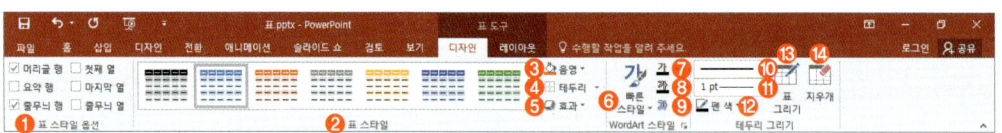

❶ **표 스타일 옵션** 표 스타일에서 선택한 디자인을 기준으로 특정 부분을 강조할 수 있습니다.

옵션 선택   결과

❷ **표 스타일** 파워포인트에서 기본적으로 제공하는 표 스타일을 선택할 수 있습니다. 오른쪽에 있는 '자세히 버튼(▽)'을 클릭하면 좀 더 많은 표 스타일을 볼 수 있습니다.

❸ **음영** 선택한 셀에 색, 그림, 그라데이션, 질감 등을 설정할 수 있습니다.

❹ **테두리** 현재 선택된 셀 테두리의 어떤 부분에 선을 칠할 것인지를 정할 수 있습니다.

❺ **효과** 셀에 입체 효과, 그림자, 반사 등의 효과를 줄 수 있습니다.

❻ **빠른 스타일** 선택된 셀에 입력된 텍스트에 특별한 효과를 적용합니다.

❼ **텍스트 채우기** 선택한 셀의 텍스트에 색, 그림, 그라데이션, 질감 등을 설정할 수 있습니다.

❽ **텍스트 윤곽선** 선택한 셀의 텍스트의 윤곽선 색, 두께, 대시 스타일을 선택할 수 있습니다.

❾ **텍스트 효과** 선택한 셀의 텍스트에 그림자, 반사, 네온 등의 효과를 적용합니다.

❿ **펜 스타일** 실선, 점선 등을 선택할 수 있으며, 테두리 없음을 선택해 특정 윤곽선을 숨길 수 있습니다.

⓫ **펜 두께** 펜의 두께를 선택할 수 있습니다.

⓬ **펜 색** 펜의 색을 선택할 수 있습니다.

⓭ **표 그리기** 마우스 포인터가 연필 모양(✐)으로 바뀝니다. 이때 마우스로 클릭 또는 드래그해 표에 셀을 추가할 수 있습니다.

⓮ **지우개** 마우스 포인터가 지우개 모양(⌧)으로 바뀝니다. 이때 마우스로 셀 경계선을 클릭하거나 드래그해 지울 수 있습니다.

[표 도구] - [레이아웃] 탭

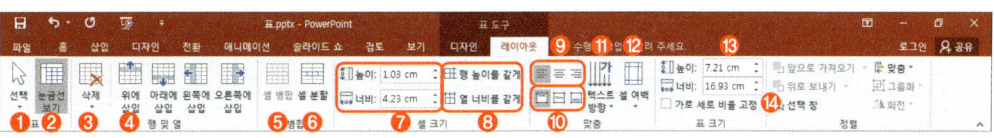

❶ **선택** 표, 열, 행을 선택할 수 있습니다.
❷ **눈금선 보기** 셀의 윤곽선이 숨겨져 있는 경우 이 옵션을 선택하면 윤곽선을 볼 수 있습니다.
❸ **삭제** 현재 선택된 열 또는 행을 삭제하거나 표 전체를 삭제합니다.
❹ **위에 삽입, 아래에 삽입, 왼쪽에 삽입, 오른쪽에 삽입** 해당 방향으로 열 또는 행을 삽입합니다.
❺ **셀 병합** 선택된 두 개 이상의 셀을 하나로 합칩니다.
❻ **셀 분할** 선택된 셀을 여러 개의 열과 행으로 분할합니다.
❼ **셀 크기 영역의 높이/너비** 현재 선택된 셀의 높이와 너비를 조정합니다.
❽ **행 높이를 같게/열 너비를 같게** 현재 선택된 셀들의 높이 또는 너비를 똑같이 만듭니다.
❾ **왼쪽 맞춤/가운데 맞춤/오른쪽 맞춤** 선택된 셀에 입력된 텍스트의 수평 정렬 상태를 조정합니다.
❿ **위쪽 맞춤/세로 가운데 맞춤/아래쪽 맞춤** 선택된 셀에 입력된 텍스트의 수직 정렬 상태를 조정합니다.
⓫ **텍스트 방향** 셀에 입력된 텍스트의 방향을 변경합니다.
⓬ **셀 여백** 선택된 셀의 여백을 조정합니다.
⓭ **표 크기 영역의 높이/너비** 표 전체의 높이와 너비를 조정합니다.
⓮ **가로 세로 비율 고정** 표의 높이와 너비 비율을 고정시켜, 한쪽 값이 변경되면 자동으로 다른 쪽 값도 조정됩니다.

셀을 마우스 오른쪽 버튼으로 클릭 - 미니 도구 모음 및 컨텍스트 메뉴

셀을 선택하고 마우스 오른쪽 버튼으로 클릭하면 선택한 셀에서 사용할 수 있는 명령을 담은 미니 도구 모음과 컨텍스트 메뉴가 표시됩니다.

○ **표 테두리를 마우스 오른쪽 버튼으로 클릭**
셀이 아닌 표 테두리를 마우스 오른쪽 버튼으로 클릭하면 도형과 같은 개체를 마우스 오른쪽 버튼으로 클릭했을 때와 유사한 컨텍스트 메뉴가 표시됩니다. 여기에서 복사, 붙여넣기 등과 같은 명령만 선택할 수 있습니다.

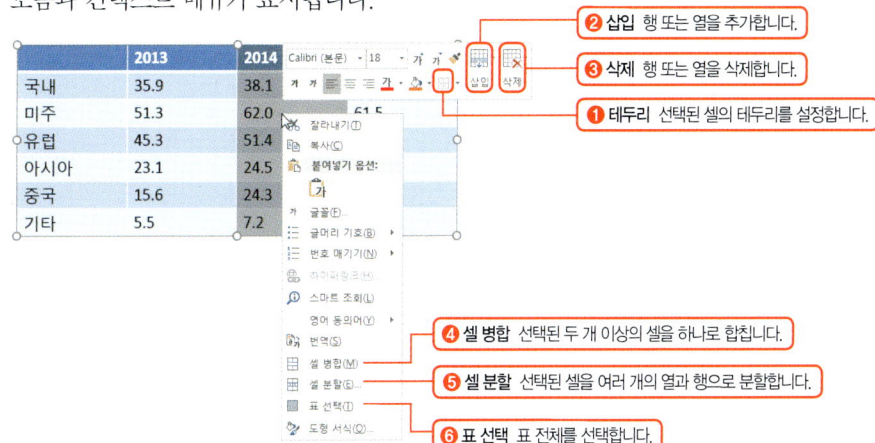

❷ **삽입** 행 또는 열을 추가합니다.
❸ **삭제** 행 또는 열을 삭제합니다.
❶ **테두리** 선택된 셀의 테두리를 설정합니다.
❹ **셀 병합** 선택된 두 개 이상의 셀을 하나로 합칩니다.
❺ **셀 분할** 선택된 셀을 여러 개의 열과 행으로 분할합니다.
❻ **표 선택** 표 전체를 선택합니다.

보기 좋게 표 만들기

예제 파일 Sample\Theme04\표.pptx　　　　**완성 파일** Sample\Theme04\표(결과).pptx

키 워 드 표 스타일, 셀 여백, 셀 병합, 테두리 서식 변경
길라잡이 표에 기본 스타일 설정하고 여백을 조정한 후, 셀에 입력된 텍스트의 서식 및 정렬 상태 변경하고, 셀을 병합한 후, 테두리의 서식을 변경해 표를 보기 좋게 만드는 방법을 실습을 통해 알아봅니다.

STEP 01 기본 스타일 설정하고 여백 조정하기

○ [표 도구] - [디자인] 탭을 빠르게 여는 방법
표의 테두리를 더블클릭합니다.

01 ❶ 1번 슬라이드에서 표를 선택하고 ❷ [표 도구] - [디자인] 탭의 ❸ [표 스타일]에서 [자세히] 버튼(▽)을 클릭합니다.

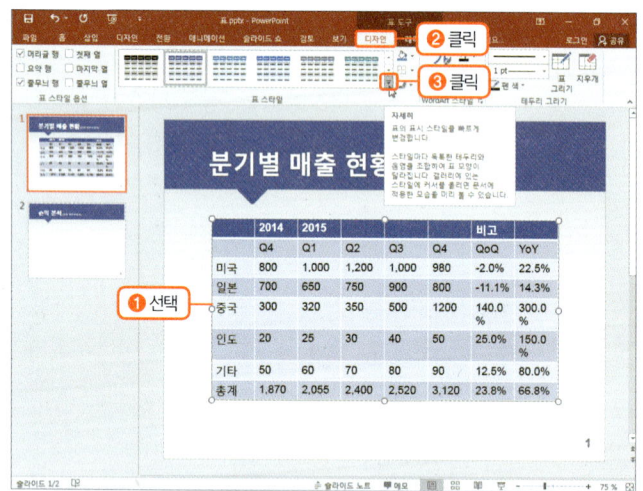

02 [스타일 없음, 표 눈금]을 선택합니다.

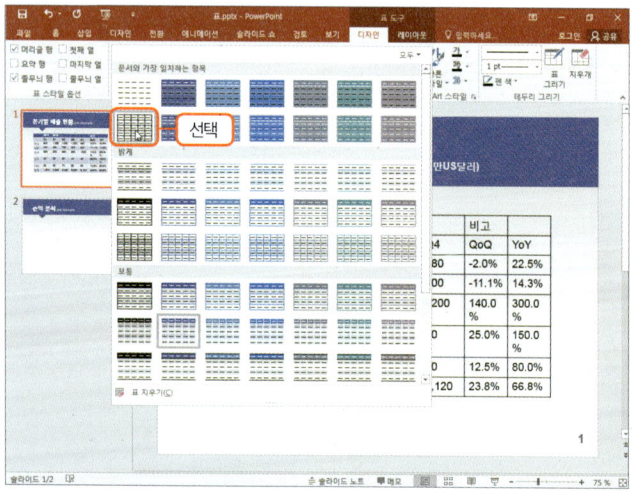

STEP 02 | 셀에 입력된 텍스트의 서식 및 정렬 상태 변경하기

01 ❶ 현재 표 테두리를 클릭해 표 전체를 선택하고 ❷ [홈] 탭에서 [굵게] 버튼(가)을 클릭하고, ❸ [가운데 맞춤] 버튼(≡)을 선택한 후, ❹ [글꼴 크기]를 [14]로 변경합니다.

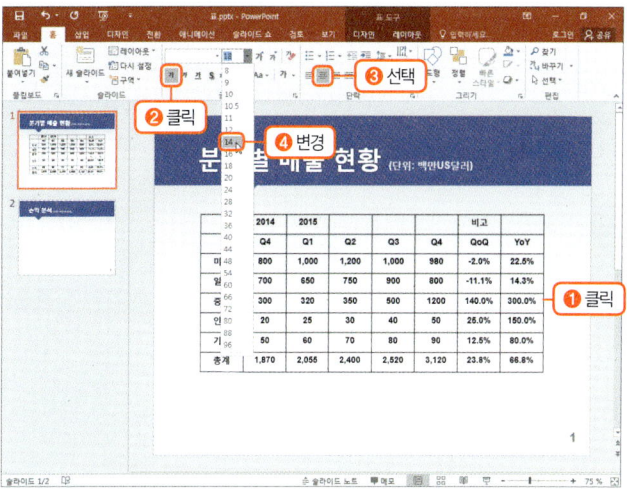

02 ❶ 숫자와 백분율이 입력된 셀을 선택하고 ❷ [오른쪽 맞춤] 버튼(≡)을 클릭합니다.

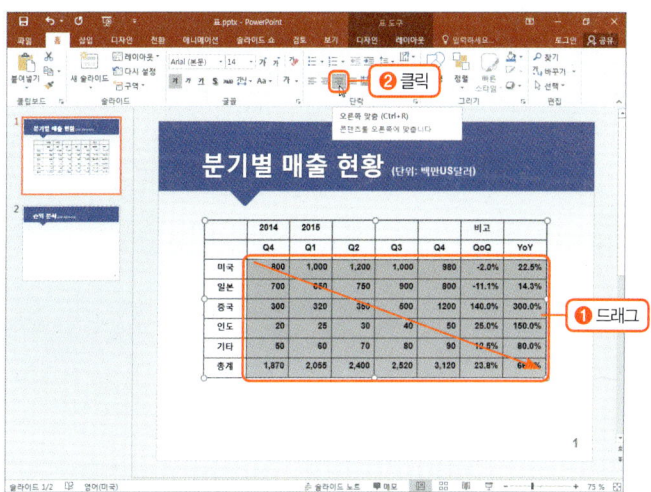

○ 표 테두리를 선택하는 다른 방법
셀에 커서가 있거나 여러 셀이 선택되어 있는 상태에서 Esc 를 누릅니다.

03 ❶ 표 테두리를 클릭해 표 전체를 선택하고 ❷ [표 도구] - [레이아웃] 탭에서 ❸ [세로 가운데 맞춤] 버튼(目)을 클릭합니다.

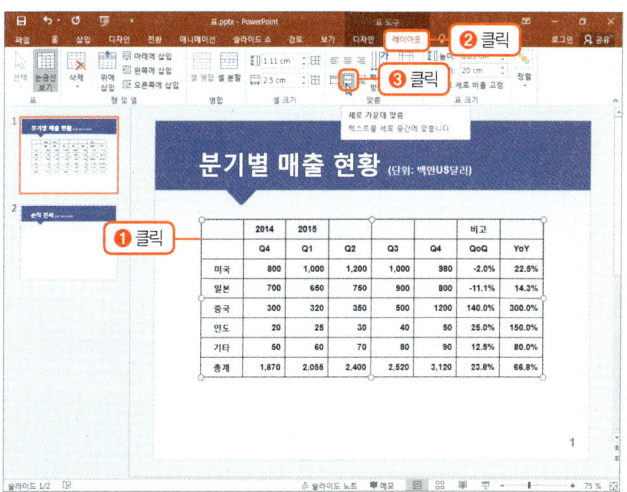

Lesson 01 _ 표 디자인 및 엑셀 데이터 복사하기 189

STEP 03 셀 테두리를 회색으로 만들기

01 현재 표 테두리가 선택되어 있는 상태임을 확인한 후 [표 도구] - [디자인] 탭에서 ❶ [펜 색]을 클릭하고 테마 색에서 ❷ [흰색, 배경 1, 50% 더 어둡게]를 선택합니다.

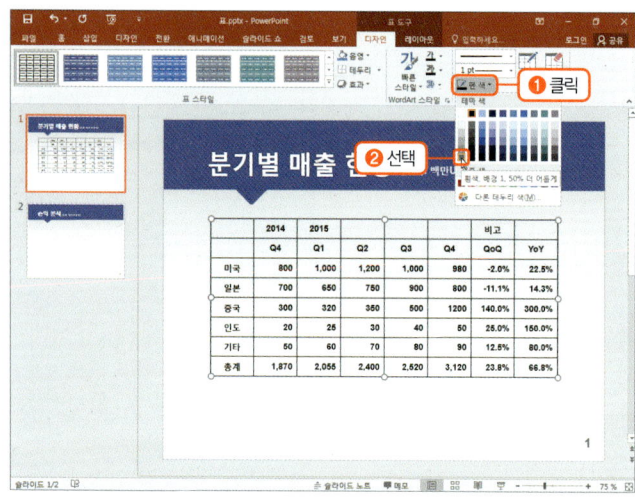

○ 테두리 버튼 구조
- 테두리 : 최근에 선택한 테두리 스타일이 표시되며 이 부분을 클릭하면 해당 스타일이 적용됩니다.
- : 테두리 스타일이 표시됩니다.

02 ❶ [테두리] 메뉴를 열고 ❷ [모든 테두리]를 선택합니다.

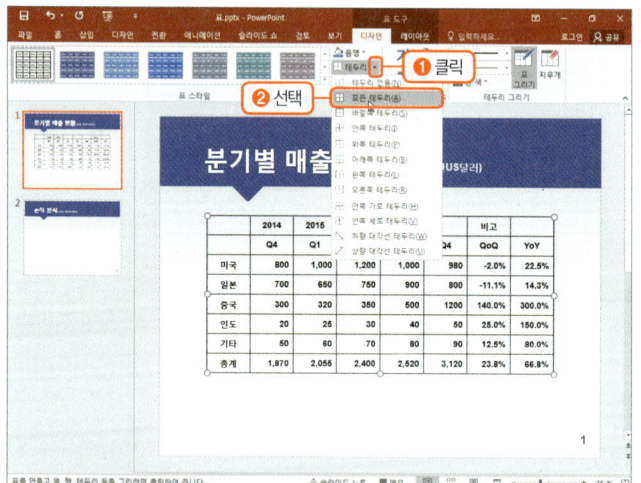

03 표의 모든 셀 테두리에 회색이 칠해집니다.

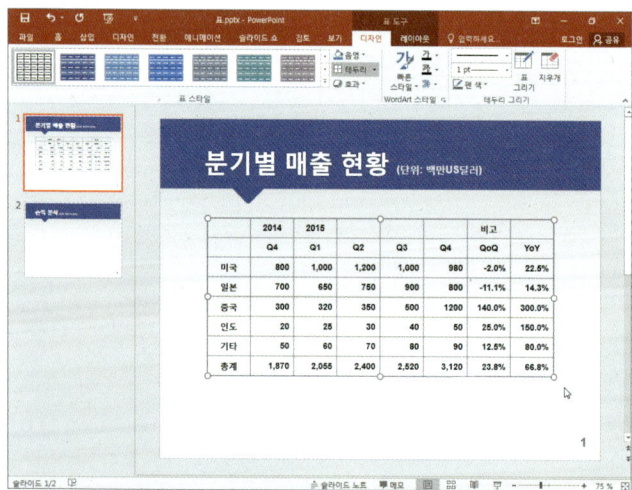

STEP 04 셀 병합하기

● 셀 병합 명령을 실행하는 다른 방법
[표 도구] - [레이아웃] 탭에서 [셀 병합]을 선택합니다.

01 ❶ [2015]가 입력된 셀에서부터 오른쪽에 있는 비어 있는 세 개의 셀을 선택하고 선택된 셀을 마우스 오른쪽 버튼으로 클릭한 후 ❷ 컨텍스트 메뉴에서 을 선택합니다. 선택된 셀이 합쳐집니다.

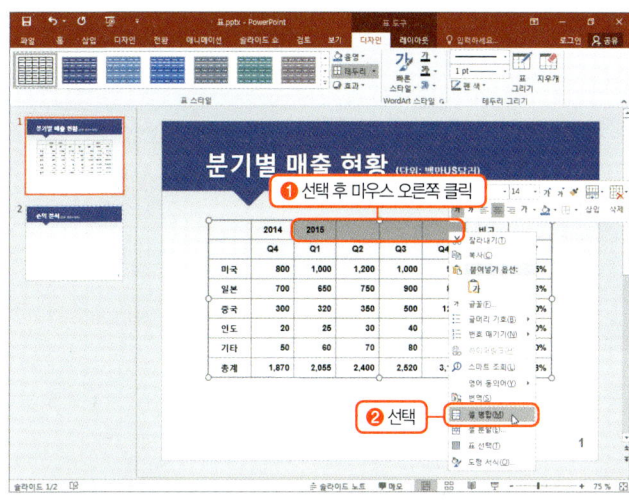

02 ❶ [비고]가 입력된 셀에서부터 오른쪽에 있는 비어 있는 셀까지 선택하고 선택된 셀을 마우스 오른쪽 버튼으로 클릭한 후, ❷ 컨텍스트 메뉴에서 [셀 병합]을 선택합니다. 선택되어 있던 셀이 합쳐집니다.

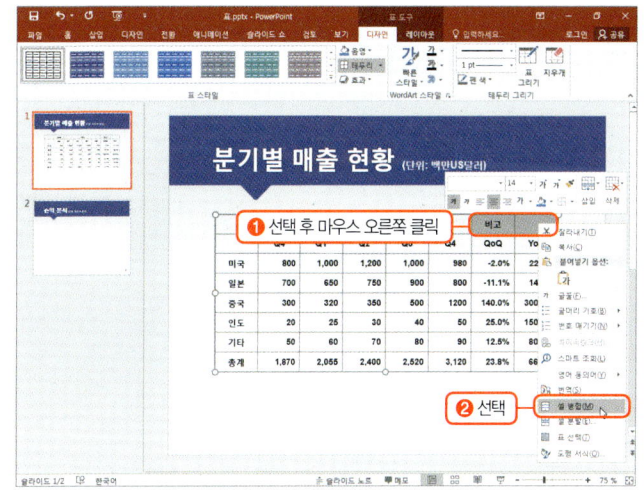

STEP 05 셀 테두리 숨기기

01 [표 도구] - [디자인] 탭에서 ❶ [펜 스타일] 메뉴를 열고 ❷ [테두리 없음]을 선택합니다.

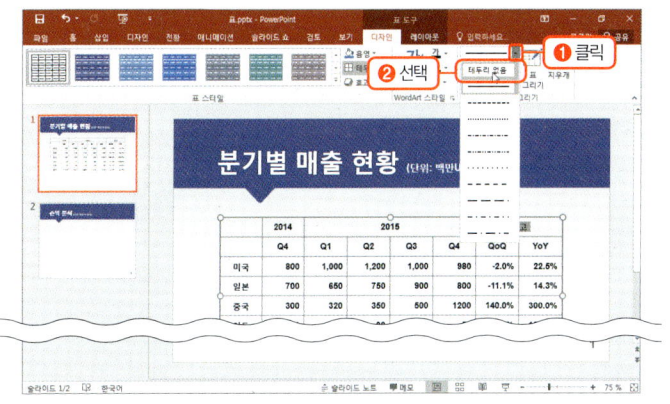

◉ 감춰진 테두리를 보고 싶다면
[표 도구] – [레이아웃] 탭에서 [눈금선 보기]( )를 선택합니다.

02 마우스 포인터가 연필 모양( )으로 바뀌면 숨기고 싶은 경계선을 클릭합니다. 클릭한 테두리가 숨겨집니다.

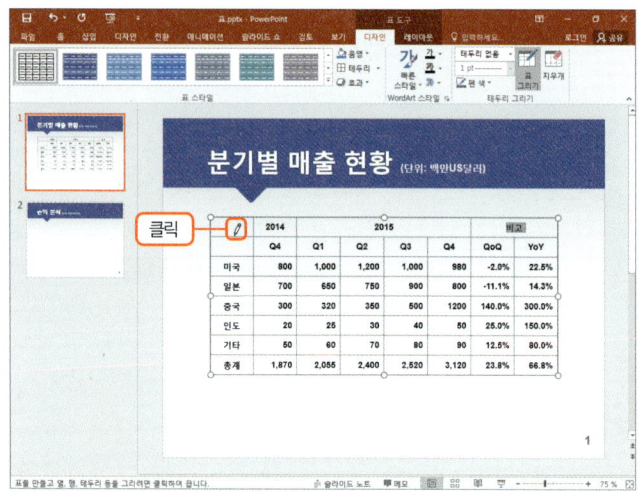

03 Esc를 눌러 펜 그리기를 중지하고 ❶ 표 전체를 선택한 후 ❷ [테두리] 메뉴를 열고 ❸ [왼쪽 테두리]를 선택합니다. 선택되어 있던 셀의 왼쪽 테두리가 숨겨집니다.

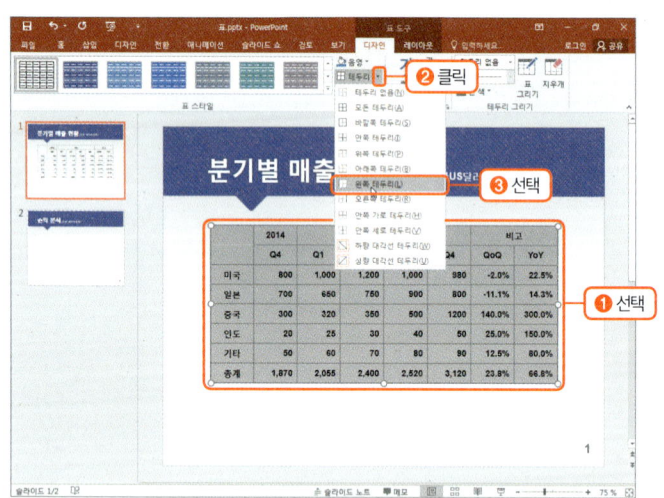

04 다시 ❶ [테두리] 메뉴를 열고 ❷ [오른쪽 테두리]를 선택합니다. 선택되어 있는 셀의 오른쪽 테두리가 숨겨집니다.

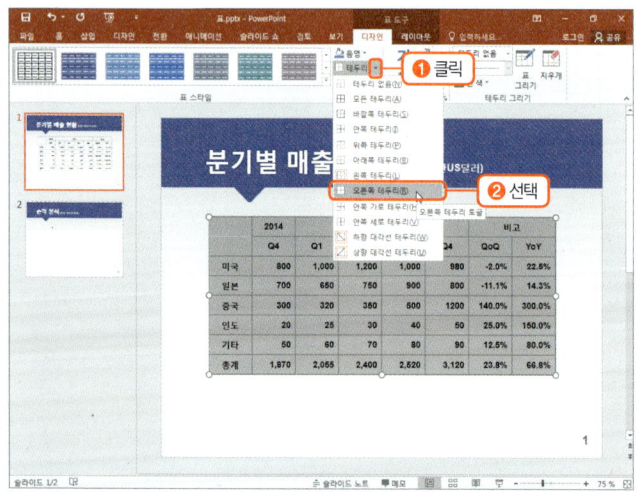

STEP 06 | 셀 테두리를 점선으로 만들기

01 표에서 ❶ 아무 셀이나 클릭하고 [표 도구] - [디자인] 탭에서 ❷ [펜 스타일] 메뉴를 열고 ❸ [점선]을 선택합니다.

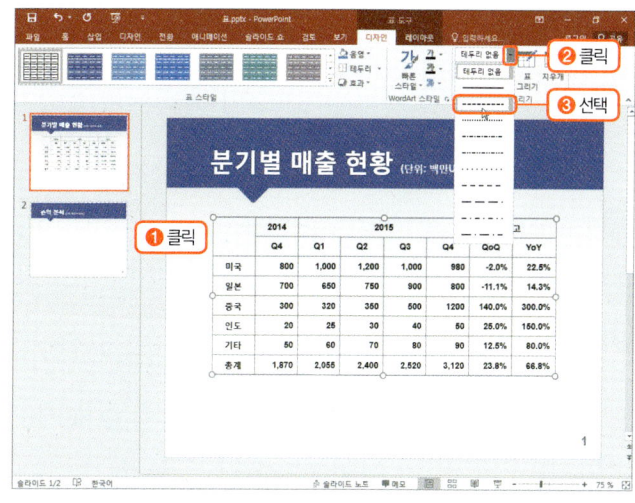

02 자동으로 표 그리기 기능이 실행되면서 마우스 포인터가 연필 모양(✐)으로 바뀝니다. 이때 [Q1] 셀 오른쪽에 있는 수직 경계선을 따라 드래그합니다. 드래그한 선에 회색 점선이 칠해집니다.

> **새로운 선이 그려지는데요?**
> 수직 경계선을 따라서 드래그 하지 않고 살짝 옆을 드래그하면 새로운 수직 경계선이 칠해집니다. 현재 표 그리기 기능이 실행 중이기 때문이죠.
> 이때는 다음 중 하나를 실행해 작업을 취소하고 다시 시도해보세요.
> • 빠른 실행 도구 모음에서 [취소] 버튼(↺)을 클릭합니다.
> • 단축키 Ctrl + Z 를 누릅니다.

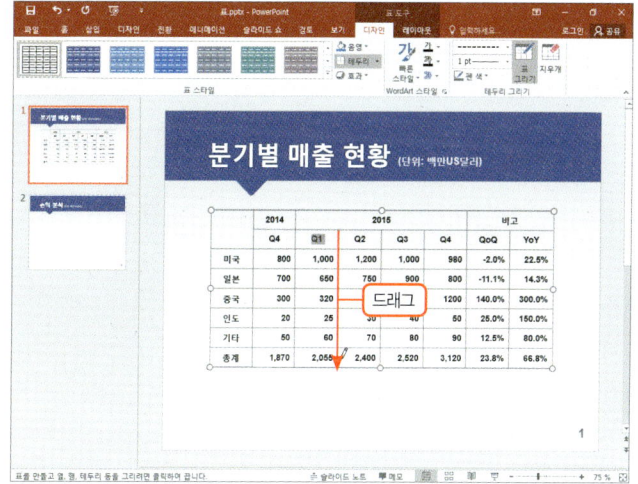

03 같은 방법으로 ❶ [2015]의 [Q2], ❷ [Q3]와 ❸ [비고]의 [QoQ] 오른쪽에 있는 수직 경계선을 드래그해 회색 점선을 칠합니다.

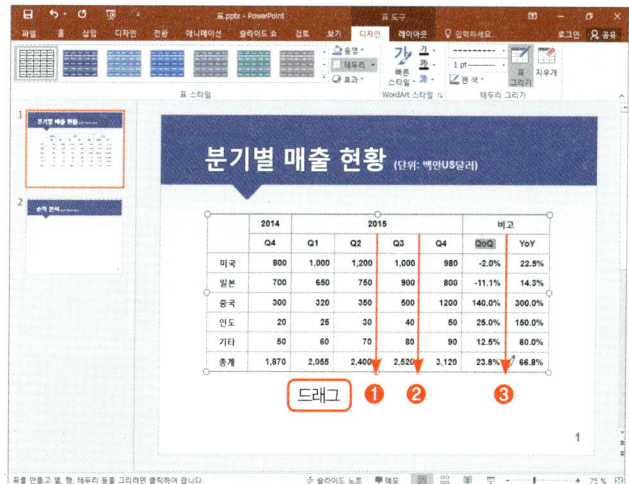

STEP 07 표 맨 위와 맨 아래에 두꺼운 선 칠하기

01 Esc를 눌러 표 그리기 기능을 종료하고 ❶ 표 전체를 선택한 후, ❷ [펜 스타일] 메뉴를 열고 ❸ [실선]을 선택합니다.

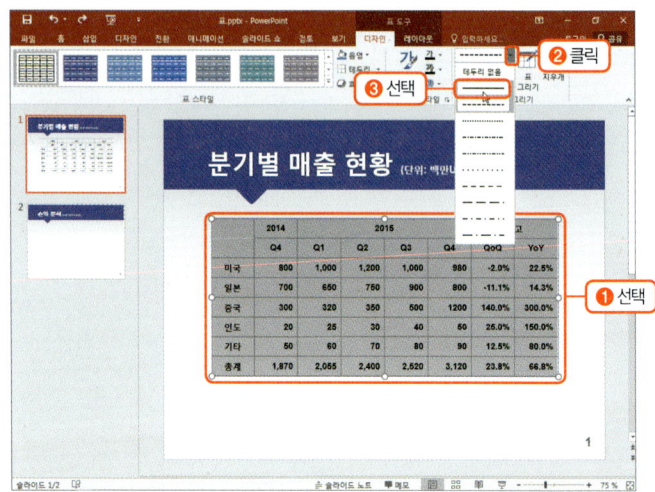

02 ❶ [펜 두께]를 클릭하고 ❷ [3pt]를 선택합니다.

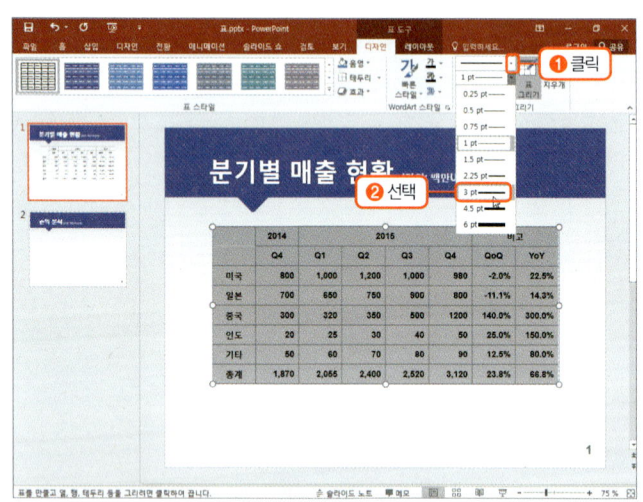

● 셀 경계선의 서식을 변경하는 두 가지 방법
- 펜 스타일, 펜 두께, 펜 색을 변경한 후, 마우스 포인터가 연필 모양(✎)으로 바뀌면 셀 경계선을 드래그합니다.
- 셀을 선택하고 펜 스타일, 펜 두께, 펜 색을 변경한 후, [테두리] 메뉴를 열고 변경하고 싶은 위치를 선택합니다.

03 ❶ [테두리] 메뉴를 열고 ❷ [위쪽 테두리]를 선택합니다. 선택된 셀의 위쪽 경계선이 3포인트 두께의 회색으로 변경됩니다.

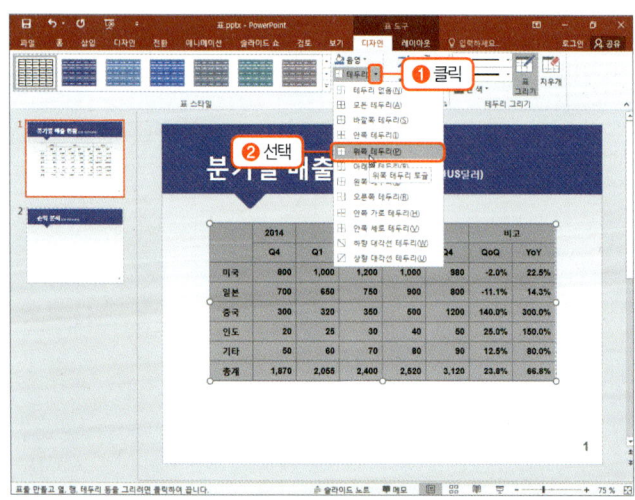

04 다시 ❶ [테두리] 메뉴를 열고 ❷ [아래쪽 테두리]를 선택합니다. 선택된 셀의 아래쪽 경계선이 3포인트 두께의 회색으로 변경됩니다.

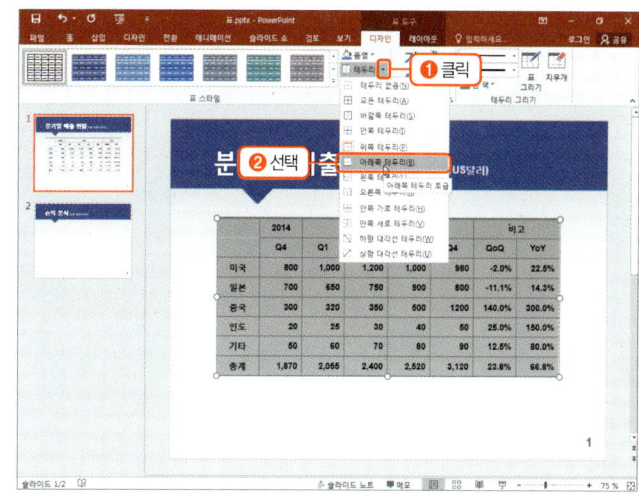

STEP 08 중요한 셀 테두리에 색을 칠해 강조하기

01 ❶ [중국] 열의 모든 셀을 선택한 후, ❷ [펜 색] 메뉴를 열고 ❸ [표준 색]에서 [파랑]을 선택합니다.

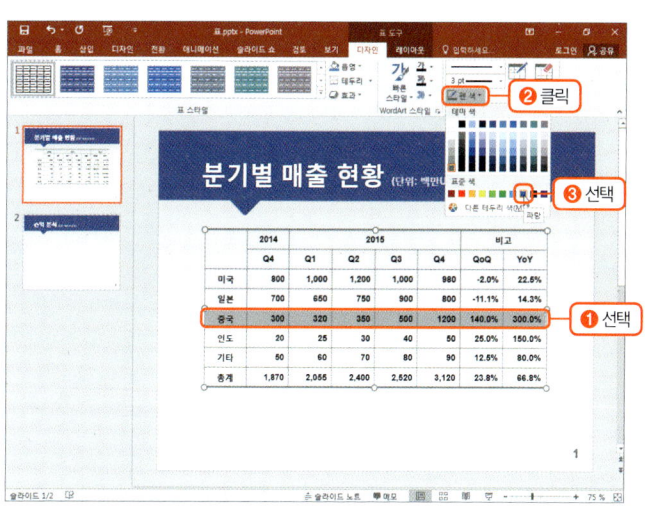

● 빨간색 테두리를 칠하는 것이 더 낫지 않나요?
일반적으로 파란색보다는 빨간색이 더 눈에 띄기는 하지만, 현재 프레젠테이션의 색 톤이 전체적으로 파란색이기 때문에 파란색 테두리로 강조한 것입니다.
빨간색이 아니더라도 대부분의 색은 그 자체로 눈에 잘 띄기 때문에 전체적인 색 톤을 보고 강조색을 고르는 것이 좋습니다.

02 ❶ [테두리] 메뉴를 열고 ❷ [바깥쪽 테두리]를 선택합니다. 선택되어 있던 셀 테두리에 3pt 두께를 가진 파란색 실선이 칠해집니다.

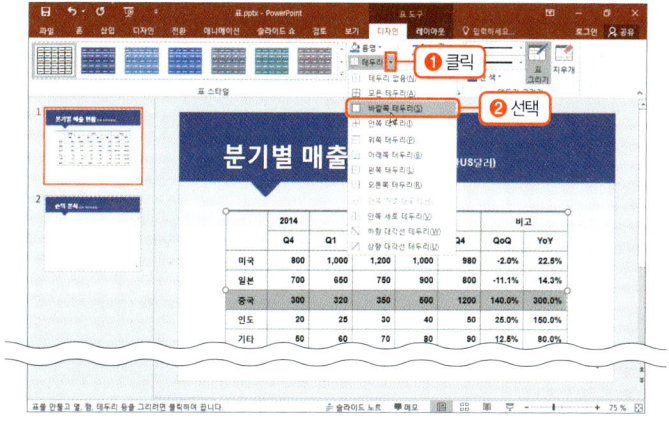

STEP 09 | 셀에 색 칠하기

01 Esc를 눌러 펜 그리기를 종료하고 ❶ 표의 테두리를 클릭해 표 전체를 선택한 후 [표 도구]-[디자인] 탭에서 ❷ [음영]을 클릭하고 ❸ [테마 색]에서 [흰색, 배경 1]을 선택합니다. 표에 있는 모든 셀에 흰색이 칠해집니다.

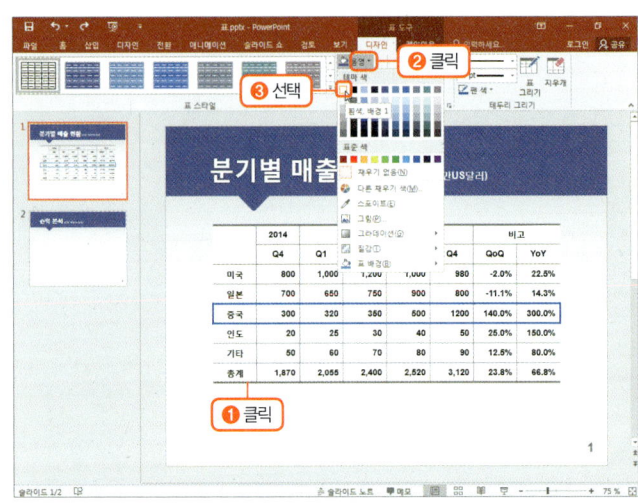

● **음영색을 칠하는 다른 방법**
선택된 셀을 마우스 오른쪽 버튼으로 클릭하고 표시되는 미니 도구 모음에서 [도형 채우기] 메뉴를 열고 색을 선택합니다.

02 ❶ 표의 맨 위의 두 줄을 선택한 후, ❷ [음영]을 클릭하고 ❸ [테마 색]에서 [흰색, 배경 1, 15% 더 어둡게]를 선택합니다. 선택되어 있던 셀에 회색이 칠해집니다.

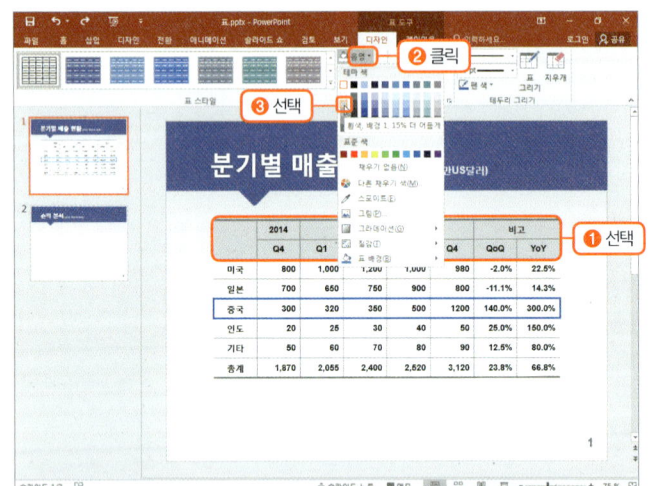

03 ❶ 표의 맨 아래에 있는 열을 선택한 후, ❷ [음영]을 클릭하고 ❸ [테마 색]에서 [파랑, 강조 1, 80% 더 어둡게]를 선택합니다.
선택되어 있던 셀에 연한 파랑이 칠해집니다.

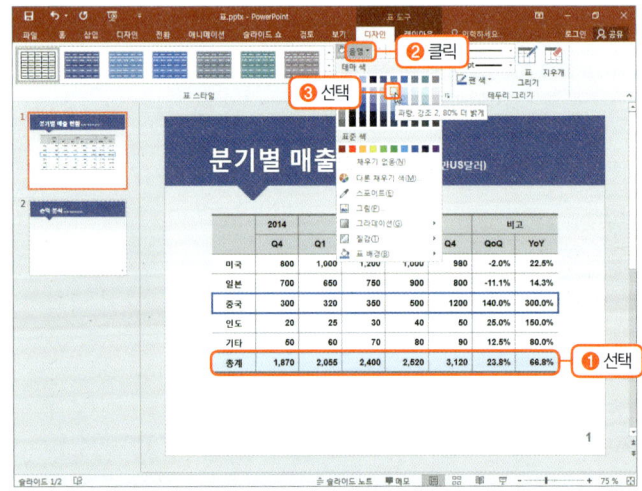

엑셀 데이터 복사하기

엑셀 데이터를 파워포인트로 복사하는 것은 무척 쉬운 작업입니다. 문제는 복사할 때 표 디자인이 바뀌는 경우가 있다는 것입니다. 대처 방법을 알아보겠습니다.

【예제 파일】 Sample\Theme04\엑셀 데이터.xlsx, 표.pptx   【완성 파일】 Sample\Theme04\표(결과).pptx

1 [엑셀 데이터.xlsx]에서 셀을 선택하고 다음 중 하나를 실행합니다.
- [홈] 탭에서 [복사] 버튼( )을 클릭합니다.
- 선택한 셀을 마우스 오른쪽 버튼으로 클릭하고 표시되는 컨텍스트 메뉴에서 [복사]를 선택합니다.
- 복사 명령의 단축키인 Ctrl + C 를 누릅니다.

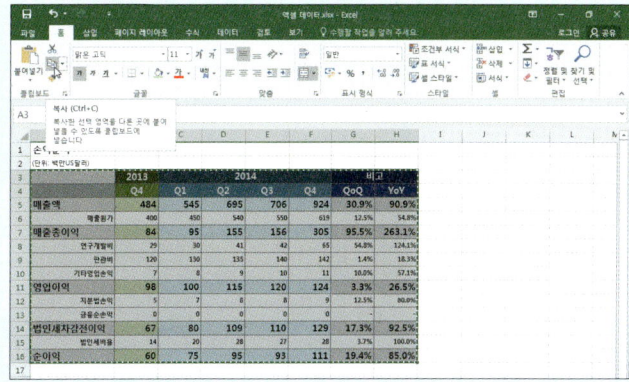

2 파워포인트로 전환하고 [2번 슬라이드]에서 다음 중 하나를 실행합니다.
- [홈] 탭에서 ❶ [붙여넣기 옵션] 버튼( )을 클릭하고 ❷ [원본 서식 유지]( )를 선택합니다.
- 슬라이드를 마우스 오른쪽 버튼으로 클릭하고 표시되는 컨텍스트 메뉴에서 [원본 서식 유지]( )를 선택합니다.

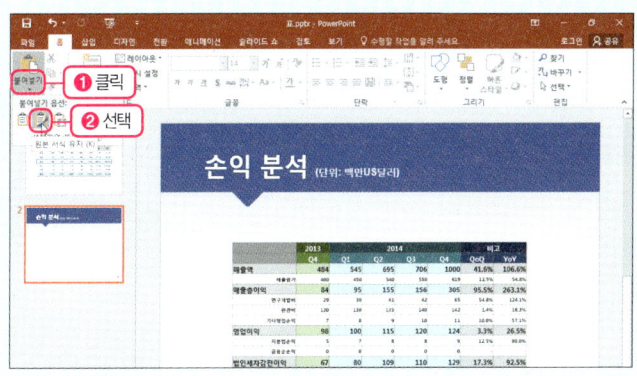
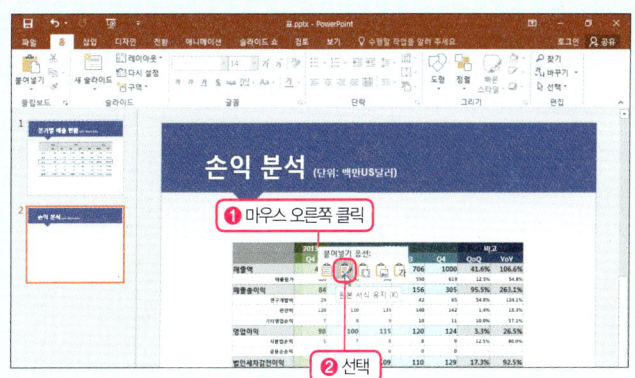

Ctrl + V 를 붙여넣은 경우
파워포인트에서 Ctrl + V 를 누르면 표는 기본 디자인으로 붙여넣어집니다. 이때 붙여넣어진 표 주변에 표시되는 [붙여넣기 옵션] 버튼( )을 클릭하고 [원본 서식 유지]( )를 선택하면 원본을 붙여넣을 수 있습니다.

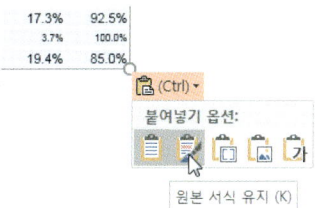

기능향상 02

표에서 중요한 부분을 강조하는 방법

표는 여러 항목을 배치해 일목요연하게 볼 수 있어 가장 많이 사용되는 도구이기는 하지만 너무 많은 정보 때문에 한 눈에 보기가 힘들다는 단점이 있습니다. 표를 보기 좋게 만들고 중요한 부분을 강조하고 싶다면 다음과 같은 두 가지를 유념하면 됩니다.

■ 색과 선을 최소한으로 하라!

기본적으로 만들어지는 표의 대부분의 셀에는 기본 색과 선이 적용되어 있어 데이터를 읽는데 방해를 주는 경우가 많습니다. 따라서 우선 필요한 색과 선이 아닌 경우에는 모두 없애거나 아주 흐리게만 표시하는 것이 좋습니다.

최근 5년간 지역별 매출 추이 및 점유율
(단위: 백만US달러, 점유율은 2015년 자료)

	2011	2012	2013	2014	2015	점유율*
북미	750	800	1,000	1,200	1,000	33.0%
일본	650	700	650	750	900	29.7%
중국	10	25	50	200	800	26.4%
유럽	100	100	110	120	120	4.0%
인도	5	10	10	30	100	3.3%
남미	5	10	9	8	7	0.2%
호주	3	5	5	7	10	0.3%
기타	40	50	60	70	90	3.0%
합계	1,563	1,700	1,894	2,385	3,027	100.0%

기본 표 / 색과 선의 최소화

■ 중요한 부분을 하이라이트하라!

색과 선을 최소화한 후, 중요한 데이터가 있는 셀의 테두리를 두껍게 칠하거나, 음영색을 적용해 하이라이트하게 되면 청중/독자는 쉽게 중요한 것이 무엇인지를 알 수 있게 됩니다.

LESSON 02 차트 디자인 및 차트 서식 파일 저장하기

숫자를 차트와 같은 그래픽 요소로 변환하면 청중/독자의 주목을 이끌어낼 수 있고, 잘 만들어진 차트의 경우 이해도도 높아집니다. 이번 레슨에서는 비즈니스 문서의 핵심 요소라 할 수 있는 차트를 보기 좋게 만들고, 핵심 요소를 강조하는 차트 디자인 방법에 대해 알아보겠습니다.

핵심기능 차트 관련 명령

차트 삽입, 데이터 수정, [차트 도구]-[디자인] 탭, [차트 도구]-[서식] 탭, 차트를 선택하면 표시되는 세 개의 차트 요소 버튼의 역할 등에 대해 알아봅니다.

:: 차트 삽입하기

[삽입] 탭에서 [차트]를 클릭하고 표시되는 [차트 삽입] 대화상자에서 차트 종류를 선택합니다.

▲ [삽입] 탭에서 [차트] 클릭

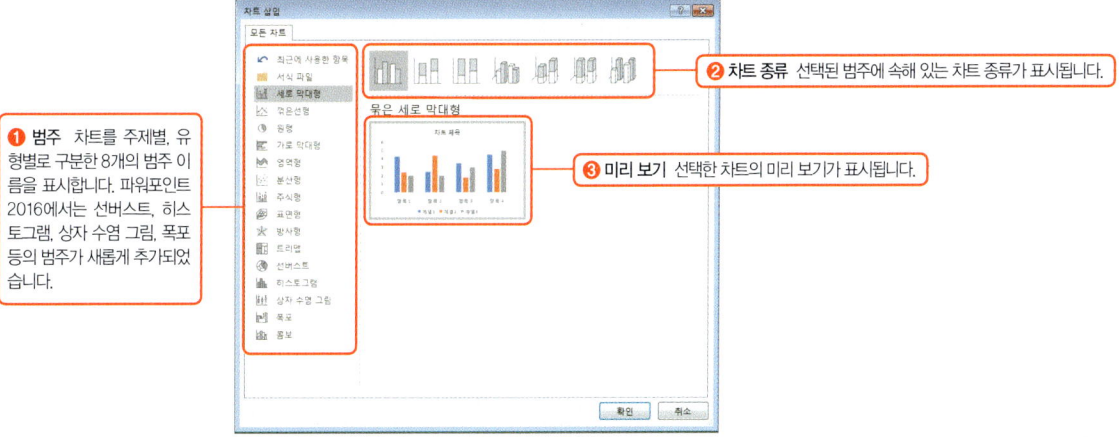

▲ 차트 종류 선택

❶ **범주** 차트를 주제별, 유형별로 구분한 8개의 범주 이름을 표시합니다. 파워포인트 2016에서는 선버스트, 히스토그램, 상자 수염 그림, 폭포 등의 범주가 새롭게 추가되었습니다.

❷ **차트 종류** 선택된 범주에 속해 있는 차트 종류가 표시됩니다.

❸ **미리 보기** 선택한 차트의 미리 보기가 표시됩니다.

데이터 입력하기

> **데이터 편집 창이 표시되지 않는다면**
> [차트 도구] – [디자인] 탭에서 [데이터 편집]을 클릭합니다.

선택한 차트와 함께 데이터를 입력할 수 있는 데이터 편집 창이 표시됩니다. 엑셀과 마찬가지로 데이터를 입력하려면 첫째, 셀을 클릭하고 내용을 입력한 후 Enter를 누르거나 다른 셀을 클릭합니다. 둘째, 엑셀 데이터를 복사한 후 현재 데이터 편집 창에서 붙여넣기 할 수도 있습니다.

각 셀 오른쪽 하단에 있는 사각형 핸들에 마우스 포인터를 위치시키고 드래그해 차트에서 표시되는 데이터의 범위를 조정할 수 있습니다.

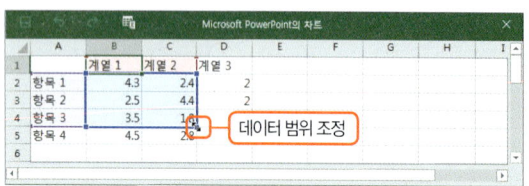

데이터 편집 창 왼쪽에 있는 행 번호(1, 2, 3, ...)와 위쪽에 있는 열 번호(A, B, C, ...)를 마우스 오른쪽 버튼으로 클릭하고 표시되는 컨텍스트 메뉴에서 [삭제], [숨기기] 등의 명령을 실행할 수 있습니다.

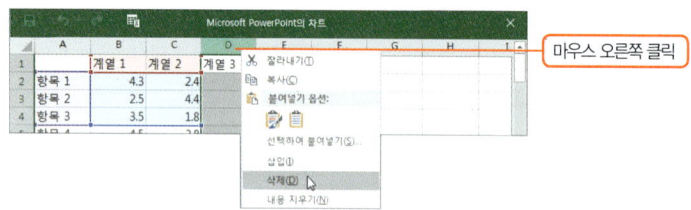

[차트 도구] – [디자인] 탭

차트를 선택하고 [차트 도구] – [디자인] 탭에서 차트 요소 표시, 차트 레이아웃 변경, 데이터 편집, 차트 종류 변경 등과 같은 차트 관련 핵심 명령을 실행할 수 있습니다.

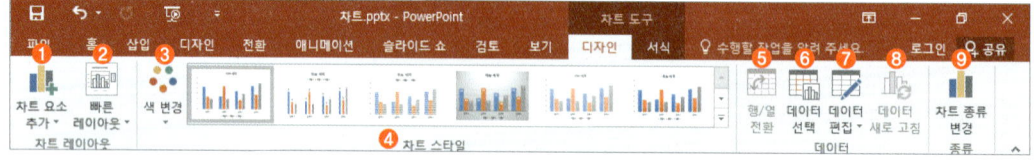

> **차트 요소 추가를 실행하는 다른 방법**
> 차트를 선택하고 [차트 요소](+)를 클릭하면 표시되는 메뉴에서 표시 또는 숨기고 싶은 차트 요소를 선택할 수 있습니다.

❶ **차트 요소 추가** 차트에 축, 축 제목, 차트 제목, 레이블 등 각종 차트 요소를 표시하거나 숨길 수 있습니다.
❷ **빠른 레이아웃** 자주 사용되는 차트 레이아웃을 선택할 수 있습니다.
❸ **색 변경** 차트 전체의 색 톤을 선택할 수 있습니다.
❹ **차트 스타일** 파워포인트에서 기본적으로 제공하는 차트 디자인 중에서 하나를 선택할 수 있습니다.
❺ **행/열 전환** 데이터 편집 창에서 입력한 데이터의 행과 열을 전환합니다.
❻ **데이터 선택** 데이터 편집 창과 데이터를 선택할 수 있는 창이 표시됩니다.
❼ **데이터 편집** 데이터 편집 창 또는 엑셀 창을 표시합니다.
❽ **데이터 새로 고침** 데이터를 특정 엑셀과 연결했고, 엑셀에서 데이터를 수정한 경우 이 버튼을 클릭해 데이터를 업데이트할 수 있습니다.
❾ **차트 종류 변경** 차트의 종류를 다른 것으로 바꿉니다.

[차트 도구] - [서식] 탭

차트를 선택하고 [차트 도구] - [서식] 탭에서 차트의 색, 윤곽선, 글꼴 색 등과 같은 서식을 변경할 수 있습니다.

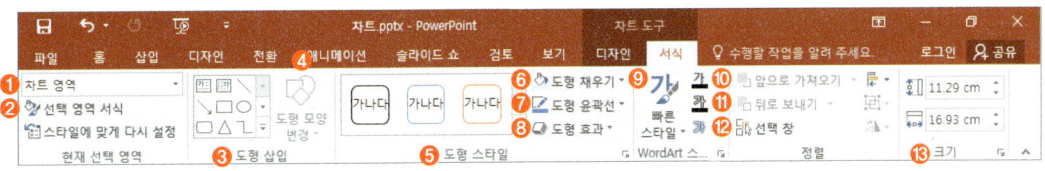

○ 선택 영역 서식 명령을 실행하는 다른 방법
- 차트 요소를 마우스 오른쪽 버튼으로 클릭하고 표시되는 컨텍스트 메뉴에서 맨 아래에 있는 [... 서식] 명령을 선택합니다.
- 차트 요소를 더블클릭합니다.

① **차트 요소** 차트의 특정 요소를 선택할 수 있습니다.
② **선택 영역 서식** 현재 선택된 차트 요소와 관련된 옵션을 변경할 수 있는 작업창을 표시해줍니다. 선택된 차트 요소에 따라 표시되는 옵션을 달라집니다.
③ **도형 삽입** 차트에 텍스트 상자나 도형을 추가할 수 있습니다.
④ **도형 모양 변경** 차트에 추가된 도형을 다른 도형으로 바꿀 수 있습니다.
⑤ **도형 스타일** 차트 요소의 기본 스타일을 변경합니다.
⑥ **채우기 색** 차트 요소의 채우기 색을 변경하거나, 그림, 그라데이션, 질감 등을 설정할 수 있습니다.
⑦ **윤곽선 색** 차트 요소 윤곽선의 색, 두께, 대시, 화살표 스타일 등을 설정할 수 있습니다.
⑧ **도형 효과** 차트 요소에 그림자, 네온, 입체 효과 등을 설정할 수 있습니다.
⑨ **WordArt 스타일** 차트 텍스트에 기본 WordArt 스타일을 적용합니다.
⑩ **텍스트 채우기** 차트 텍스트의 색을 바꾸거나, 그림, 그라데이션, 질감 등을 설정할 수 있습니다.
⑪ **텍스트 윤곽선** 차트 텍스트 윤곽선의 색, 두께, 대시 등을 설정할 수 있습니다.
⑫ **텍스트 효과** 차트 텍스트에 그림자, 네온, 입체 효과 등을 설정할 수 있습니다.
⑬ **크기** 차트의 높이와 너비를 변경합니다.

차트 요소 버튼

차트를 선택하면 차트 주변에 세 개의 버튼이 표시되는데 이 버튼의 역할을 다음과 같습니다.
① **차트 요소**(+) 표시되는 메뉴에서 표시 또는 숨기고 싶은 차트 요소를 선택합니다.
② **차트 스타일**(/) 파워포인트가 기본적으로 제공하는 차트 디자인 스타일을 선택할 수 있습니다.
③ **차트 필터**(▼) 차트 데이터 중에서 특정 항목을 숨기거나 표시할 수 있습니다.

차트 요소를 마우스 오른쪽 버튼으로 클릭 – 미니 도구 모음 및 컨텍스트 메뉴

차트 테두리나 차트 요소를 마우스 오른쪽 버튼으로 클릭하면 클릭한 요소와 관련된 명령을 담은 미니 도구 모음과 컨텍스트 메뉴가 표시됩니다.

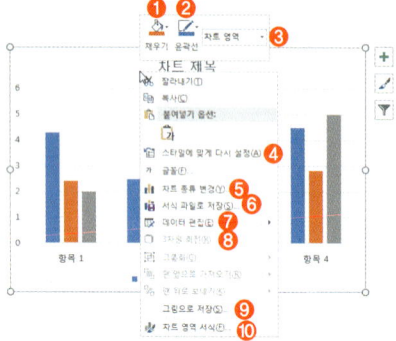
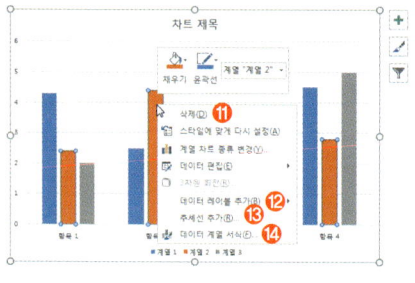

차트 테두리를 마우스 오른쪽 버튼으로 클릭한 경우   차트 요소를 마우스 오른쪽 버튼으로 클릭한 경우

미니 도구 모음

❶ **채우기** 선택된 차트 요소의 채우기 색을 변경하거나 그림, 그라데이션, 질감 등을 설정할 수 있습니다.
❷ **윤곽선** 선택된 차트 요소의 윤곽선 색을 변경하거나 두께, 대시 스타일 등을 설정할 수 있습니다.
❸ **차트 요소** 차트 요소를 선택할 수 있습니다.

컨텍스트 메뉴(차트 테두리)

❹ **스타일에 맞게 다시 설정** 차트의 색, 위치, 글꼴 등을 변경한 경우 이 버튼을 눌러 초기 디자인 상태로 되돌릴 수 있습니다.
❺ **차트 종류 변경** 차트의 종류를 변경할 수 있습니다.
❻ **서식 파일로 저장** 현재 차트의 서식을 저장했다가 새 차트나 다른 차트에 적용할 수 있습니다.
❼ **데이터 편집** 데이터 편집 창 또는 엑셀에서 데이터를 편집할 수 있습니다.
❽ **3차원 회전** 3차원 차트의 경우 이 명령을 이용해 3차원 회전 옵션을 변경할 수 있습니다.
❾ **그림으로 저장** 현재 차트를 그림으로 저장합니다.
❿ **차트 영역 서식** 현재 선택한 차트 요소와 관련된 서식을 변경할 수 있는 작업창이 표시됩니다.

컨텍스트 메뉴(차트 요소)

⓫ **삭제** 선택한 차트 요소를 삭제합니다.
⓬ **데이터 레이블 추가** 새 데이터 레이블을 추가합니다.
⓭ **추세선 추가** 추세선을 추가합니다.
⓮ **데이터 계열 서식** 선택된 차트 요소의 서식을 변경할 수 있는 작업창을 표시합니다.

○ **[그림으로 저장] 명령 활용 방법**
파워포인트에서 만든 차트를 워드나 한글과 같은 워드프로세서에서 만든 문서에 삽입하고 싶다면 대게 복사/붙여넣기 방법을 사용합니다. 필자의 경우 전통적인 복사/붙여넣기 방법보다는 차트를 그림 파일로 저장한 후, 저장된 그 그림을 워드/한글에서 삽입하는 것을 더 선호합니다. 조금 번거롭게 하지만 더 깔끔하게 디자인할 수 있기 때문입니다.

TIP

컨텍스트 메뉴 맨 아래에 있는 [서식] 명령
차트에 있는 요소를 마우스 오른쪽 버튼으로 클릭하면 표시되는 컨텍스트 메뉴 맨 아래에는 항상 [서식] 명령이 표시되며, 이 명령을 선택하면 선택한 차트 요소와 관련된 세부 옵션을 변경할 수 있습니다.
여기에서 하나 알아두어야 할 것은 [서식] 명령 왼쪽에 표시되는 이름이 다른 경우가 있다는 것입니다. 그것은 마우스 오른쪽 버튼으로 클릭한 요소의 이름이 여기에 표시되기 때문입니다. 예를 들어, 세로 막대형 차트에서 왼쪽에 있는 세로 축을 마우스 오른쪽 버튼으로 클릭했다면 [축 서식] 명령이 표시될 것입니다. 따라서 이 명령은 왼쪽의 이름을 빼고 [서식] 명령으로 기억하는 것이 좋습니다.

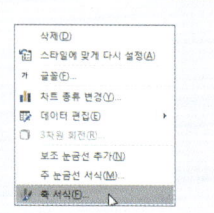

 # 세로 막대형 차트 만들기

예제 파일 Sample\Theme04\차트.pptx, 차트 데이터.xlsx **완성 파일** Sample\Theme04\차트(결과).pptx

키 워 드 차트 생성, 엑셀 데이터 복사, 레이블 표시, 축 변경
길라잡이 세로 막대형 차트를 만들고, 엑셀 데이터를 복사해 가져온 후, 차트 레이블 및 제목을 표시하고, 차트 서식을 보기 좋게 만든 후, 수치에 1000 단위 구분 기호(,)를 표시하고, 세로 축 간격 및 그래프 간격 조정하는 방법을 알아봅니다.

STEP 01 차트 만들기

01 ❶ [삽입] 탭에서 ❷ [차트]를 클릭합니다.

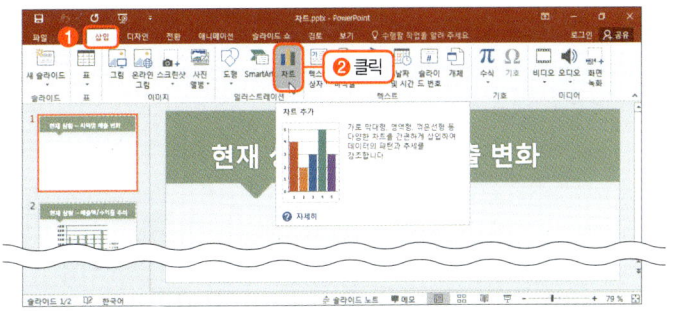

02 [차트 삽입] 대화상자에서 ❶ [세로 막대형]과 ❷ [묶은 세로 막대형]이 선택되어 있음을 확인한 후 ❸ [확인]을 클릭합니다.

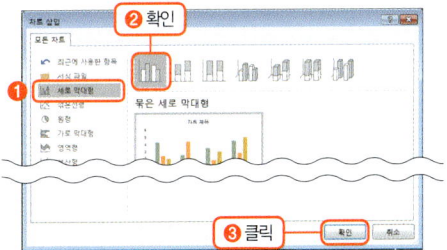

03 선택한 차트가 삽입됩니다.

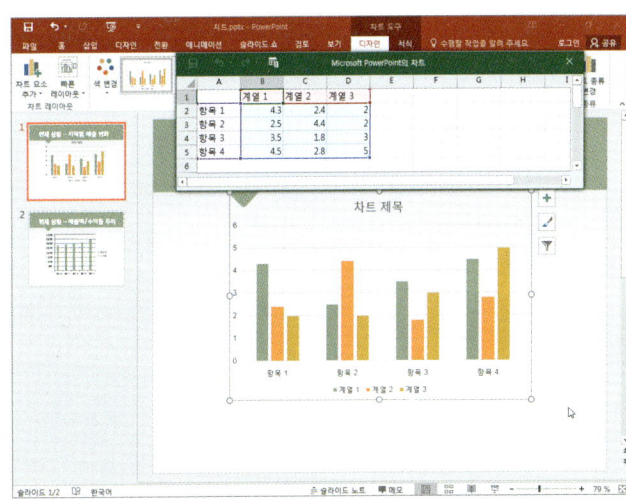

STEP 02 엑셀 데이터 복사하기

01 [차트 데이터.xlsx]에서 ❶ [세로 막대형 차트] 시트에서 ❷ 셀([A3]에서 [C8]까지)을 선택하고 Ctrl+C를 눌러 복사합니다.

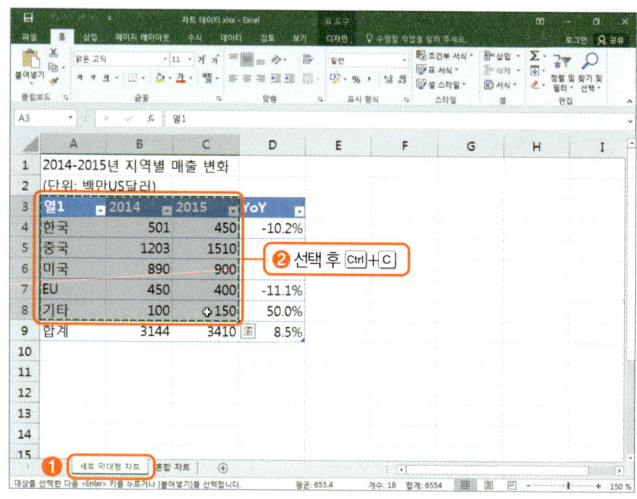

● 엑셀 데이터만 가져오기
엑셀 데이터를 복사할 때 원본 서식은 제외하고 데이터 자체만 가져오고 싶다면 붙여넣은 데이터 오른쪽 하단에 표시되는 [붙여넣기 옵션] 버튼((Ctrl))을 클릭하고 [주변 서식에 맞추기]를 선택합니다.

02 파워포인트로 전환하고 데이터 편집 창에서 ❶ 첫 번째 셀을 선택하고 Ctrl+V를 눌러 붙여넣습니다. 데이터 편집 창에서 모서리에 있는 ❷ 영역 크기 조정 핸들에 마우스 포인터를 위치시킵니다.

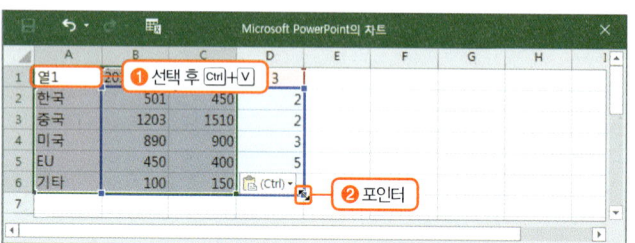

03 ❶ 왼쪽으로 드래그해 데이터의 범위를 조정한 후 ❷ 데이터 편집 창을 닫습니다.

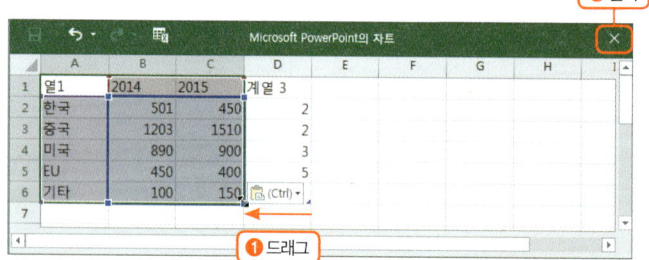

TIP
데이터 편집 창에서 행/열 삭제하기
시트 위에 있는 A, B, C 또는 왼쪽에 있는 1, 2, 3 버튼을 ❶ 마우스 오른쪽 버튼으로 클릭하고 표시되는 메뉴에서 ❷ [삭제]를 선택합니다.

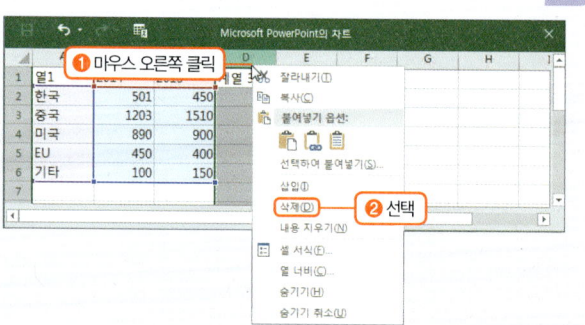

STEP 03 차트 레이블 및 제목 표시하기

● **차트 요소를 추가하는 다른 방법**
차트를 선택하고 [차트 도구] – [디자인] 탭에서 맨 왼쪽에 있는 [차트 요소 추가]를 클릭합니다.

01 차트 주변에 표시되는 ❶ [차트 요소] (+)를 클릭하고 ❷ [데이터 레이블] 에서 ❸ [바깥쪽 끝에]를 선택합니다.

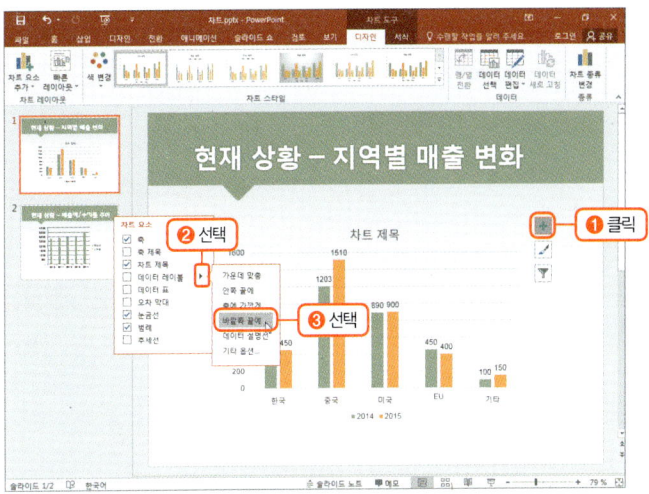

02 차트 요소에서 ❶ [축 제목]을 선택하고 ❷ [기본 세로]를 선택합니다.

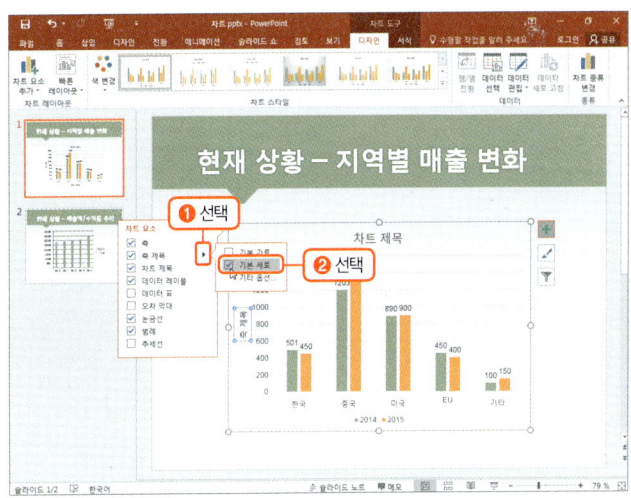

03 ❶ 세로 축 제목과 ❷ 차트 제목을 변경합니다.

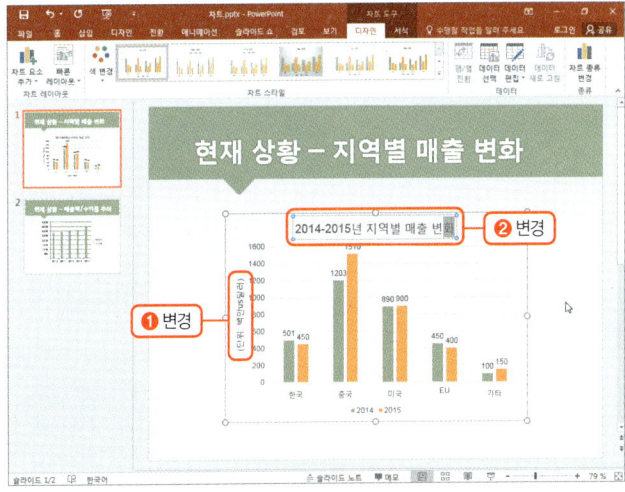

STEP 04 차트 서식 변경하기

01 두 막대 그래프 중에서 ❶ 왼쪽에 있는 그래프를 마우스 오른쪽 버튼으로 클릭한 후 ❷ 미니 도구 모음에서 [채우기]를 클릭하고, ❸ [테마 색]에서 [흰색, 배경 1, 25% 더 어둡게]를 선택합니다.

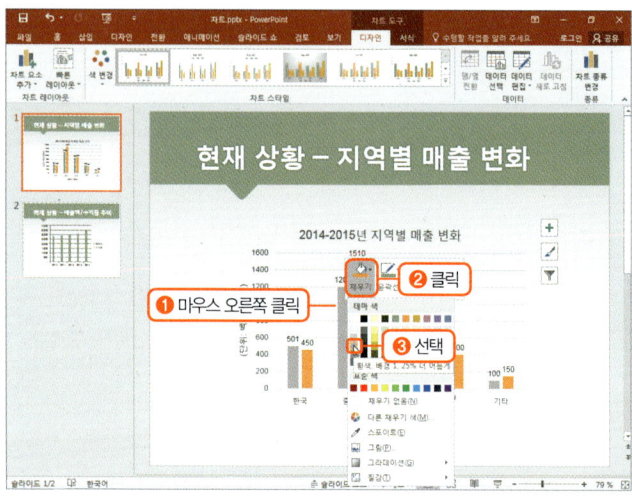

> **차트에 있는 모든 요소의 서식을 바꿀 수 있음**
> 차트에 있는 텍스트는 [차트 도구] - [서식] 탭과 [홈] 탭에서 서식을 변경할 수 있으며, 그래프를 비롯해 차트에 있는 모든 요소의 채우기, 윤곽선 등의 서식을 변경할 수도 있습니다.

02 ❶ 차트 제목을 선택한 후 ❷ [차트 도구] - [서식] 탭을 열고 ❸ [WordArt 스타일] 영역에서 [자세히] 버튼(▼)을 클릭합니다.

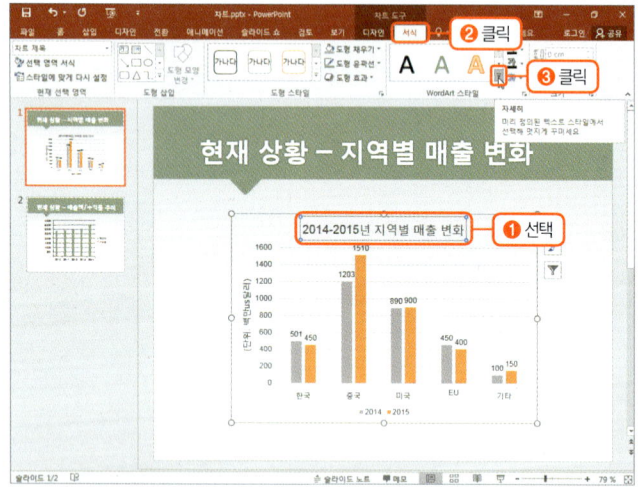

03 [그라데이션 채우기-회색]을 선택합니다.

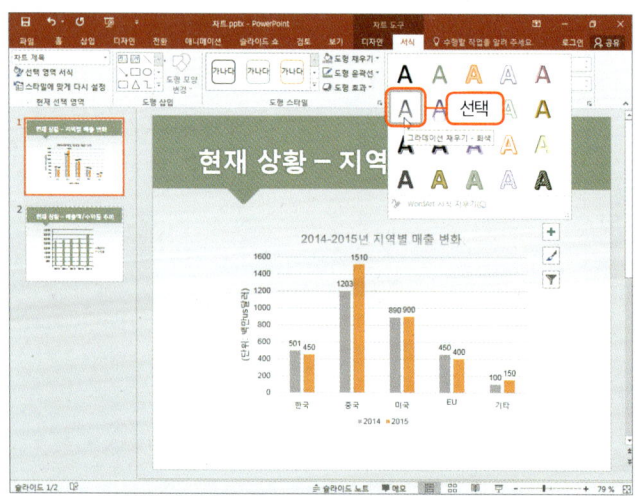

○ [굵게] 명령 단축키
Ctrl + B

04 ❶ [홈] 탭에서 ❷ [굵게] 버튼(가)을 클릭합니다.

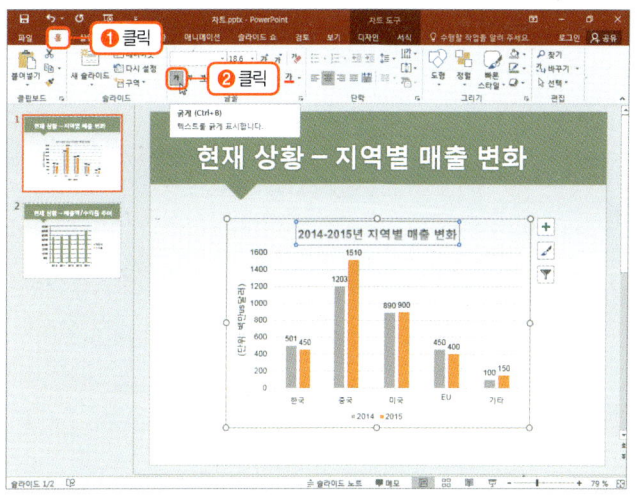

05 ❶ 오른쪽 그래프의 위쪽에 있는 숫자를 선택한 후 ❷ [굵게] 버튼(가)을 클릭하고 ❸ [글꼴 크기] 메뉴에서 [14]를 선택합니다.

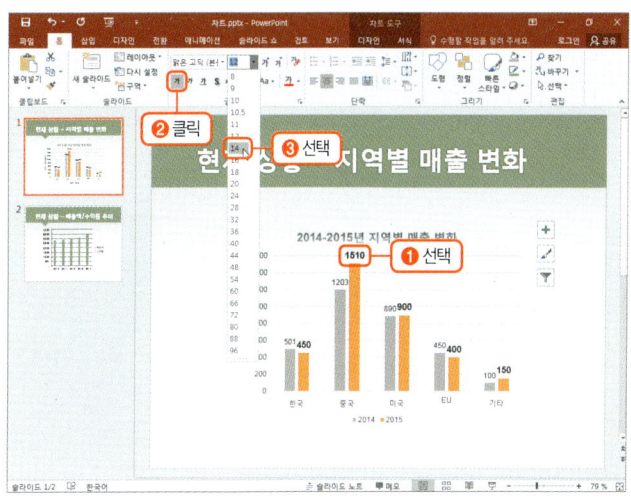

○ 차트 요소의 윤곽선 색을 변경하는 다른 방법
일반 도형처럼 [홈] 탭에서 [도형 윤곽선]을 클릭하고 색을 선택합니다.

06 ❶ 차트의 테두리를 마우스 오른쪽 버튼으로 클릭한 후, 표시되는 ❷ 미니 도구 모음에서 [윤곽선]을 클릭하고 ❸ [테마 색]에서 [흰색, 배경 1, 50% 더 어둡게]를 선택합니다.

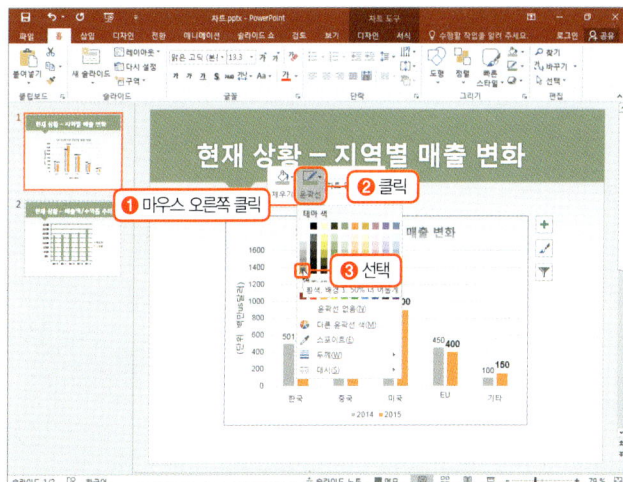

Lesson 02 _ 차트 디자인 및 차트 서식 파일 저장하기 207

STEP 05 | 수치에 1000 단위 구분 기호(,) 표시하기

● 서식 작업창을 표시하는 다른 방법
차트 요소를 마우스 오른쪽 버튼으로 클릭하고 표시되는 컨텍스트 메뉴 맨 아래에 있는 [(선택된 요소 이름) 서식]을 선택합니다.

01 ❶ 그래프 위의 숫자를 더블클릭하고, 표시되는 데이터 레이블 서식 작업창에서 ❷ [표시 형식]을 클릭합니다.

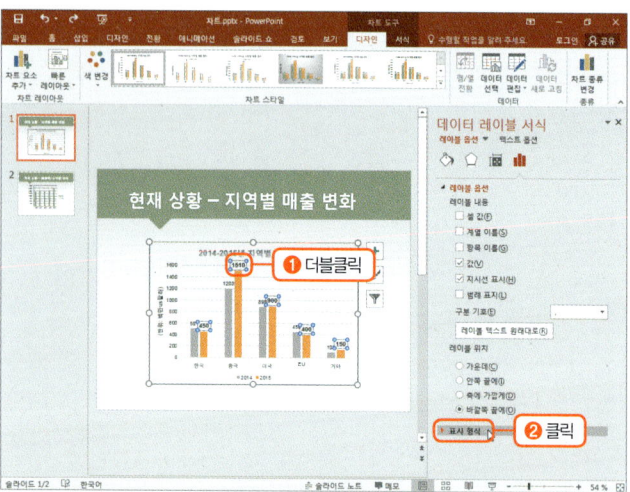

02 ❶ [범주]에서 메뉴 표시 버튼을 클릭하고 ❷ [숫자]를 선택합니다.

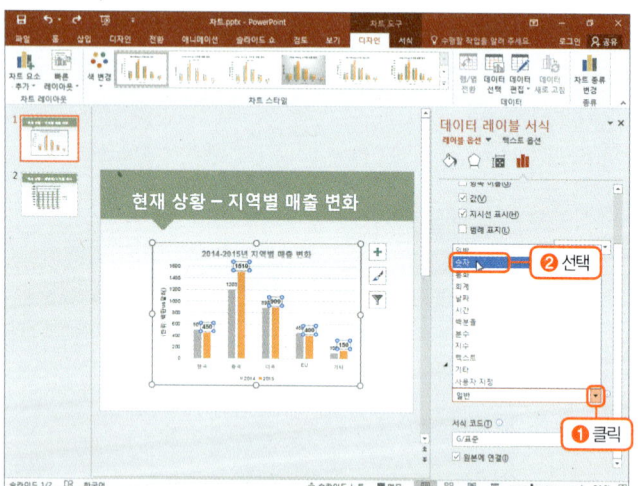

03 ❶ [1000 단위 구분 기호(,) 사용]이 선택되어 있는 상태인지, ❷ 차트에서 선택된 숫자에 쉼표가 표시된 것을 확인합니다.

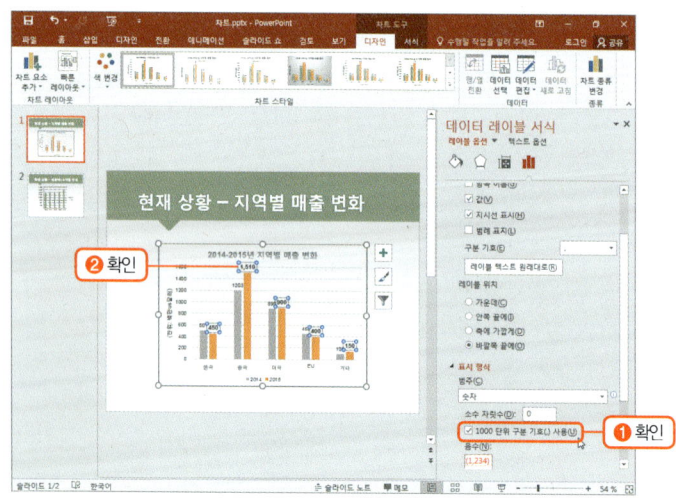

04 ❶ 다른 그래프의 위에 있는 숫자를 선택하고 같은 방법으로 ❷ [1000 단위 구분 기호(,) 사용] 옵션을 선택합니다.

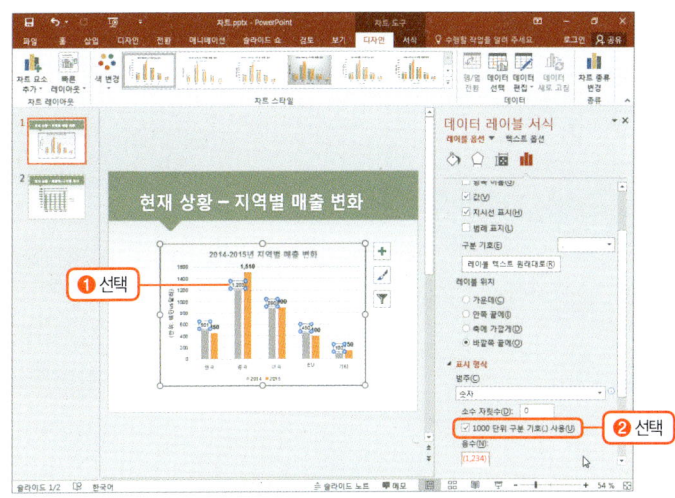

STEP 06 세로 축 간격 및 그래프 간격 조정하기

◉ 축 간격을 원래 상태로 만들고 싶다면
작업창에서 단위 오른쪽에 있는 [다시 설정]을 클릭합니다.

01 차트에서 ❶ 왼쪽에 있는 세로 축을 선택하고 작업창에서 ❷ [단위]의 [주] 값을 [400]으로 변경합니다. 세로 축 간격이 400으로 조정됩니다.

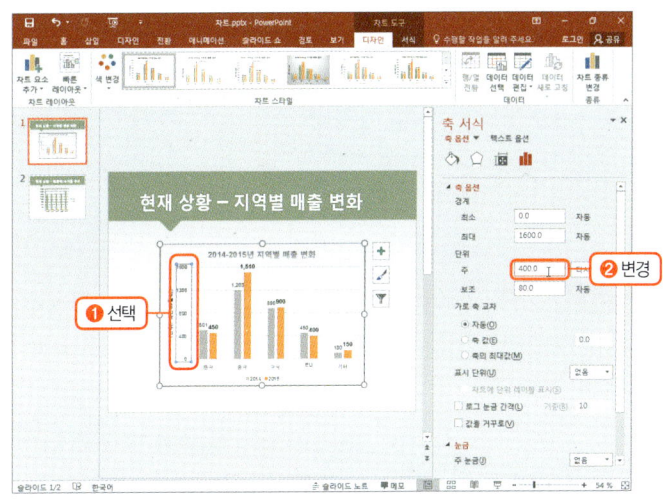

02 차트에서 그래프를 선택합니다.

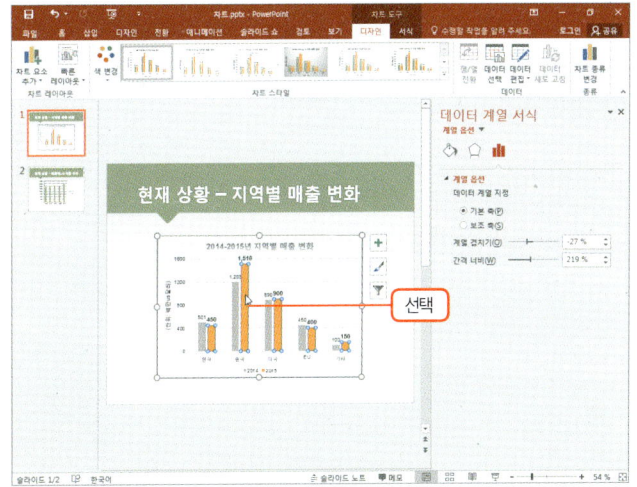

● **계열 겹치기 값**
이 값을 0%로 설정하면 그래프가 딱 붙게 되며, 그 이상으로 설정하면 그래프가 겹치게 됩니다.

03 작업창에서 [계열 겹치기]를 [0%]로 변경합니다.

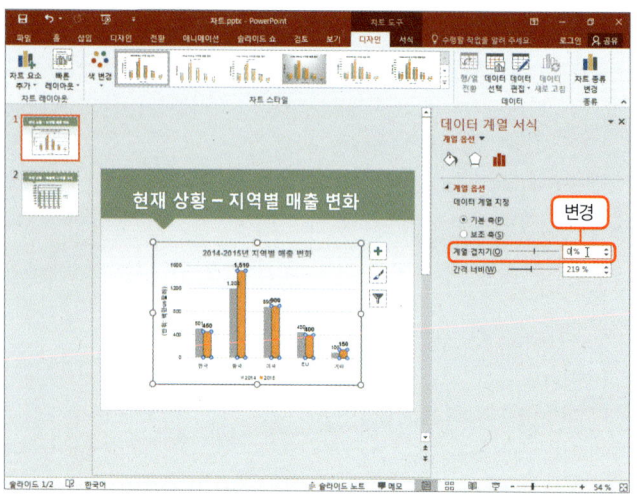

04 [간격 너비]를 [150%]로 변경합니다. 각 계열간의 간격이 좁아지면서 그래프의 너비가 넓어집니다.

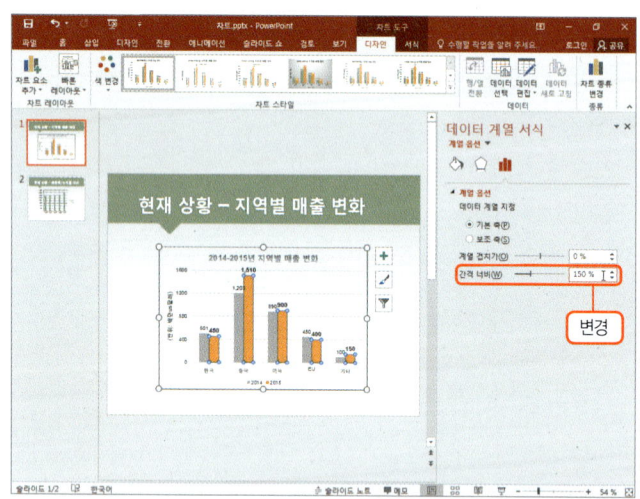

05 작업창을 닫고 필요한 경우 차트 요소의 위치, 크기, 서식을 변경해 완성합니다.

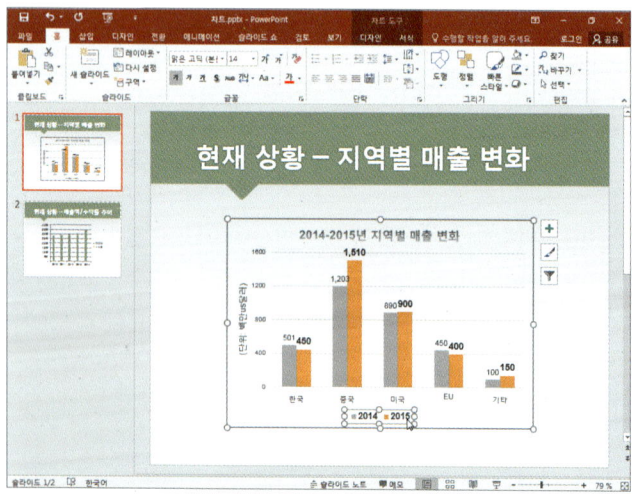

기능실습 02 혼합 차트 만들기

예제 파일 Sample\Theme04\차트.pptx   **완성 파일** Sample\Theme04\차트(결과).pptx

키 워 드 차트 종류 변경, 혼합 차트
길라잡이 기존 차트의 종류를 표식이 있는 꺾은선형으로 변경하고 축 관련 옵션을 변경한 후, 차트 요소의 서식을 보기 좋게 변경하고 꺾은선형에 복잡하게 배치된 숫자의 위치를 변경해봅니다.

STEP 01 차트 종류 변경하기

● **차트 종류 변경 방법**
[차트 도구] – [디자인] 탭에서 맨 오른쪽에 있는 [차트 종류 변경]을 클릭합니다.

01 ❶ [2번 슬라이드]에서 ❷ 차트를 마우스 오른쪽 버튼으로 클릭하고 표시되는 메뉴에서 ❸ [차트 종류 변경]을 선택합니다.

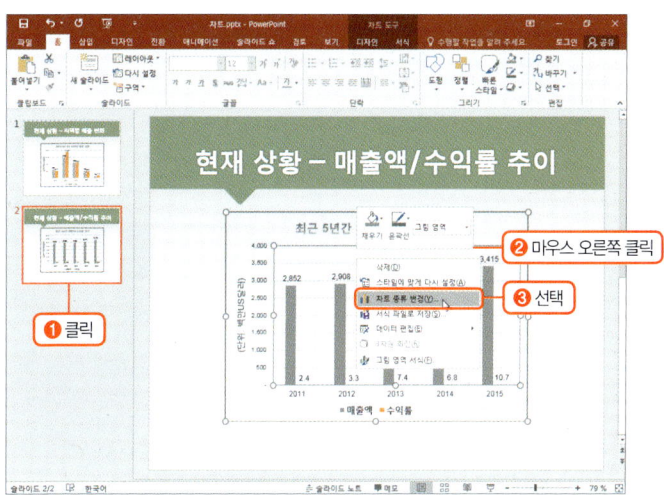

02 표시되는 [차트 종류 변경] 대화상자에서 ❶ [콤보]를 선택한 후 ❷ [수익률(%)] 오른쪽에 있는 메뉴를 열고 ❸ [표식이 있는 꺾은선]을 선택합니다.

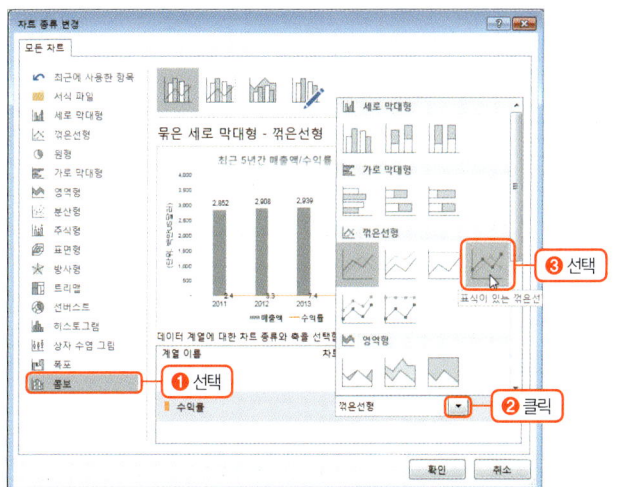

03 ❶ [수익율]의 [보조 축]을 선택하고 ❷ [확인]을 클릭합니다. 지정한대로 세로 막대형 차트가 혼합 차트로 변경됩니다.

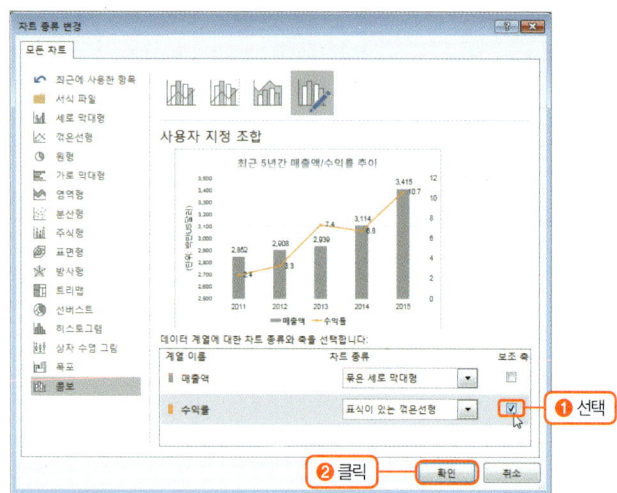

STEP 02 축 관련 옵션 변경하기

01 차트가 선택된 상태에서 ❶ [차트 요소](+)를 클릭하고 ❷ [축 제목]에서 ❸ [보조 세로]를 선택합니다. 오른쪽에 축이 표시됩니다.

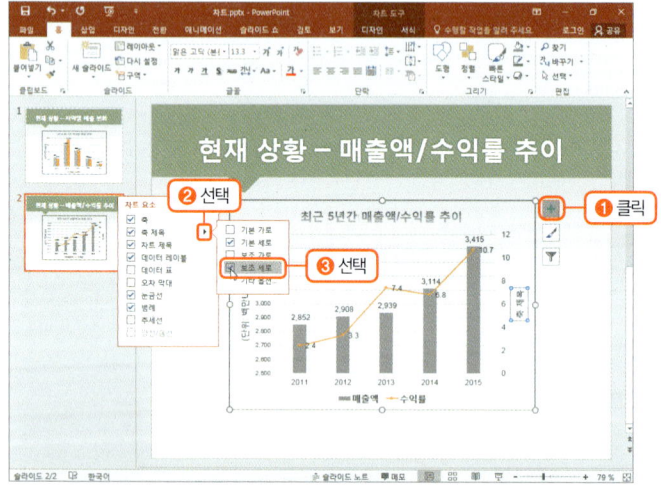

02 오른쪽이 표시된 보조 축의 제목을 (단위: %)로 변경합니다.

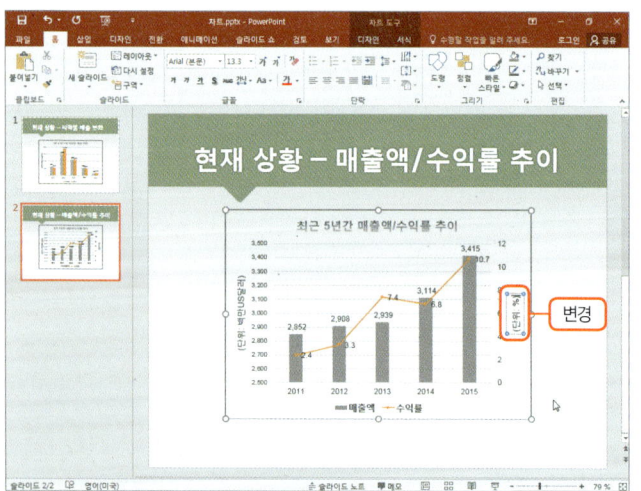

● 원래 값으로 되돌리기
값 오른쪽에 있는 [다시 설정]을 클릭합니다.

03 ❶ 차트 왼쪽의 세로 축을 더블클릭해 작업창을 표시한 후 ❷ [최소] 값을 [0]으로 변경합니다.

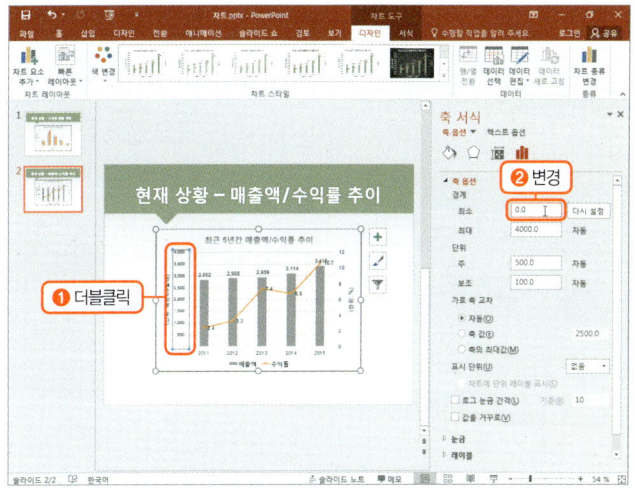

04 차트 오른쪽에 있는 보조 축을 선택합니다.

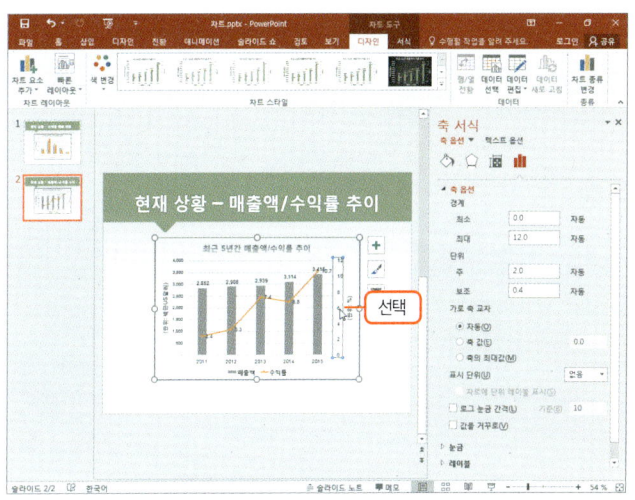

05 작업창에서 ❶ [최대] 값을 [20]으로 변경하고 ❷ [단위]의 [주] 값을 [5]로 변경합니다.

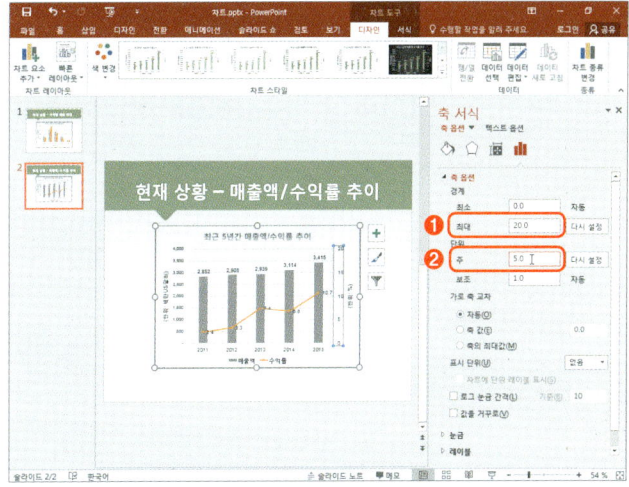

STEP 03 꺾은선형 그래프 서식 변경하기

● 방향키로 차트 요소 선택하기
차트에서 아무 요소나 선택하고 방향키를 누릅니다.
- ↑/↓: 다른 차트 요소를 순차적으로 선택합니다.
- ←/→: 같은 차트 요소 내에서 이전/다음 요소를 선택합니다.

01 차트에서 표식이 있는 꺾은선형 그래프를 선택합니다.

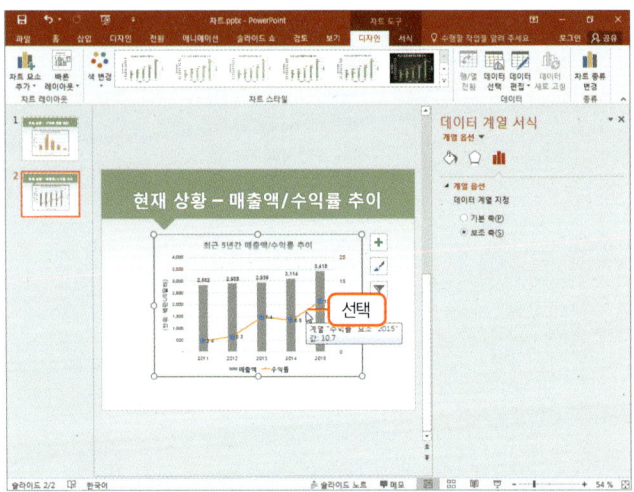

02 작업창에서 ❶ [채우기 및 선](◇)을 클릭하고 ❷ [선]에서 ❸ [너비]를 [5pt]로 변경합니다.

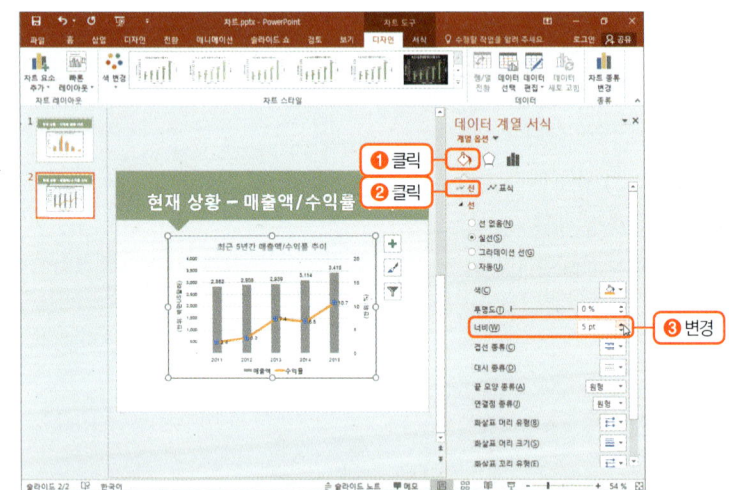

03 ❶ [표식]을 선택하고 ❷ [표식 옵션]을 클릭한 후 ❸ [기본 제공]을 선택하고 ❹ [형식]에 동그라미가 표시되는 것을 확인한 후 ❺ [크기]를 [12]로 변경합니다.

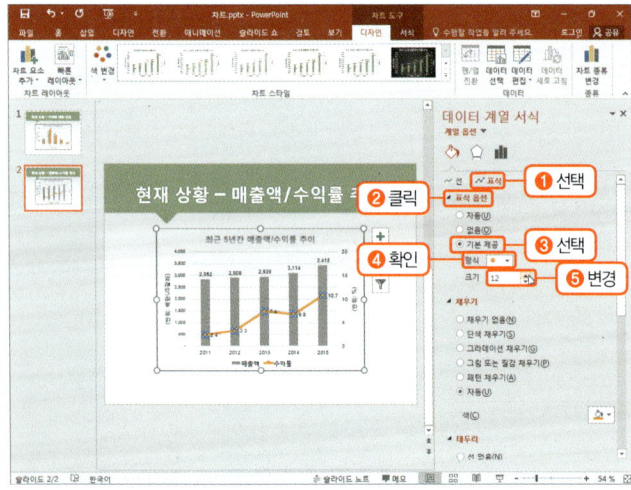

○ **채우기를 변경하는 다른 방법**
[홈] 탭 또는 [차트 도구] - [서식] 탭에서 [도형 채우기]를 클릭한 후, 색을 선택합니다.

04 ❶ [채우기]를 클릭하고 ❷ [단색 채우기]를 선택한 후 ❸ [색]을 클릭하고 ❹ [흰색]을 선택합니다.

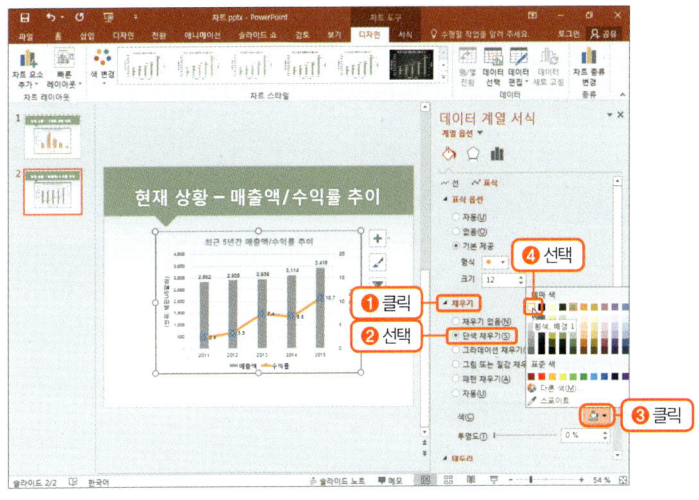

○ **윤곽선 너비를 변경하는 다른 방법**
[홈] 탭 또는 [차트 도구] - [서식] 탭에서 [도형 윤곽선]을 클릭한 후, [두께]에서 두께를 선택합니다.

05 ❶ [테두리]를 클릭하고 ❷ [너비]를 [2.5pt]로 변경합니다.

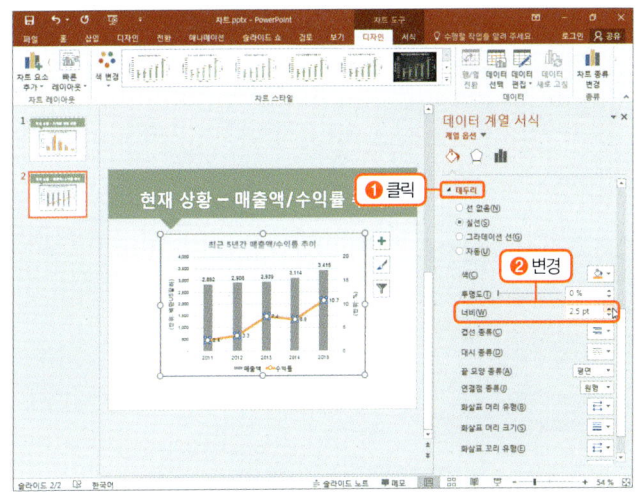

06 작업창에서 ❶ [효과](⌂)를 클릭하고 ❷ [그림자]를 클릭한 후 ❸ [미리 설정]을 클릭하고 ❹ [바깥쪽]에서 첫 번째 견본을 선택합니다.

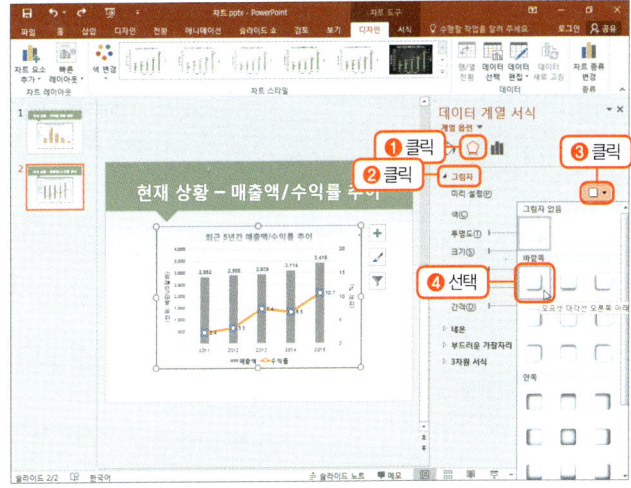

07 ❶ [흐리게]를 [10pt]로 변경하고 ❷ 작업창을 닫습니다.

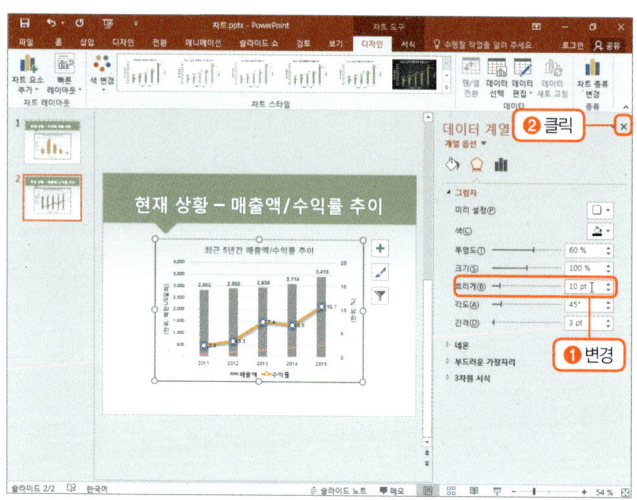

STEP 04 꺾은선형 그래프 레이블의 위치 변경하기

01 ❶ 현재 표식이 있는 꺾은선형 그래프가 선택되어 있는 상태임을 확인한 후 ❷ [차트 요소](➕)를 클릭하고 ❸ [데이터 레이블]에서 ❹ [위쪽]을 선택합니다.

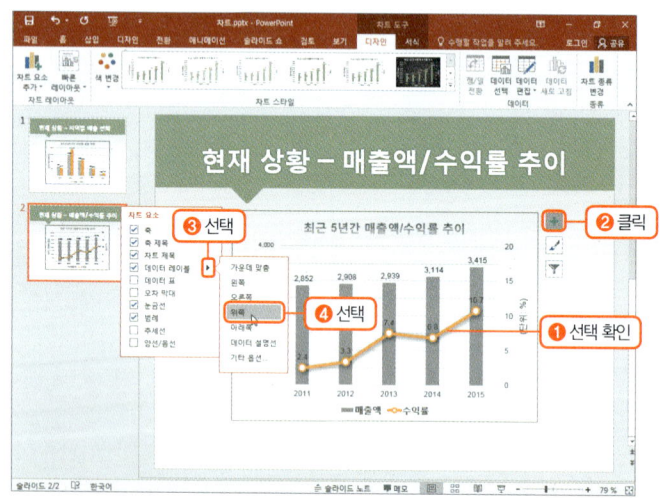

02 차트에서 ❶ 꺾은선형 그래프의 숫자를 선택하고 ❷ [홈] 탭에서 ❸ [굵게] 버튼(가)과 ❹ [텍스트 그림자] 버튼(s)을 클릭하고 ❺ [글꼴 색]을 [흰색, 배경 1]로 변경합니다.

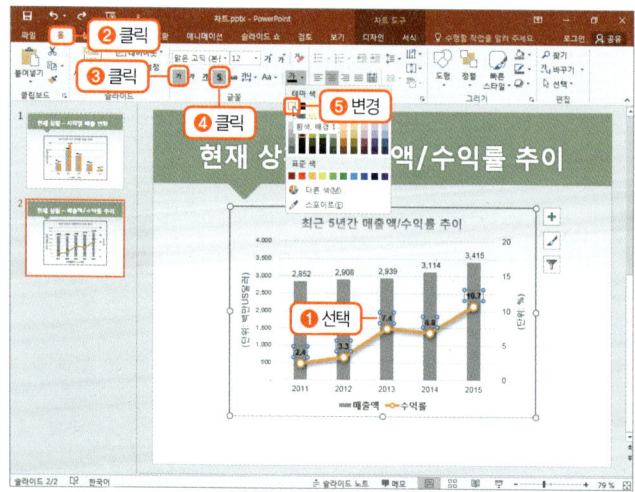

차트 서식 저장 및 차트에 적용하기

마음에 드는 차트의 서식을 저장해 놓았다가 새로운 차트나 기존 차트에 적용해 쉽게 고품위의 디자인을 하는 방법을 알아봅니다.

【예제 파일】Sample\Theme04\차트 서식 저장.pptx, 저장한 차트 서식 적용.pptx
【완성 파일】Sample\Theme04\저장한 차트 서식 적용(결과).pptx

차트 서식 저장하기

1 [차트 서식 저장.pptx] 파일의 [1번 슬라이드]에서 ❶ 차트를 마우스 오른쪽 버튼으로 클릭하고 ❷ [서식 파일로 저장]을 선택합니다.

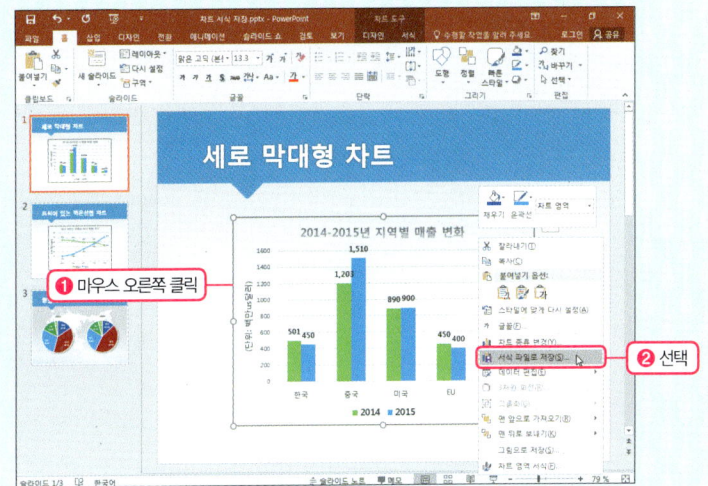

2 [차트 서식 파일 저장] 대화상자에서 ❶ 파일 이름(예: 세로 막대형 차트)을 입력한 후 ❷ [저장] 버튼을 클릭합니다.

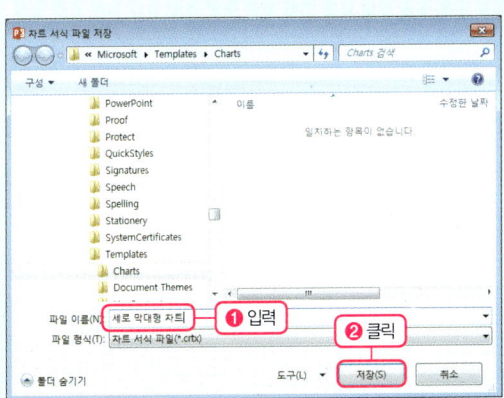

3 같은 방법으로 2번과 3번 슬라이드에 있는 차트를 각각 [표식이 있는 꺾은선형 차트]와 [원형 차트]로 저장합니다.

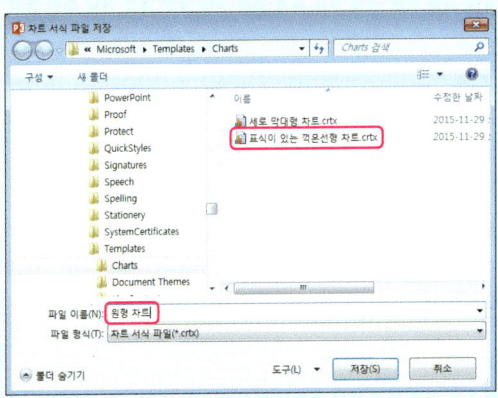

Lesson 02 _ 차트 디자인 및 차트 서식 파일 저장하기 **217**

새 차트에 서식 적용하기

1 [저장한 차트 서식 적용.pptx] 파일의 [1번 슬라이드]에서 ① [삽입] 탭을 열고 ② [차트]를 클릭합니다.

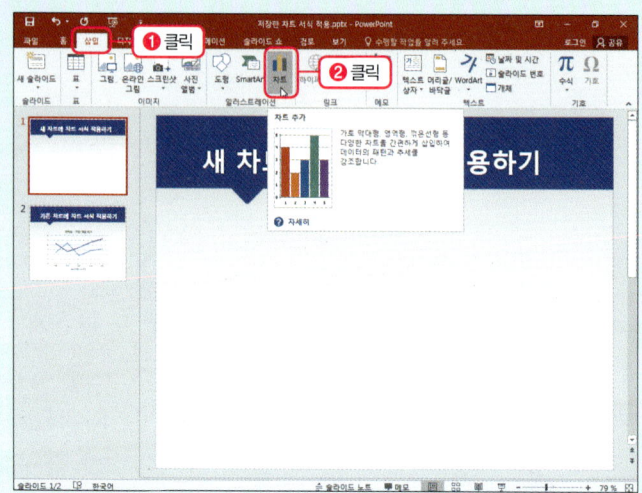

2 [차트 삽입] 대화상자에서 ① [서식 파일]을 클릭한 후 ② [내 서식 파일]에서 앞서 저장한 차트 서식 중에 하나(예 원형 차트)를 선택하고 ③ [확인]을 클릭합니다.

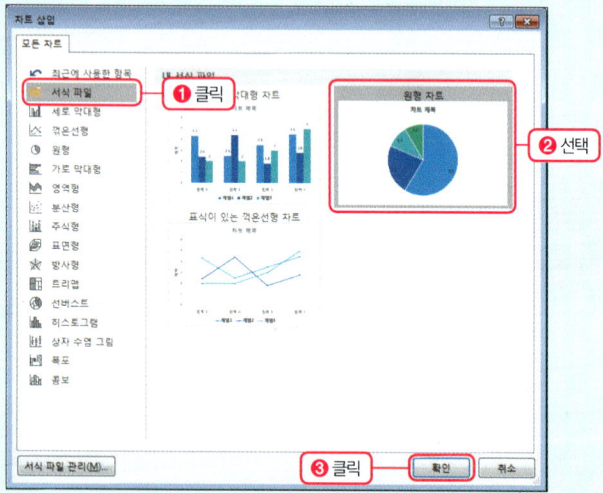

3 선택한 서식을 가진 새 차트가 만들어집니다. 데이터 편집 창에서 ① 데이터를 변경하고 ② 창을 닫습니다.

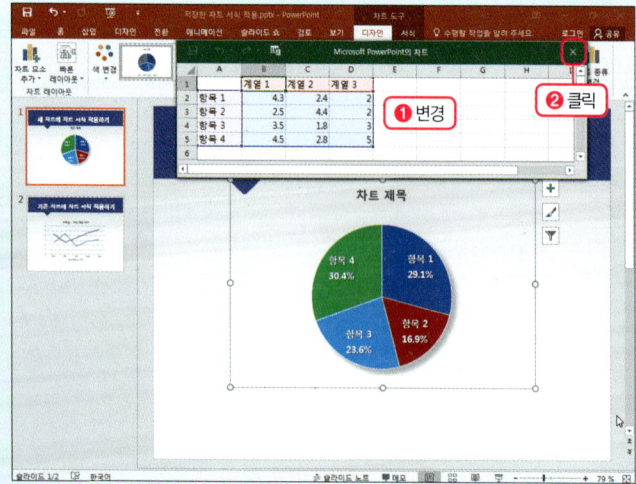

기존 차트에 차트 서식 적용하기

1 ① [2번 슬라이드]에서 ② 차트를 마우스 오른쪽 버튼으로 클릭하고 표시되는 컨텍스트 메뉴에서 ③ [차트 종류 변경]을 선택합니다.

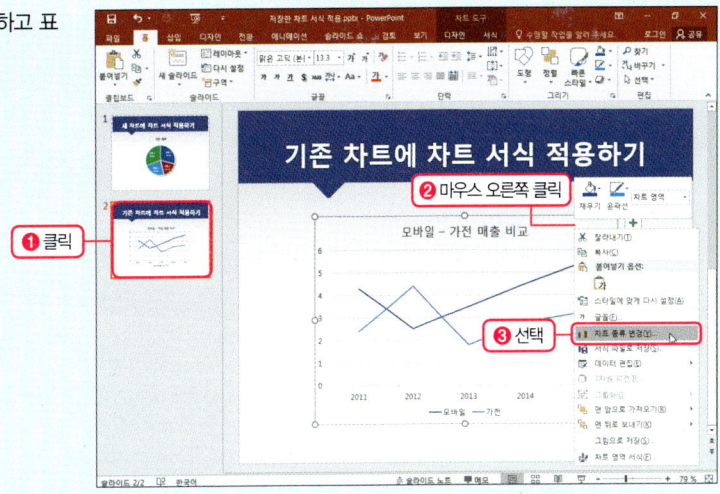

2 [차트 종류 변경] 대화상자에서 ① [서식 파일]을 선택하고 ② 앞서 저장한 차트 서식 중에서 하나(예 표식이 있는 꺾은선형 차트)를 선택하고 ③ [확인]을 클릭합니다.

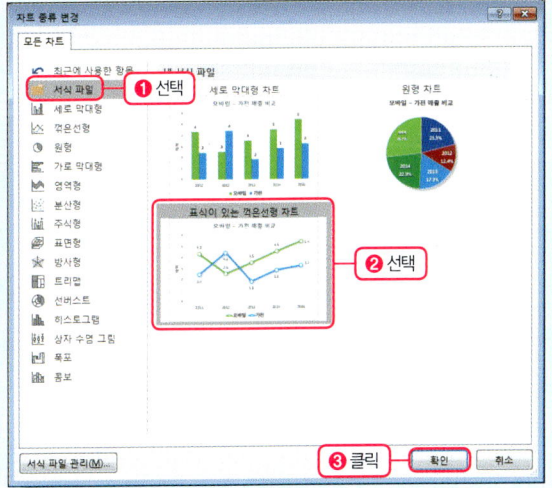

3 차트가 선택한 서식대로 변경됩니다. 필요한 내용을 입력하고, 서식을 변경해 완성합니다.

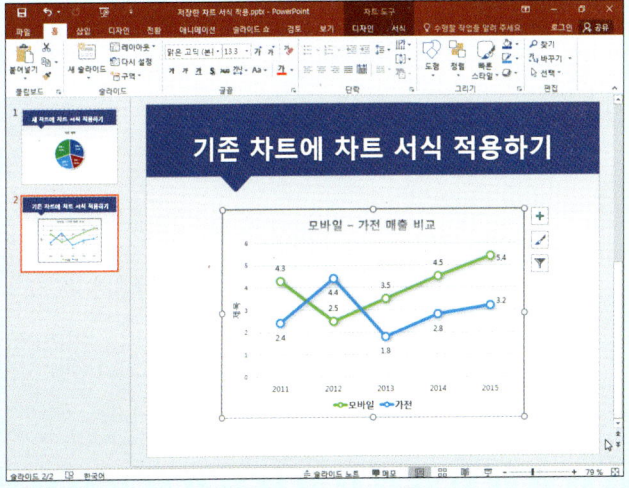

차트에서 중요한 부분을 강조하는 방법

차트 정보를 전달하는데 불필요한 요소는 과감하게 삭제하고 중요한 요소에서 특별한 색을 칠한 후 크기를 크게 하고 간혹 위치에 변화를 주면 청중들은 중요한 것이 무엇인지 쉽게 알 수 있게 됩니다.

■ 필요 없는 부분을 지워라! – 노이즈를 제거하라!

정보 전달에 필요치 않는 요소는 지우는 것이 좋습니다. 디자인에서는 이런 것을 '신호 대 잡음 비율(signal to noise ratio)'이라고 합니다. 핵심은 노이즈가 너무 많으면 신호가 제대로 전달되지 않는다는 것입니다. 차트도 마찬가지입니다. 일반적으로 막대형이나 선형 차트에서 많은 노이즈가 발생하는데, 세로 축, 눈금선 등이 그것입니다. 이런 부분은 잘 보이지 않도록 만들거나 선택한 후 Delete 를 눌러 아예 지워버리면 중요한 부분(신호)이 더 잘 보이게 돼 좋습니다.

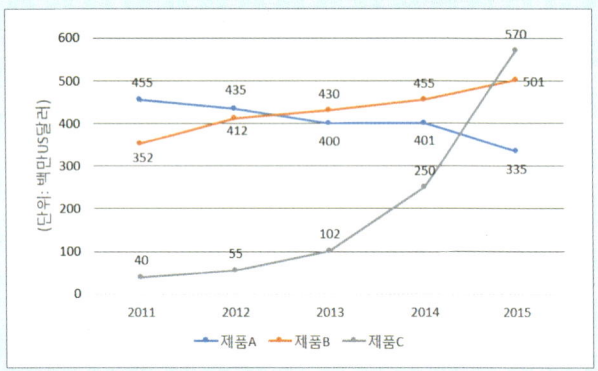

Before 눈금과 세로 (값) 축이 노이즈

After 눈금과 세로 (값) 축 삭제

또한 요소가 너무 많으면 읽기가 힘들어집니다. 이런 경우에는 중요한 요소만 표시하고 나머지는 모두 '기타'로 묶어서 표현하는 것이 더 좋습니다. 아래 원형 차트는 데이터를 각각 Top 10, Top 5, Top 3로 표현한 것입니다. 요소가 적을수록 읽기가 편해지는 것을 볼 수 있습니다.

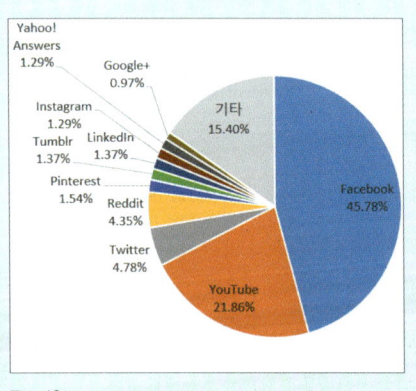

Top 10

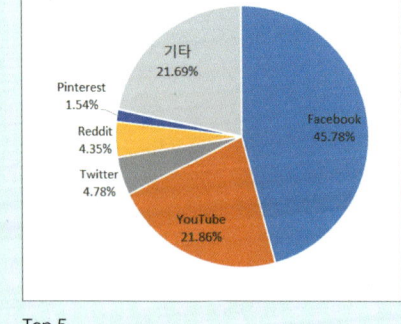

Top 5

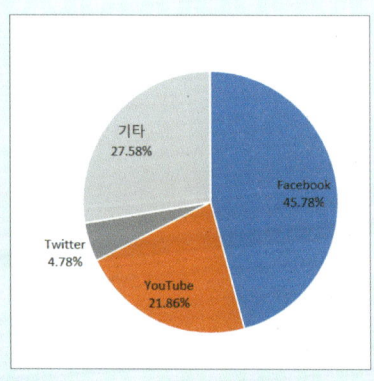

Top 3

■ 중요한 요소가 부각되도록 하라!

파워포인트에서 제공하는 기본 색이나 기본 디자인만 사용하는 것보다 중요한 요소가 눈에 더 잘 띄도록 수정하는 것이 좋습니다. 어떤 요소를 강조하기 위해서 대부분 그 요소에 눈에 잘 띄는 색을 칠하는 경우가 많은데요. 그것보다는 상대적으로 덜 중요한 요소의 색을 회색과 같이 눈에 덜 띄는 색을 칠해 잘 안보이도록 만드는 것이 더 좋은 경우가 많습니다.

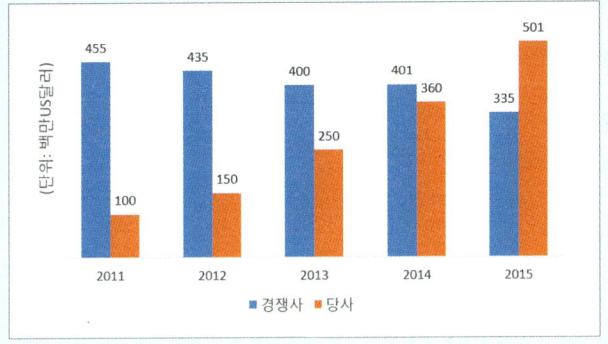
Before 중요도와 상관없이 디자인된 상태

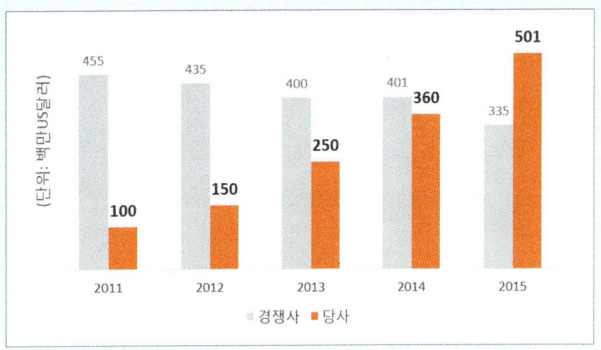
After 상대적으로 덜 중요한 요소의 색을 회색으로 변경한 결과

이렇게 색을 칠한 후, 중요한 요소는 좀 더 크게 만들고, 가능한 경우 돌출시킵니다. 그리고 당연하게도 정보를 표시하는 텍스트를 크고, 굵게 만들면 강조할 수 있습니다.

Before 중요도와 상관없이 디자인된 상태

After 상대적으로 덜 중요한 요소의 색을 회색으로 변경한 후 중요도에 따라 크기, 굵기에 변화를 줌

차트에 있는 모든 요소는 여러 차례 클릭해 개별적으로 선택할 수 있으며, 선택된 요소를 드래그하면 위치를 이동할 수 있습니다.

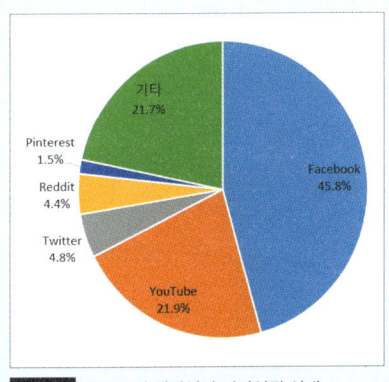
Before 중요도와 상관없이 디자인된 상태

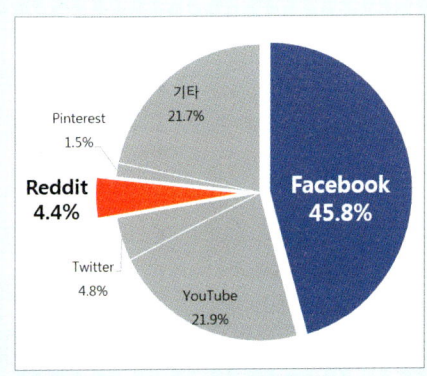
After 상대적으로 덜 중요한 요소에 회색을 칠하고, 중요한 조각의 텍스트를 크고 굵게 만든 후, 조각을 돌출시킴

01 데이터를 표와 차트로 표현해보세요.

제시된 데이터를 표와 차트로 표현해보세요. 디자인에는 정답이 없습니다. 여기에서 제시하는 것은 하나의 예일 뿐이니 여러분 마음대로 디자인해보세요.

예제 파일 Sample\Theme04\실무 테크닉.pptx, 1번 슬라이드
완성 파일 Sample\Theme04\실무 테크닉(결과).pptx, 1번 슬라이드

우선 표를 만들고 '점유율(%)' 열은 비워둔채 완성한 후, 가로 막대형 차트를 만듭니다. 차트는 그래프와 데이터를 제외한 모든 요소를 지운 후, 표 위에 배치합니다.

차트를 선택하고 방향키를 누르면 이동되는 것이 아니라 차트의 다른 요소가 선택되므로 방향키를 이용해 차트를 이동하는 것이 힘들고 결과적으로 원하는 곳에 정확하게 배치하기가 힘듭니다. 이런 문제의 해결 방법은 차트 주변에 직사각형과 같은 도형을 하나 만들어 놓고 그 직사각형과 차트를 함께 선택하는 것입니다. 이렇게 되면 방향키를 눌렀을 때 해당 방향으로 이동할 수 있게 됩니다. 물론 Ctrl을 누른 상태에서 방향키를 눌러 아주 조금씩 이동할 수도 있습니다.

이렇게 차트를 조금씩 이동해 표에서 원하는 위치에 배치한 후, 차트만 선택하고 [차트 도구] - [서식] 탭에서 높이와 너비값을 조정해 차트의 각 그래프가 표의 각 항목에 맞도록 했습니다.

가로 막대형 차트를 만들 때 가장 난처한 것은 데이터를 아래와 같이 입력했는데 마지막으로 청중/독자가 쉽게 알아볼 수 있도록 상승은 녹색, 하락은 빨강, 변화없음은 짙은 회색을 사용했습니다.

1. Facebook 45.78% (▲ up)
2. YouTube 21.86% (▲ up)
3. Twitter 4.78% (▲ up)
4. Reddit 4.35% (▲ up)
5. Pinterest 1.54% (▲ up)
6. Tumblr 1.37% (▼ down)
7. LinkedIn 1.37% (- same)
8. Instagram 1.29% (▼ down)
9. Yahoo! Answers 1.29% (▲ up)
10. Google+ 0.97% (▼ down)

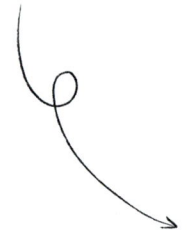

Top 10 SNS
(5년 9월, 방문자수 기준)

SNS인 페이스북, 유튜브, 트위터가 Top 3를 차지했는데, 주목할 점은 새로운 SNS라고 할 수 있는 '레딧'이 4.35%의 점유율로 4위를 차지했다는 것이다

순위	SNS	점유율(%)	비고
1	Facebook	45.78	▲ up
2	YouTube	21.86	▲ up
3	Twitter	4.78	▲ up
4	Reddit	4.35	▲ up
5	Pinterest	1.54	▲ up
6	Tumblr	1.37	▼ down
7	LinkedIn	1.37	- same
8	Instagram	1.29	▼ down
9	Yahoo! Answers	1.29	▲ up
10	Google+	0.97	▼ down

(source: http://www.dreamgrow.com/top-10-social-networking-sites-by-market-share-of-visits-september-2015)

실무 테크닉 02 | 데이터를 100% 기준 누적 세로 막대형 차트로 만들어보세요.

아래의 데이터를 이용해 100% 기준 누적 세로 막대형 차트를 만들어 보기 바랍니다. 100% 기준 누적 세로 막대형 차트는 두 개 이상의 항목의 점유율의 추이를 보고 싶을 때 유용합니다.

예제 파일 Sample\Theme04\실무 테크닉.pptx, 2번 슬라이드
완성 파일 Sample\Theme04\실무 테크닉(결과).pptx, 2번 슬라이드

우선 차트 삽입에서 [100% 기준 누적 세로 막대형]을 선택하고 제시된 데이터시트 창에 데이터를 입력합니다.

A사의 그래프 색을 회색으로 변경해 당사의 색이 잘 보이도록 한 후, 숫자가 각 그래프의 가운데에 표시되도록 하고 숫자의 글꼴 크기, 글꼴 색 등의 서식을 변경합니다.

범례는 차트 제목과 차트 사이에 배치하고 크기를 조금 크게 해 잘 보이도록 하고, 왼쪽에 있는 세로 축의 간격을 조정해 0%, 50%, 100%만 표시되도록 합니다.

마지막으로 차트 테두리 색을 회색으로 변경하고 필요에 따라 각 텍스트의 크기나 굵기를 적절히 조정해 완성합니다.

	A사	당사
2011	455	100
2012	435	150
2013	400	250
2014	401	360
2015	335	501

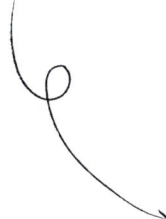
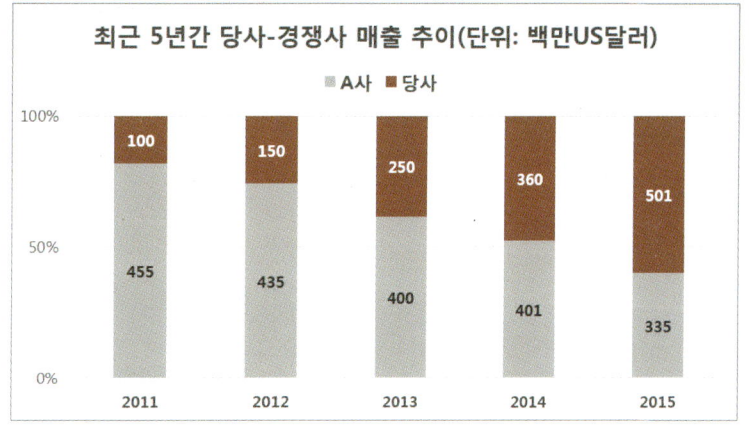

226 그림 삽입하고 편집하기

240 비디오 삽입하고 편집하기

250 오디오 삽입하고 편집하기

THEME 05

그림 및 멀티미디어로 청중의 주목 이끌어내기

최근 슬라이드 디자인에서 그림을 사용하는 것은 아주 흔한 일입니다. 거기다가 짧은 동영상을 보여주는 것도 자주 볼 수 있습니다. 텍스트만 잔뜩 있는 것보다 청중의 주목을 이끌어내기 쉽기 때문입니다. 이번 테마에서는 파워포인트의 강력한 그림 편집 기능과 비디오/오디오 관련 옵션 변경 방법에 대해 알아보도록 하겠습니다.

LESSON 01 그림 삽입하고 편집하기

파워포인트에서 그림 편집 기능은 점점 포토샵에 가까워지고 있습니다. 그림에서 필요 없는 부분을 잘라내는 것부터 시작해, 채도나 명도 변경하기, 그림에 특별한 필터 효과까지 못하는 게 없을 정도입니다. 이번 레슨에서 그림과 관련된 모든 것을 알아보겠습니다.

핵심기능 ● 그림 삽입하기

파워포인트에서 내 컴퓨터에 있는 그림 또는 인터넷에 있는 그림을 검색해 삽입할 수 있으며, 특정 창을 캡처할 수도 있습니다. 그 방법을 알아봅니다.

∷ 그림 삽입하기

[삽입] 탭의 [이미지] 영역에서 4개의 명령 중에 하나를 실행해 그림을 추가할 수 있습니다.

○ **삽입할 수 있는 그림 형식**
파워포인트는 jpg, png, bmp, gif 등과 같은 잘 알려진 파일 형식의 그림은 물론 cdr(코렐 드로), eps, emf 등과 같은 특별한 형식의 그림까지 삽입할 수 있습니다.

❶ **그림** 표시되는 대화상자에서 그림을 선택하고 [삽입]을 클릭합니다.
❷ **온라인 그림** 표시되는 창에서 검색어를 입력한 후, 검색된 그림을 선택하고 [삽입]을 클릭합니다.

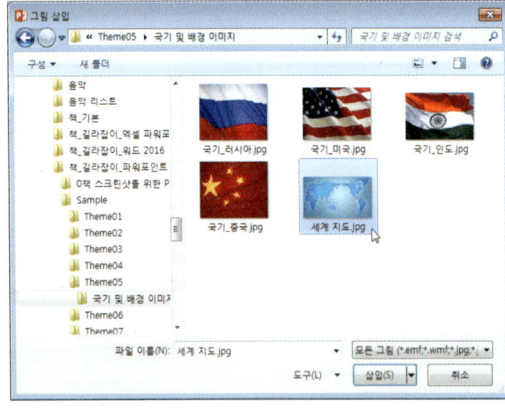
내 컴퓨터에 있는 그림 선택

온라인에 있는 그림 선택

○ 화면 캡처 기능 사용시 주의할 점
화면 캡처 기능은 가장 최근에 봤던 화면만 캡처할 수 있기 때문에 우선 캡처할 창을 띄어놓은 후, 파워포인트에서 [화면 캡처]를 실행해야 합니다.

❸ **스크린샷** 현재 열려진 프로그램 창을 캡처해 현재 슬라이드에 삽입합니다. 메뉴 맨 아래에 있는 [화면 캡처]를 선택하고 화면을 드래그해 특정 영역을 캡처해 삽입할 수도 있습니다.

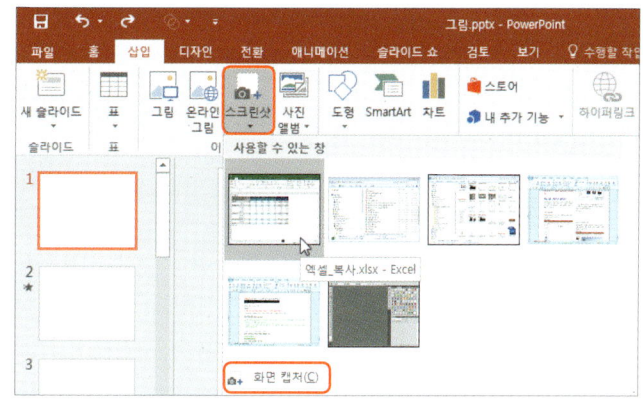

❹ **사진 앨범** 대화상자에서 [파일/디스크]를 클릭하고 여러 장의 사진을 선택해, 슬라이드에 한 장 또는 여러 장이 배치된 새로운 프레젠테이션을 만들 수 있습니다.

[그림 레이아웃]에서 [그림 4개] 선택

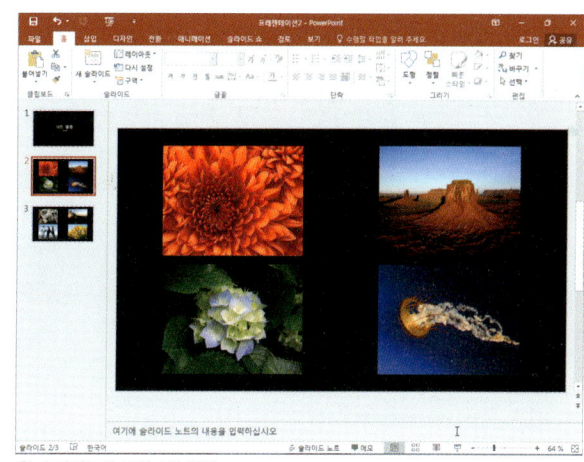
한 슬라이드에 그림 4개 배치

도형에 그림 삽입하기

○ 도형에 그림을 삽입하는 다른 방법
도형을 선택하고 [홈] 탭에서 [도형 채우기]를 클릭하고 [그림]을 선택합니다.

도형을 마우스 오른쪽 버튼으로 클릭하고 미니 도구 모음에서 [채우기 효과]를 선택한 후 [그림]을 선택해 도형에 그림을 삽입할 수 있습니다.

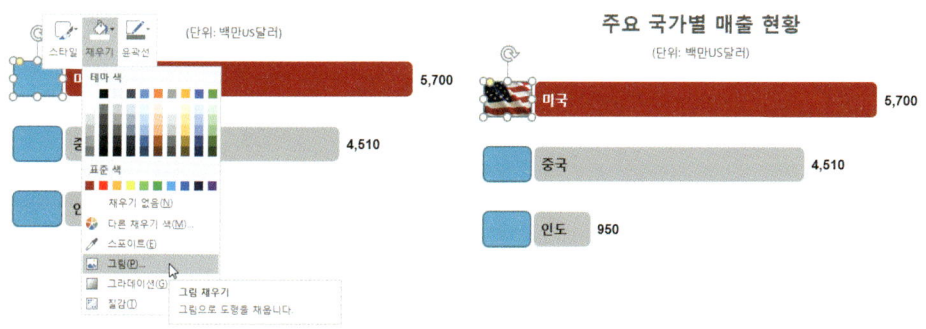

그림 채우기 명령 선택   도형에 그림 삽입 결과

그림 편집 명령

슬라이드에서 그림을 선택하고 [그림 도구] - [서식] 탭을 클릭해 열거나 그림을 마우스 오른쪽 버튼으로 클릭하면 그림 편집과 관련된 명령을 볼 수 있습니다. 어떤 명령이 있는지 확인해봅니다.

:: [그림 도구] - [서식] 탭

❶ **배경 제거** 그림의 특정 부분을 제거해 보이지 않게 할 수 있습니다.
❷ **수정** 그림의 선명도, 밝기, 대비 등을 조정할 수 있습니다.
❸ **색** 그림의 채도, 색조, 색톤을 변경할 수 있습니다.
❹ **꾸밈 효과** 그림을 흐리게 하거나 모자이크를 만드는 등 특별한 효과를 적용할 수 있습니다.

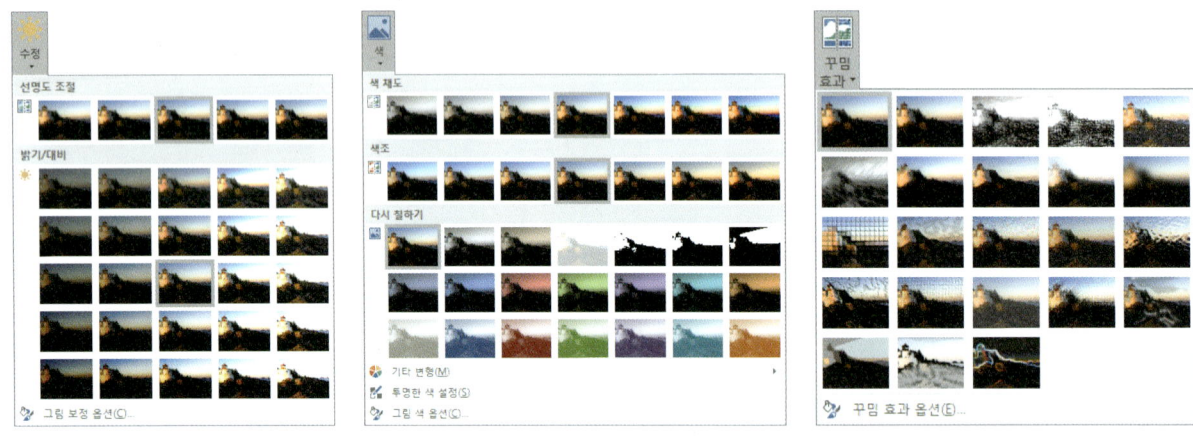

❺ **그림 압축** 선택한 그림을 압축합니다. 표시되는 대화상자에서 [이 그림에만 적용]을 선택 해제하고 [확인]을 클릭하면 현재 프레젠테이션에 있는 모든 그림을 압축할 수 있습니다.

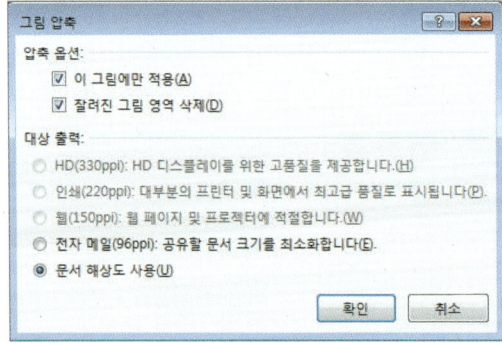

❻ **그림 바꾸기** 선택한 그림을 다른 그림으로 변경할 수 있습니다.

❼ **그림 원래대로** 현재 그림에 적용된 효과(예) 밝기 조정, 색 톤 변화, 꾸밈 효과 등)를 제거합니다. 메뉴를 열고 [그림 및 크기 다시 설정]을 선택하면 그림의 원본이 표시됩니다.

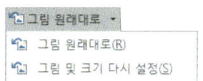

○ **그림 효과**
그림 효과를 클릭하면 표시되는 메뉴는 도형을 선택하고 [홈] 탭에서 [도형 효과]를 클릭하면 표시되는 메뉴와 같습니다. 도형과 그림에는 똑같은 방법으로 그림자, 반사, 입체 효과 등을 설정할 수 있다는 의미입니다.

❽ **그림 스타일** 파워포인트에서 기본적으로 제공하는 스타일을 적용합니다.
❾ **그림 테두리** 그림 테두리의 색, 두께, 대시 스타일 등을 설정할 수 있습니다.
❿ **그림 효과** 그림자, 반사, 입체 효과 등 특별한 효과를 적용할 수 있습니다.
⓫ **그림 레이아웃** 현재 선택된 그림이 포함된 SmartArt로 변환할 수 있습니다. 몇 개의 그림을 선택한 후, 실행하면 효과적입니다.

그림 스타일

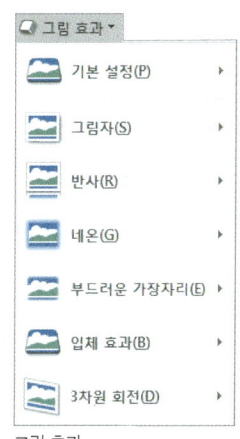
그림 효과

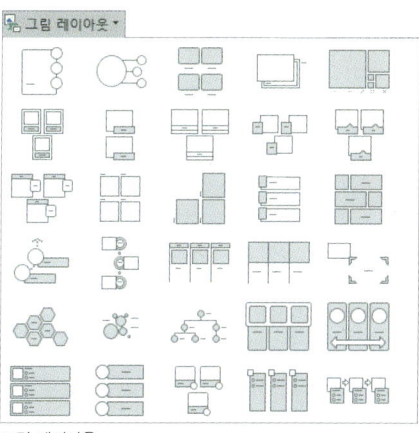
그림 레이아웃

⓬ **자르기** 그림에서 필요 없는 부분을 잘라냅니다. [도형에 맞춰 자르기] 기능을 이용하면 그림을 타원이나 모서리가 둥근 직사각형과 같은 형태로 변경할 수 있으며, [가로 세로 비율]을 이용해 1:1이나 4:3, 16:9와 같은 특정 비율로 그림을 잘라낼 수 있습니다.

⓭ **크기** 그림의 높이와 너비를 조정합니다. [작업창 표시] 버튼 을 클릭하면 그림 크기와 관련된 옵션을 변경할 수 있는 작업창을 표시할 수 있습니다.

그림을 마우스 오른쪽 버튼으로 클릭 – 컨텍스트 메뉴

슬라이드에서 그림을 마우스 오른쪽 버튼으로 클릭하면 표시되는 미니 도구 모음과 컨텍스트 메뉴에서 그림 관련 명령을 실행할 수 있습니다.

미니 도구 모음

❶ **스타일** 여러 가지 그림 스타일을 선택할 수 있습니다.
❷ **자르기** 자르기 기능을 실행합니다.

○ 다른 개체를 그림으로 저장하기

그림뿐만 아니라 도형, 표, 차트 등 파워포인트의 대부분의 개체(그룹 개체 포함)를 마우스 오른쪽 버튼으로 클릭하면 표시되는 컨텍스트 메뉴에 [그림으로 저장] 명령이 표시됩니다. 즉, 이 명령을 사용해 파워포인트에 있는 대부분의 개체를 그림으로 저장할 수 있다는 의미입니다.

컨텍스트 메뉴

❶ **그림 바꾸기** 현재 그림을 다른 그림으로 변경할 수 있습니다.
❷ **그림으로 저장** 현재 그림을 그림 파일로 저장할 수 있습니다.
❸ **크기 및 위치** 그림의 크기 및 위치와 관련된 옵션을 조정할 수 있는 작업창을 표시합니다.
❹ **그림 서식** 그림자, 반사, 입체 효과 등과 같은 효과를 적용할 수 있는 작업창이 표시됩니다.

픽토그램, 로고와 같은 그림을 배치하라!

전달할 내용에 맞는 픽토그램, 로고 등과 같은 그림을 배치하게 되면 청중의 관심을 이끌어낼 수 있습니다. 다음은 픽토그램이나 로고가 없는 경우(①, ②, ③)와 있는 경우(④, ⑤, ⑥)의 차이를 보여줍니다. 시선을 끄는 힘에서 차이가 나는 것을 확인할 수 있습니다. 이런 그림은 구글에서 pictogram, logo 등으로 검색하면 쉽게 찾을 수 있습니다. 저작권은 꼼꼼히 살펴 문제가 발생하지 않도록 함은 물론입니다.

페이스북 10주년 발자취

총 월활동 사용자(2013.12)
12억3000만명
모바일 월활동 사용자(2014.3)
10억명
하루 평균 '좋아요' 클릭 횟수(2013.12)
60억회
공유된 사진(2005.10~현재)
4000억건
페이스북 메시지(2012~현재)
7조8000억건

① 텍스트로만 디자인

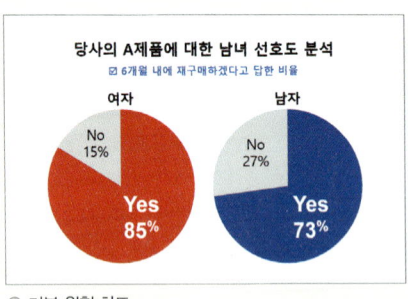

② 기본 원형 차트

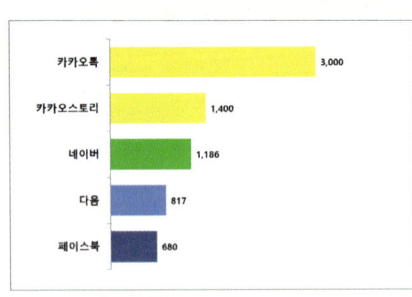

③ 가로 막대형 차트

④ 각 내용에 맞는 픽토그램 배치

⑤ 원형 차트에 픽토그램 배치

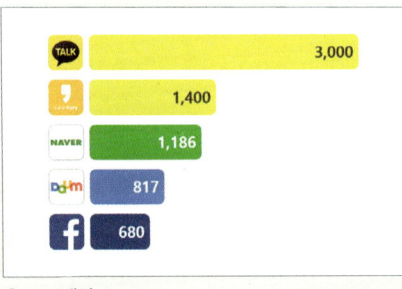

⑥ 로고 배치

그림 편집하기

예제 파일 Sample\Theme05\그림.pptx 완성 파일 Sample\Theme05\그림(결과).pptx

키 워 드 자르기, 가로 세로 비율, 도형에 맞춰 자르기, 입체 효과, 반사
길라잡이 그림을 특정한 비율로 자르고, 필요 없는 부분을 삭제한 후, 네온, 반사, 입체 효과 등과 같은 특별한 효과를 추가하는 방법을 알아보겠습니다.

STEP 01 1 : 1 비율로 그림 자르고 그림 효과 적용하기

●[자르기] 버튼의 구조
• : 자르기 명령 실행
• : 하위 메뉴 표시

01 ❶ [1번 슬라이드]에서 맨 왼쪽에 있는 미국 국기를 선택하고 ❷ [그림 도구] - [서식] 탭에서 ❸ [자르기] 메뉴를 열고 ❹ [가로 세로 비율]에서 ❺ [1:1]을 선택합니다.

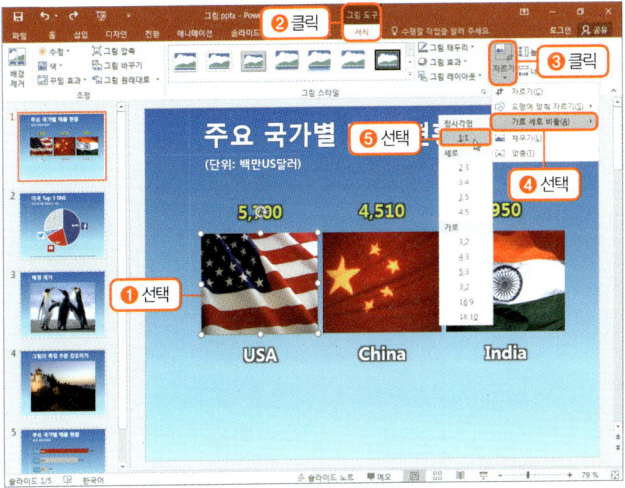

02 다시 한 번 ❶ [자르기] 메뉴를 열고 ❷ [도형에 맞춰 자르기]를 선택한 후 ❸ [타원]을 선택합니다.

Lesson 01 _ 그림 삽입하고 편집하기   **231**

● [입체 효과]를 적용하는 다른 방법
[홈] 탭에서 [도형 효과]를 클릭하고 [입체 효과]에서 [부드럽게 둥글리기]를 선택합니다.

03 ❶ [그림 효과]를 클릭하고 ❷ [입체 효과]에서 ❸ [부드럽게 둥글리기]를 선택합니다.

● 결과물을 그림으로 저장하기
완성된 결과물을 마우스 오른쪽 버튼으로 클릭하고 표시되는 메뉴에서 [그림으로 저장]을 선택하고 표시되는 대화상자에서 저장할 위치, 파일 이름, 그림 형식 등을 선택해 그림으로 저장할 수 있으며, 다른 프로그램에서도 이 그림을 사용할 수 있게 됩니다.

04 다시 한 번 ❶ [그림 효과]를 클릭하고 ❷ [반사]에서 ❸ [근접 반사, 터치]를 선택합니다. 다른 국기도 같은 방법으로 편집합니다.

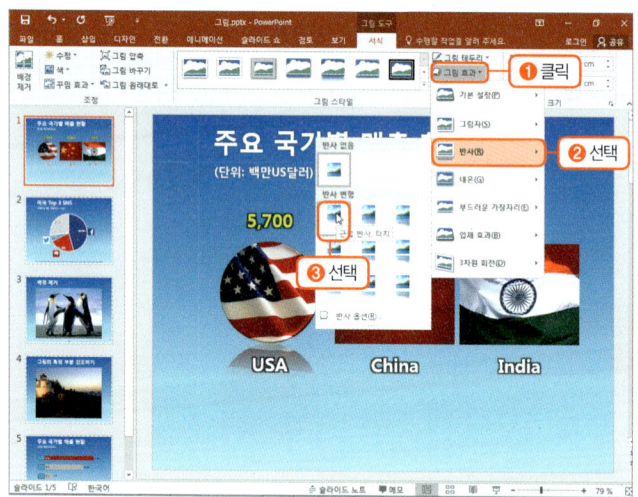

STEP 02 그림에서 특정 색을 투명하게 만들고 네온 설정하기

01 ❶ [2번 슬라이드]에서 ❷ 트위터 로고를 선택합니다.

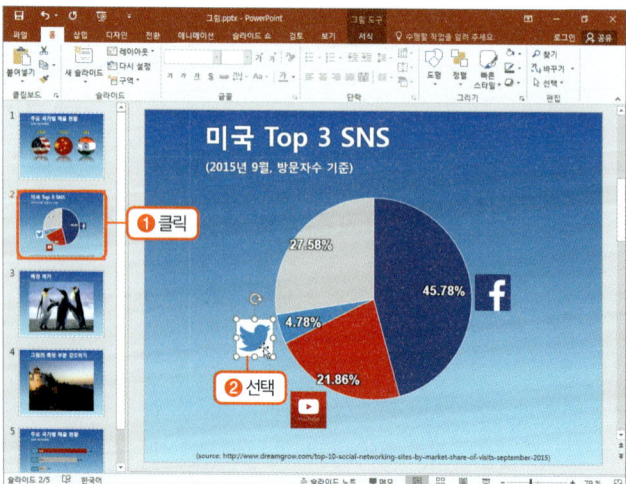

02 ❶ [그림 도구] - [서식] 탭에서 ❷ [색]을 클릭하고 ❸ [투명한 색 설정]을 선택합니다.

● 투명한 색 설정 기능의 한계
투명한 색 설정은 그림의 특정 색을 투명하게 만들어주는 매우 유용한 기능입니다. 하지만 딱 한 색만 투명하게 만들 수 있다는 한계도 있습니다.

03 로고에서 흰색 부분을 클릭합니다.

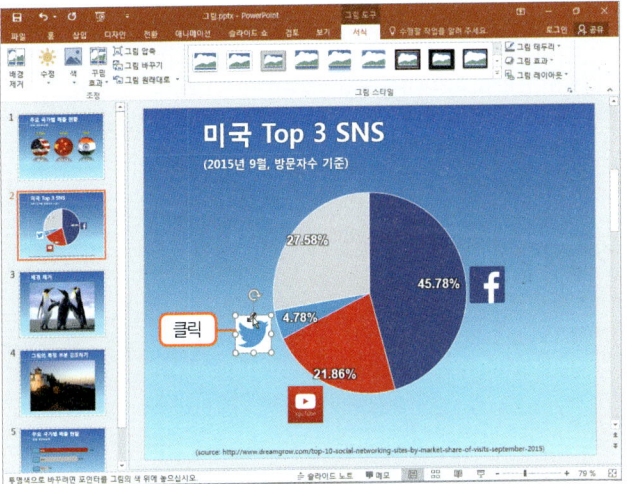

04 그림에서 클릭한 흰색이 투명해집니다.

Lesson 01 _ 그림 삽입하고 편집하기 233

STEP 03 그림의 배경 제거하기

01 ❶ [3번 슬라이드]에서 ❷ 그림을 선택하고 ❸ [그림 도구] - [서식] 탭에서 ❹ [배경 제거]를 클릭합니다.

02 배경 제거 모드에서 아래에 있는 크기 조정 핸들에 마우스 포인터를 위치시킵니다.

◉ 배경 제거 모드에서 보라색의 의미
배경 제거 모드에서 보라색으로 변한 부분은 제거될 것임을 알려주는 것입니다. 크기 조정 핸들을 드래그하거나 보관할 영역 표시/제거할 영역 표시 명령으로 제거될 부분을 조정할 수 있습니다.

03 아래로 드래그해 배경 제거 영역을 확장합니다.
현재 보라색으로 표시되는 곳이 그림에서 사라지게 됩니다.

04 ❶ [배경 제거] 탭에서 [보관할 영역 표시]를 클릭합니다. 마우스 포인터가 연필 모양(✎)으로 바뀌면 ❷ 보라색으로 변한 부분 중에서 살리고 싶은 부분을 클릭합니다. 클릭한 지점에 ⊕ 표시가 나타납니다.

○ 표시 삭제하기
[보관할 영역 표시] 또는 [제거할 영역 표시]를 이용해 설정한 표시를 제거하고 싶다면 [표시 삭제] 버튼을 클릭한 후 ⊕ 또는 ⊖를 클릭합니다.

05 계속 클릭해 필요한 부분을 살립니다.

06 필요한 경우 ❶ 상태 표시줄에서 [확대] (+)를 몇 번 클릭해 화면을 확대한 후 ❷ 그림의 특정 부위를 클릭해 필요한 부분을 살립니다.

07 숨기고 싶은 부분이 있다면 ❶ [배경 제거] 탭에서 [제거할 영역 표시]를 클릭합니다. ❷ 제거할 부분을 클릭합니다. 클릭한 지점에 ⊖ 표시가 나타나며 보라색으로 변합니다. 같은 방법으로 필요 없는 부분을 제거합니다.

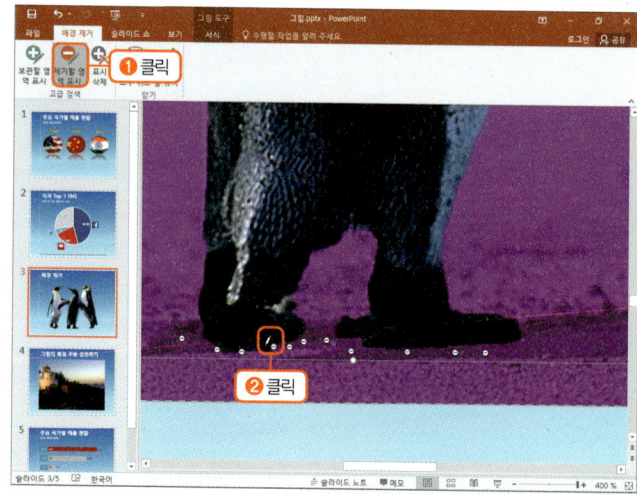

● [변경 내용 유지] 명령을 실행하는 다른 방법
Esc를 누릅니다.

08 ❶ 상태 표시줄 맨 오른쪽에 있는 [창에 맞춤] (⊞)을 클릭해 슬라이드 전체를 본 후 모든 것이 만족스러웠다면 ❷ [변경 내용 유지]를 클릭합니다.

09 그림에서 보라색 부분이 제거됩니다.

그림의 특정 부분 강조하기

그림에서 특정 부분을 강조하고 싶다면 어떻게 해야 할까요? 가장 쉬운 방법은 그림을 복제하고 자르기로 강조하고 싶은 부분만 남겨둔 후 원본 그림을 흐리게 만드는 것입니다.

【예제 파일】 Sample\Theme05\그림.pptx 4번 슬라이드
【완성 파일】 Sample\Theme05\그림(결과).pptx 4번 슬라이드

그림 복제하기

1 슬라이드에서 그림을 선택하고 Ctrl+D를 눌러 복제합니다.

그림을 복제하는 다른 방법
- 그림을 선택하고 Ctrl+C를 누르고 Ctrl+V를 누릅니다.
- Ctrl을 누른 상태에서 그림을 드래그해 복제합니다.

2 복제된 그림을 이동해 원본 그림의 위치와 일치시킵니다. 스마트 가이드를 보면서 이동하면 쉽게 일치시킬 수 있습니다.

두 그림을 일치시키는 다른 방법
두 그림을 선택하고 [홈] 탭에서 [정렬]을 클릭하고 [가운데 맞춤]을 선택한 후, 다시 [정렬]을 클릭하고 [중간 맞춤]을 선택합니다.

그림 자르기

1 그림을 ① 마우스 오른쪽 버튼으로 클릭하고 ② [자르기]를 선택합니다.

2 자르기 핸들을 드래그해 강조하고 싶은 부분까지 자릅니다.

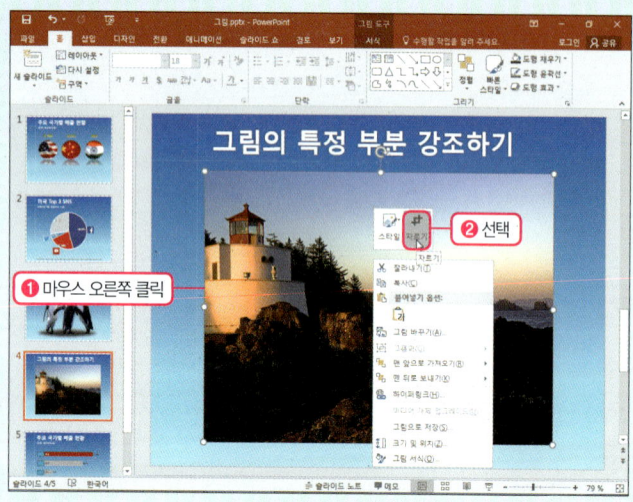

3 ① [그림 도구] – [서식] 탭 ② [자르기]에서 ③ [도형에 맞춰 자르기]를 선택하고 ④ [모서리가 둥근 직사각형]을 선택합니다.

그림 서식 변경하기

1 ① [그림 테두리]를 클릭하고 ② 테마 색에서 [흰색, 배경 1]을 선택합니다.

2 다시 ① [그림 테두리]를 클릭하고 ② [두께]에서 ③ [2 1/4pt]를 선택합니다.

3 다시 ① [그림 테두리]를 클릭하고 ② [대시]에서 ③ [사각 점선]을 선택합니다.

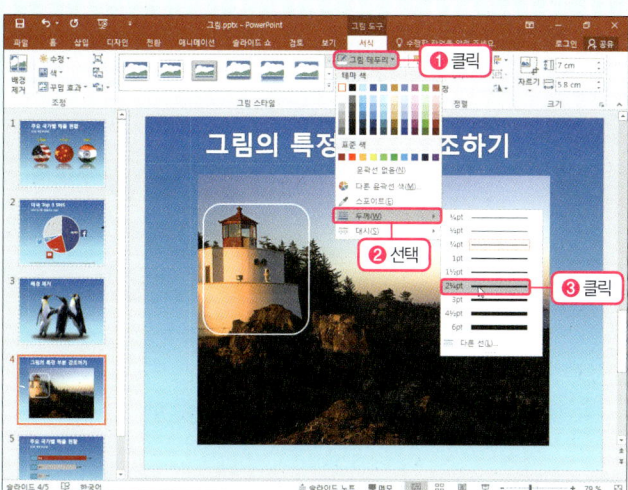
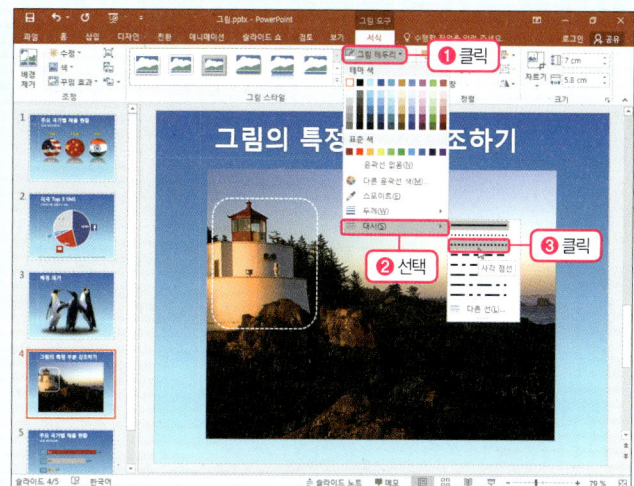

원본 그림을 어둡게 만들기

1 ① 뒤쪽의 원본 그림을 선택하고 ② [그림 도구] – [서식] 탭에서 [수정]을 클릭하고 ③ [밝기: –40% 대비: 0% (표준)]을 선택합니다.

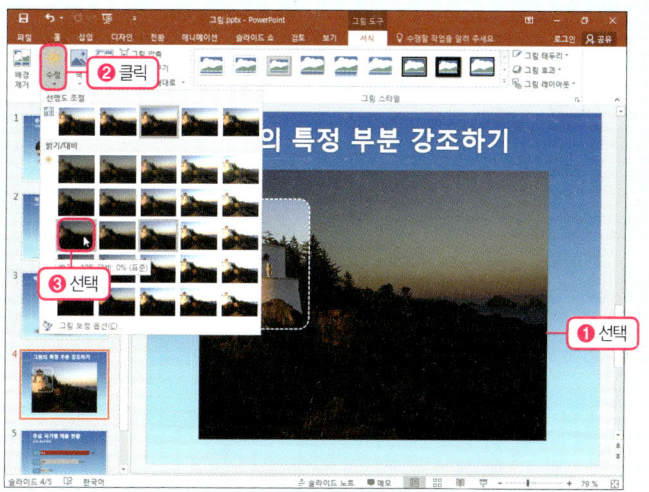

2 선, 텍스트 등을 배치해 완성합니다.

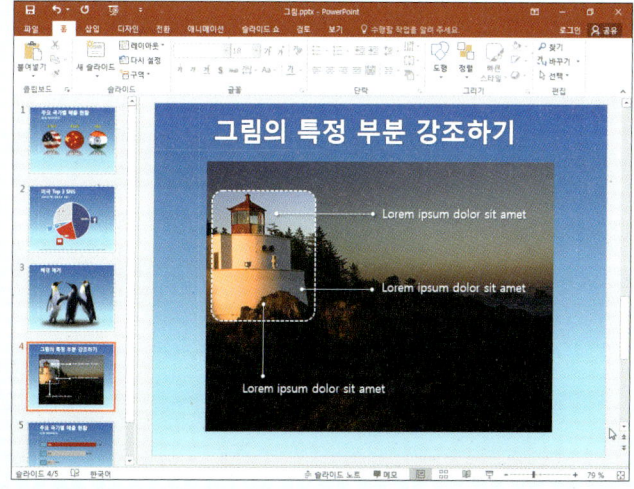

Lesson 01 _ 그림 삽입하고 편집하기 239

LESSON 02 비디오 삽입하고 편집하기

최근에는 프레젠테이션이나 강연에서 비디오를 보여주는 것을 종종 볼 수 있습니다. 파워포인트에는 대부분의 비디오 파일을 삽입할 수 있으며 그림처럼 필요 없는 부분을 잘라내거나 트리밍할 수 있습니다. 이번 레슨에서는 비디오를 다루는 방법에 대해 알아보겠습니다.

핵심기능 › 비디오 삽입하기

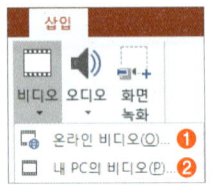

[삽입] 탭에서 [비디오]를 클릭하고 표시되는 메뉴에서 명령을 선택해 비디오를 추가할 수 있습니다.

❶ **온라인 비디오** YouTube에 있는 비디오를 선택하거나 인터넷에 있는 비디오의 Embed 태그를 복사해 파워포인트에 추가할 수 있습니다. 이렇게 추가된 비디오는 컴퓨터가 인터넷에 연결되어 있을 때만 재생됩니다.

❷ **내 PC의 비디오** 내 컴퓨터에 있는 비디오를 선택해 삽입합니다. 이렇게 삽입된 비디오는 현재 파워포인트 파일에 포함됩니다. 만약 비디오를 연결한 상태로 추가하고 싶다면 비디오를 선택한 후 ❶ [삽입] 버튼 오른쪽에 있는 메뉴 표시 버튼을 클릭하고 ❷ [파일에 연결]을 선택합니다. 이 경우 이 비디오가 그 자리에 있어야 비디오를 재생할 수 있게 됩니다.

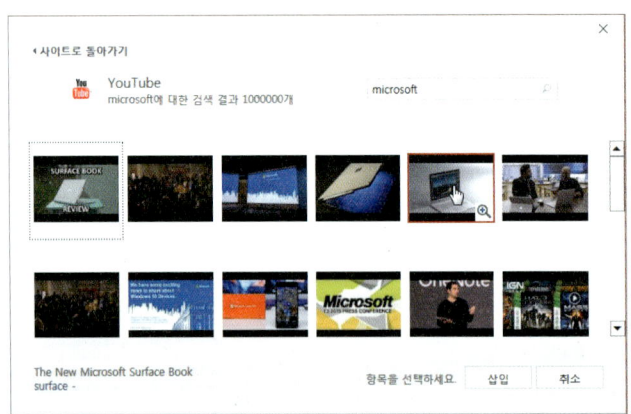
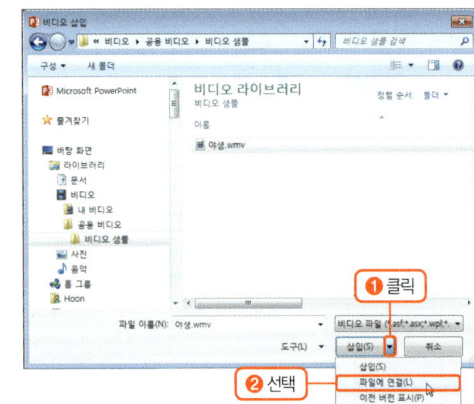

YouTube에 있는 비디오 선택 장면(검색 시기에 따라 검색 결과 화면은 다를 수 있습니다.) 비디오 연결

비디오 서식 변경 및 재생 관련 명령

파워포인트에서 비디오는 그림처럼 자르거나, 색을 변경할 수 있으며, 앞뒤를 잘라내거나 책갈피를 추가할 수 있습니다. 비디오와 관련된 명령을 알아보겠습니다.

[비디오 도구] – [서식] 탭에 있는 명령

슬라이드에서 비디오를 선택한 후 [비디오 도구] – [서식] 탭을 열면 비디오를 서식을 변경할 수 있는 각종 명령을 볼 수 있습니다.

○ 그림과 유사한 비디오의 서식 변경
앞서 살펴보았단 그림처럼 비디오도 [서식] 탭에서 비디오의 밝기와 색을 변경할 수 있으며 [비디오 효과] 기능으로 그림자를 주거나 3차원 회전을 할 수 있습니다. 또한 [자르기] 명령으로 비디오에서 필요 없는 부분(예. 방송사 로고)을 잘라낸 후 재생할 수도 있습니다.

❶ **재생** 비디오를 재생합니다.
❷ **수정** 비디오의 밝기와 대비를 조정할 수 있습니다.
❸ **색** 비디오의 전체적인 색 톤을 변경합니다.
❹ **포스터 틀** 비디오의 첫 장면을 설정합니다.
　ⓐ **현재 틀** 기본 보기에서 슬라이드에 있는 비디오를 재생하다 특정 장면에서 이 명령을 선택하면 그 장면이 처음에 표시됩니다.
　ⓑ **파일의 이미지** 특정 그림을 첫 장면으로 추가합니다.
　ⓒ **원래대로** 설정한 첫 장면을 지우고 원래 상태로 만듭니다.

❺ **디자인 다시 설정** 비디오에 특별한 효과를 적용한 경우 이것을 지우고 비디오를 원래 상태로 만듭니다. 비디오의 크기까지 원래 상태로 되돌리고 싶다면 이 명령 버튼 아래의 명령 이름 부분을 클릭하고 [디자인 및 크기 다시 설정]을 선택합니다.

❻ **비디오 스타일** 파워포인트에서 기본적으로 제공하는 스타일을 비디오에 적용합니다. 좀 더 많은 스타일을 보고 싶다면 [자세히] 버튼( )을 클릭합니다.
❼ **비디오 셰이프** 기본적으로 비디오는 직사각형으로 표시되는데 이런 비디오를 타원과 같은 다른 형태로 바꿀 수 있습니다.
❽ **비디오 테두리** 비디오의 테두리 색, 두께 등을 설정할 수 있습니다.
❾ **비디오 효과** 비디오에 그림자, 반사, 부드러운 가장자리 등의 효과를 적용할 수 있습니다.
❿ **자르기** 비디오를 잘라 필요한 부분만 표시할 수 있습니다.
⓫ **높이/너비** 비디오의 높이와 너비를 조정할 수 있습니다.

:: [비디오 도구] - [재생] 탭에 있는 명령

슬라이드에서 비디오를 선택한 후 [비디오 도구] - [재생] 탭을 열면 비디오 재생과 관련된 옵션을 변경할 수 있는 각종 명령을 볼 수 있습니다.

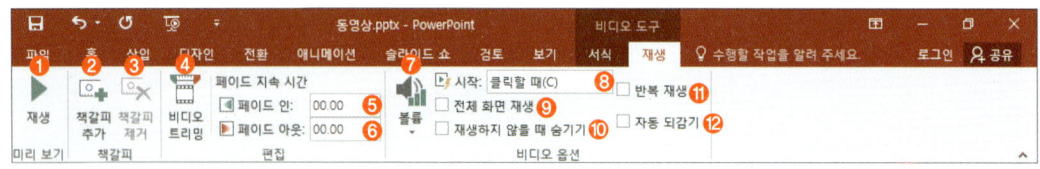

① **재생** 비디오를 재생합니다.
② **책갈피 추가** 비디오의 특정 부분에 책갈피를 추가합니다. 비디오를 재생할 때 이 책갈피를 클릭해 비디오에서 특정 부분으로 바로 갈 수 있습니다.
③ **책갈피 제거** 선택한 책갈피를 제거합니다.
④ **비디오 트리밍** 비디오의 앞 또는 뒤쪽을 잘라낼 수 있습니다.
⑤ **페이드 인** 비디오가 서서히 재생되도록 합니다.
⑥ **페이드 아웃** 비디오가 서서히 사라지도록 합니다.
⑦ **볼륨** 비디오의 기본 볼륨을 설정합니다.

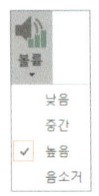

⑧ **시작** 슬라이드 쇼 보기에서 비디오를 자동 실행할 것인지, 비디오를 마우스로 클릭했을 때 재생되도록 할 것인지를 결정합니다.

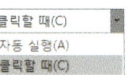

⑨ **전체 화면 재생** 슬라이드 쇼에서 비디오를 전체 화면에 꽉 찬 상태에서 재생해줍니다.
⑩ **재생하지 않을 때 숨기기** 슬라이드 쇼에서 비디오가 보이지 않도록 하다가 재생될 때만 나타나도록 합니다.
⑪ **반복 재생** 비디오가 계속해서 재생되도록 합니다.
⑫ **자동 되감기** 비디오의 재생이 완료되면 첫 장면이 표시되도록 합니다.

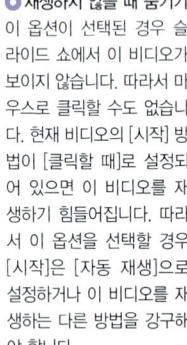

● **재생하지 않을 때 숨기기** 이 옵션이 선택된 경우 슬라이드 쇼에서 이 비디오가 보이지 않습니다. 따라서 마우스로 클릭할 수도 없습니다. 현재 비디오의 [시작] 방법이 [클릭할 때]로 설정되어 있으면 이 비디오를 재생하기 힘들어집니다. 따라서 이 옵션을 선택할 경우 [시작]은 [자동 재생]으로 설정하거나 이 비디오를 재생하는 다른 방법을 강구해야 합니다.

TIP

파워포인트에 삽입할 수 있는 비디오 형식

파일 형식	확장자
Windows Media 파일	.asf
Windows 비디오 파일	.avi
MP4 비디오 파일	.mp4, .m4v, .mov
동영상 파일	.mpg 또는 .mpeg
Adobe Flash Media	.swf
Windows Media 비디오 파일	.wmv

핵심기능 비디오 재생 막대

기본 보기에서 슬라이드에 있는 비디오를 선택하면 비디오 아래에 재생 막대가 표시됩니다. 재생 막대에서 사용자는 다음과 같은 작업을 할 수 있습니다.

기본 보기에서 비디오 재생 막대

❶ **재생(▶)** 비디오를 재생합니다. 비디오가 재생되면 [재생] 버튼이 [일시 중지] 버튼 ∥으로 변경됩니다. 이 버튼을 클릭해 비디오를 일시 중지시킬 수 있습니다.

❷ **재생 상태 표시 막대** 비디오의 전체 길이와 재생되고 있는 지점을 알려줍니다. 마우스로 클릭해 원하는 위치로 점프할 수 있으며, 타원 모양의 책갈피(○)를 클릭해 그곳으로 직접 점프할 수도 있습니다.

❸ **0.25초 뒤로 이동(◀)/0.25초 앞으로 이동(▶)** 0.25초씩 뒤 또는 앞으로 이동해줍니다.

❹ **음소거(◀)** 볼륨을 조정하거나 음소거를 할 수 있습니다.

슬라이드 쇼 보기에서 비디오 재생 막대

슬라이드 쇼에서 비디오에 마우스 포인터를 위치시키면 비디오 하단에 비디오 재생 막대가 표시됩니다. 기본적으로 ❶ 재생(일시 중지), ❷ 재생 상태 표시 막대, ❸ 책갈피, ❹ 음소거 버튼이 표시됩니다. 각 버튼을 클릭해 실행하면 됩니다.

> **비디오를 클릭해 재생/일시 중지 가능**
> 슬라이드 쇼에서 비디오 재생 막대가 아니라 비디오 자체를 클릭해 재생하거나 일시 중지할 수도 있습니다.

비디오 자르고, 트리밍하기

예제 파일 Sample\Theme05\비디오.pptx **완성 파일** Sample\Theme05\비디오(결과).pptx

키 워 드 자르기, 트리밍
길라잡이 비디오와 관련해 가장 중요한 작업은 필요 없는 부분을 없애버리는 것입니다. 우선 비디오에 필요 없는 로고 같은 것이 있는 경우 이것은 '자르기'로, 비디오의 앞과 뒤를 없애고 싶을 경우 '트리밍'으로 아주 쉽게 필요 없는 부분을 없애버릴 수 있습니다.

STEP 01 비디오 삽입하기

01 ❶ [삽입] 탭을 클릭하고 ❷ [비디오]를 클릭한 후 ❸ [내 PC의 비디오]를 선택합니다.

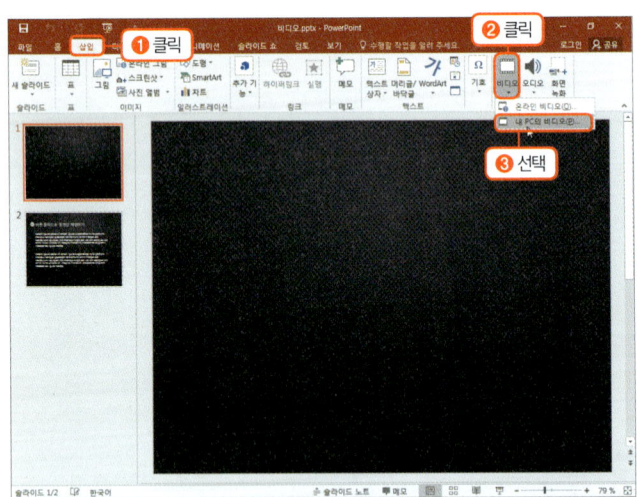

02 ❶ 여러분의 컴퓨터에 있는 비디오를 선택하고 ❷ [삽입]을 클릭합니다.

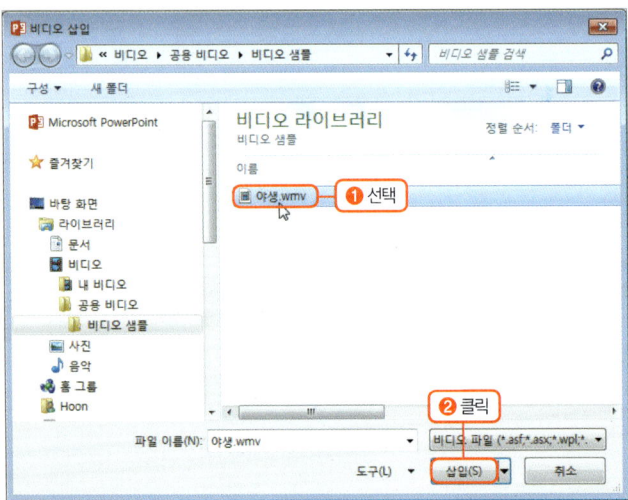

○ **비디오 연결하기**
파워포인트 2010 버전 이상에서 비디오를 삽입하면 비디오는 현재 파워포인트 파일에 포함됩니다. 만약 비디오를 연결하고 싶다면 [비디오 삽입] 대화상자에서 비디오 파일을 선택한 후 [삽입] 버튼 오른쪽에 있는 메뉴 표시 버튼을 클릭하고 [파일에 연결]을 선택합니다. 이 경우 이 비디오 파일이 있어야 비디오를 재생할 수 있게 됩니다.

STEP 02 비디오 자르기 및 트리밍하기

○ 비디오 크기 및 위치 조정하기
필요한 경우 비디오를 선택하고 [크기 조정 핸들](○)을 드래그해 비디오의 크기를 조정한 후, 마우스로 드래그하거나 방향키를 눌러 이동합니다.

01 ❶ 슬라이드에서 비디오를 선택한 후 ❷ [비디오 도구] - [서식] 탭을 클릭하고 ❸ [자르기]를 클릭합니다.

02 비디오 주변에 표시되는 자르기 핸들을 드래그해 필요 없는 부분을 잘라 Esc 키를 누릅니다.

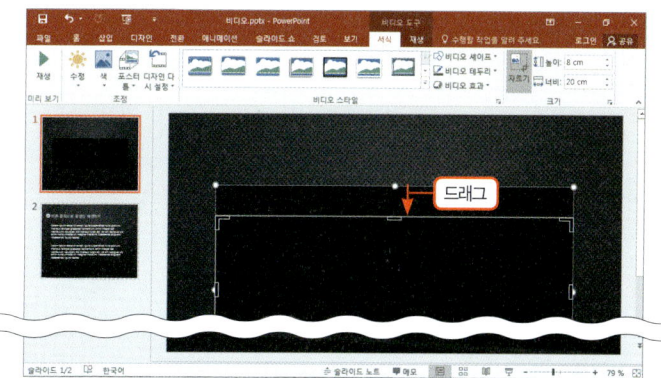

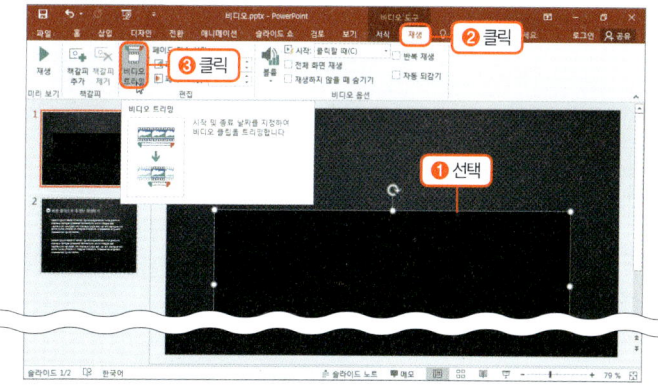

03 ❶ 슬라이드에서 비디오를 선택한 후 ❷ [비디오 도구] - [재생] 탭을 클릭하고 ❸ [비디오 트리밍]을 클릭합니다.

○ 시작 시간과 종료 시간 설정 관련
트리밍 명령을 실행하면 표시되는 대화상자에서 [시작 시간]과 [종료 시간] 입력상자에 직접 시간을 설정해도 됩니다.

04 [비디오 맞추기] 대화상자에서 ❶ [시작 시간]( )과 ❷ [종료 시간]( )을 변경한 후 ❸ [확인]을 클릭합니다.

STEP 03 슬라이드 쇼에서 비디오 재생하기

● 단축키
Shift + F5

01 상태 표시줄에서 [슬라이드 쇼](豆)를 클릭합니다.

● 비디오를 재생하는 다른 방법
슬라이드 쇼에서 비디오 재생 바에서 [재생] 버튼을 클릭하는 대신, 비디오 자체를 클릭해 재생할 수도 있습니다. 비디오가 재생될 때 비디오를 클릭하면 재생이 일시 중지됩니다.

02 ❶ 슬라이드 쇼 보기에서 비디오에 마우스 포인터를 위치시키고 ❷ 비디오 재생 막대에서 [재생] 버튼(▶)을 클릭합니다.

03 [일시 중지] 버튼(❚❚)을 클릭하고 Esc 를 눌러 쇼를 마칩니다.

전체 화면에서 비디오 재생하기

비디오의 크기를 아주 작게 만들고 '전체 화면에서 재생 옵션'을 설정한 후, 슬라이드 쇼에서 비디오를 클릭해 전체 화면으로 비디오를 재생할 수 있습니다. 슬라이드 공간이 부족한 경우나 비디오를 선택적으로 재생할 경우 유용합니다.

【예제 파일】 Sample\Theme05\비디오.pptx 2번 슬라이드　　【완성 파일】 Sample\Theme05\비디오(결과).pptx 2번 슬라이드

1 ❶ 2번 슬라이드에 ❷ 비디오를 삽입하고 크기를 아주 작게 만들어 배치합니다.

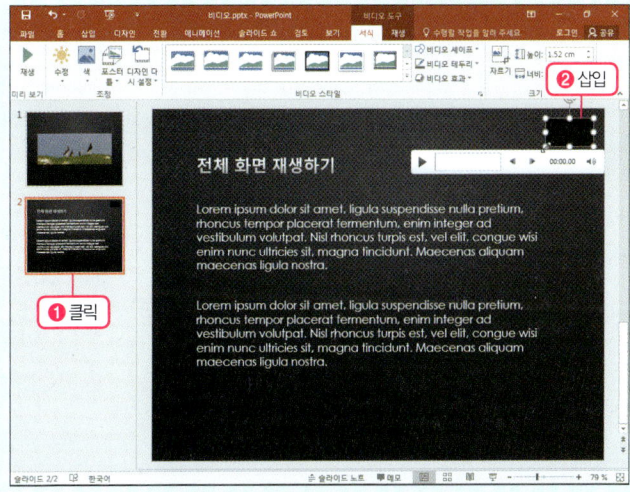

2 ❶ [비디오 도구] – [재생] 탭에서 ❷ [전체 화면 재생]을 선택한 후 ❸ 상태 표시줄에서 [슬라이드 쇼] ( ) 를 클릭합니다.

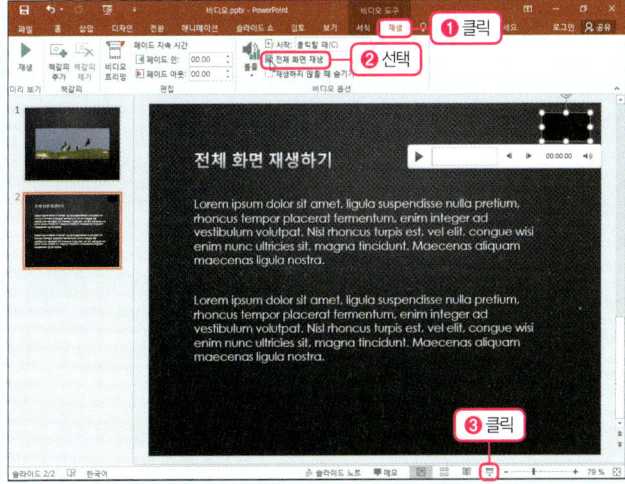

단축키 Shift + F5

Lesson 02 _ 비디오 삽입하고 편집하기　**247**

3 슬라이드 쇼 보기에서 비디오를 클릭하거나 [재생] 버튼(▶)을 클릭합니다.

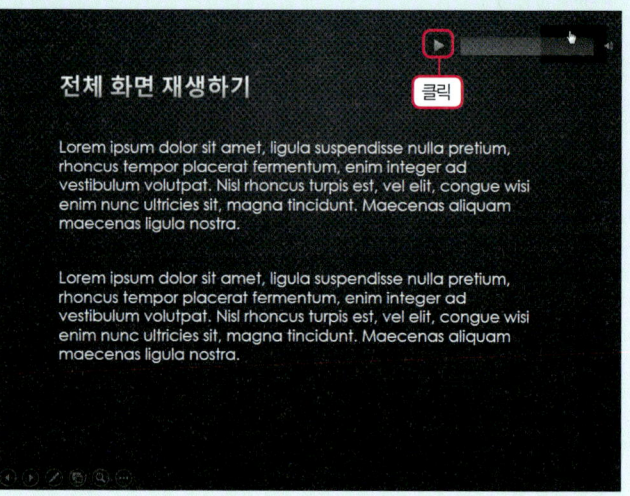

4 비디오가 전체 화면에서 재생됩니다. 비디오가 재생되는 것을 끝까지 보거나 재생 도중에서 Esc를 누릅니다.

5 비디오가 원래 상태가 됩니다. Esc를 눌러 쇼를 마칩니다.

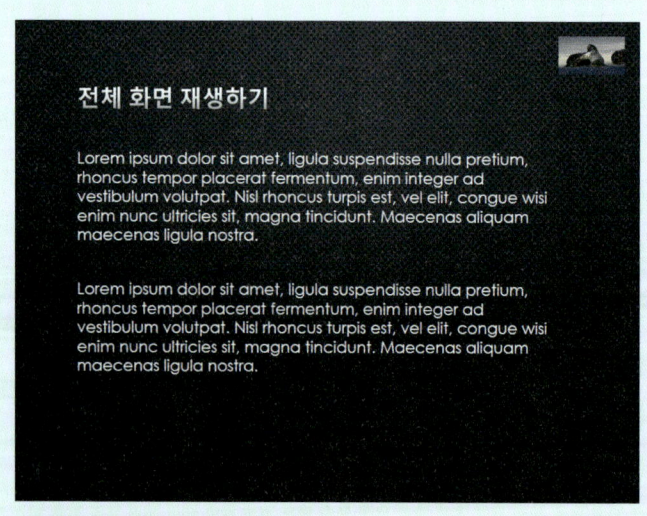

LESSON 03 오디오 삽입하고 편집하기

프레젠테이션에 오디오를 삽입하면 슬라이드 쇼에서 오디오를 재생해 들을 수 있습니다. 파워포인트는 mp3를 포함한 대부분의 오디오 파일을 재생할 수 있으며 기본적으로 삽입된 슬라이드에서만 재생되지만, 여러 슬라이드 또는 모든 슬라이드에서 재생되도록 옵션을 변경할 수도 있습니다.

핵심기능 오디오 삽입하기

[삽입] 탭에서 [오디오]를 클릭하고 메뉴에서 하나의 명령을 선택해 비디오를 추가할 수 있습니다.

❶ **내 PC의 오디오** 내 컴퓨터에 있는 오디오를 선택해 삽입합니다. 이렇게 삽입된 오디오는 현재 파워포인트 파일에 포함됩니다.

만약 오디오를 연결한 상태로 추가하고 싶다면 비디오를 선택한 후 ❶ [삽입] 버튼 오른쪽에 있는 메뉴 표시 버튼을 클릭하고 ❷ [파일에 연결]을 선택합니다. 이 경우 이 오디오가 그 자리에 있어야 오디오를 재생할 수 있게 됩니다.

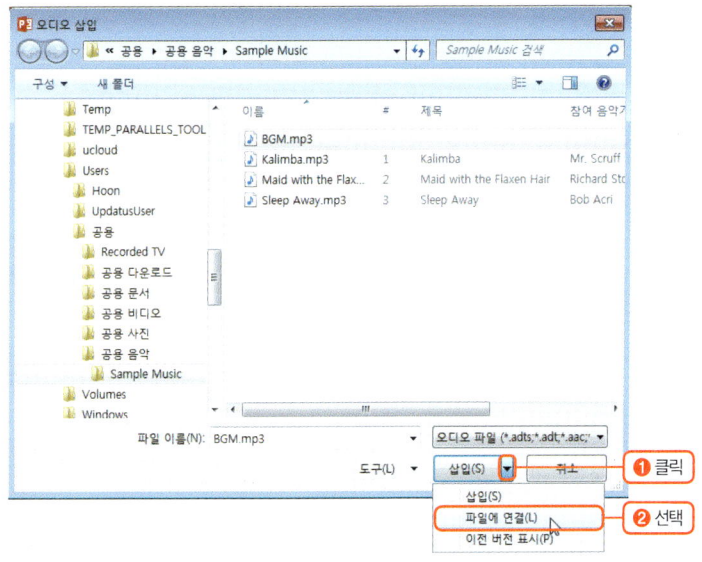

❷ **오디오 녹음** 표시되는 대화상자에서 [녹음] 버튼을 클릭하면 이제부터 말하는 모든 내용과 주변의 오디오를 녹음할 수 있습니다.

녹음 버튼 클릭

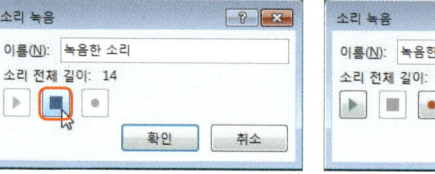
녹음 중지 버튼 클릭

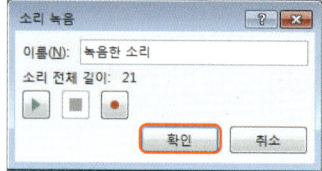
[확인] 클릭

핵심기능 오디오 재생 관련 명령

[오디오 도구] – [서식] 탭에 있는 명령

슬라이드에서 오디오 아이콘()을 선택한 후 [오디오 도구]-[재생] 탭을 열면 오디오 재생과 관련된 옵션을 변경할 수 있습니다.

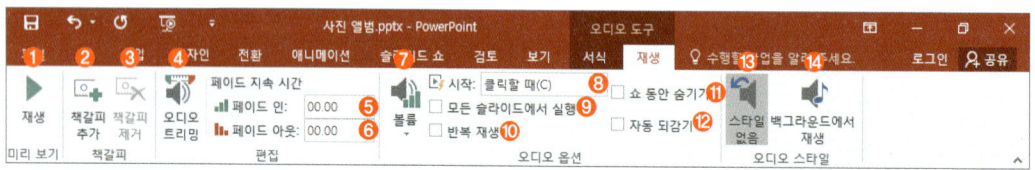

❶ **재생** 오디오를 재생합니다.

❷ **책갈피 추가** 오디오의 특정 부분에 책갈피를 추가합니다. 오디오를 재생할 때 이 책갈피를 클릭해 오디오에서 특정 부분으로 바로 이동할 수 있습니다.

❸ **책갈피 제거** 선택한 책갈피를 제거합니다.

❹ **오디오 트리밍** 오니오의 앞 또는 뒤쪽을 잘라낼 수 있습니다.

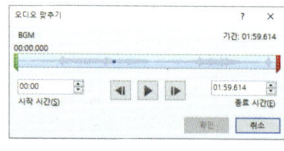
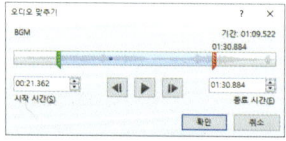

❺ **페이드 인** 오디오가 서서히 재생되도록 합니다.
❻ **페이드 아웃** 오디오가 서서히 들리지 않도록 합니다.
❼ **볼륨** 오디오의 기본 볼륨을 설정합니다.

○ 쇼 동안 숨기기 옵션 설정 시 주의할 점
이 옵션이 선택된 경우 슬라이드 쇼에서 이 오디오가 보이지 않기 때문에 마우스로 클릭할 수도 없습니다. 따라서 현재 오디오의 [시작] 방법이 [클릭할 때]로 설정되어 있으면 이 오디오를 재생하기 힘들어집니다. 따라서 이 옵션을 선택할 경우 [시작]은 [자동 재생]으로 설정하거나 이 오디오를 재생하는 다른 방법을 강구해야 합니다.

❽ **시작** 슬라이드 쇼 보기에서 오디오를 자동 실행할 것인지, 오디오를 마우스로 클릭했을 때 재생되도록 할 것인지를 결정합니다.

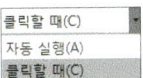

❾ **모든 슬라이드에서 재생** 오디오는 기본적으로 현재 슬라이드에서만 재생됩니다. 이 옵션을 선택하면 모든 슬라이드에서 재생할 수 있습니다.

❿ **반복 재생** 오디오가 계속해서 재생되도록 합니다.

⓫ **쇼 동안 숨기기** 슬라이드 쇼에서 비디오가 보이지 않도록 하다가 재생될 때만 나타나도록 합니다.

⓬ **자동 되감기** 오디오의 재생이 완료되면 첫 장면이 표시되도록 합니다.

⓭ **스타일 없음** 모든 슬라이드에서 실행, 반복 재생, 쇼 동안 숨기기 옵션을 모두 취소하며, 시작이 [자동 실행]으로 되어 있었다면 [클릭할 때]로 변경합니다.

⓮ **백그라운드에서 재생** 시작은 '자동 실행', 모든 슬라이드에서 실행, 반복 재생, 쇼 동안 숨기기 등과 같은 오디오 옵션이 모두 활성화됩니다. 이제 선택된 오디오는 모든 슬라이드에서 배경 음악처럼 들리게 됩니다.

[오디오 도구] – [서식] 탭에 있는 명령

슬라이드에서 오디오 아이콘() 선택하고 [오디오 도구] - [서식] 탭을 열면 오디오의 서식을 변경할 수 있는 각종 명령을 볼 수 있습니다. 이 도구는 그림 도구와 거의 같은 데다 오디오에서는 사실상 의미가 없어 설명하지 않았습니다.

TIP

파워포인트에서 삽입할 수 있는 오디오 형식

파일 형식	확장자
AIFF 오디오 파일	.aiff
AU 오디오 파일	.au
MIDI 파일	.mid 또는 .midi
MP3 오디오 파일	.mp3
Advanced Audio Coding – MPEG-4 오디오 파일	.m4a, .mp4
Windows 오디오 파일	.wav
Windows Media 오디오 파일	.wma

 오디오 재생 막대

기본 보기에서 슬라이드에 있는 오디오 아이콘(🔊)을 선택하면 오디오 아래에 재생 막대가 표시됩니다.

∷ 기본 보기에서 오디오 재생 막대

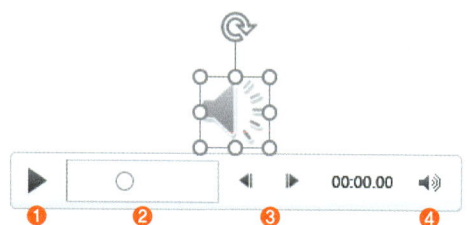

❶ **재생(▶)** 오디오를 재생합니다.
❷ **일시 중지(‖)** 오디오를 일시 중지시킵니다.
❸ **재생 상태 표시 막대** 오디오의 전체 길이와 재생되고 있는 지점을 알려줍니다. 마우스로 클릭해 원하는 위치로 점프할 수 있으며, 타원 모양의 책갈피(○)를 클릭해 그곳으로 직접 점프할 수도 있습니다.
❹ **0.25초 뒤로 이동(◀)/0.25초 앞으로 이동(▶)** 0.25초씩 뒤 또는 앞으로 이동해줍니다.
❺ **음소거(🔊)** 볼륨을 조정하거나 음소거를 할 수 있습니다.

∷ 슬라이드 쇼 보기에서 오디오 재생 막대

슬라이드 쇼에서 오디오 아이콘에 마우스 포인터를 위치시키면 오디오 하단에 오디오 재생 막대가 표시됩니다. 기본적으로 ❶ 재생(일시 중지), ❷ 재생 상태 표시 막대, ❸ 책갈피, ❹ 음소거 버튼이 표시됩니다. 각 버튼을 클릭해 실행하면 됩니다.

> ◐ **오디오를 클릭해 재생/일시 중지 가능**
> 슬라이드 쇼에서 오디오 재생 막대가 아니라 오디오 자체를 클릭해 재생하거나 일시 중지할 수도 있습니다.

오디오 삽입하고 트리밍하기

예제 파일 Sample\Theme05\사진 앨범.pptx **완성 파일** 오디오 저작권 때문에 완성 파일을 제공하지 못했습니다.

키 워 드 오디오, 트리밍
길라잡이 파워포인트에서 오디오 파일을 추가하고 오디오에서 앞쪽과 뒤쪽을 잘라낸 후, 페이드 인/아웃을 설정해 부드럽게 시작 및 종료되도록 만들어보겠습니다.

STEP 01 오디오 삽입하기

01 ❶ 2번 슬라이드에서 ❷ [삽입] 탭을 클릭한 후 ❸ [오디오]를 클릭하고 ❹ [내 PC에 있는 오디오]를 선택합니다.

● **오디오 연결하기**
파워포인트에서 오디오를 삽입하면 오디오는 현재 파워포인트 파일에 포함됩니다. 만약 오디오를 연결하고 싶다면 [오디오 삽입] 대화상자에서 오디오 파일을 선택한 후 [삽입] 버튼 오른쪽에 있는 메뉴 표시 버튼을 클릭하고 [파일에 연결]을 선택합니다. 이 경우 이 오디오 파일이 있어야 오디오를 재생할 수 있게 됩니다.

02 [오디오 삽입] 대화상자에서 ❶ 여러분의 컴퓨터에 있는 오디오 파일을 선택하고 ❷ [삽입]을 클릭합니다.

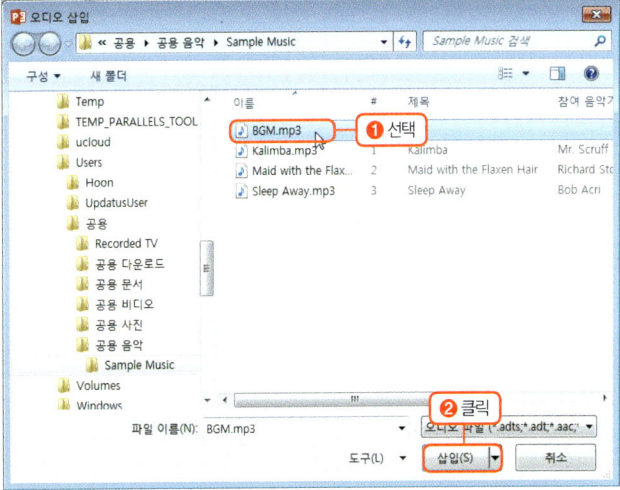

Lesson 03 _ 오디오 삽입하고 편집하기 253

03 현재 슬라이드에 오디오가 추가되고 오디오 아이콘( )이 표시됩니다. 오디오 아이콘을 드래그해 적당한 곳으로 이동합니다.

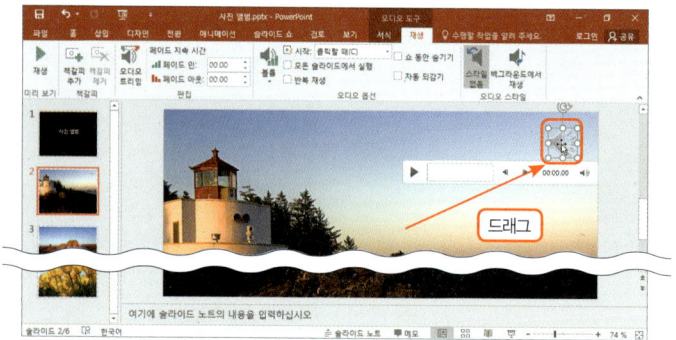

STEP 02 오디오 트리밍하고 자동 실행하기

01 ❶ 슬라이드에서 오디오 아이콘( )을 선택한 후 ❷ [오디오 도구] - [재생] 탭에서 ❸ [오디오 트리밍]을 클릭합니다.

02 [오디오 맞추기] 대화상자에서 ❶ [시작 시간( )]과 ❷ [종료 시간( )]을 변경한 후 ❸ [확인]을 클릭합니다.

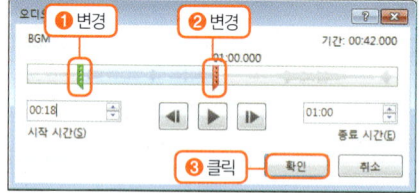

03 ❶ [페이드 인]과 [페이드 아웃] 값을 모두 3초로 변경하고 ❷ [쇼 동안 숨기기]를 선택한 후 ❸ [시작] 메뉴에서 ❹ [자동 실행]을 선택합니다.

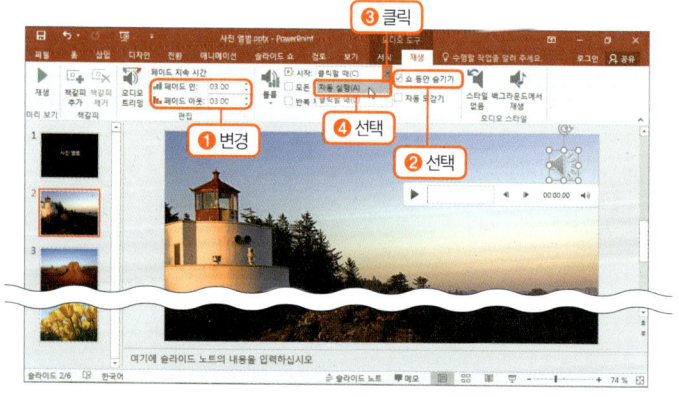

STEP 03 슬라이드 쇼에서 오디오 재생하기

● 단축키
Shift + F5

01 상태 표시줄에서 [슬라이드 쇼] (🖵)를 클릭합니다.

02 슬라이드 쇼에서 오디오 아이콘이 숨겨진 상태로 자동으로 오디오가 재생됩니다. 트리밍해서 설정된 부분이 서서히 페이드 인되면서 들리게 됩니다. 오디오가 재생되는 도중에 Enter를 눌러 다음 슬라이드로 전환합니다.

03 오디오 재생이 종료됩니다. 오디오는 기본적으로 삽입된 슬라이드에서만 재생되기 때문입니다. Esc를 눌러 쇼를 마칩니다.

여러 슬라이드에서 오디오 재생하기

[모든 슬라이드에서 재생] 옵션을 이용하면 모든 슬라이드에서 오디오를 재생할 수 있습니다. 하지만 일부 슬라이드에서만 오디오가 재생되도록 하고 싶다면 어떻게 해야 할까요? 그 방법을 알아보겠습니다.

【예제 파일】 Sample\Theme05\사진 앨범.pptx　　　【완성 파일】 오디오 저작권 때문에 완성 파일을 제공하지 못했습니다.

이번 기능 향상의 경우 앞선 [기능 실습(오디오 삽입하고 트리밍하기)] 편에서 실행했던 [사진 앨범.pptx]에서의 작업을 이어서 해보겠습니다. 만약 기능 실습 편을 실행하지 않은 분은 이 부분을 실행한 후, 다음부터 이어서 하세요.

1 ① 오디오를 삽입한 [2번 슬라이드]를 연 후 ② [애니메이션] 탭을 클릭하고 ③ [애니메이션 창]을 클릭해 애니메이션 창을 엽니다.

2 애니메이션 창에서 ① 오디오 애니메이션을 선택한 후 ② 메뉴 표시 버튼을 클릭하고 ③ [효과 옵션]을 선택합니다.

> **NOTE**
> **효과 옵션 명령을 실행하는 다른 방법**
> 애니메이션 창에서 오디오 애니메이션을 더블클릭합니다.

3 ❶ [재생 중지]에서 [지금부터]를 선택하고 ❷ [3]을 입력한 후 ❸ [확인]을 클릭합니다.

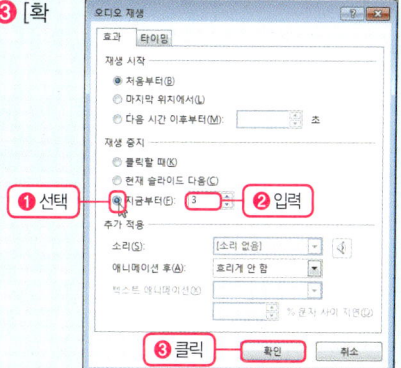

4 상태 표시줄에서 [슬라이드 쇼] ( )를 클릭합니다(단축키 Shift + F5).

5 슬라이드 쇼가 실행되고 자동으로 오디오가 재생됩니다. Enter 를 누릅니다.

6 다음 슬라이드로 전환돼도 오디오는 계속 재생됩니다. Enter 를 눌러 다음 슬라이드로 계속 전환합니다.

7 더 이상 오디오가 재생되지 않으면 Esc 를 눌러 쇼를 마칩니다.

 **01 그림의 특정 부분을 돋보기로 보는 것처럼 만들어보세요.**

그림의 특정 부분을 강조할 수 있다면 매우 인상적인 장면을 만들 수 있습니다. 문제는 한 장의 그림만으로는 이 작업이 힘들다는 점입니다. 해결 방법은, 그림을 복제하고 원본 그림에 포개 놓은 후, 복제한 그림에 자르기 기능을 활용해서 강조하고 싶은 부분만 남기는 것입니다. 그리고 뒤쪽에 있는 원본 그림을 밝기나 채도를 조정해 잘 안 보이도록 만들면 됩니다.

예제 파일 Sample\Theme05\실무 테크닉.pptx **완성 파일** Sample\Theme05\실무 테크닉(결과).pptx

Before

문제 해결
원본 그림을 복제하고 복제한 그림을 원본 그림에 꼭 맞춥니다. 자르기 기능으로 복제한 그림에서 강조하고 싶은 부분만 남기고 잘라낸 후, 도형에 맞춰 자르기로 타원 모양을 만들어 돋보기에 맞춥니다. 뒤쪽에 있는 원본 그림의 밝기를 조정하고 채도를 변경해 어둡게 만듭니다. 돋보기를 앞으로 이동하고 위치를 조정해 완성합니다.

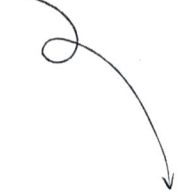

After

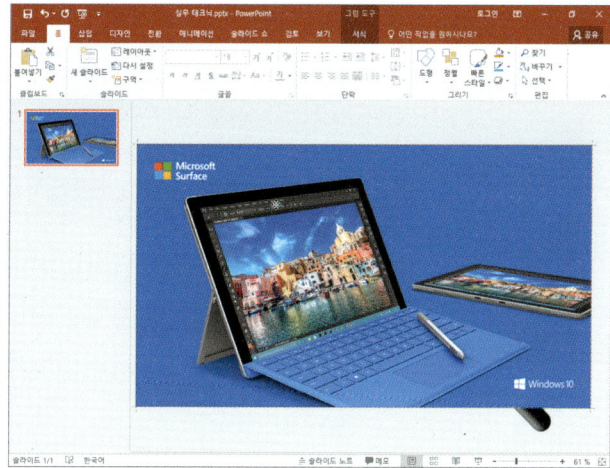
복제 후 원본 그림에 맞추기

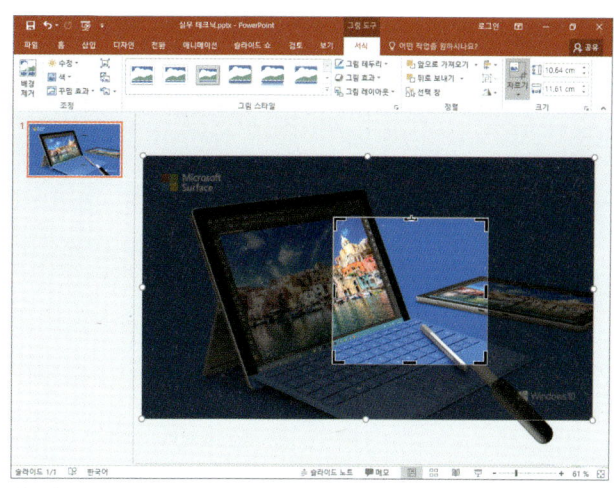
자르기

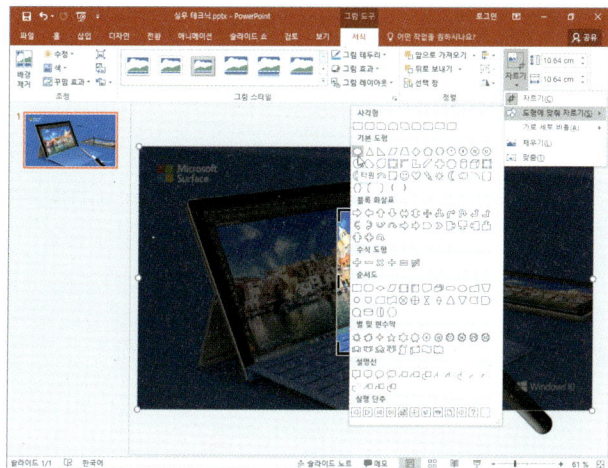
타원에 맞춰 자르기

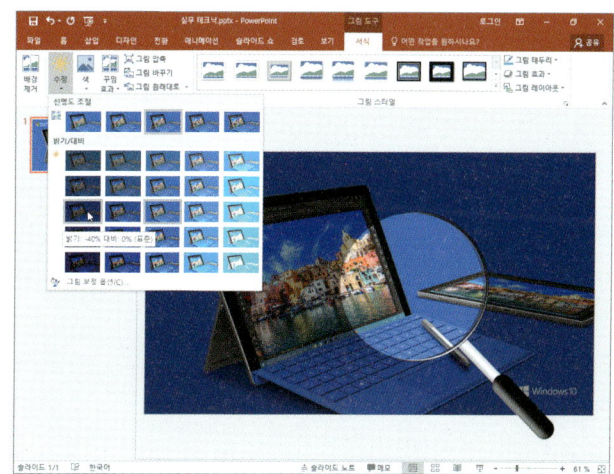
밝기 조정하기

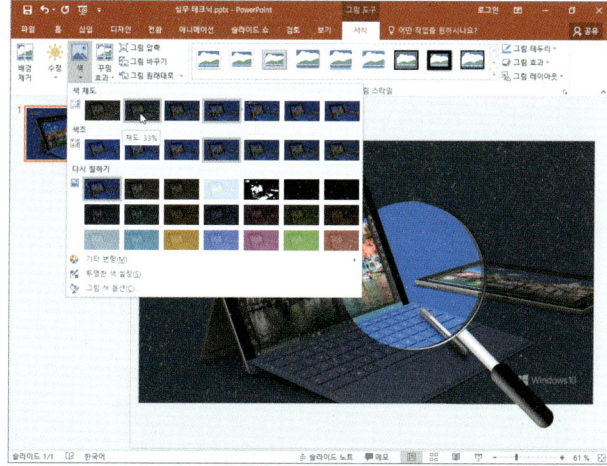
채도 변경하기

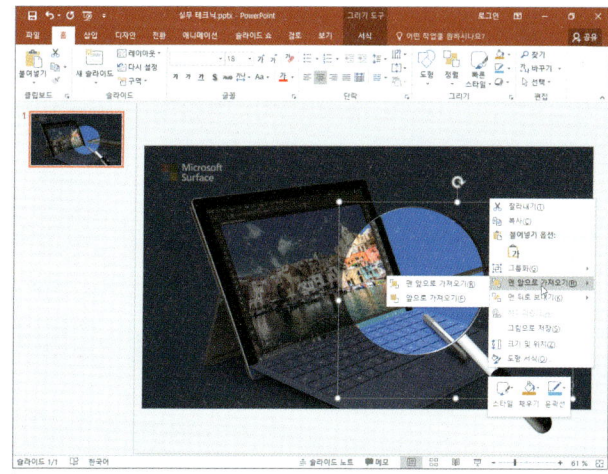
맨 앞으로 가져오기

262 애니메이션으로 청중의 시선 유도하기

281 전환 효과로 슬라이드에 특별한 모습 적용하기

288 하이퍼링크로 슬라이드 연결하기

THEME 06

애니메이션, 전환, 하이퍼링크 설정하기

애니메이션은 개체를 하나씩 표시하거나 사라지도록 해주고, 전환은 현재 슬라이드가 파동을 치며 나타나거나, 문이 활짝 열리는 것처럼 보이도록 함으로써 청중이 시선을 끄는 역할을 합니다. 하이퍼링크는 슬라이드 쇼에서 특정 개체를 클릭하면 연결된 다른 슬라이드, 다른 프레젠테이션, 웹 페이지가 열리도록 할 수 있습니다. 이번 테마에서는 이렇게 쇼 보기에서 개체에 움직임을 주거나 갑자기 다른 화면을 보여줌으로써 청중의 흥미를 끄는 동적 프레젠테이션을 만드는 방법을 알아보겠습니다.

LESSON 01 애니메이션으로 청중의 시선 유도하기

애니메이션은 개체를 하나씩 나타나거나, 사라지거나, 색이 바뀌거나, 다른 곳으로 이동하는 역할을 하는 것으로 슬라이드에 개체가 많을 때 스크린에서 현재 어떤 부분을 봐야 하는지를 명확하게 해주기 때문에 발표의 주목성에 크게 도움을 줍니다. 애니메이션을 다루는 방법에 대해 알아보겠습니다.

핵심기능 › 애니메이션 관련 기능

개체를 선택하고 [애니메이션] 탭에서 애니메이션을 선택하면 애니메이션과 관련된 기능 및 옵션을 사용할 수 있습니다. 애니메이션 관련 기능을 알아보겠습니다.

[애니메이션] 탭에서 제공하는 기능

미리 보기

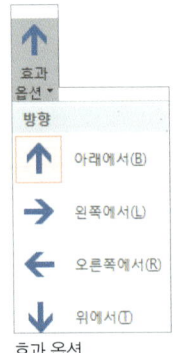
효과 옵션

❶ **미리 보기** 현재 보기에서 애니메이션을 재생합니다. 미리 보기 메뉴를 열고 [자동 미리 보기] 옵션을 선택 해제하면 개체에 애니메이션을 적용했을 때 자동으로 미리 보여지는 것을 막을 수 있습니다.

❷ **애니메이션** 애니메이션을 선택합니다. [자세히] 버튼(▾)을 클릭하면 좀 더 많은 애니메이션을 볼 수 있습니다.

❸ **효과 옵션** 선택된 애니메이션에 적용할 수 있는 옵션이 표시됩니다. 예를 들어, [닦아내기] 애니메이션에는 닦아내기 방향을 선택할 수 있습니다.

❹ **애니메이션 추가** 한 개체에 두 개 이상의 애니메이션을 적용하고 싶을 때 사용합니다.

❺ **애니메이션 창** 애니메이션 창을 표시합니다.

❻ **트리거** 슬라이드에 있는 어떤 개체를 클릭하거나 동영상의 특정 책갈피에서 현재 애니메이션이 실행되도록 합니다.

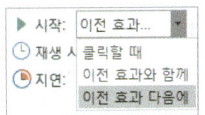
시작

❼ **애니메이션 복사** 특정 개체에 적용된 애니메이션을 다른 개체에 복사할 수 있습니다.

❽ **시작** 애니메이션의 시작 방법을 선택합니다.

❾ **재생 시간** 애니메이션 재생 시간을 설정합니다.

❿ **지연** 애니메이션의 지연 시간을 설정합니다.

⓫ **앞으로 이동/뒤로 이동** 애니메이션의 순서를 변경합니다.

∷ 애니메이션 창

○ 애니메이션 창 표시하기
[애니메이션] 탭에서 [애니메이션 창]을 선택합니다.

현재 슬라이드에 있는 개체에 적용된 애니메이션의 실행 순서, 종류, 시작 방법, 시간 등과 같은 정보를 보여주고, 사용자가 애니메이션의 순서를 바꾸거나 세부 옵션을 변경할 수 있도록 해줍니다. 애니메이션이 복잡하면 복잡할수록 이런 정보를 확인하면서 작업하는 것이 좋으므로 애니메이션을 실행할 때는 가급적 이 창을 표시해놓을 것을 권장합니다.

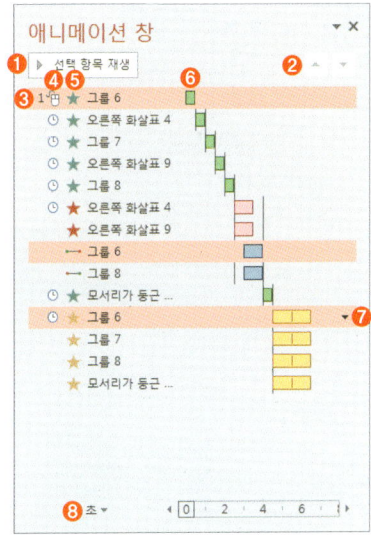

❶ **선택 항목 재생/재생 시작/모두 재생** 버튼을 클릭해 기본 보기에서 애니메이션을 재생할 수 있습니다. 애니메이션이 선택되어 있다면 [선택 항목 재생], 한 개의 애니메이션만 선택되어 있을 때는 [재생 시작], 아무런 애니메이션도 선택되어 있지 않을 때는 [모두 재생]으로 이름이 바뀝니다.

❷ **앞으로 이동(▲)/뒤로 이동(▼)** 애니메이션의 순서를 변경합니다.

❸ **번호** 애니메이션 순서를 표시합니다.

❹ **시작**
- 🖱: 클릭할 때
- 🕐: 이전 효과 다음에
- 아이콘 없음: 이전 효과와 함께

❺ **애니메이션 종류**
- ★: 나타내기
- ★: 강조
- ★: 끝내기
- ─: 이동 경로

❻ **재생 시간(▭)** 재생 시간을 표시합니다. 재생 시간이 길면 길수록 직사각형의 너비가 넓어집니다. 직사각형의 색은 애니메이션의 종류(녹색: 나타내기, 노랑: 강조, 빨강: 끝내기, 파랑: 이동 경로)를 의미합니다. 간혹 (▶)이 표시되는데 이것은 나타내기와 같이 재생 시간이 없는 애니메이션임을 알려줍니다.

❼ **애니메이션 메뉴** 애니메이션의 오른쪽에 있는 (▼)를 클릭하고 표시되는 메뉴에서 시작 방법과 애니메이션 관련 명령을 선택할 수 있습니다.

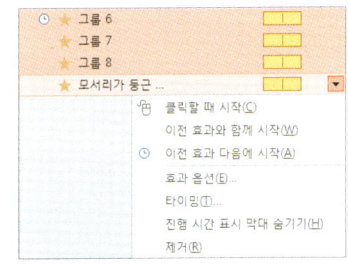
애니메이션 메뉴

- 클릭할 때 시작: 슬라이드 쇼에서 마우스 왼쪽 버튼을 클릭하거나 [Enter]를 눌렀을 때 애니메이션이 실행됩니다.
- 이전 효과와 함께 시작: 이전 애니메이션과 함께 시작합니다.

○ [효과 옵션] 대화상자를 표시하는 다른 방법
애니메이션 창에서 애니메이션을 더블클릭합니다.

- 이전 효과 다음에 시작: 이전 애니메이션이 실행된 후, 자동으로 실행됩니다.
- 효과 옵션: [효과 옵션] 대화상자를 표시합니다.
- 타이밍: [타이밍] 대화상자를 표시합니다.
- 진행 시간 표시 막대 숨기기: 진행 시간 표시 막대를 숨깁니다.
- 제거: 애니메이션을 삭제합니다.

❽ 확대/축소(초▼) 재생 시간을 확대 또는 축소합니다.

❾ 애니메이션 진행시간 표시 막대(◀ 0 ˙ 2 ˙ 4 ▶) 애니메이션의 시간을 표시해주며, 왼쪽/오른쪽에 있는 삼각형을 클릭하거나 타임라인 안에 있는 사각형을 드래그해 애니메이션을 탐색할 수 있습니다.

애니메이션이 적용된 개체 주변에 나타나는 표식

슬라이드에 있는 개체에 애니메이션을 적용하고 [애니메이션] 탭이나 애니메이션 창이 표시되어 있다면 개체 주변에 번호 라벨과 이동 경로가 표시됩니다.

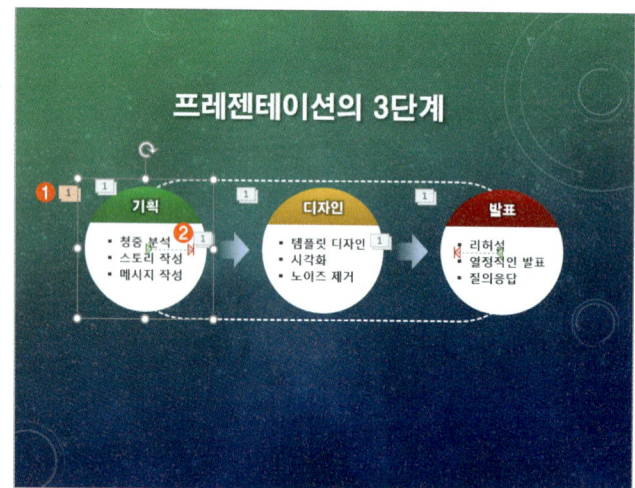

❶ 애니메이션 번호 라벨
- 1 : 애니메이션 순서를 표시합니다.
- 1 : 선택된 애니메이션임을 알려줍니다.
- 1 : 개체에 두 개 이상의 애니메이션이 적용되었을 알려줍니다.

❷ 이동 경로 이동 경로 애니메이션이 적용되었을 때 표시되는 것으로 (▷)은 이동 경로의 시작 지점에, (▷|)은 이동 경로의 종료 지점에 표시됩니다.

애니메이션 적용 및 복사하기

예제 파일 Sample\Theme06\애니메이션01.pptx **완성 파일** Sample\Theme06\애니메이션01(결과).pptx

키 워 드 효과 옵션, 재생 시간, 시작 방법, 순서 변경, 애니메이션 복사

길라잡이 개체에 애니메이션을 적용하고 효과 옵션, 재생 시간, 시작 방법, 순서 등을 변경한 후, 애니메이션을 복사하는 등 파워포인트에서 애니메이션을 사용할 때 꼭 알아야 할 기능을 알아보겠습니다.

STEP 01 애니메이션 적용하고 방향 바꾸기

○ 개체를 그룹으로 묶으세요
개체에 애니메이션을 적용하면 개체 숫자만큼 애니메이션 숫자도 많아집니다. 애니메이션을 다루는 것도 그만큼 힘들어지죠. 따라서 애니메이션을 적용하기 전에 여러 개체들을 그룹으로 묶어놓는 것이 좋습니다. 애니메이션 적용도 쉽고 수정 또한 용이하기 때문입니다.

01 ❶ [애니메이션] 탭에서 ❷ [애니메이션 창]을 클릭해 애니메이션 창을 표시한 후 ❸ 슬라이드에서 [기획] 그룹 개체를 선택하고 ❹ Shift 를 누른 상태에서 [디자인], [발표] 그룹 개체를 차례로 클릭해 선택한 후 ❺ 애니메이션 영역에서 [자세히] 버튼(▼)을 클릭합니다.

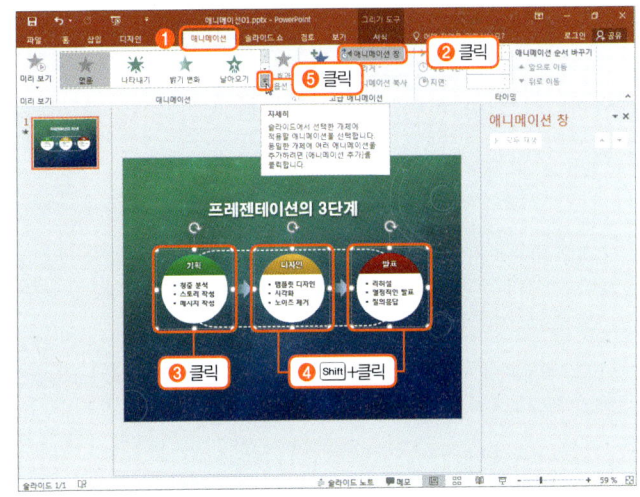

02 [추가 나타내기 효과]를 클릭합니다.

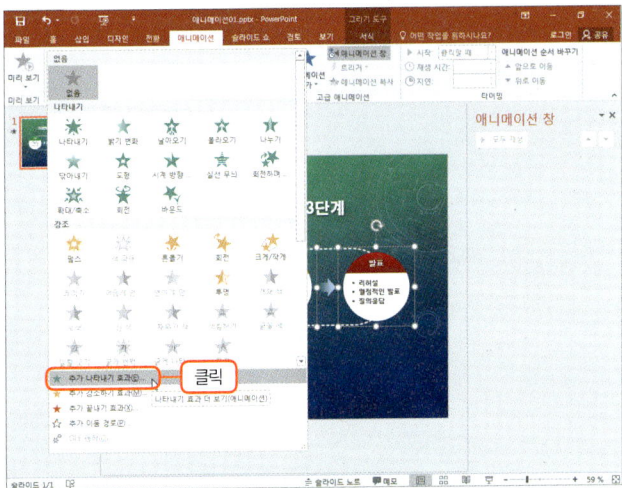

03 ① [확장]을 선택하고 ② [확인]을 클릭합니다.

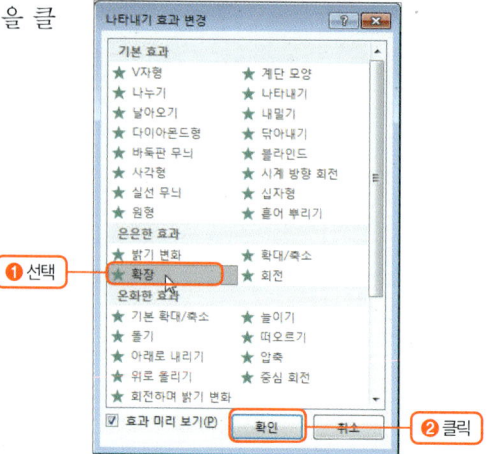

○ 재생 시간을 짧게 하세요
애니메이션 재생 시간이 길면 지루하다는 느낌을 줄 수 있습니다. 따라서 특별한 경우가 아니라면 재생 시간을 1초 이내로 설정하는 것이 좋습니다.

04 [재생 시간]을 [0.5]로 변경합니다.

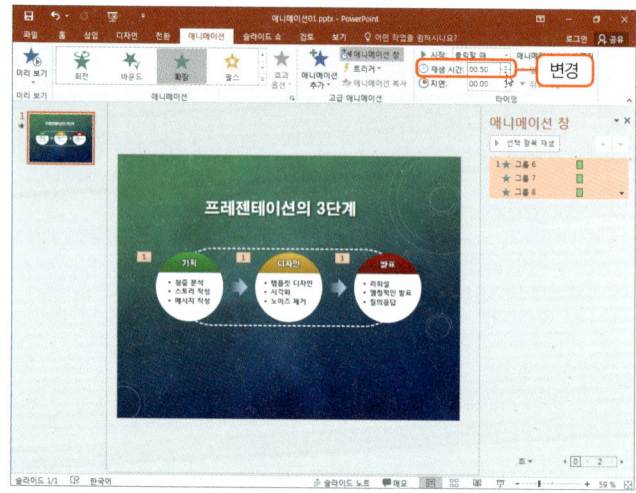

STEP 02 애니메이션 복사하기

○ 애니메이션 방향에 유의하세요
화살표와 같이 방향이 있는 개체의 경우 닦아내기와 같이 방향이 있는 애니메이션을 적용한 후, 화살표의 방향대로 애니메이션 방향을 일치시키는 것이 좋습니다. [효과 옵션]을 통해 방향을 선택할 수 있습니다.

01 ① 슬라이드에서 왼쪽에 있는 블록 화살표를 선택하고 ② [닦아내기] 애니메이션을 선택한 후 ③ [효과 옵션]을 클릭하고 ④ [왼쪽에서]를 선택합니다.

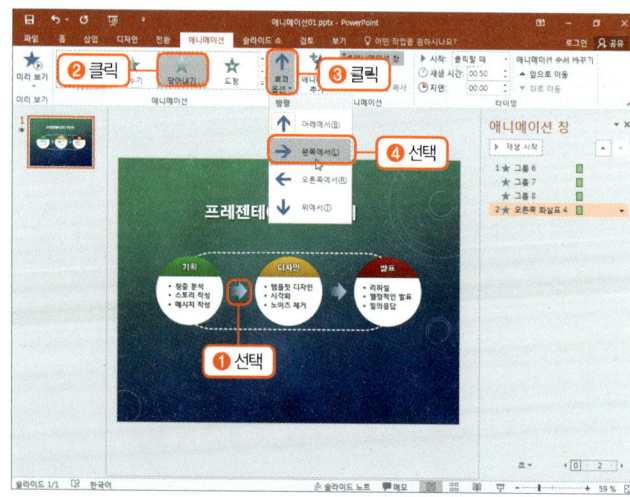

○ 애니메이션 복사 명령 단축키
Alt + Shift + C

02 ① 슬라이드에서 방금 애니메이션을 적용한 블록 화살표를 다시 한 번 선택하고 ② [애니메이션 복사]를 클릭합니다.

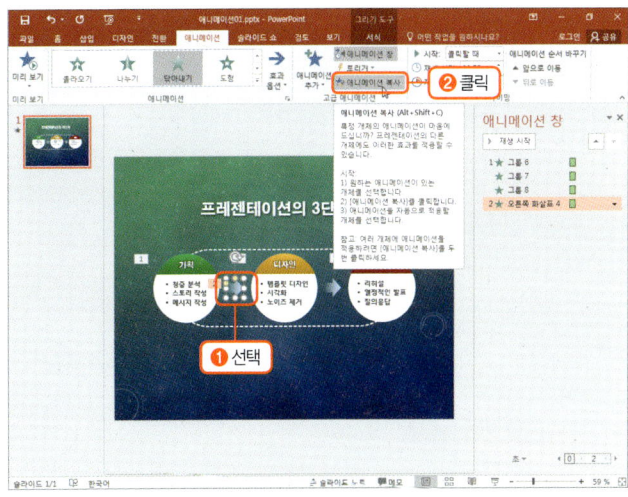

03 마우스 포인터에 붓(🖌)이 표시되면 오른쪽에 있는 블록 화살표를 클릭합니다.

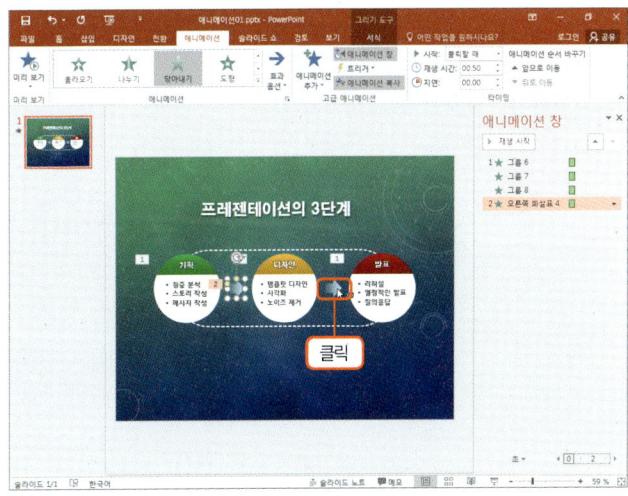

○ 애니메이션 연속 복사하기
[애니메이션 복사] 버튼을 더블클릭합니다. 여러 개체를 클릭해 애니메이션을 적용할 수 있습니다. 애니메이션 복사를 마치려면 Esc 를 누르거나 슬라이드의 빈 곳을 클릭합니다.

04 앞서 복사했던 애니메이션이 클릭한 개체에 적용됩니다.

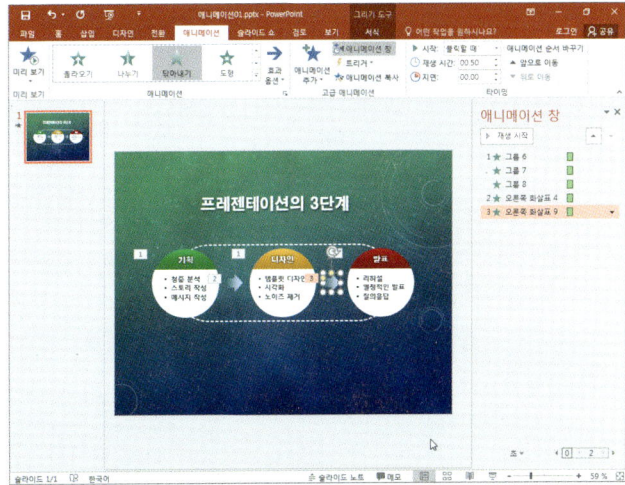

Lesson 01 _ 애니메이션으로 청중의 시선 유도하기 **267**

STEP 03 애니메이션 순서 변경하기

01 애니메이션 창에서 [2번] 애니메이션을 [1번] 애니메이션 바로 밑으로 드래그합니다.

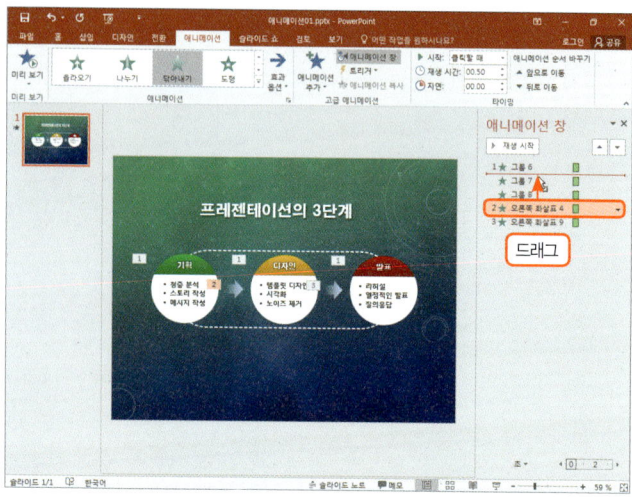

● 애니메이션 순서를 바꾸는 다른 방법
애니메이션을 선택하고 [앞으로 이동] 버튼(▲)/[뒤로 이동] 버튼(▼)을 클릭합니다.

02 애니메이션이 드래그한 곳으로 이동합니다. 애니메이션 창에서 맨 아래에 있는 [3번] 애니메이션을 [그룹 7] 애니메이션 밑으로 드래그합니다.

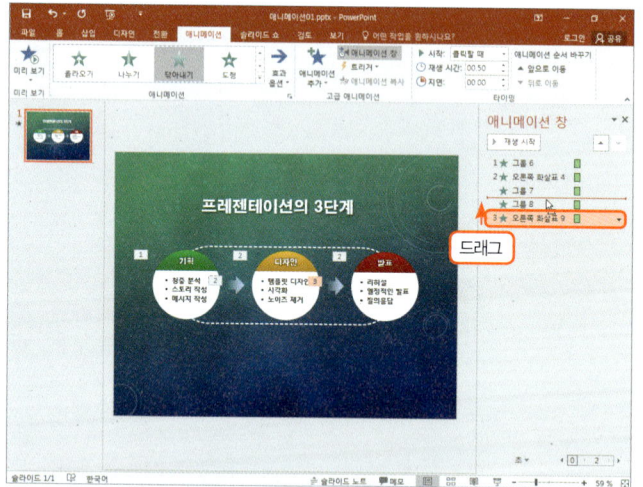

03 애니메이션이 드래그한 곳으로 이동합니다.

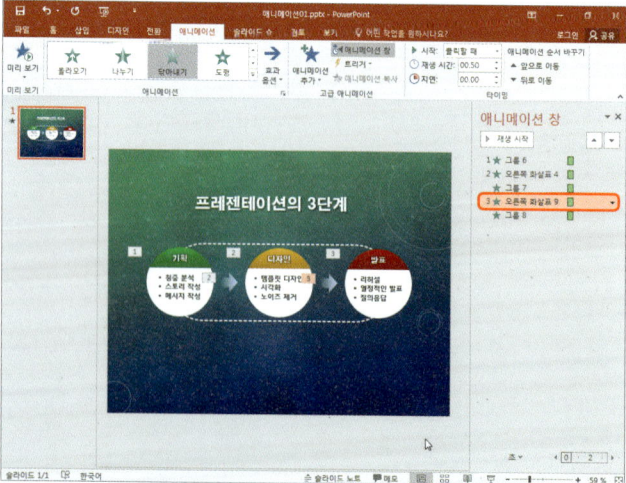

STEP 04 시작 방법 변경하기

○ **애니메이션 창에서 여러 애니메이션 선택 방법**
- Shift 이용: A 애니메이션을 클릭하고 Shift를 누른 상태에서 D 애니메이션을 클릭하면, 클릭한 A와 D 애니메이션은 물론 그 안에 있는 B, C도 선택됩니다.
- Ctrl 이용: A 애니메이션을 클릭하고 Ctrl을 누른 상태에서 D 애니메이션을 클릭하면, 클릭한 A와 D만 선택할 수 있습니다.
- Ctrl + A 누르기: 아무 애니메이션이나 클릭하고 Ctrl + A를 누르면 모든 애니메이션을 선택할 수 있습니다.

01 ❶ 애니메이션 창에서 [2번] 애니메이션을 선택하고 ❷ Shift를 누른 상태에서 맨 아래에 있는 애니메이션을 클릭해 선택합니다.

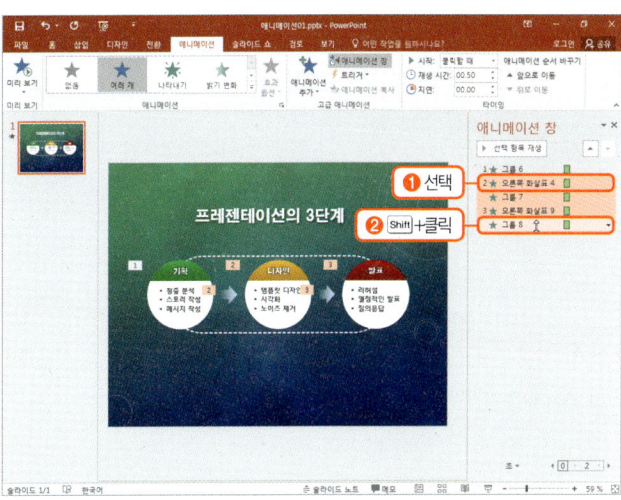

02 ❶ [시작] 메뉴를 열고 ❷ [이전 효과 다음에]를 선택합니다.

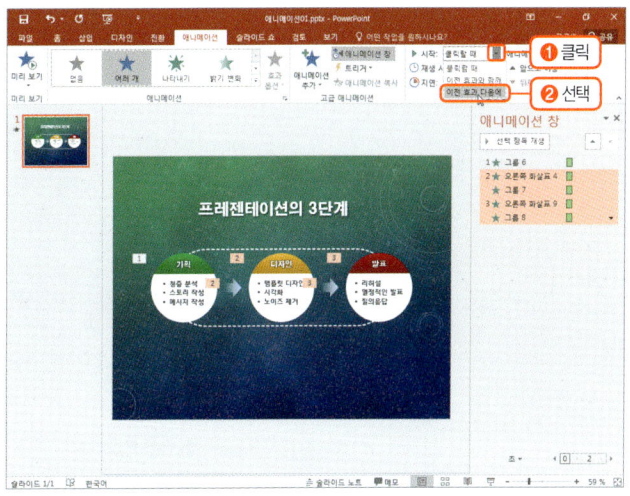

○ **애니메이션을 확인하는 다른 방법**
- 애니메이션 창에서 [선택 항목 재생] 버튼을 클릭합니다. 선택되어 있는 애니메이션만 재생됩니다.
- 파워포인트 창 오른쪽 하단에서 [슬라이드 쇼] 버튼( )를 클릭하거나 단축키인 Shift + F5를 눌러 슬라이드 쇼를 실행하고 Enter 나 마우스 왼쪽 버튼을 클릭해 애니메이션을 실행할 수도 있습니다.

03 애니메이션 창에서 선택되어 있던 애니메이션의 녹색 사각형이 오른쪽으로 들여쓰기 되는 것을 볼 수 있습니다. 애니메이션이 실행된 다음에 순서대로 다음 애니메이션이 실행된다는 의미입니다.

[애니메이션] 탭에서 [미리 보기] 버튼(★)을 클릭합니다. 기본 보기에서 결과를 미리 볼 수 있습니다.

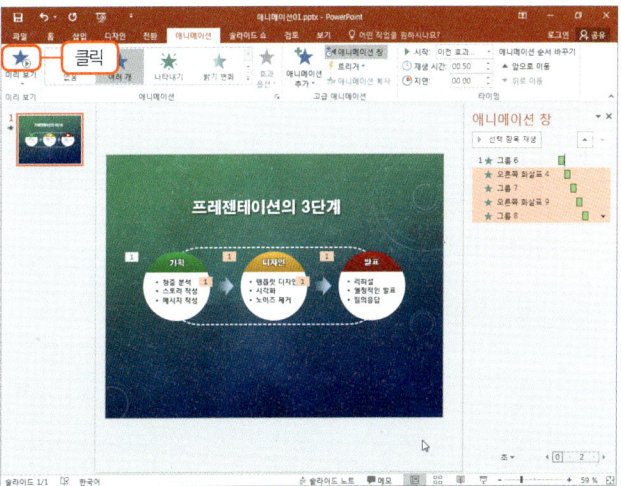

끝내기 및 이동 경로 애니메이션 적용하기

예제 파일 Sample\Theme06\애니메이션02.pptx　　　**완성 파일** Sample\Theme06\애니메이션02(결과).pptx

키 워 드　끝내기, 이동 경로
길라잡이　블록 화살표에 끝내기 애니메이션을 적용해 사라지도록 하고 그룹 개체에 이동 경로 애니메이션을 적용해 특정 방향으로 이동하는 방법을 알아보겠습니다.

STEP 01 끝내기 애니메이션 적용하기

01　❶ 슬라이드 왼쪽에 있는 블록 화살표를 선택하고 ❷ Shift 를 누른 상태에서 오른쪽에 있는 블록 화살표를 클릭해 선택합니다.

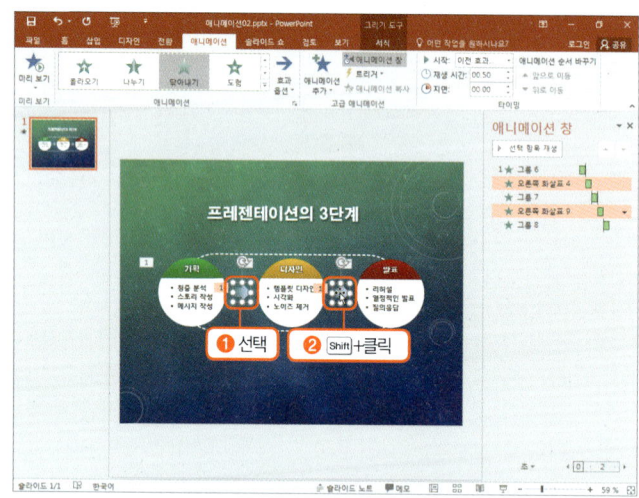

● **애니메이션 추가 시 주의할 점**
한 개체에 두 개 이상의 애니메이션을 적용할 때는 반드시 [애니메이션 추가]를 클릭해 애니메이션을 선택해야 합니다. 애니메이션 목록에서 애니메이션을 선택하면 이전에 적용되어 있던 애니메이션이 삭제되기 때문입니다.

02　❶ [애니메이션 추가]를 클릭하고 ❷ [끝내기]에서 [가라앉기]를 선택합니다.

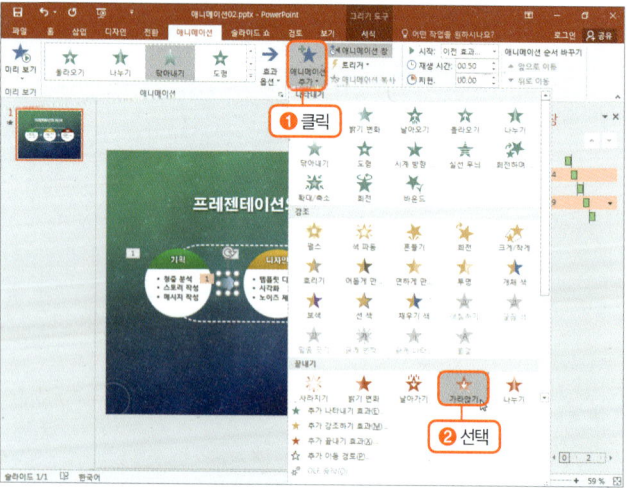

03 ① 애니메이션 창에서 [2번] 애니메이션을 선택한 후 ② [시작] 메뉴를 열고 ③ [이전 효과 다음에]를 선택합니다.

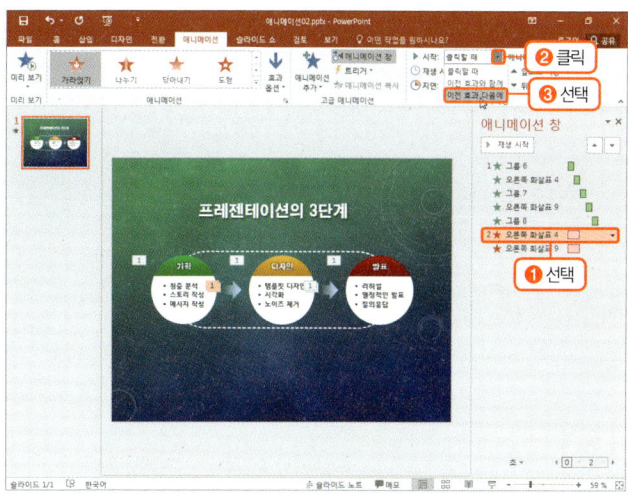

STEP 02 이동 경로 애니메이션 적용하기

01 ① 슬라이드에서 [기획] 그룹 개체를 선택하고 ② Shift 를 누른 상태에서 [발표] 그룹 개체를 선택합니다.

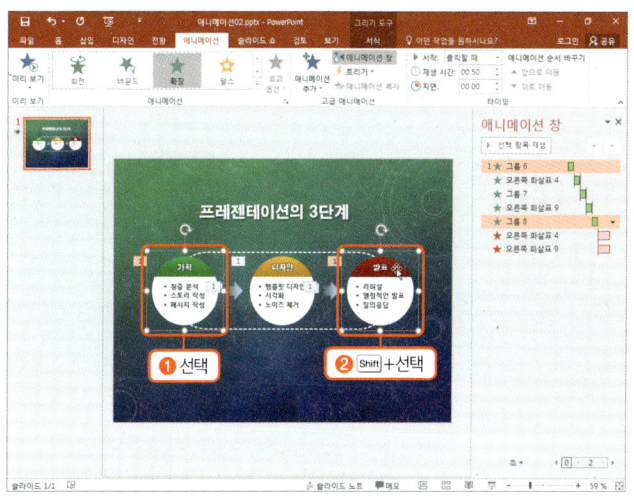

02 ① [애니메이션 추가]를 클릭하고 [이동 경로]에서 ② [선]을 선택합니다.

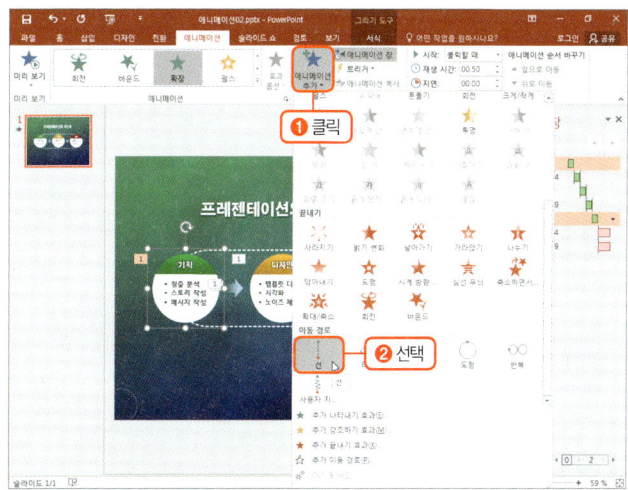

○ **개체 선택하고 효과 옵션 변경하기**

한 개의 개체에 한 개의 애니메이션이 적용된 경우라면 애니메이션 창에서 애니메이션을 선택하는 대신, 슬라이드에서 개체를 선택하고 [효과 옵션]을 클릭해 옵션을 변경할 수 있습니다. 하지만 이번 실습에서처럼 한 개체에 여러 개의 애니메이션을 적용한 경우 슬라이드에서 개체를 클릭하면 애니메이션에 [여러 개]가 표시되며, [효과 옵션]을 변경할 수 없는 상태가 됩니다. 따라서 반드시 애니메이션 창에서 애니메이션을 선택하고 효과 옵션을 변경해야 합니다.

03 ❶ 애니메이션 창에서 [2번] 애니메이션을 선택한 후 ❷ [효과 옵션]을 클릭하고 ❸ [오른쪽]을 선택합니다.

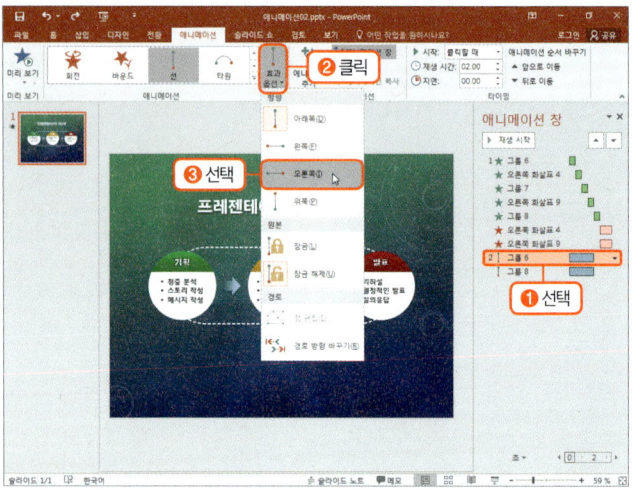

04 ❶ 상태 표시줄에서 [확대](+)를 몇 번 클릭해 화면을 확대하고 ❷ [기획] 그룹 개체에 표시된 이동 경로를 클릭합니다.

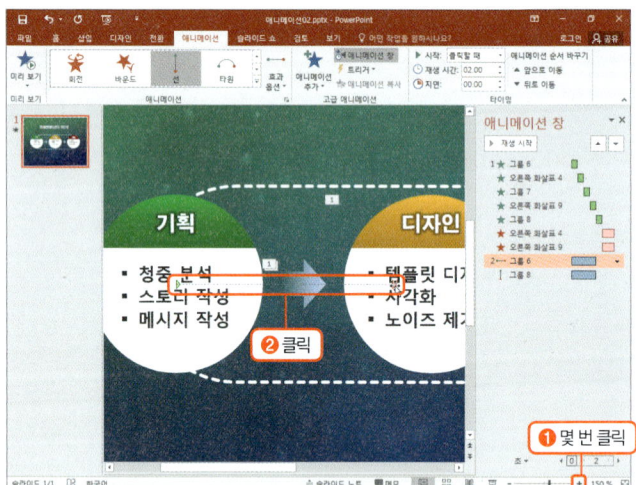

○ **이동 경로 표식의 변화**

개체에 이동 경로 애니메이션을 적용하면 처음에는 아래와 같은 모습을 갖고 있습니다.

▷--------▷

이 경로를 클릭하면 아래 그림처럼 변경되며, 동그라미 핸들을 드래그해 경로의 시작 위치와 종료 위치를 변경할 수 있습니다.

05 이동 경로의 종료 지점 표시 아이콘(●)에 마우스 포인터를 위치시킵니다.

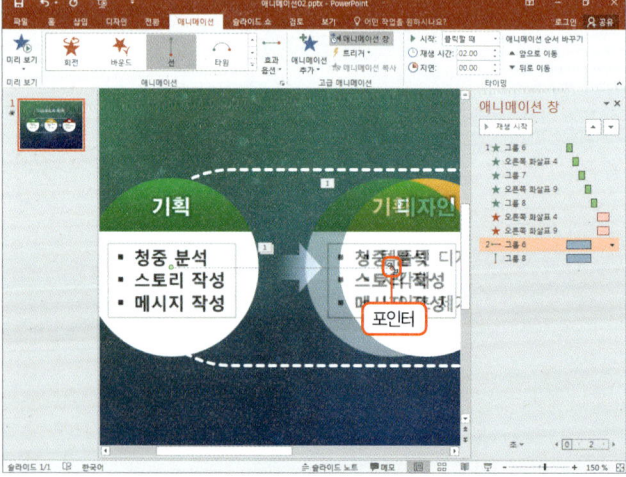

● Shift의 역할

일반적인 선과 마찬가지로 이동 경로의 종료 지점 표시 아이콘(○)에 마우스 포인터를 위치시키고 Shift를 누른 상태에서 드래그하면 수평이나 수직으로 이동할 수 있습니다.

06 Shift를 누른 상태에서 왼쪽으로 드래그해 아래 그림처럼 수평 이동합니다.

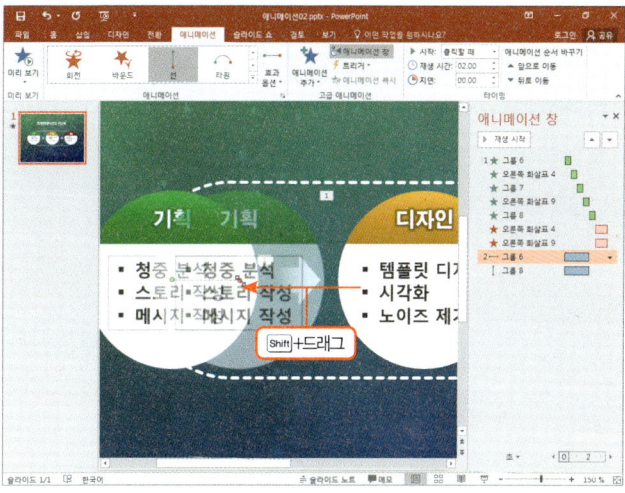

07 ❶ 애니메이션 창에서 맨 아래에 있는 경로 애니메이션을 선택한 후 ❷ [효과 옵션]을 클릭하고 ❸ [왼쪽]을 선택합니다.

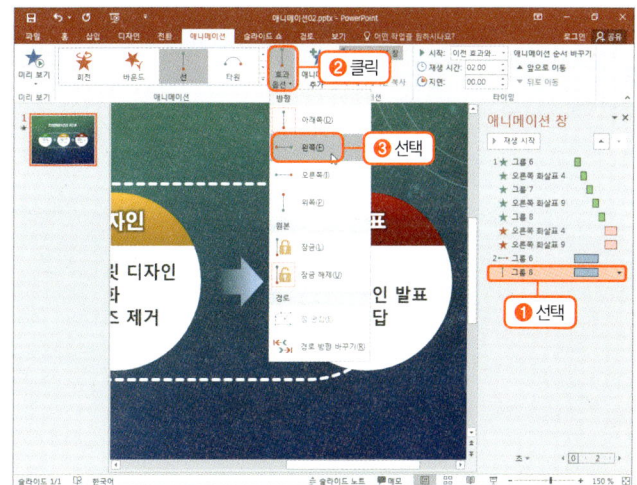

08 [발표] 그룹 개체에 표시된 이동 경로를 클릭합니다.

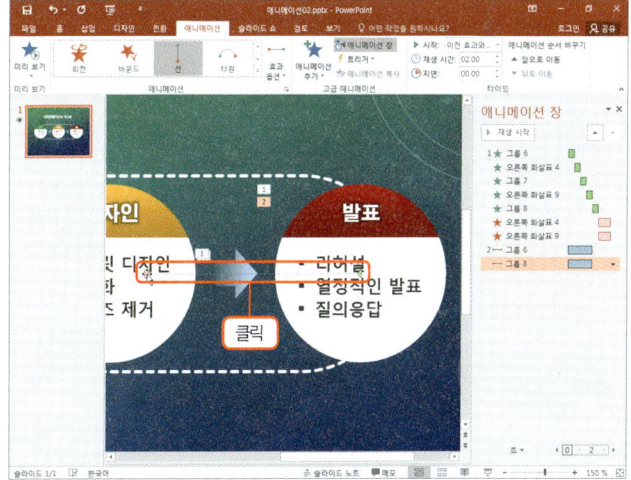

09 ① 이동 경로의 종료 지점 표시 아이콘(○)에 마우스 포인터를 위치시킨 후 ② Shift를 누른 상태에서 오른쪽으로 드래그해 아래 그림처럼 수평 이동합니다.

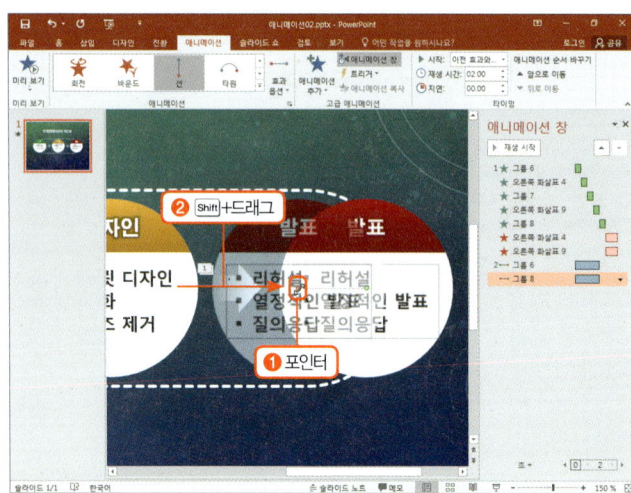

STEP 03 재생 시간 및 시작 방법 변경하기

01 ① 상태 표시줄 맨 오른쪽에 있는 [창에 맞춤](▣)을 클릭해 전체 화면을 본 후 ② 애니메이션 창에서 현재 맨 아래에 있는 이동 경로 애니메이션이 선택되어 있는 상태임을 확인하고 ③ Shift를 누르고 [2번] 애니메이션을 클릭해 선택하고 ④ [재생 시간]을 [1]초로 변경합니다.

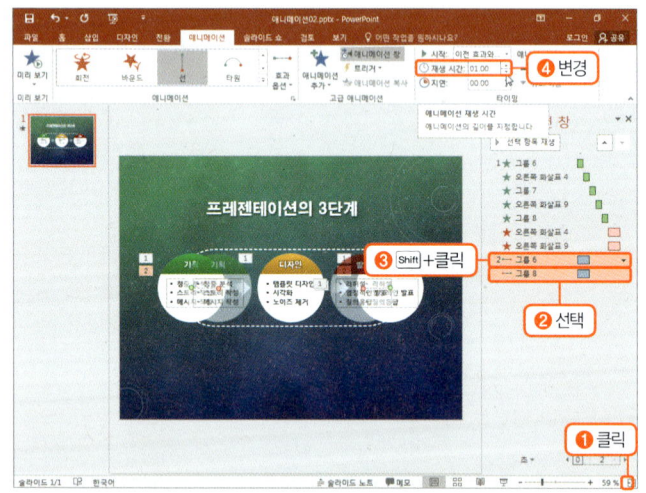

02 ① 애니메이션 창에서 [2번] 애니메이션을 선택한 후 ② [시작] 메뉴에서 ③ [이전 효과 다음에]를 선택합니다.

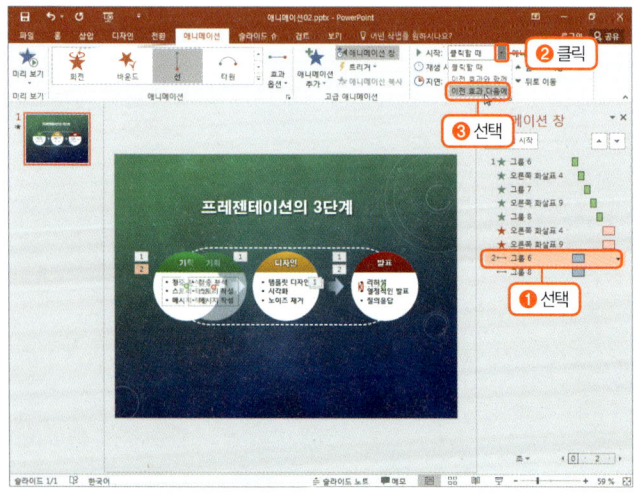

강조 애니메이션 적용 및 반복 설정하기

예제 파일 Sample\Theme06\애니메이션03.pptx　　**완성 파일** Sample\Theme06\애니메이션03(결과).pptx

키 워 드 강조, 반복 설정하기
길라잡이 개체에 흔들기 강조 애니메이션을 적용해 좌우로 흔들흔들 거리도록 만들고, 타이밍의 반복 기능을 이용해 이 애니메이션을 두 번 반복해 보겠습니다.

STEP 01 밝기 변화 애니메이션 적용하기

01 ❶ 슬라이드에서 점선 도형을 선택하고 ❷ [밝기 변화] 애니메이션을 클릭합니다.

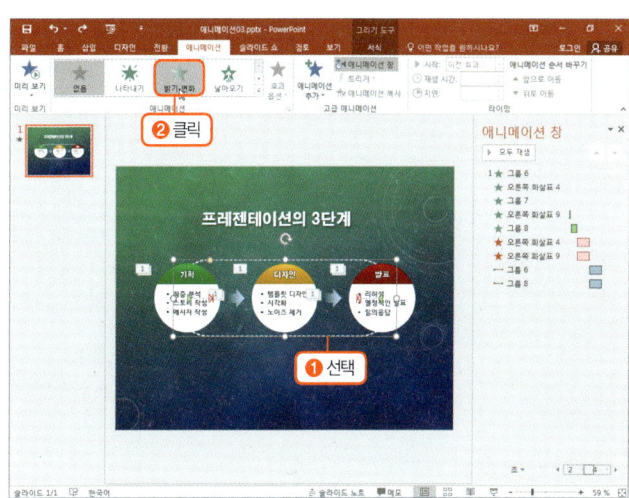

02 ❶ [시작] 메뉴에서 ❷ [이전 효과 다음에]를 선택합니다.

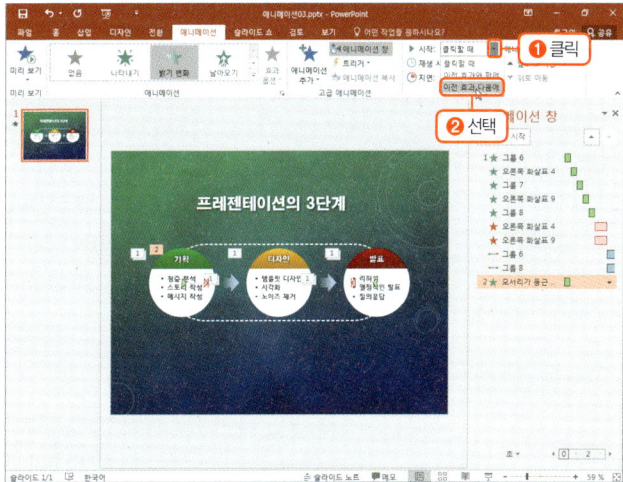

Lesson 01 _ 애니메이션으로 청중의 시선 유도하기　275

STEP 02 강조 애니메이션 적용하기

01 ❶ 슬라이드에서 다시 점선 도형을 선택하고 ❷ Shift를 누른 상태에서 [기획], [디자인], [발표] 그룹 개체를 차례로 클릭해 선택합니다.

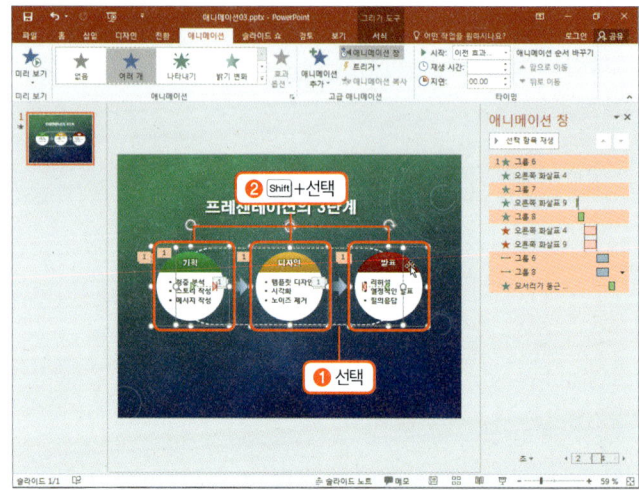

02 ❶ [애니메이션 추가]를 클릭하고 [강조]에서 ❷ [흔들기]를 선택합니다.

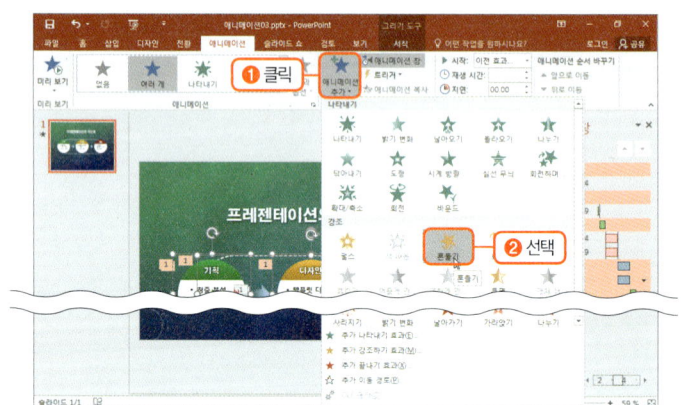

STEP 03 애니메이션 반복하기

01 ❶ 애니메이션 창에서 앞서 선택한 네 개의 강조 애니메이션 중에서 마지막에 선택된 애니메이션의 오른쪽에 표시되는 메뉴 표시 버튼(▼)을 클릭하고 ❷ [타이밍]을 선택합니다.

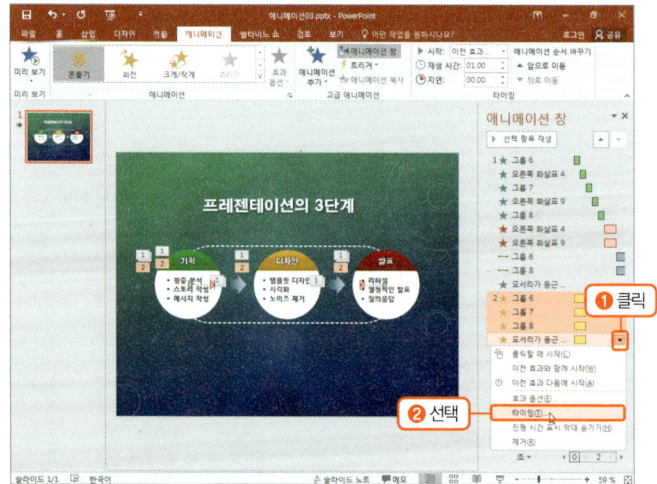

02 표시되는 대화상자에서 ❶ [반복] 메뉴를 열고 ❷ [2]를 선택한 후 ❸ [확인]을 클릭합니다.

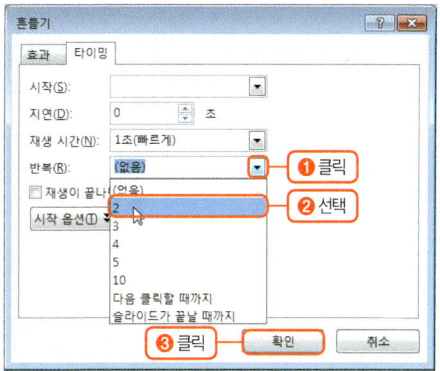

○ 사각형 두 개는 무슨 의미?
애니메이션 창을 보면 강조 애니메이션의 노란색 사각형이 두 개 표시되는 것을 볼 수 있습니다. 이것은 타이밍에서 [반복]을 [2]로 설정했기 때문에 나타나는 것으로 두 번 반복된다는 의미입니다.

03 ❶ 애니메이션 창에서 [2번] 애니메이션을 선택한 후 ❷ [시작] 메뉴에서 ❸ [이전 효과 다음에]를 선택합니다.

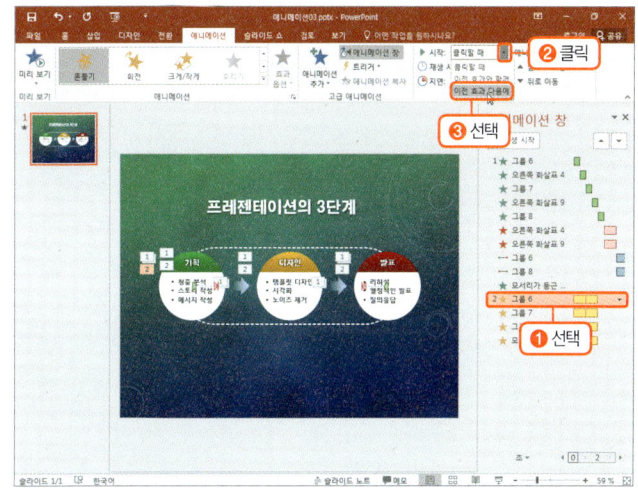

○ 애니메이션 삭제하기
• 애니메이션 창에서 애니메이션을 선택하거나 슬라이드에서 애니메이션이 적용된 개체를 선택하고 [애니메이션] 탭에서 [없음]을 클릭합니다.
• 애니메이션 창에서 애니메이션을 선택한 후 키보드에서 Delete를 누릅니다.
• 애니메이션 창에서 선택된 애니메이션을 마우스 오른쪽 버튼으로 클릭하고 표시되는 메뉴에서 [제거]를 선택합니다.

04 [애니메이션] 탭에서 맨 왼쪽에 있는 [미리 보기] 버튼(★)을 클릭해 결과를 확인합니다.

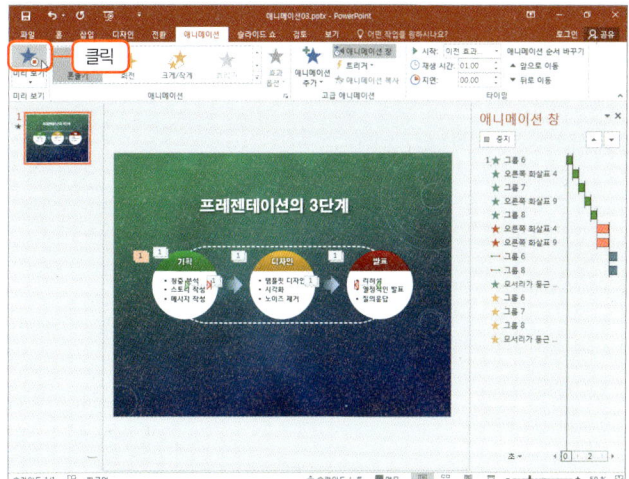

Lesson 01 _ 애니메이션으로 청중의 시선 유도하기 277

효과 옵션 및 지연 시간 설정하기

예제 파일 Sample\Theme06\애니메이션04.pptx **완성 파일** Sample\Theme06\애니메이션04(결과).pptx

키 워 드 효과 옵션, 지연 시간

길라잡이 이동 경로 애니메이션의 효과 옵션을 조정해 정확하게 이동하도록 만들고, 애니메이션 지연 시간 설정해 앞 애니메이션이 실행된 후, 곧바로 실행되지 않고 약간 딜레이 타임이 발생하도록 해보겠습니다.

STEP 01 이동 경로의 효과 옵션 변경하기

01 ❶ 슬라이드와 애니메이션 창의 수직 경계선을 왼쪽으로 드래그해 애니메이션 창의 표시 영역을 넓혀, 결과적으로 애니메이션이 모두 표시되도록 한 후 ❷ 애니메이션 창에서 이동 경로 애니메이션을 선택하고 ❸ Shift를 누른 상태에서 다른 이동 경로 애니메이션을 클릭해 선택합니다.

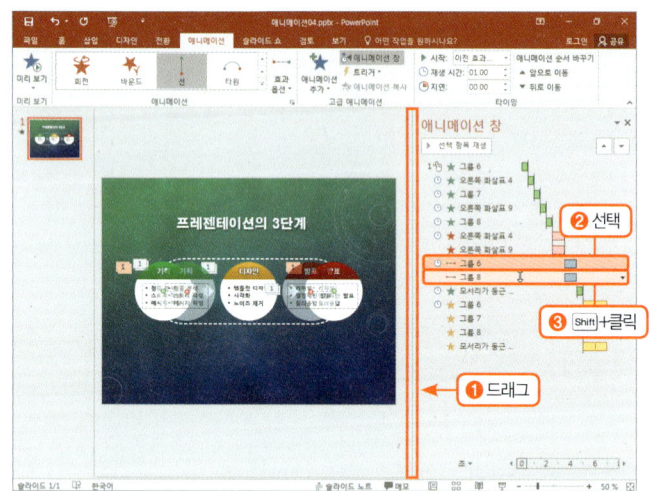

02 ❶ 애니메이션의 메뉴 표시 버튼(▼)을 클릭하고 ❷ [효과 옵션]을 선택합니다.

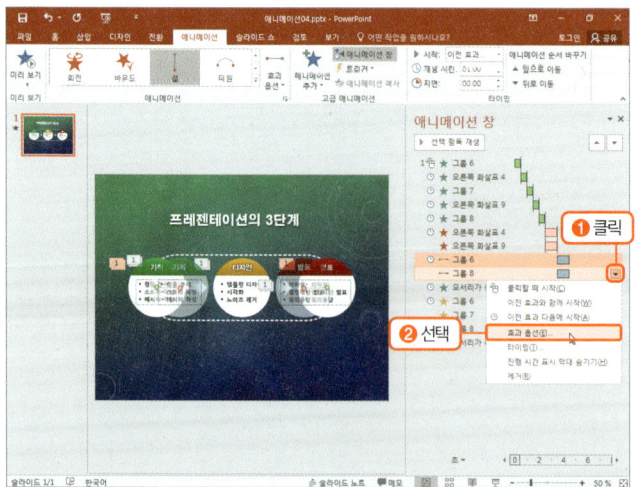

● **부드럽게 시작 및 종료 값**
이동 경로 애니메이션은 기본적으로 부드럽게 시작 및 종료 시간이 설정되어 있는데 이 때문에 개체가 이동을 시작하거나 끝낼 때 약간 흔들리는 듯한 느낌을 받게 됩니다. 따라서 이 값을 0으로 설정해 개체가 이동할 때 흔들리지 않도록 만들어주는 것이 좋습니다.

03 표시되는 대화상자에서 ❶ [부드럽게 시작]과 [부드럽게 종료] 값을 모두 [0]으로 변경하고 ❷ [확인]을 클릭합니다.

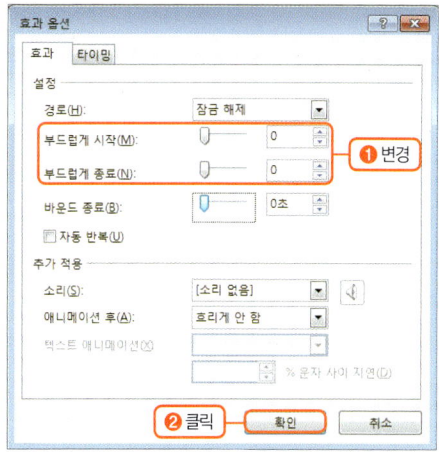

STEP 02 지연 설정하기

01 ❶ 현재 두 개의 이동 경로 애니메이션이 선택되어 있는 상태임을 확인하고 ❷ [시작] 메뉴를 열고 ❸ [이전 효과와 함께]를 선택합니다.

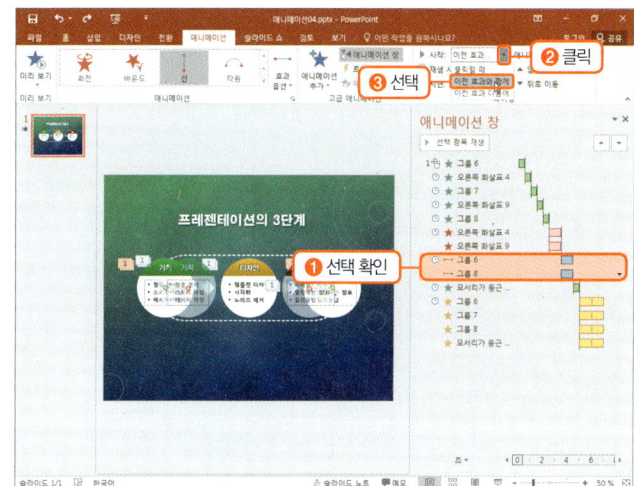

02 [지연]을 [0.5]초로 변경합니다.

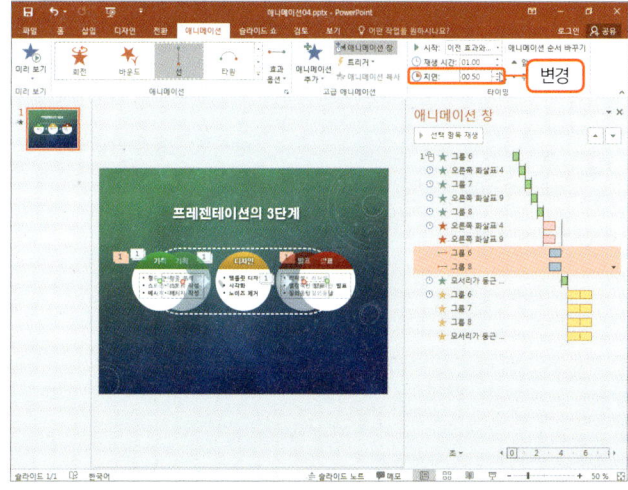

모든 애니메이션 실행하지 않기

갑자기 애니메이션을 실행하지 않은 채 강연이나 프레젠테이션을 해야 하는 상황이 되면 대게 애니메이션을 일일이 지웁니다. 하지만 그것보다 [쇼 설정]에서 [애니메이션 없이 보기] 옵션을 선택하는 것이 더 빠르고 쉽습니다.

【예제 파일】 Sample\Theme06\애니메이션05.pptx   【완성 파일】 Sample\Theme06\애니메이션05(결과).pptx

1 ❶ [슬라이드 쇼] 탭에서 ❷ [슬라이드 쇼 설정]을 클릭합니다.

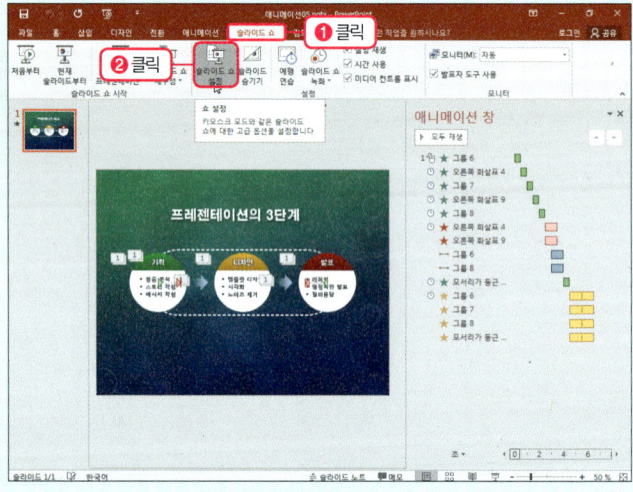

2 [쇼 설정] 대화상자에서 ❶ [애니메이션 없이 보기] 옵션을 선택하고 ❷ [확인]을 클릭합니다. 이제 슬라이드 쇼를 해도 애니메이션이 실행되지 않게 됩니다.

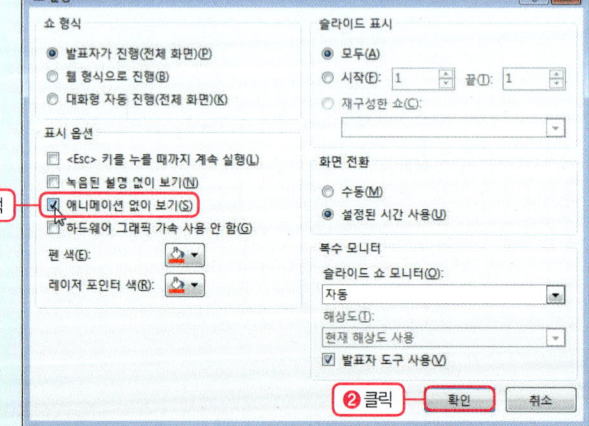

> **NOTE**
> [애니메이션 없이 보기] 이 옵션은 현재 프레젠테이션에만 적용됩니다.

LESSON 02 전환 효과로 슬라이드에 특별한 모습 적용하기

전환 효과는 특정 슬라이드가 나타날 때 파장이 이는 모습이나 큐브가 회전되는 모습이나 문이 열리는 것 같은 모습 등으로 나타나도록 함으로써 청중의 주위를 환기시키는 역할을 합니다. 모든 슬라이드에 전환 효과를 적용할 필요는 없으며 중요한 슬라이드에만 특별한 전환 효과를 적용하는 것이 좋습니다.

핵심기능 전환 관련 기능

[전환] 탭에서 전환 효과를 선택하고, 효과 옵션을 변경할 수 있으며, [다음 시간 후] 옵션을 선택해 특정 시간이 되면 마우스 클릭을 하지 않고도 자동으로 다음 슬라이드로 전환되도록 할 수 있습니다.

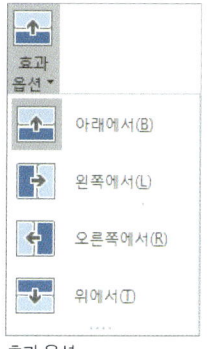

효과 옵션

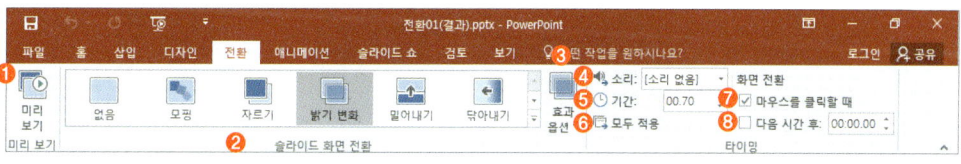

❶ **미리 보기** 전환 결과를 미리 봅니다.
❷ **전환** 전환을 선택합니다. 전환을 지우고 싶다면 [없음]을 선택합니다.
❸ **효과 옵션** 선택된 전환의 방향과 같은 옵션을 선택합니다.
❹ **소리** 전환 효과에 소리를 추가합니다.
❺ **기간** 전환의 재생 시간을 설정합니다.
❻ **모두 적용** 현재 전환 효과를 모든 슬라이드에 적용합니다.
❼ **마우스 클릭할 때** 슬라이드 쇼에서 Enter를 눌렀을 때 다음 슬라이드로 전환됩니다.
❽ **다음 시간 후** 설정된 시간이 지나면 다음 슬라이드로 자동 전환됩니다.

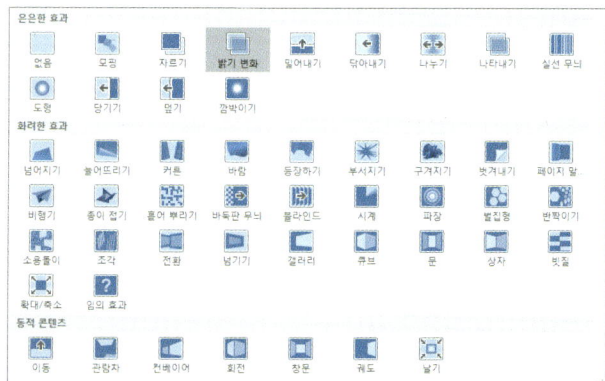

전환

전환 효과 적용하기

예제 파일 Sample\Theme06\전환01.pptx **완성 파일** Sample\Theme06\전환01(결과).pptx

키 워 드 밝기 변화, 문, 큐브
길라잡이 전환 효과를 적용하기 쉽게 여러 슬라이드로 보기를 바꾼 후, 기본적인 전환 효과인 '밝기 변화'를 적용하고 중요한 슬라이드에 문, 큐브와 같은 화려한 효과를 적용하여 효과 옵션을 변경해보겠습니다.

STEP 01 모든 슬라이드에 밝기 변화 적용하기

01 상태 표시줄에서 ❶ [여러 슬라이드](品)를 클릭한 후 ❷ [축소](-)를 몇 번 클릭해 슬라이드가 모두 표시되도록 합니다.

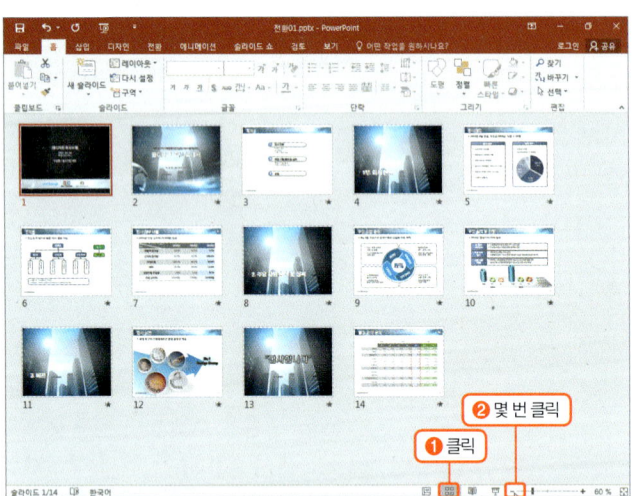

02 ❶ [1번 슬라이드]가 선택되어 있는 상태에서 ❷ [전환] 탭을 열고 ❸ [밝기 변화]를 선택합니다.

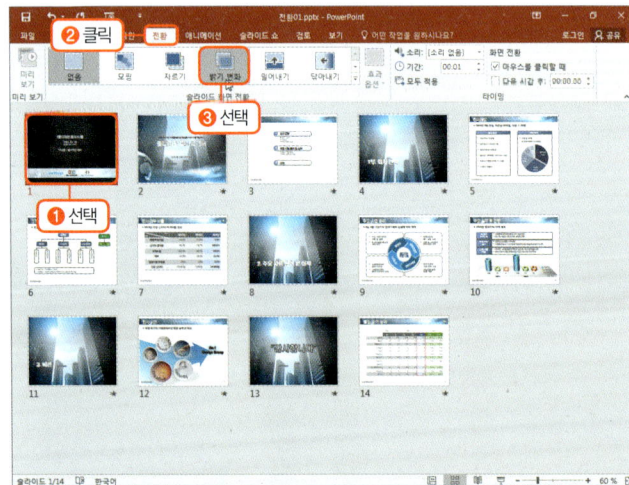

03 [모두 적용]을 클릭합니다. 모든 슬라이드에서 밝기 변화 전환 효과가 적용됩니다.

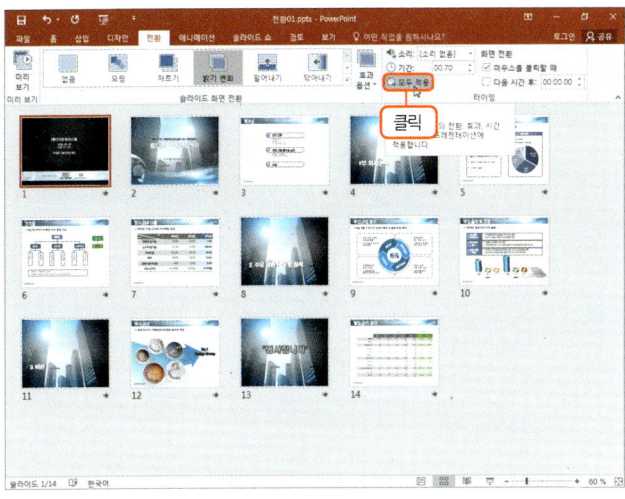

STEP 02 전환 효과 옵션 변경하기

01 ❶ [2번 슬라이드]를 선택하고 ❷ [슬라이드 화면 전환] 영역에서 [자세히] 버튼(▼)을 클릭합니다.

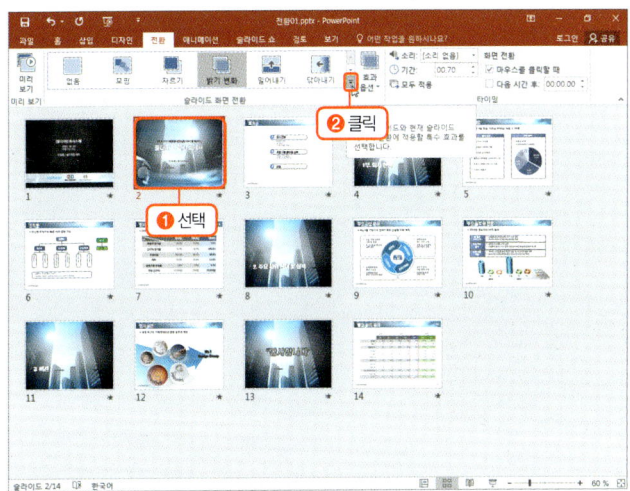

02 [화려한 효과]에서 [문]을 선택합니다.

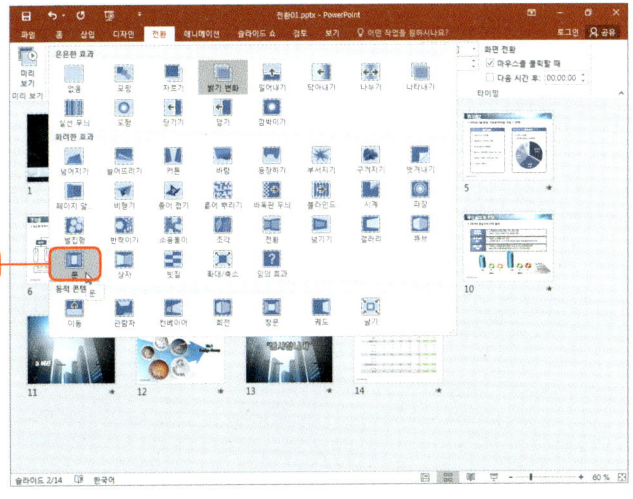

○ 여러 슬라이드 선택 방법
- Shift 이용: A 슬라이드를 선택하고 Shift를 누른 상태에서 D 슬라이드를 클릭하면, 클릭한 A와 D 슬라이드는 물론 그 안에 있는 B, C 슬라이드도 선택됩니다.
- Ctrl 이용: A 슬라이드를 선택하고 Ctrl을 누른 상태에서 D 슬라이드를 클릭하면, 클릭한 A와 D 슬라이드만 선택할 수 있습니다.
- Ctrl+A 누르기: 아무 슬라이드나 클릭해 선택하고 Ctrl+A를 누르면 모든 슬라이드를 선택할 수 있습니다.

03 ❶ [4번 슬라이드]를 선택하고 ❷ Ctrl을 누른 상태에서 [8번 슬라이드]를 클릭하고 ❸ 여전히 Ctrl을 누른 상태에서 [11번 슬라이드]를 클릭해 세 개의 슬라이드를 선택한 후 ❹ [자세히] 버튼(▽)을 클릭합니다.

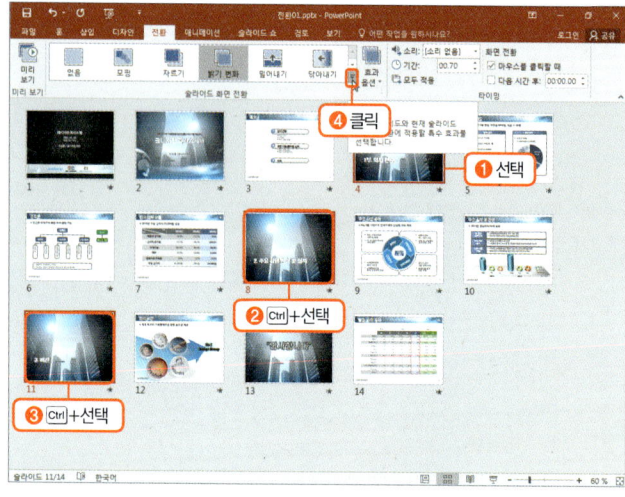

04 [화려한 효과]에서 [큐브]를 선택합니다.

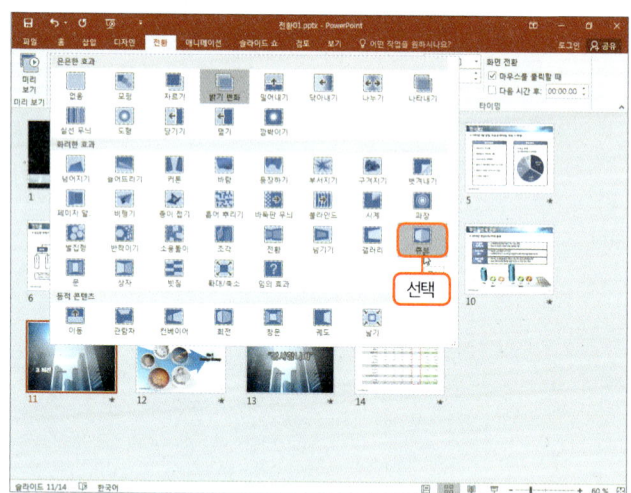

05 ❶ [효과 옵션]을 클릭하고 ❷ [아래에서]를 선택합니다.

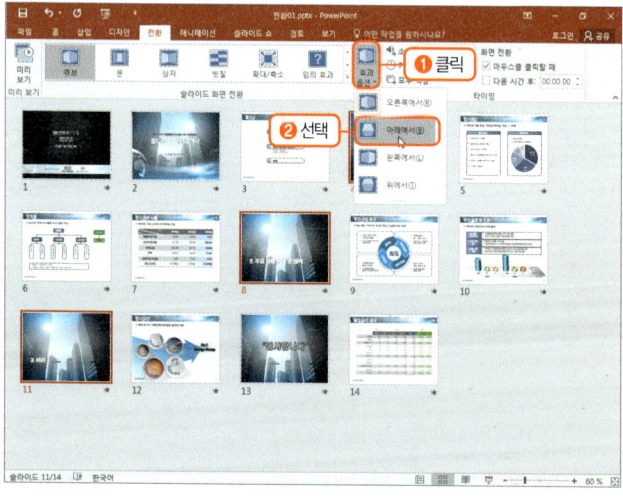

● 처음부터 슬라이드 쇼 단축키
F5

06 ❶ [슬라이드 쇼] 탭에서 ❷ [처음부터]를 클릭합니다.

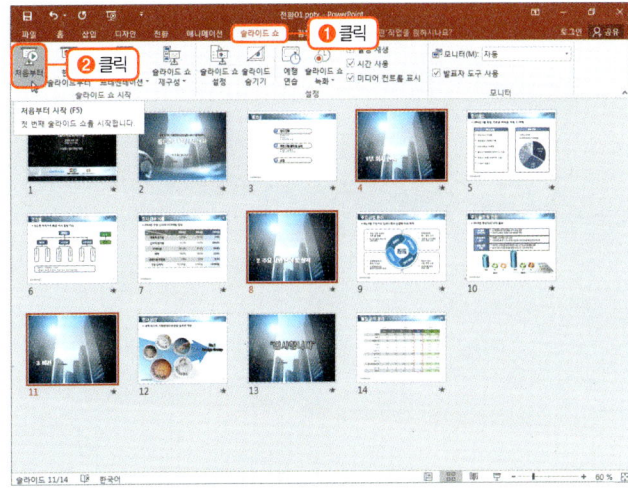

07 마우스 왼쪽 버튼을 클릭하거나 Enter를 눌러 쇼를 진행하면서 전환 효과를 확인한 후, Esc를 눌러 쇼를 마칩니다.

큐브 전환 효과 실행 장면

TIP

슬라이드 미리 보기 별 모양 아이콘과 시간의 의미
❶ 별 모양 아이콘(★): 슬라이드에 애니메이션이나 전환 기능이 적용되면 슬라이드 썸네일 오른쪽 아래에 (★)이 표시됩니다. 이 아이콘을 클릭하면 애니메이션이나 전환을 미리 볼 수 있습니다.
❷ 다음 시간 후: [전환] 탭에서 [다음 시간 후] 값이 설정된 경우 설정된 시간이 표시됩니다.

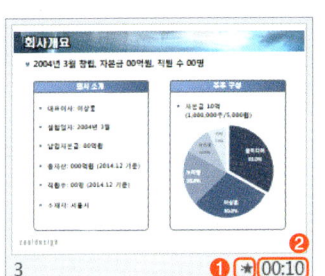

Lesson 02 _ 전환 효과로 슬라이드에 특별한 모습 적용하기 285

슬라이드 자동 전환하기

우리는 간혹 쇼 보기에서 슬라이드를 자동으로 전환되도록 하고 싶을 때가 있습니다. [다음 시간 후]에 시간을 설정하면 가능합니다.

【예제 파일】 Sample\Theme06\전환02.pptx   【완성 파일】 Sample\Theme06\전환02(결과).pptx

1 여러 슬라이드 보기 상태가 아니라면 ❶ 상태 표시줄에서 [여러 슬라이드](品)를 클릭하고 ❷ [축소](-)를 몇 번 클릭해 슬라이드가 모두 표시되도록 합니다.

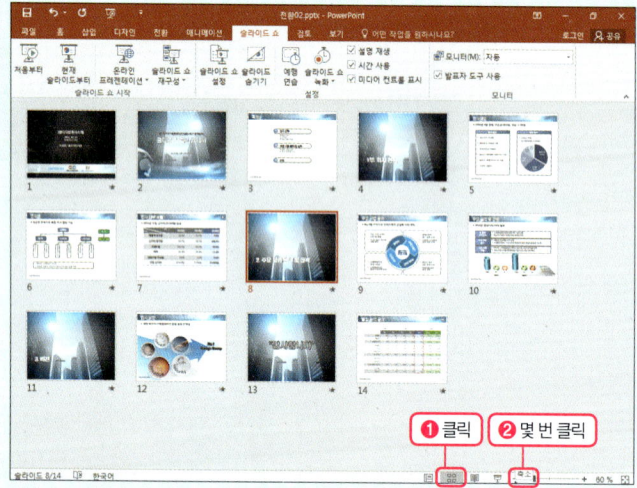

2 ❶ [2번 슬라이드]를 선택하고 ❷ [전환] 탭에서 [다음 시간 후] 입력상자에 [3]을 입력하고 Enter 를 누릅니다. 슬라이드 썸네일 오른쪽 아래에 설정한 시간이 표시됩니다. 00:03은 3초를 의미합니다.

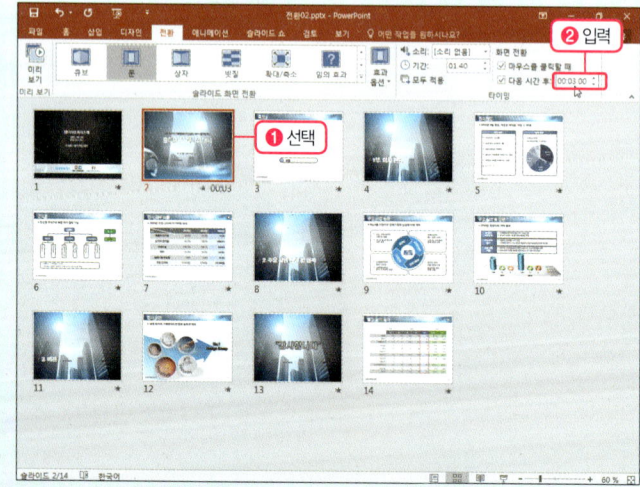

3 ① [3번 슬라이드]를 선택하고 ② Shift 를 누른 상태에서 [12번 슬라이드]를 클릭해 3~12번 슬라이드를 선택한 후 ③ [다음 시간 후] 입력상자에 [10]을 입력하고 Enter 를 누릅니다.

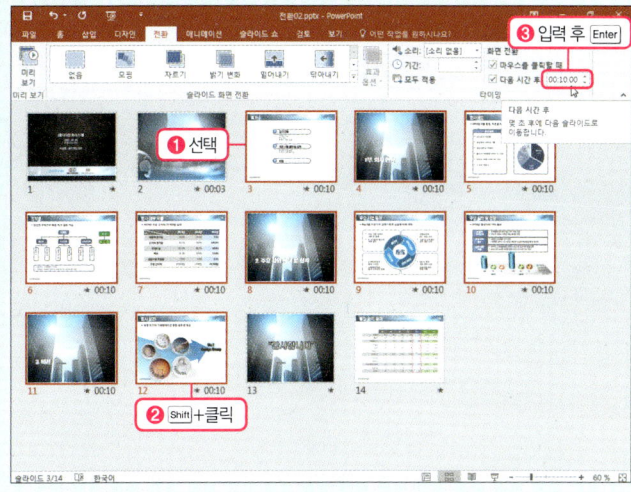

4 ① [4번 슬라이드]를 선택하고 ② Ctrl 을 누른 상태에서 [8번 슬라이드]를 클릭하고 ③ 여전히 Ctrl 을 누른 상태에서 [11번 슬라이드]를 클릭해 세 개의 슬라이드를 선택한 후 ④ [다음 시간 후] 입력상자에 [1]을 입력하고 Enter 를 누릅니다.

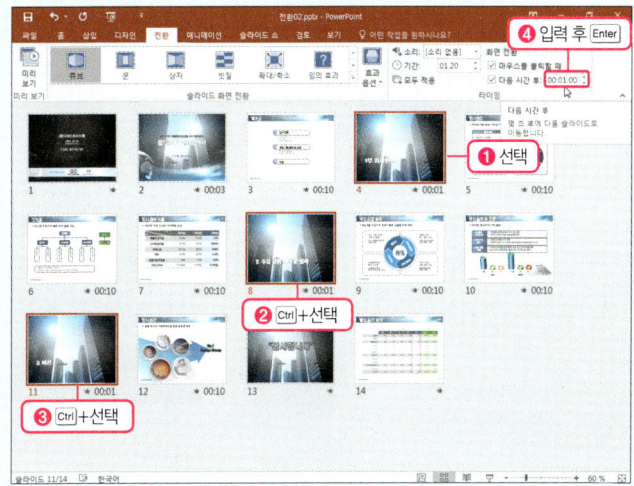

5 ① [슬라이드 쇼] 탭에서 [처음부터]를 클릭합니다. ② 첫 번째 슬라이드에서 마우스 왼쪽 버튼을 클릭하거나 Enter 를 누릅니다. 다음 슬라이드부터는 그냥 두면 지정된 시간이 흐르면 다음 슬라이드로 자동 전환됩니다. 물론 마우스 왼쪽 버튼 클릭이나 Enter 를 눌러 전환해도 됩니다. 마지막 슬라이드가 표시되면 Esc 를 눌러 쇼를 마칩니다.

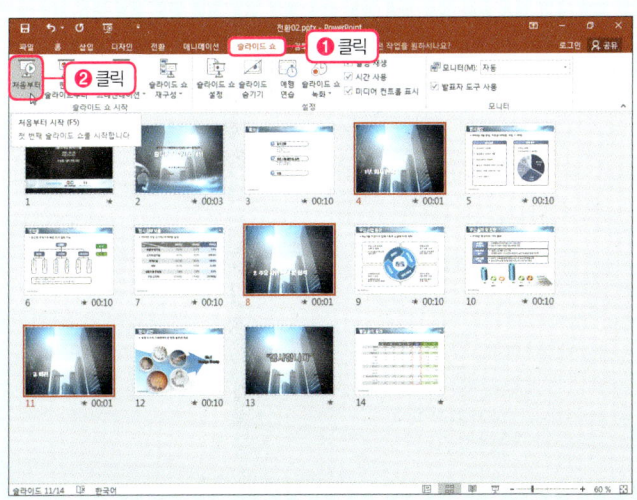

LESSON 03 하이퍼링크로 슬라이드 연결하기

하이퍼링크(hyperlink)란 쇼 보기에서 슬라이드에 있는 특정 개체(텍스트, 도형 등)를 클릭했을 때 지정된 슬라이드로 이동하거나, 특정 파일을 열거나, 웹 사이트를 방문할 수 있도록 해주는 기능입니다. 하이퍼링크 활용 방법을 알아보겠습니다.

핵심기능 하이퍼링크 관련 명령

개체를 선택하고 [삽입] 탭에서 [하이퍼링크]를 클릭하면 표시되는 하이퍼링크 대화상자에서 현재 프레젠테이션의 다른 슬라이드나 다른 프레젠테이션의 특정 슬라이드나 특정 웹페이지를 연결할 수 있습니다.

하이퍼링크 실행 방법

> **하이퍼링크를 설정할 수 없는 개체**
> 텍스트, 도형, 그림, 차트 등과 같은 개체에는 하이퍼링크를 설정할 수 있지만, 표와 그룹 개체에는 하이퍼링크를 설정할 수 없습니다. 단, 그룹 개체의 하위 개체에는 하이퍼링크를 설정할 수 있습니다.

- 개체 선택 후 [삽입] 탭에서 [하이퍼링크] 클릭

- 개체를 마우스 오른쪽 버튼으로 클릭한 후 컨텍스트 메뉴에서 [하이퍼링크] 명령 선택

- 개체를 선택하고 단축키 Ctrl+K 누르기

[하이퍼링크 삽입] 대화상자

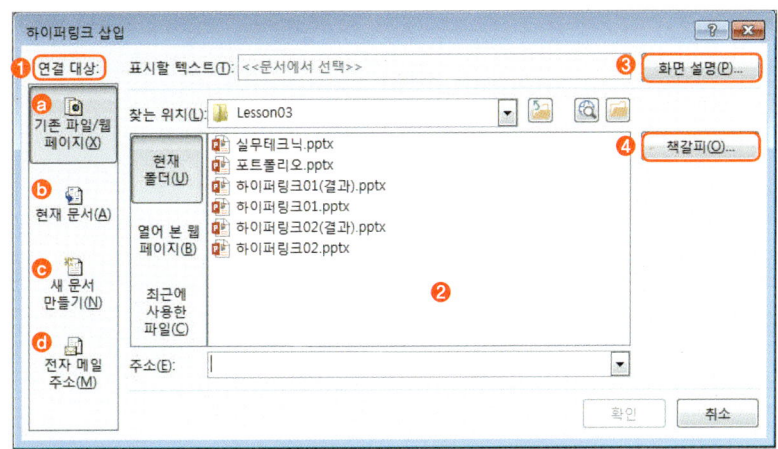

○ 하이퍼링크로 연결할 수 있는 파일
파워포인트, 엑셀 파일뿐만 아니라 워드(doc, docx), 한글(hwp), PDF, 그림 등 우리가 알고 있는 대부분의 파일을 하이퍼링크로 연결할 수 있습니다.

❶ **연결 대상** 하이퍼링크로 연결할 대상물을 선택합니다.
   ⓐ 기존 파일/웹 페이지: 다른 파워포인트 파일이나 엑셀 파일 등과 같은 다른 파일을 선택해 연결하거나, 웹 페이지 주소를 입력해 그 웹 페이지를 여는 링크를 만들 수 있습니다.
   ⓑ 현재 문서: 현재 프레젠테이션의 특정 슬라이드를 연결할 수 있습니다.
   ⓒ 새 문서 만들기: 새 프레젠테이션을 만들 수 있습니다.
   ⓓ 전자 메일 주소: 전자 메일 주소를 입력해 쇼 보기에서 링크를 클릭해 메일을 보내도록 설정할 수 있습니다.
❷ **링크 설정 영역** 연결 대상에 따라 파일 선택, 웹 페이지 주소 입력, 슬라이드 선택, 전자 메일 주소 입력 등과 같은 옵션이 표시됩니다. 링크 설정 대상체를 선택하거나 전자 메일 주소를 입력합니다.
❸ **화면 설명** 쇼 보기에서 하이퍼링크가 설정된 개체에 마우스 포인터를 위치시켰을 때 나타나는 내용을 입력할 수 있습니다.
❹ **책갈피** 다른 파워포인트를 선택하고 [책갈피]를 클릭하면 파워포인트의 특성 슬라이드를 표시하는 링크를 설정할 수 있습니다.

하이퍼링크 컨텍스트 메뉴

하이퍼링크가 설정된 개체나 텍스트를 마우스 오른쪽 버튼으로 클릭하고 표시되는 컨텍스트 메뉴에서 하이퍼링크 관련 명령을 설정할 수 있습니다.

❶ **하이퍼링크 편집** 하이퍼링크를 편집할 수 있는 대화상자가 표시됩니다.
❷ **하이퍼링크 열기** 하이퍼링크가 설정된 페이지가 표시됩니다.
❸ **하이퍼링크 복사** 하이퍼링크를 복사합니다.
❹ **하이퍼링크 제거** 하이퍼링크를 삭제합니다.

현재 프레젠테이션과 다른 파워포인트 파일 연결하기

예제 파일 Sample\Theme06\하이퍼링크01.pptx **완성 파일** Sample\Theme06\하이퍼링크01(결과).pptx

키 워 드 하이퍼링크, 책갈피, 화면 설정
길라잡이 현재 프레젠테이션에서 다른 페이지로 이동하는 하이퍼링크와 다른 파워포인트 파일의 특정 슬라이드를 여는 하이퍼링크를 설정해보겠습니다. 프레젠테이션에서 별첨 자료를 보여줄 때 많이 사용하는 방법입니다.

STEP 01 하이퍼링크로 다른 슬라이드로 이동하는 링크 만들기

○ [하이퍼링크 삽입] 명령을 실행하는 다른 방법
- 개체를 마우스 오른쪽 버튼으로 클릭하고 단축 메뉴에서 [하이퍼링크]를 선택합니다.
- 단축키인 Ctrl + K 를 누릅니다.

01 ❶ [6번 슬라이드]에서 ❷ 슬라이드 오른쪽 상단에 있는 삼각형 그림을 선택한 후 ❸ [삽입] 탭을 열고 ❹ [하이퍼링크]를 클릭합니다.

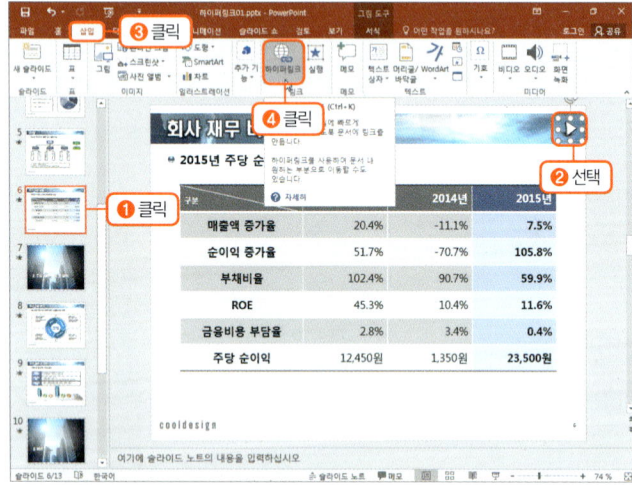

02 [하이퍼링크 삽입] 대화상자에서 [연결 대상]으로 ❶ [현재 문서]를 선택하고 ❷ [13. 별첨. 손익 분석]을 선택한 후 ❸ [확인]을 클릭합니다. 선택된 개체에 13번 슬라이드로 이동하는 하이퍼링크가 설정되었습니다.

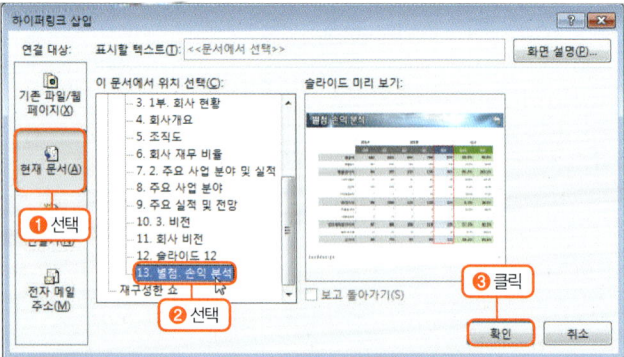

03 ❶ [13번 슬라이드]에서 ❷ 슬라이드 오른쪽 상단에 있는 되돌아가기 그림을 선택한 후 ❸ [삽입] 탭에서 [하이퍼링크]를 클릭합니다.

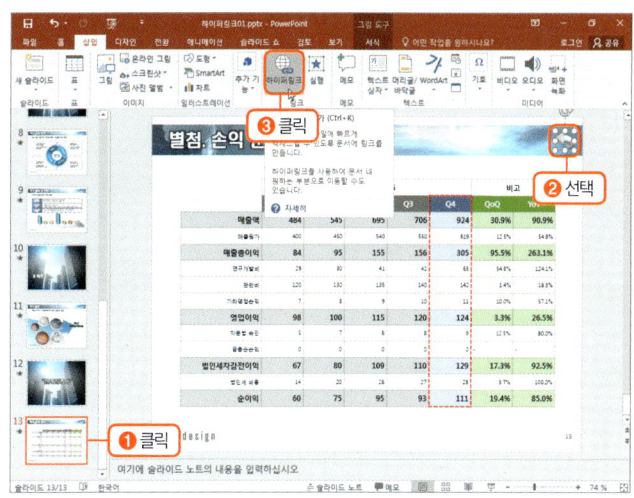

04 ❶ [6. 회사 재무 비율]을 선택하고 ❷ [확인]을 클릭합니다. 선택된 개체에 6번 슬라이드로 이동하는 하이퍼링크가 설정되었습니다.

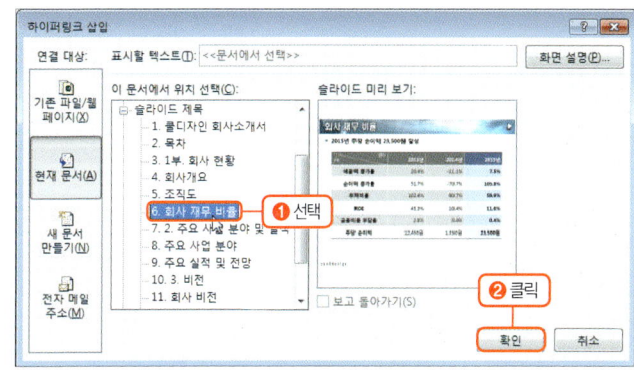

STEP 02 다른 프레젠테이션 연결하기

01 ❶ [8번 슬라이드]에서 ❷ [출판부] 글자 뒤에 있는 개체를 선택하고 [삽입] 탭에서 ❸ [하이퍼링크]를 클릭합니다.

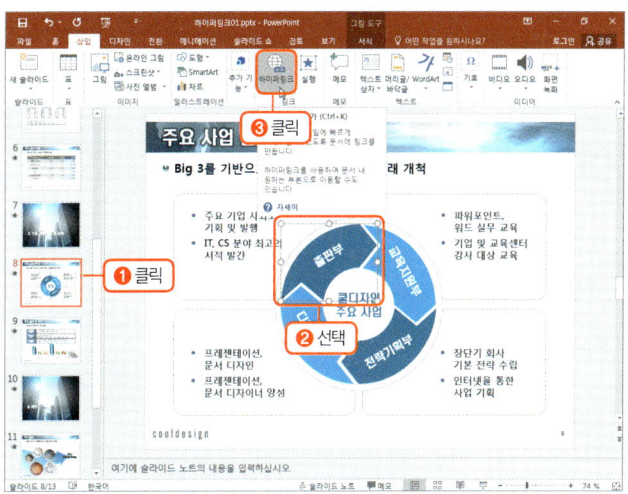

● **다른 폴더 선택하기**
[찾는 위치]에서 [한 수준 위 폴더] 버튼( )을 클릭하거나 [파일 찾아보기] 버튼( )을 클릭해 연결할 파일이 있는 곳을 찾습니다.

02 ❶ [연결 대상]에서 [기존 파일/웹 페이지]를 선택하고 ❷ [포트폴리오.pptx]를 선택한 후 ❸ [책갈피]를 클릭합니다.

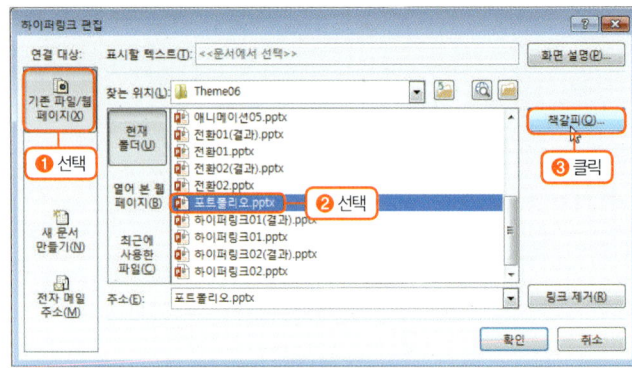

03 [문서에서 위치 선택] 대화상자에서 ❶ [4. 저술한 책]을 선택하고 ❷ [확인]을 클릭합니다.

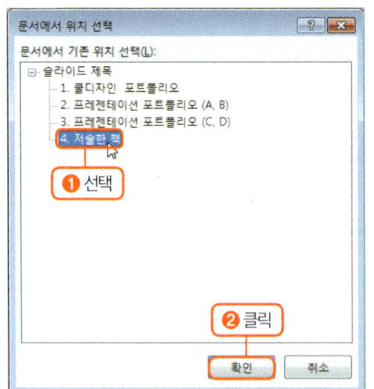

● **화면 설명이 뭐죠?**
화면 설명은 슬라이드 쇼에서 하이퍼링크가 설정된 개체에 마우스 포인터를 위치시켰을 때 표시되는 메시지를 지정할 수 있도록 해주는 기능입니다.

04 [화면 설명]을 클릭합니다.

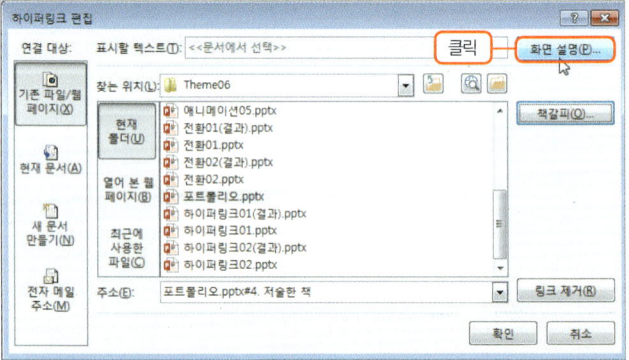

05 [하이퍼링크 화면 설명 설정] 대화상자에서 ❶ 적당한 내용(예 쿨디자인 책)을 입력하고 ❷ [확인]을 클릭합니다.

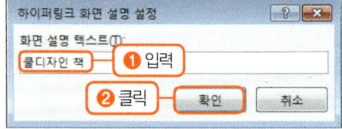

06 [확인]을 클릭합니다. 이제 선택한 개체에 [포트폴리오.pptx]의 4번 슬라이드를 표시하는 하이퍼링크가 설정되었습니다.

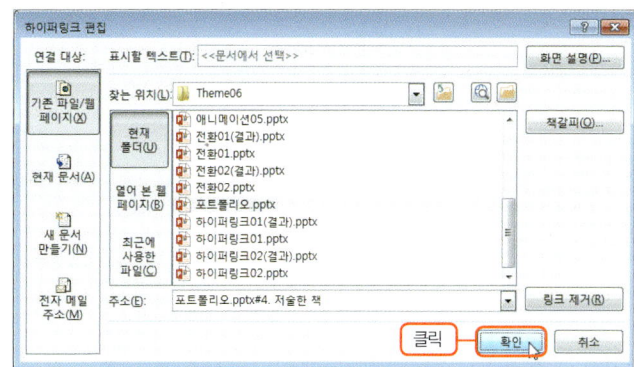

STEP 03 슬라이드 쇼 보기에서 확인하기

◉ [현재 슬라이드로부터 슬라이드 쇼] 명령 단축키 Shift + F5

01 ❶ [6번 슬라이드]로 이동하고 상태 표시줄에서 ❷ [슬라이드 쇼](🖵)를 클릭합니다.

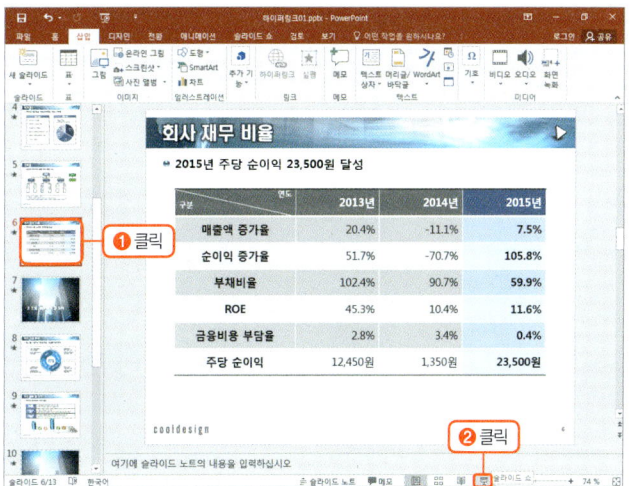

02 슬라이드 쇼에서 하이퍼링크가 설정된 삼각형 개체에 마우스 포인터를 위치시키고 마우스 포인터가 손 모양으로 바뀌면 클릭합니다.
하이퍼링크로 연결된 [별첨. 손익 분석] 슬라이드가 표시됩니다.

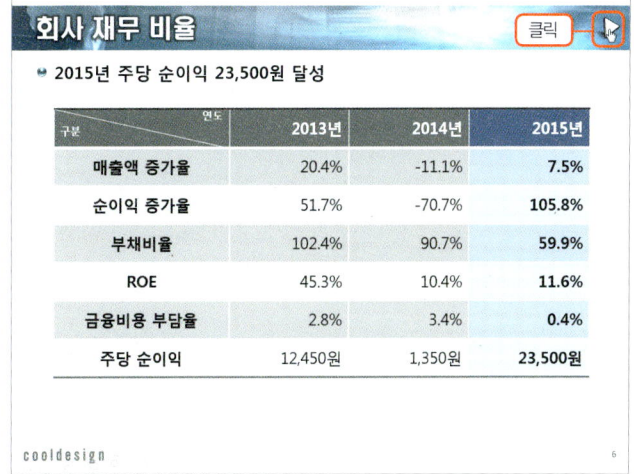

03 슬라이드 오른쪽 상단에 있는 실행 설정 기능이 적용된 화살표 개체에 마우스 포인터를 위치시키고 마우스 포인터가 손 모양으로 바뀌면 클릭합니다.

● 최근에 봤던 슬라이드로 되돌아가는 방법
하이퍼링크를 설정하지 않은 채 슬라이드 쇼에서 가장 최근에 봤던 슬라이드로 되돌아가고 싶다면 슬라이드 쇼 화면을 마우스 오른쪽 버튼으로 클릭하고 표시되는 컨텍스트 메뉴에서 [마지막으로 본 상태]를 선택합니다.

04 하이퍼링크로 연결된 [회사 재무 비율] 슬라이드가 다시 표시됩니다. Enter 를 두 번 눌러 8번 슬라이드로 전환합니다.

05 [출판부] 뒤에 있는 개체에 마우스 포인터를 위치시킵니다. 마우스 포인터가 손 모양으로 바뀌고 앞서 [화면 설명]으로 입력한 내용이 표시될 것입니다. 클릭합니다.

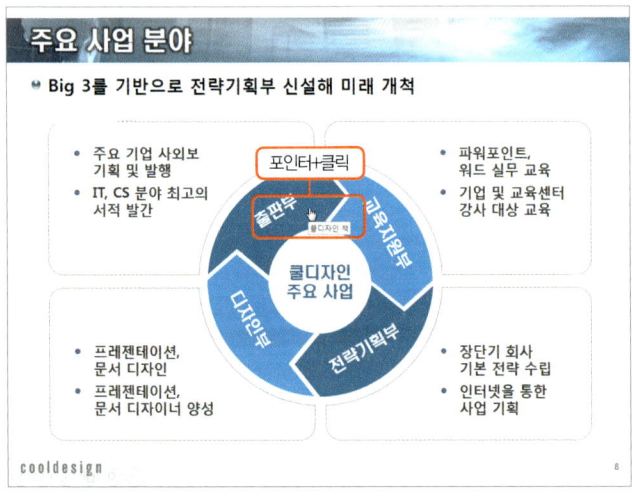

○ **만약 책갈피를 설정하지 않았다면**
[하이퍼링크 삽입] 대화상자에서 파워포인트 문서를 선택하고 [책갈피] 버튼을 눌러 슬라이드를 지정하지 않았다면 하이퍼링크 연결된 프레젠테이션의 첫 번째 슬라이드가 표시됩니다.

06 하이퍼링크로 연결된 '포트폴리오.pptx' 파일의 4번 슬라이드가 곧바로 표시됩니다. Esc를 누릅니다.

○ **하이퍼링크 수정 또는 제거하기**
하이퍼링크를 수정하거나 제거하고 싶다면 기본 보기에서 하이퍼링크를 설정한 개체를 마우스 오른쪽 버튼으로 클릭하고 단축 메뉴에서 [하이퍼링크 편집] 또는 [하이퍼링크 제거] 명령을 선택합니다.

07 '디자인 포트폴리오.pptx'의 슬라이드 쇼가 종료되고, 원래 프레젠테이션의 슬라이드 쇼만 표시됩니다.
Esc를 눌러 쇼를 마칩니다.

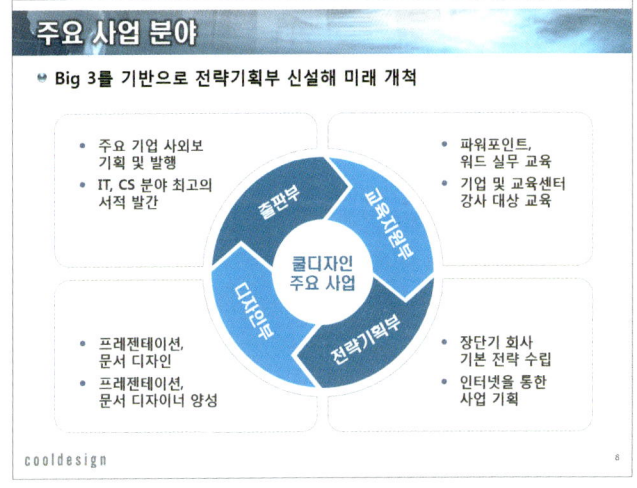

하이퍼링크가 설정된 개체를 찾기 힘들 때
한 슬라이드에 여러 개의 하이퍼링크가 설정되어 있거나 어떤 개체에 하이퍼링크가 설정되어 있는지 알 수 없을 때 확인하는 가장 쉬운 방법은 슬라이드 쇼에서 Tab을 누르는 것입니다. 그러면 하이퍼링크가 설정된 개체 주변에 점선의 직사각형이 표시됩니다. Tab을 누르면 다음 하이퍼링크를 찾아주며, Shift+Tab을 누르면 이전 하이퍼링크를 찾아줍니다. 이렇게 하이퍼링크가 설정된 개체가 선택된 상태에서는 마우스 클릭 대신 Enter를 눌러 하이퍼링크를 실행할 수도 있습니다.

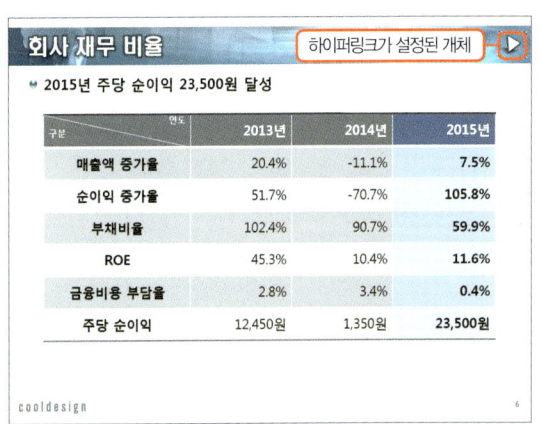

인터넷 특정 페이지 연결하기

하이퍼링크를 이용하면 슬라이드 쇼에서 특정 개체를 클릭했을 때 인터넷의 특정 페이지가 열리도록 할 수 있습니다. 그 방법을 알아보겠습니다.

【예제 파일】Sample\Theme06\하이퍼링크02.pptx   【완성 파일】Sample\Theme06\하이퍼링크02(결과).pptx

파워포인트에서 하이퍼링크 설정하기

1 [1번 슬라이드] 아래의 슬라이드 노트에 있는 인터넷 주소를 드래그해 선택하고 Ctrl + C 를 눌러 복사합니다.

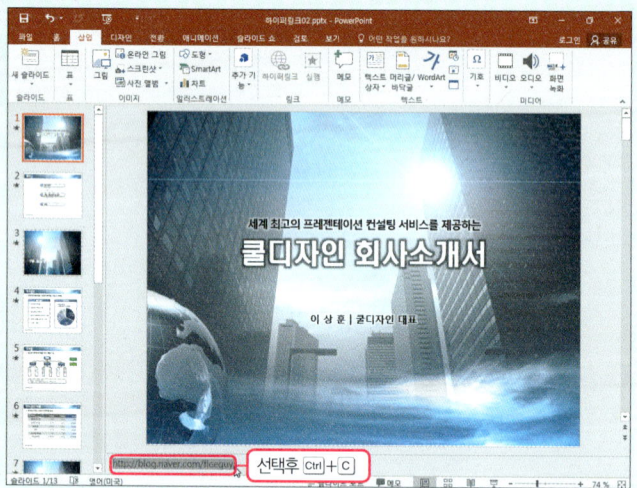

2 슬라이드에서 하이퍼링크로 설정하고 싶은 개체(텍스트 상자의 경우 테두리)를 클릭합니다.

> **NOTE**
>
> **텍스트에 하이퍼링크를 설정하면 색이 변해요!**
> 텍스트를 선택하고 하이퍼링크를 설정하면 텍스트의 색이 변하고(기본적으로 파란색) 밑줄이 쳐지게 되는데 아무리 다른 색상으로 바꾸거나 밑줄을 제거하려고 해도 되지 않습니다. 그것은 텍스트에 하이퍼링크를 설정할 경우 그렇게 변하도록 설정되어 있기 때문입니다. 이를 해결하려면 텍스트 상자의 테두리를 클릭해 선택하고 하이퍼링크를 설정합니다. 텍스트 색상도 변하지 않고, 밑줄도 쳐지지 않습니다. 단, 이것은 사용자가 만든 텍스트 상자에만 해당되며 개체 틀(제목을 입력하십시오가 표시되는)에는 적용되지 않습니다.

3 ① [삽입] 탭에서 ② [하이퍼링크]를 클릭합니다.

4 표시되는 대화상자의 ① [연결 대상]에서 [기존 파일/웹 페이지]를 선택하고 ② [주소] 입력상자를 클릭해 커서를 위치시킨 후 Ctrl+V를 눌러 앞서 복사한 주소를 붙여넣고 ③ [확인]을 클릭합니다.

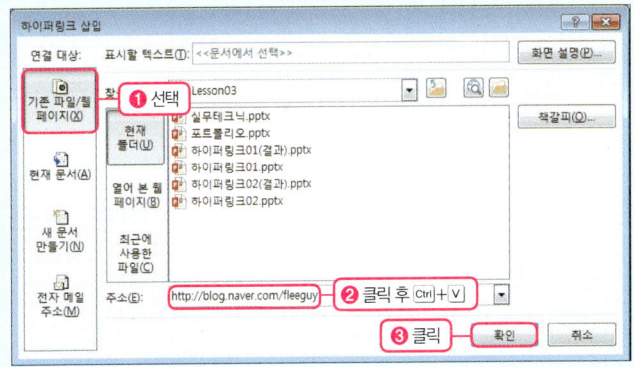

슬라이드 쇼에서 하이퍼링크 확인하기

1 상태 표시줄에서 [슬라이드 쇼](□)를 클릭합니다.

2 쇼 보기에서 하이퍼링크를 설정한 개체를 클릭합니다. 연결된 웹 페이지가 표시됩니다.

 **텍스트, 차트, SmartArt에 애니메이션을 설정해보세요.**

개체에 애니메이션을 적용하는 것은 그리 어려운 일이 아닙니다. 하지만 텍스트, 차트, SmartArt에 애니메이션을 적용해야 할 때는 조금 신경을 써야 합니다. 텍스트는 글자별, 단락별로 애니메이션이 가능하고, 차트는 그래프별로, SmartArt는 하위 요소별로 애니메이션이 가능하기 때문입니다. [실무 테크닉.pptx]에는 세 개의 슬라이드가 있습니다. 이 세 슬라이드의 내용에 맞게 애니메이션을 적용해봅니다. 애니메이션의 기본은 '밝기 변화'이며, 애니메이션의 방향이 필요한 경우라면 '닦아내기'를 사용합니다. 그리고 필요에 따라 적당한 애니메이션을 선택하면 됩니다.

예제 파일 Sample\Theme06\실무 테크닉.pptx   **완성 파일** Sample\Theme06\실무 테크닉(결과).pptx

1 텍스트에 애니메이션 적용하기

첫 번째 슬라이드에는 텍스트가 있는데 텍스트에 '밝기 변화' 애니메이션을 적용한 후, 텍스트에는 [효과 옵션]에서 [단락별로]를 설정합니다. 애니메이션 창에서 애니메이션을 펼친 후, 단락별로 애니메이션 시작 방법을 조정합니다.

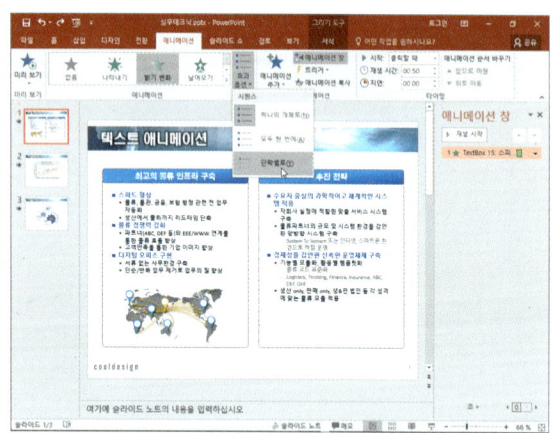 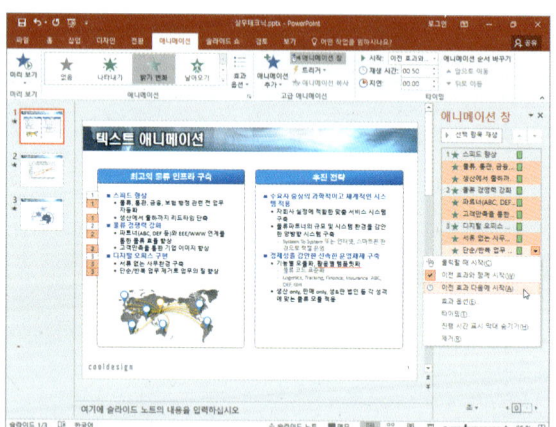

2 차트에 애니메이션 적용하기

차트에 '닦아내기' 애니메이션을 적용합니다. 이렇게 되면 차트 전체에 애니메이션이 적용됩니다. 그래프별로 애니메이션을 적용하고 싶다면 [효과 옵션]에서 [계열별로]를 선택합니다. 애니메이션 방향을 조정하고 싶다면 역시 [효과 옵션]을 활용하면 됩니다.

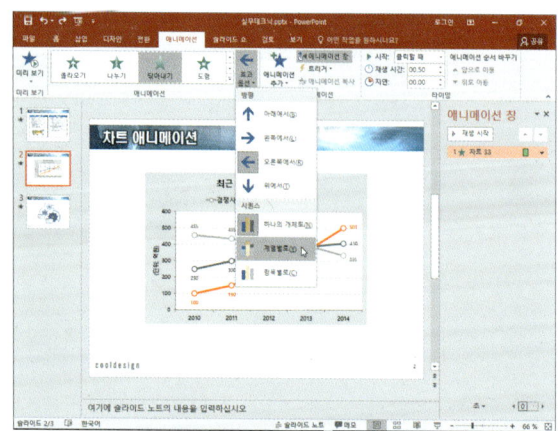

3 SmartArt에 애니메이션 적용하기

SmartArt에 애니메이션을 적용하는 방법은 차트와 비슷합니다. 일단 SmartArt 전체에 애니메이션을 적용한 후, [효과 옵션]에서 [개별적으로]를 선택합니다.

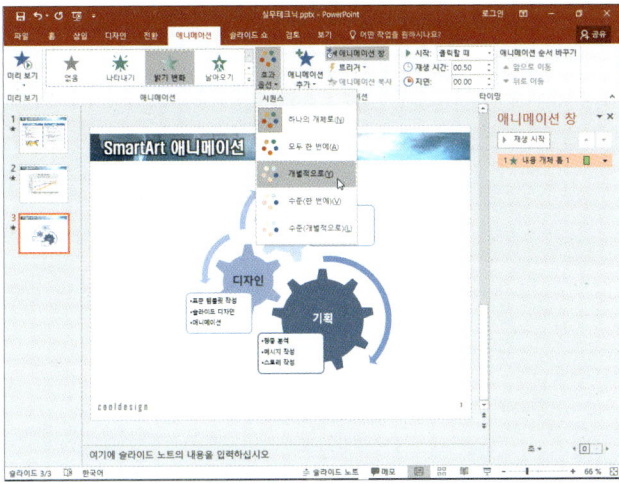

슬라이드 쇼를 통해 애니메이션을 확인한 후, 애니메이션 창에서 개별 애니메이션의 시작 방법을 변경해 완성합니다.

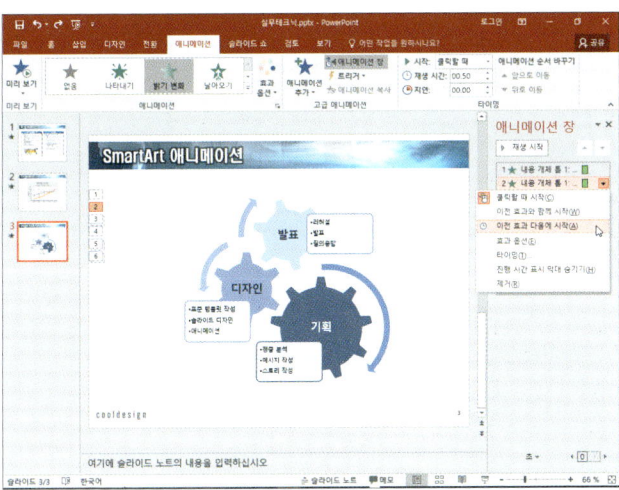

302 테마 글꼴과 테마 색 만들기

314 눈금과 안내선을 이용해 기본 레이아웃 설정하기

324 슬라이드 마스터 및 레이아웃 디자인하기

THEME 07

테마와 마스터로 나만의 템플릿 만들기

대부분의 문서 디자인에서 철칙처럼 여기는 것 중 하나가 통일성입니다. 동일한 글꼴, 색, 레이아웃이 적용된 문서가 보기 좋기 때문입니다. 파워포인트에서 글꼴, 색, 레이아웃 등의 기본을 설정해놓는 곳을 테마와 슬라이드 마스터라고 합니다. 이번 테마에서는 테마와 슬라이드 마스터를 이용해 프레젠테이션 기본 디자인을 한 후, 그 디자인을 서식 파일 형태로 저장했다가 다른 프레젠테이션에 적용하는 방법에 대해 알아보겠습니다.

LESSON 01 테마 글꼴과 테마 색 만들기

파워포인트에서 텍스트를 입력하거나 도형을 만들면 기본적으로 설정되는 글꼴과 도형의 색을 정해놓는 곳을 테마 글꼴, 테마 색이라고 합니다. 이런 기본 테마를 자주 사용하는 글꼴이나 색으로 변경해 놓으면 더 편하게 작업할 수 있을 것입니다. 이번 레슨에서는 나만의 새 테마 글꼴과 테마 색을 만드는 방법에 대해 알아보겠습니다.

핵심기능 테마 글꼴

테마 글꼴은 파워포인트에서 텍스트를 입력할 때 기본적으로 적용되는 글꼴을 설정해놓은 것으로 파워포인트가 기본적으로 제공하는 테마 글꼴을 선택하거나 나만의 테마 글꼴을 만들어 적용할 수 있습니다.

:: 테마 글꼴 확인하기

슬라이드에서 텍스트를 선택하고 [홈] 탭에서 [글꼴] 메뉴를 열면 맨 위에 [테마 글꼴]이 표시되는 것을 볼 수 있는데 기본적으로 모두 '맑은 고딕'으로 설정되어 있습니다. 이 때문에 우리가 파워포인트에서 텍스트를 입력하면 기본적으로 '맑은 고딕' 글꼴이 적용되는 것입니다.

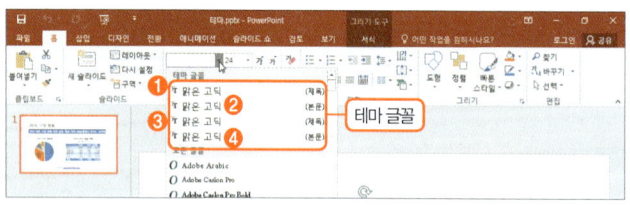

❶ 영문 제목 글꼴
❷ 영문 본문 글꼴
❸ 한글 제목 글꼴
❹ 한글 본문 글꼴

테마 글꼴과 일반 글꼴의 차이?
여러분이 만약 본문 중 첫 번째 단락에 있는 [미국 시장 현황] 글자에는 테마 글꼴 중에서 'HY헤드라인M'을 적용했고 두 번째 단락에 있는 [중국 시장 현황] 글자에는 일반 글꼴에서 'HY헤드라인M'을 적용했다고 가정합니다. 이렇게 되면 당연하게도 두 글자는 똑같이 보이게 됩니다.
그런데 나중에 테마 글꼴을 'HY견고딕'으로 바꾸게 되면 어떻게 될까요? 그러면 [미국 시장 현황]의 글꼴은 'HY견고딕'으로 변경되지만 [중국 시장 현황]의 글꼴은 'HY헤드라인M'을 유지하게 됩니다.

- 미국 시장 전망: IT를 중심으로 경기가 차츰 살아나고 있어 6~7% 정도의 매출 향상 기대됨
- 중국 시장 전망: 선진국에 비해 여전히 높은 성장률이지만 기세가 적이고 있어 2~5% 매출 하락은 불가피할 것으로 예상됨

- 미국 시장 전망: IT를 중심으로 경기가 차츰 살아나고 있어 6~7% 정도의 매출 향상 기대됨
- 중국 시장 전망: 선진국에 비해 여전히 높은 성장률이지만 기세가 적이고 있어 2~5% 매출 하락은 불가피할 것으로 예상됨

이런 상황이 가장 많이 발생하는 경우가 바로 프레젠테이션간에 슬라이드나 텍스트를 복사하는 경우입니다. 현재 [시장 상황] 글자가 있는 슬라이드를 B 프레젠테이션으로 복사했는데 B 프레젠테이션의 테마 글꼴이 '나눔 고딕 ExtraBold'였다면 [미국 시장 상황]의 글꼴은 '나눔 고딕 ExtraBold'로 변경되지만 두 번째 단락의 [중국 시장 현황]의 글꼴은 굳건히 'HY헤드라인M'을 유지하게 되는 것입니다.
따라서 글자에 테마 글꼴을 설정할 때는 테마 글꼴의 변경에 따라 글꼴이 앞으로 바뀔 수도 있다는 것을 인지한 상태에서 작업을 해야 하며, 즉, 테마 글꼴이나 템플릿의 변경에 따라 글꼴이 자동 변경되도록 하고 싶다면 테마 글꼴을 사용하고, 절대로 글꼴을 바꾸고 싶지 않은 글자라면 일반 글꼴에서 글꼴을 선택하는 것을 권장합니다.

테마 글꼴 변경 및 새 테마 글꼴 만들기

1 테마 글꼴 변경하기 [디자인] 탭의 [적용] 영역에서 [자세히] 버튼(▼)을 클릭하고 [글꼴]에서 테마 글꼴을 선택합니다.

2 새 테마 글꼴 만들기 가장 많이 사용하는 글꼴을 담은 테마 글꼴을 만들고 싶다면 [디자인] 탭의 [적용] 영역에서 [자세히] 버튼(▼)을 클릭하고 표시되는 메뉴에서 [글꼴]을 선택한 후 [글꼴 사용자 지정]을 선택합니다. 표시되는 [새 테마 글꼴 만들기] 대화상자에서 글꼴을 선택하고 테마 글꼴의 이름을 입력한 후 [저장]을 클릭합니다.

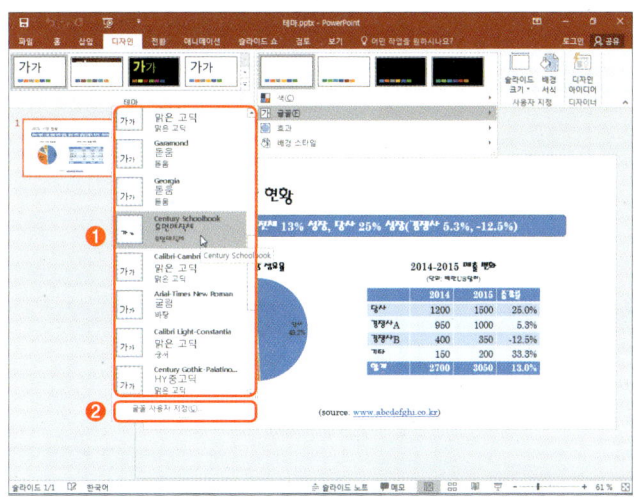
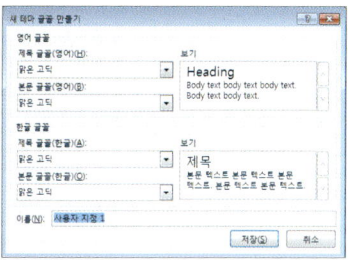

핵심기능 테마 색

테마 색은 파워포인트에서 색을 칠할 때 기본적으로 적용되는 색을 설정해놓은 곳으로 여러분은 파워포인트가 기본적으로 제공하는 테마 색을 선택하거나 나만의 테마 색을 만들어 적용할 수 있습니다.

테마 색 확인하기

색을 선택할 수 있는 곳에서 테마 색을 쉽게 발견할 수 있습니다. 글꼴 색, 도형 채우기, 도형 윤곽선 메뉴, 그리고 도형을 마우스 오른쪽 버튼으로 클릭하고 [채우기]나 [윤곽선]을 클릭하면 표시되는 메뉴에서도 확인할 수 있습니다.

여기에서 **1** 맨 위에 있는 10개의 색이 테마 색이며, 그 아래에 있는 색들은 테마 색의 명도(밝기)를 조정한 견본들입니다.

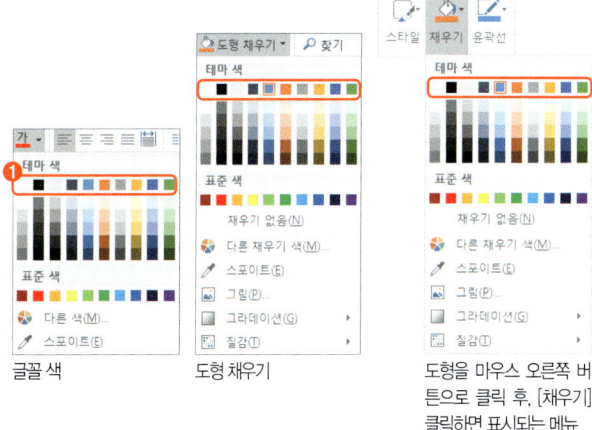

글꼴 색 / 도형 채우기 / 도형을 마우스 오른쪽 버튼으로 클릭 후, [채우기] 클릭하면 표시되는 메뉴

테마 색이 사용되는 곳 중에서 사용자가 잘 모르는 곳은 배경 색입니다. [디자인] 탭의 [적용] 영역에서 [자세히] 버튼(▼)을 클릭하고 [배경 스타일]을 선택하면 표시되는 12개의 배경 색이 표시되는데 이 중에서 ❷ 맨 위에 있는 네 개의 견본이 바로 테마 색입니다.

○ 테마 글꼴과 테마 색은 워드/엑셀과 공유됨
여러분이 만든 테마 글꼴과 테마 색은 다른 파워포인트 파일에 적용할 수 있으며, 다른 오피스 프로그램인 MS워드(디자인 탭)는 물론, 심지어 엑셀(페이지 레이아웃 탭)에서도 적용할 수 있습니다.

테마 색 변경 및 새 테마 색 만들기

❶ **테마 색 변경하기** 파워포인트는 여러 종류의 테마 색을 제공합니다. 만약 그것을 선택하고 싶다면 [디자인] 탭의 [적용] 영역에서 [자세히] 버튼(▼)을 클릭하고 [색]에서 다른 테마 색을 선택합니다.

❷ **새 테마 색 만들기** 표시되는 [새 테마 색 만들기] 대화상자에서 테마 색을 변경하고 이름을 변경한 후 [확인]을 클릭합니다.

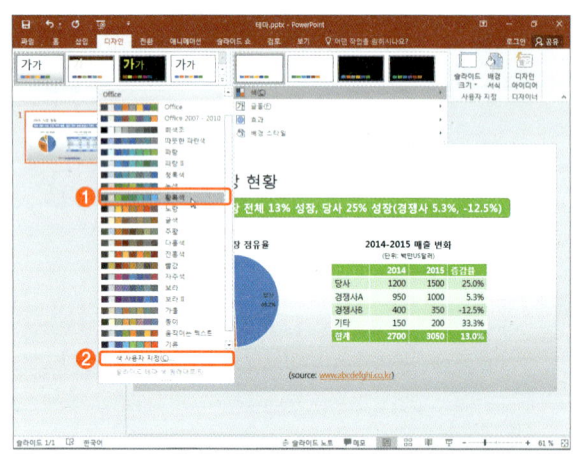 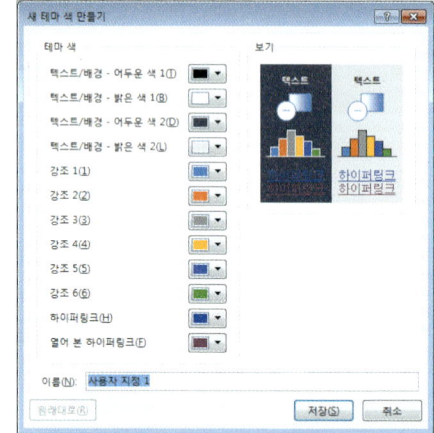

테마 색과 일반 색의 차이?

여러분이 만약 본문 중 첫 번째 단락에 있는 [미국 시장 현황] 글자에는 테마 색 중에서 '파란색'을 적용했고 두 번째 단락에 있는 [중국 시장 현황] 글자에는 일반 색 중에서 '파란색'을 적용했다고 가정합니다. 이렇게 되면 당연하게도 두 글자는 똑같이 보이게 됩니다.

그런데 나중에 테마 색을 '녹색'으로 바꾸게 되면 어떻게 될까요? 그러면 [미국 시장 현황]의 글씨 색은 '녹색'으로 변경되지만 [중국 시장 현황]의 글꼴 색은 '파랑'을 유지하게 됩니다.

- **미국 시장 전망**: IT를 중심으로 경기가 차츰 살아나고 있어 6~7% 정도의 매출 향상 기대됨
- **중국 시장 전망**: 선진국에 비해 여전히 높은 성장률이지만 기세가 꺾이고 있어 2~5% 매출 하락은 불가피할 것으로 예상됨

- **미국 시장 전망**: IT를 중심으로 경기가 차츰 살아나고 있어 6~7% 정도의 매출 향상 기대됨
- **중국 시장 전망**: 선진국에 비해 여전히 높은 성장률이지만 기세가 꺾이고 있어 2~5% 매출 하락은 불가피할 것으로 예상됨

이런 상황이 가장 많이 발생하는 경우가 바로 프레젠테이션간에 슬라이드나 텍스트를 복사하는 경우입니다. 현재 [시장 상황] 글자가 있는 슬라이드를 B 프레젠테이션으로 복사했는데 B 프레젠테이션의 테마 색이 '빨간색'이였다면 [미국 시장 상황]의 글꼴은 '빨간색'으로 변경되지만 두 번째 단락의 [중국 시장 현황]의 글꼴은 굳건히 '파란색'을 유지하게 되는 것입니다.

- **미국 시장 전망**: IT를 중심으로 경기가 차츰 살아나고 있어 6~7% 정도의 매출 향상 기대됨
- **중국 시장 전망**: 선진국에 비해 여전히 높은 성장률이지만 기세가 꺾이고 있어 2~5% 매출 하락은 불가피할 것으로 예상됨

따라서 글자(도형의 경우도 마찬가지임)에 테마 색을 설정할 때는 테마 색의 변경에 따라 글꼴 색이 앞으로 바뀔 수도 있다는 것을 인지한 상태에서 작업을 해야 하며, 즉, 테마 색이나 템플릿의 변경에 따라 글꼴 색이 자동 변경되도록 하고 싶다면 테마 색을 사용하고, 절대로 글꼴 색을 바꾸고 싶지 않은 글자라면 표준 색이나 [색] 대화상자에서 직접 색을 선택할 것을 권장합니다.

새 테마 글꼴 만들기

예제 파일 Sample\Theme07\테마.pptx   **완성 파일** Sample\Theme07\테마(결과).pptx

키 워 드 테마 글꼴, 기본 글꼴
길라잡이 테마 글꼴의 장점은 여러분이 직접 테마 글꼴을 만들어 사용할 수 있다는 점입니다. 자주 사용하는 글꼴을 포함하고 있는 새 테마 글꼴을 만들고 현재 프레젠테이션에 적용해보겠습니다.

STEP 01 새 테마 글꼴 만들기

01 ❶ [디자인] 탭의 ❷ [적용] 영역에서 [자세히] 버튼( )을 클릭합니다.

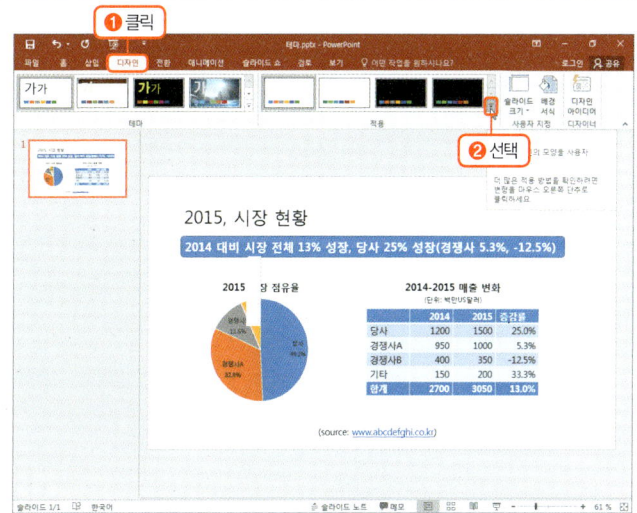

02 ❶ [글꼴]을 선택하고 ❷ [글꼴 사용자 지정]을 선택합니다.

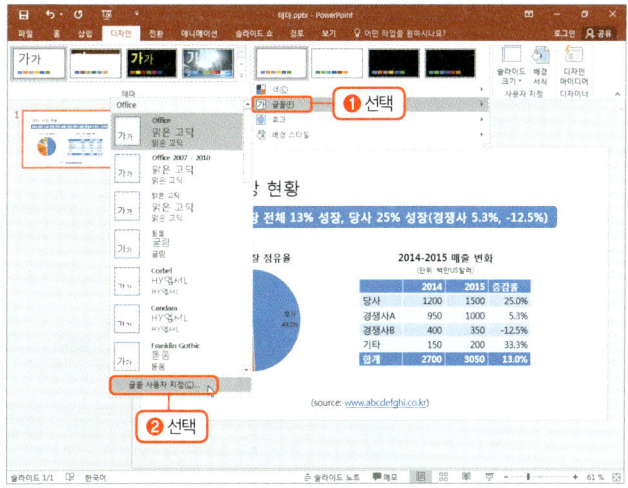

Lesson 01 _ 테마 글꼴과 테마 색 만들기 **305**

03 ❶ [한글 글꼴]의 [제목 글꼴(한글)]에서 ❷ [HY헤드라인M]을 선택합니다.

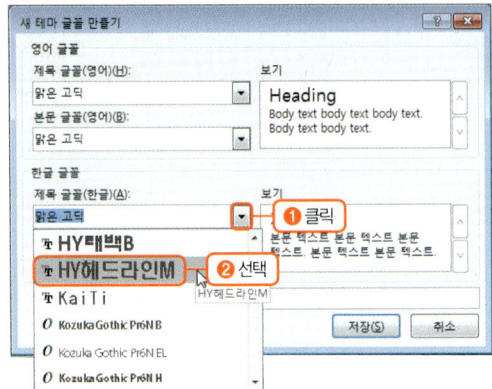

● 나눔고딕이 없다면
만약 여러분의 컴퓨터에 나눔고딕 글꼴이 설치되어 있지 않다면 다른 글꼴(예: 맑은 고딕)을 선택합니다.

04 같은 방법으로 아래와 같이 설정합니다.
❶ 제목 글꼴(영어): Tahoma 선택
❷ 본문 글꼴(영어): Arial 선택
❸ 본문 글꼴(한글): 나눔고딕
❹ 이름: Tahoma, Arial 입력
❺ [저장]을 클릭합니다.

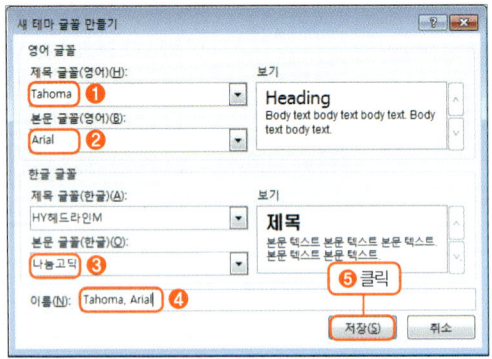

05 새 테마 글꼴이 현재 프레젠테이션에 적용되면서 현재 슬라이드에 있는 각 텍스트의 글꼴이 아래와 같이 변경됩니다.
❶ 영어 제목(숫자, 특수 문자): Tahoma
❷ 영어 본문(숫자, 특수 문자): Arial
❸ 한글 제목: HY헤드라인M
❹ 한글 본문: 나눔고딕 또는 맑은 고딕

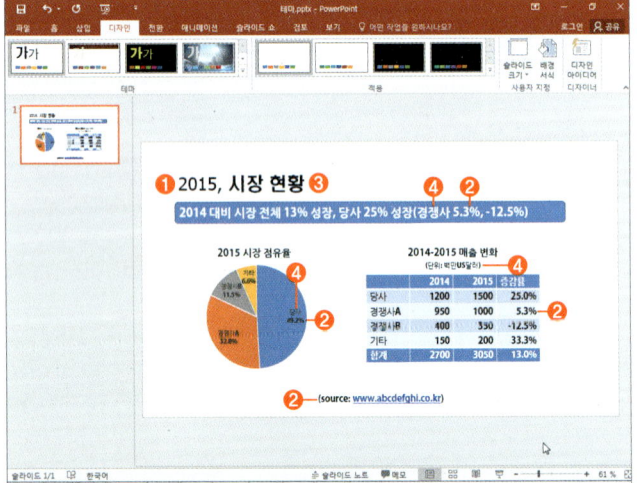

조직의 글꼴을 선택해 테마 글꼴을 만드세요.
조직 내에서 사용하는 글꼴과 색을 통일시키는 것이 좋은데, 조직의 색에 정체성을 부여한 것은 오래된 반면 글꼴은 그런 경우가 드물었습니다. 하지만 최근 들어서 조직에서 직접 글꼴을 만들어 사용하는 경우가 많아지고 있습니다. 이 경우라면 당연하게도 그 글꼴을 사용해 테마 글꼴을 설정하는 것이 좋습니다. 모든 조직원들이 동일한 글꼴과 색을 사용한다면 고객은 그 조직에 대해 안정감과 신뢰를 가질 가능성이 높아지기 때문입니다.
만약 조직이 작거나 개인이어서 그런 글꼴을 만들 여력이 없다면 기존 글꼴 중에서 조직이나 개인의 정체성에 맞는 글꼴을 선택해 테마 글꼴을 만든 후, 그것을 계속 사용한다면 큰 조직에 뒤지지 않는 좋은 결과를 얻을 수 있을 것입니다. 일관성, 통일성은 모든 디자인의 기본이기 때문입니다.

06 슬라이드에서 아무 글자나 선택합니다.

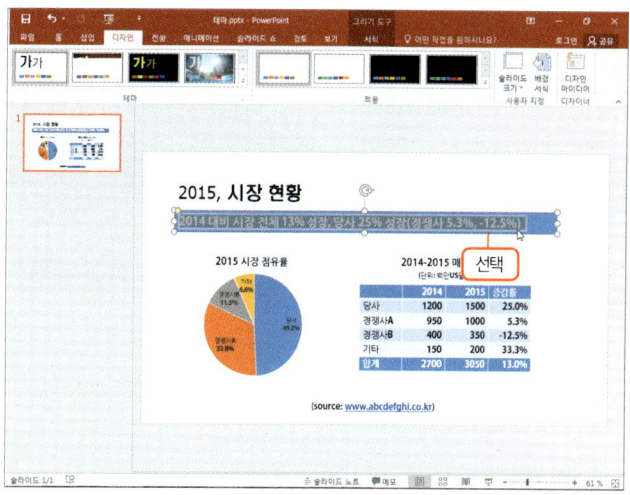

07 ❶ [홈] 탭의 ❷ [글꼴] 메뉴를 엽니다. ❸ 테마 글꼴에 여러분이 지정한 글꼴을 볼 수 있습니다.

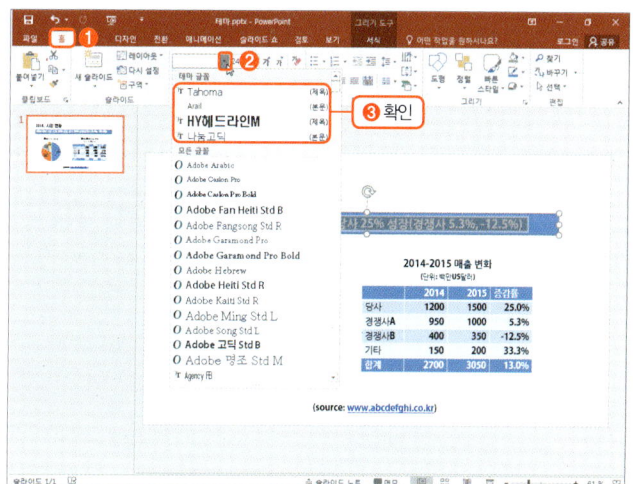

한글 글꼴과 영어 글꼴은 같은 것으로!
한글 프레젠테이션을 만들 경우: [새 테마 글꼴 만들기] 대화상자에서 한글 글꼴과 영어 글꼴에서 같은 글꼴을 사용하는 것이 좋습니다. 만약 다른 것을 사용하면 같은 단락에서 한글과 영어가 다르게 표시될 수 있기 때문입니다.

파워포인트 디자인 스킬(PowerPoint Design Skill)　　　파워포인트 디자인 스킬(**PowerPoint Design Skill**)

▲ 한글 글꼴과 영어 글꼴을 같게 설정한 경우　　　　　▲ 한글 글꼴과 영어 글꼴을 다르게 설정한 경우

영문 프레젠테이션을 만들 경우: [새 테마 글꼴 만들기] 대화상자에서 한글 글꼴은 기본값인 '맑은 고딕'을 그대로 두고 영어 글꼴만 영어 글꼴(예: Tahoma, Arial 등)로 변경합니다.

STEP 02 테마 글꼴 수정하기

01 ❶ [디자인] 탭의 ❷ [적용] 영역에서 [자세히] 버튼(▼)을 클릭합니다.

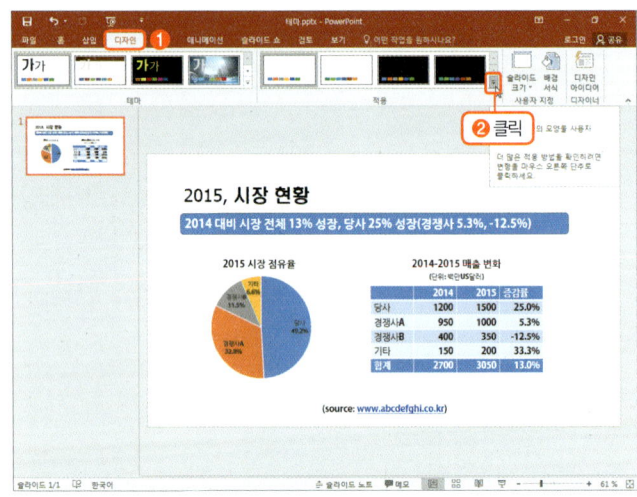

○ 테마 글꼴 삭제하기
[디자인] 탭의 [적용] 영역에서 [자세히] 버튼(▼)을 클릭하고 [글꼴]을 선택한 후 사용자 정의 테마 글꼴을 마우스 오른쪽 버튼으로 클릭하고 [삭제]를 선택합니다.

02 [글꼴]을 선택한 후 앞서 설정한 ❶ 테마 글꼴을 마우스 오른쪽 버튼으로 클릭하고 ❷ [편집]을 선택합니다.

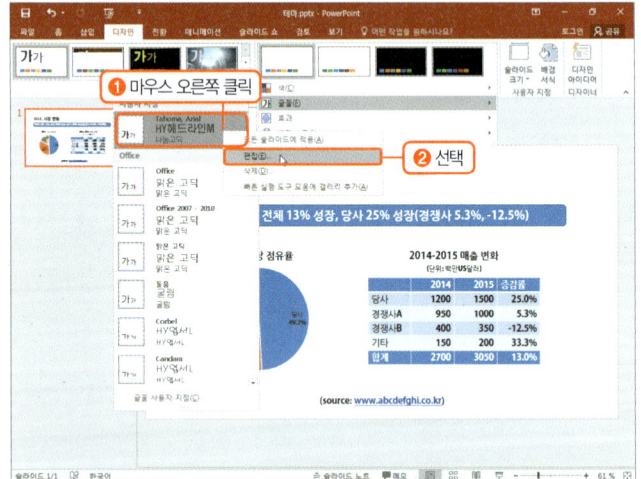

03 ❶ 표시되는 [테마 글꼴 편집] 대화 상자에서 글꼴 또는 이름을 변경하고 ❷ [저장]을 클릭합니다.

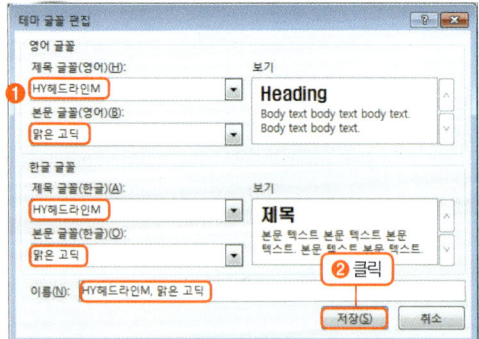

기능실습 02 새 테마 색 만들기

예제 파일 Sample\Theme07\테마.pptx **완성 파일** Sample\Theme07\테마(결과).pptx

키 워 드 테마 색, 기본 색

길라잡이 테마 색의 장점은 여러분이 직접 테마 색을 만들어 사용할 수 있다는 점입니다. 자주 사용하는 색을 포함하고 있는 새 테마 색을 만들고 현재 프레젠테이션에 적용해보겠습니다.

STEP 01 새 테마 색 만들기

01 ❶ [디자인] 탭의 ❷ [적용] 영역에서 [자세히] 버튼( )을 클릭합니다.

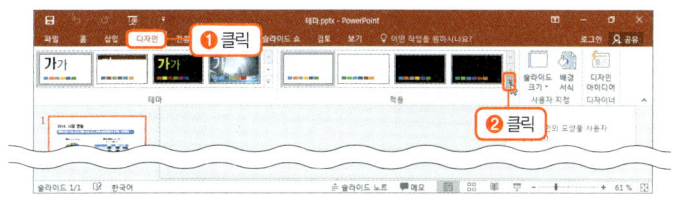

02 ❶ [색]을 클릭하고 ❷ [색 사용자 지정]을 클릭합니다.

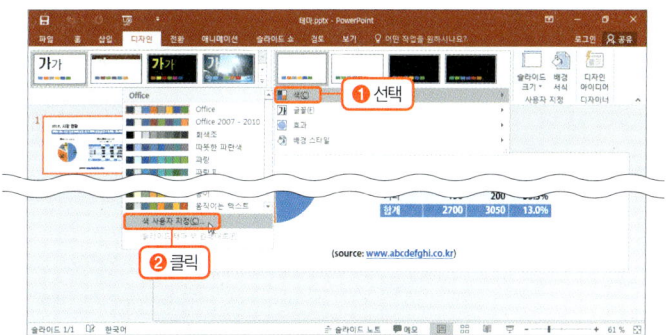

03 ❶ [강조 1] 오른쪽에 있는 색 견본을 클릭하고 ❷ [다른 색]을 선택합니다.

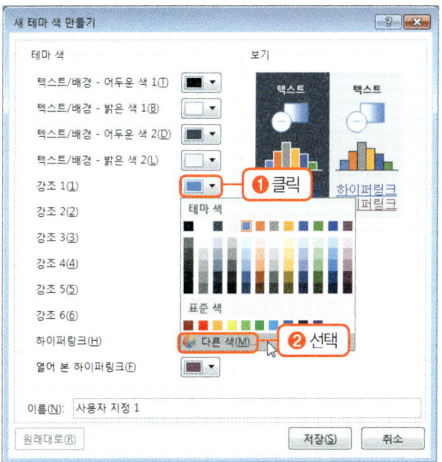

Lesson 01 _ 테마 글꼴과 테마 색 만들기 **309**

04 [색] 대화상자에서 ❶ 색을 선택하고 ❷ [확인]을 클릭합니다.

● 하이퍼링크 색
파워포인트에서 인터넷 주소나 이메일 주소를 입력하면 자동으로 파랑색이 칠해집니다. 이것은 테마 색에서 [하이퍼링크] 색이 파랑으로 되어 있기 때문입니다. 하이퍼링크가 설정된 텍스트의 색을 바꾸고 싶다면 [하이퍼링크] 색을 변경하면 됩니다.

05 같은 방법으로 ❶ 강조 2~6 색을 변경하고 ❷ [이름]에 새 테마 색의 이름(예: 밝은 파랑)을 입력한 후 ❸ [저장]을 클릭합니다.
지정한 테마 색이 현재 프레젠테이션 문서 전체에 적용됩니다.

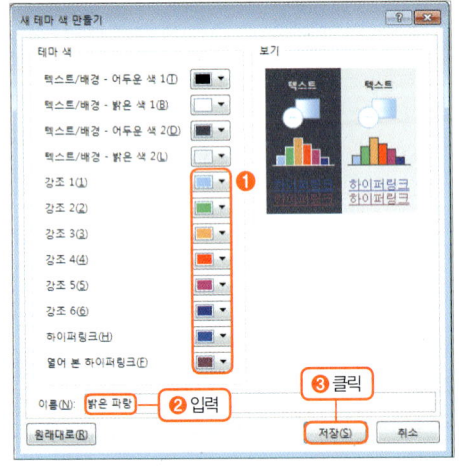

06 슬라이드에서 ❶ 도형을 마우스 오른쪽 버튼으로 클릭하고 ❷ [채우기]를 클릭한 후 ❸ [테마 색]에 앞서 설정했던 테마 색이 표시되는 것을 확인합니다.

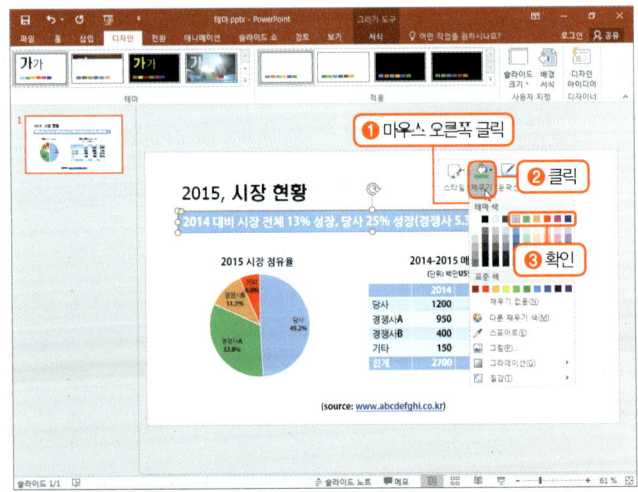

STEP 02 테마 색 수정하기

01 ❶ [디자인] 탭의 [적용] 영역에서 ❷ [자세히] 버튼( )을 클릭합니다.

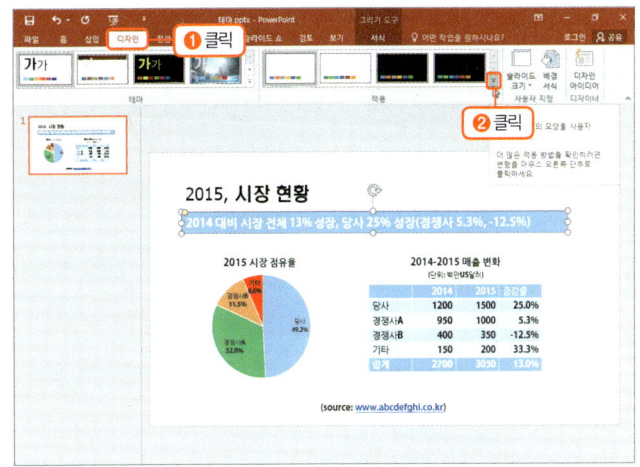

02 ❶ [색]을 선택하고 ❷ 수정한 후 싶은 테마 글꼴(예) 밝은 파랑)을 마우스 오른쪽 버튼으로 클릭하고 ❸ [편집]을 선택합니다.

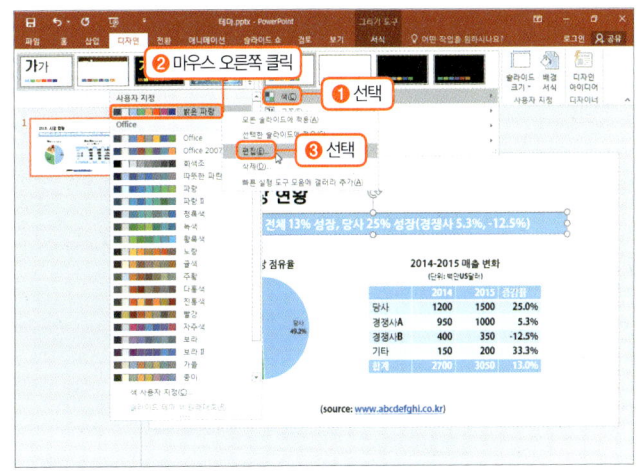

● 테마 색 삭제하기
[디자인] 탭의 [적용] 영역에서 [자세히] 버튼( )을 클릭하고 [색]을 선택한 후 사용자 정의 테마 색을 마우스 오른쪽 버튼으로 클릭하고 [삭제]를 선택합니다.

03 표시되는 대화상자에서 ❶ 테마 색을 변경하고 ❷ [저장]을 클릭합니다.

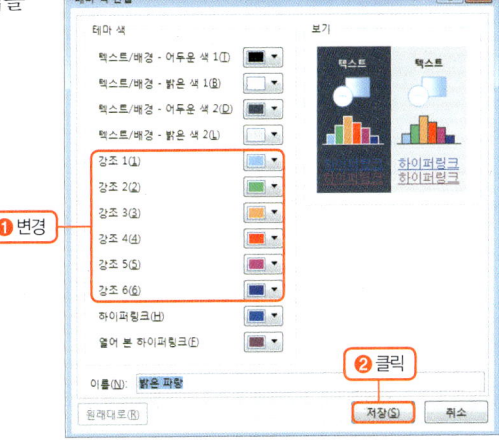

Lesson 01 _ 테마 글꼴과 테마 색 만들기 311

기본 글꼴 색 및 기본 배경 색 설정하기

[테마 색] 대화상자에서 맨 위에 네 개의 색은 기본 글꼴 색과 배경 색과 관련이 있습니다. 기본 글꼴 색과 배경 색을 변경하고 싶다면 이 네 가지 색을 변경하면 됩니다.

【예제 파일】 Sample\Theme07\테마.pptx

■ 기본 글꼴 색 관련 테마 색

테마 색에서 [텍스트/배경 – 어두운 색 1]은 배경이 밝은 색일 때 기본 글꼴 색입니다. 파워포인트에서 새 프레젠테이션의 배경은 기본적으로 흰색, 즉 밝은 색이므로 글자를 입력하면 [텍스트/배경 – 어두운 색 1]이 적용돼 검은색으로 입력되는 것입니다.

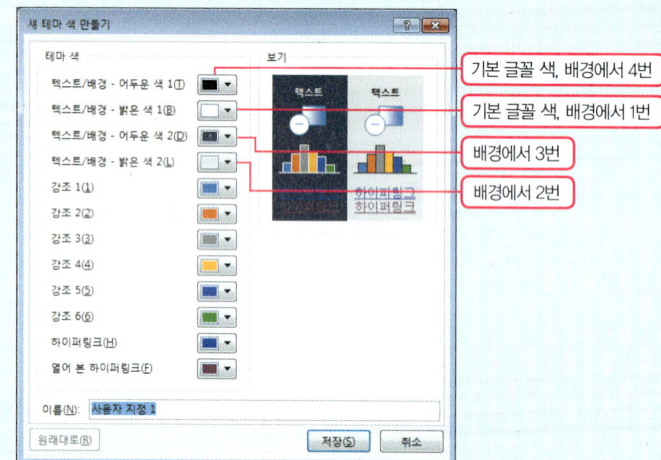
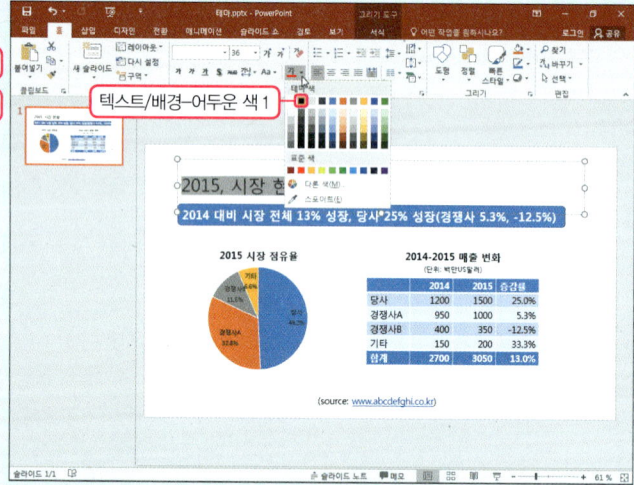

배경이 밝은 경우 기본 글꼴 색은 검정 – 테마 색에서 [텍스트/배경 – 어두운 색 1]

만약 배경을 검정이나 어두운 색으로 설정하면 [텍스트/배경 – 밝은 색 1]에서 설정한 색(일반적으로 흰색)이 기본 글꼴 색이 됩니다.

배경을 어둡게 만들고 싶다면 [디자인] 탭의 [적용] 영역에서 [자세히] 버튼(▼)을 클릭하고 ❶ [배경 스타일]에서 ❷ [스타일 3]이나 [스타일 4]와 같이 어두운 배경을 설정합니다. 이렇게 되면 ❸ 기본 글꼴 색은 흰색(테마 색에서 [텍스트/배경 – 밝은 색 1])으로 변경됩니다.

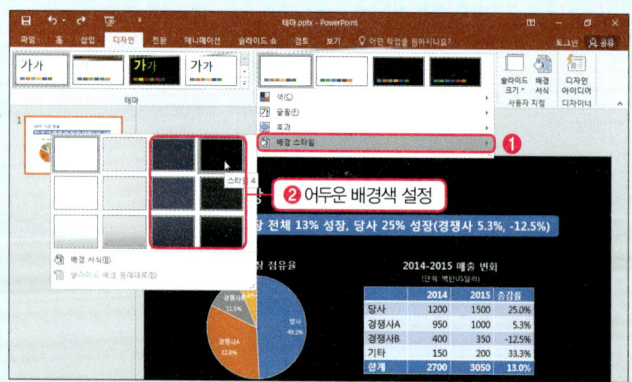

배경을 어두운 색으로 변경

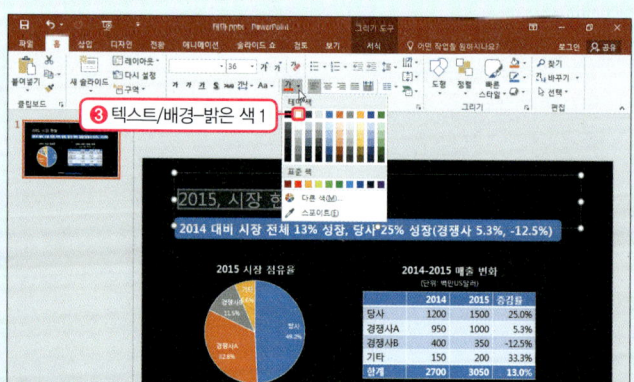

배경이 어두운 경우 기본 글꼴 색은 [흰색]

■ 배경 색 관련 테마 색

앞서 언급한 것처럼 파워포인트의 기본 배경은 흰색입니다. 테마 색을 통해 이 기본 배경 색을 변경할 수 있습니다. 기본적으로 [텍스트/배경 – 어두운 색 1]은 검정으로, [텍스트/배경 – 밝은 색 1]은 흰색으로 설정되어 있으며 이것은 배경 스타일의 4번과 1번으로 표시됩니다. 배경 색은 [디자인] 탭의 [적용] 영역에서 [자세히] 버튼( )을 클릭한 후 [배경 스타일]을 선택하면 확인할 수 있습니다.

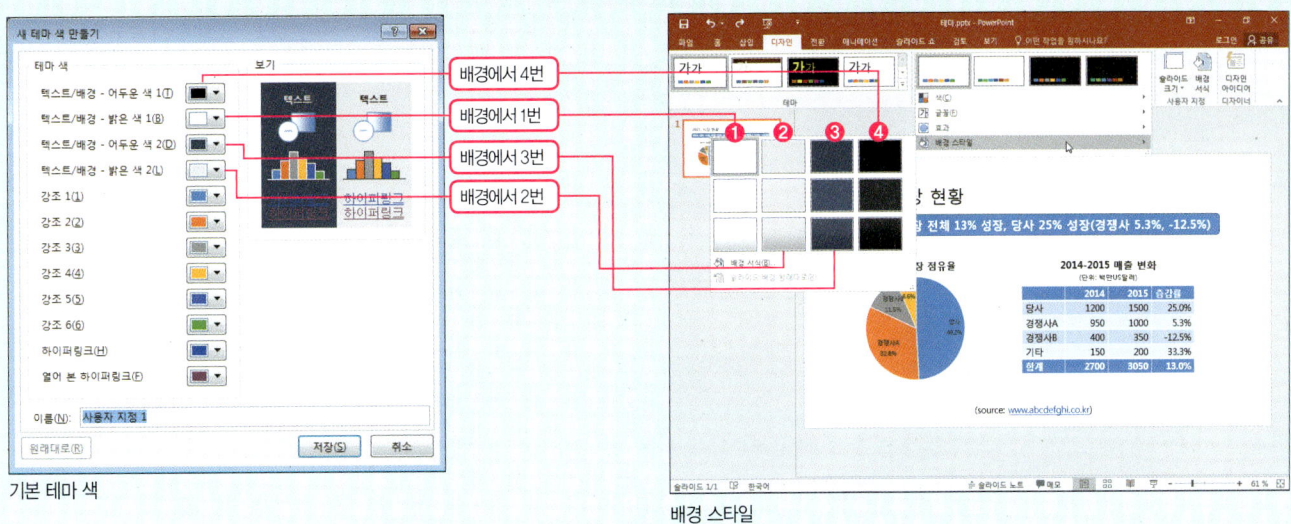

기본 테마 색 / 배경 스타일

아래의 테마 색은 [텍스트/배경 – 어두운 색 1]과 [텍스트/배경 – 밝은 색 1]은 그대로 두고, [텍스트/배경 – 어두운 색 2]와 [텍스트/배경 – 밝은 색 2]를 변경한 경우입니다. 배경의 2번과 3번의 색이 변경된 것을 확인할 수 있습니다.

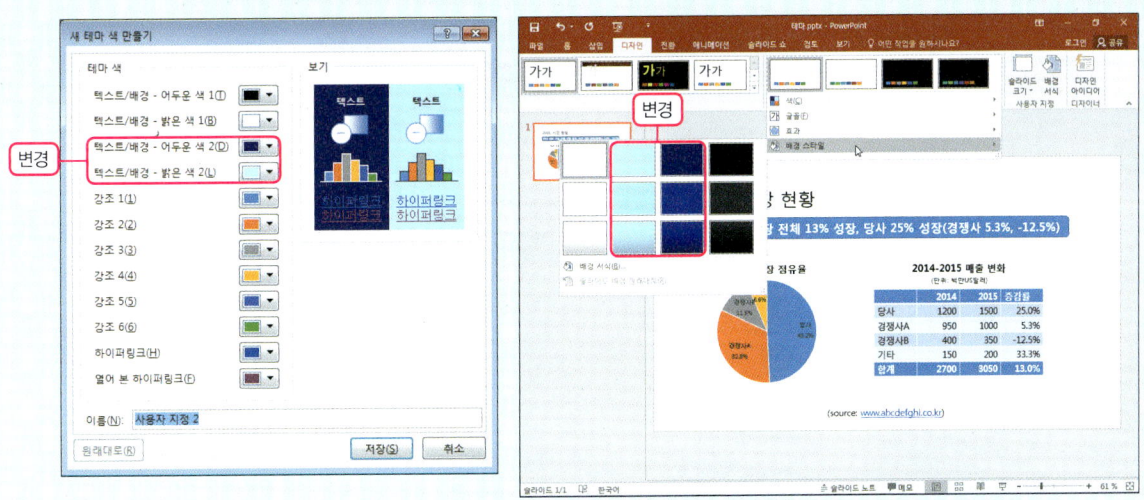

이렇게 테마 색에서 각 항목이 갖고 있는 의미를 이해하고 나만의 테마 색을 만들어 사용한다면 프레젠테이션 디자인에서 색을 사용하는 것이 조금 더 편해집니다. 필자의 경우 고객사의 홈페이지를 방문해 고객사에서 주로 사용하는 색 값을 알아내 테마 색에 적용함으로써 좋은 결과를 얻어낼 수 있었습니다.

LESSON 02 눈금과 안내선을 이용해 기본 레이아웃 설정하기

파워포인트에서 디자인 품질을 높이고 싶다면 줄을 잘 맞추는 것이 좋습니다. 줄을 잘 맞추는 가장 쉬운 방법은 눈금과 안내선을 사용하는 것입니다. 눈금은 일정한 간격으로 배치되는 점을 말하며, 안내선은 사용자가 슬라이드에서 필요한 곳에 여러 개의 선을 배치해 그 선을 따라 개체를 배치할 수 있도록 해줌으로써 결과적으로 개체를 정렬할 수 있도록 해줍니다.

핵심기능 › 눈금과 안내선

파워포인트에서 눈금은 슬라이드에 일정하게 배치되는 점을 말합니다. 이 점을 보면서 개체를 배치하고 편집하게 되면 일정한 간격으로 작업이 가능해 개체의 위치, 크기 등을 쉽게 맞출 수 있습니다.

눈금 설정하기

눈금은 [보기] 탭에서 [눈금선]을 선택하거나 단축키 Shift + F9 를 눌러 표시하거나 숨길 수 있습니다. 눈금 간격은 기본적으로 0.2cm인데 [눈금 및 안내선] 대화상자의 [눈금 설정]에서 그 간격을 조정할 수 있습니다.

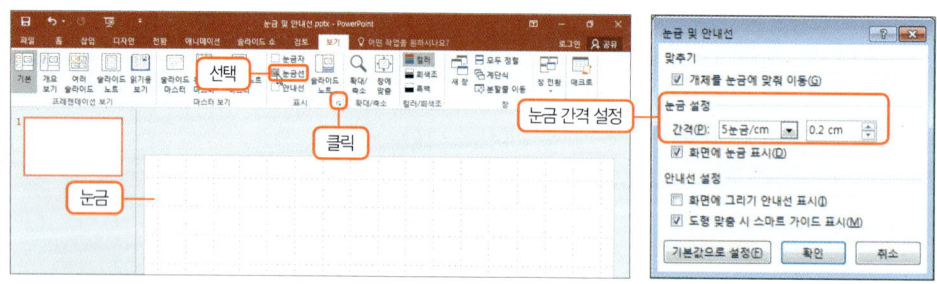

[보기] 탭에서 [눈금선] 선택

기본 보기에서 안내선 설정하기

안내선은 [보기] 탭에서 [안내선]을 선택하거나 단축키 Alt + F9 를 눌러 표시하거나 숨길 수 있습니다.

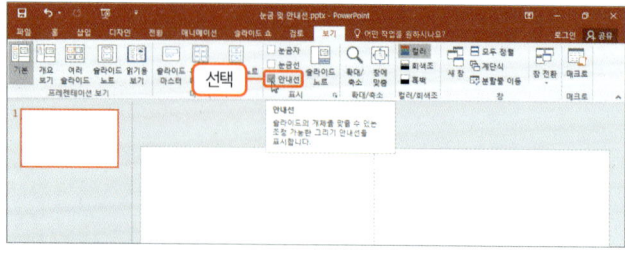

[보기] 탭에서 [안내선] 선택

○ **안내선은 쇼와 인쇄 시 표시되지 않음**
안내선은 모든 슬라이드에서 표시되므로 슬라이드마다 안내선을 따로 만들 필요가 없으며, 슬라이드 쇼 보기나 인쇄 시 표시되지 않습니다.

회색 점선 형태의 안내선은 기본적으로 수직 안내선과 수평 안내선이 각각 한 개씩 제공됩니다. Ctrl 을 누른 상태에서 안내선을 드래그해 복제할 수 있으며, 안내선을 드래그하면 이동할 수 있습니다. 안내선을 삭제하고 싶다면 안내선을 슬라이드 바깥쪽으로 드래그합니다.

여러 개의 수직 및 수평 안내선을 만들고 배치해 제목, 본문, 바닥글, 여백 등과 같은 핵심 개체들이 배치될 곳을 미리 정해놓을 수 있습니다.

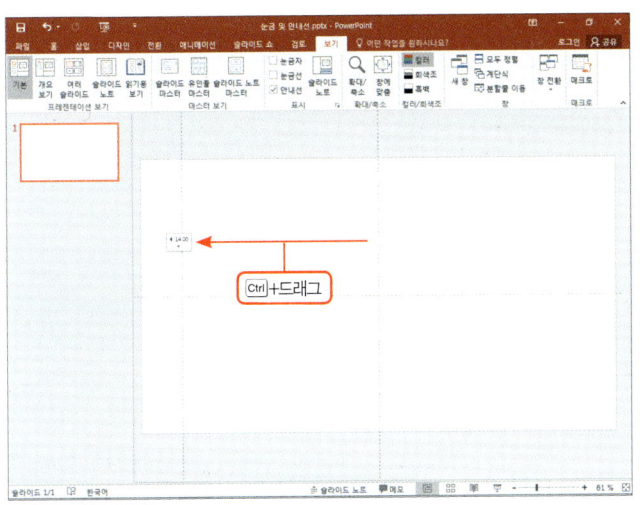
Ctrl 을 누른 상태에서 수직 안내선을 드래그해 복제하는 장면

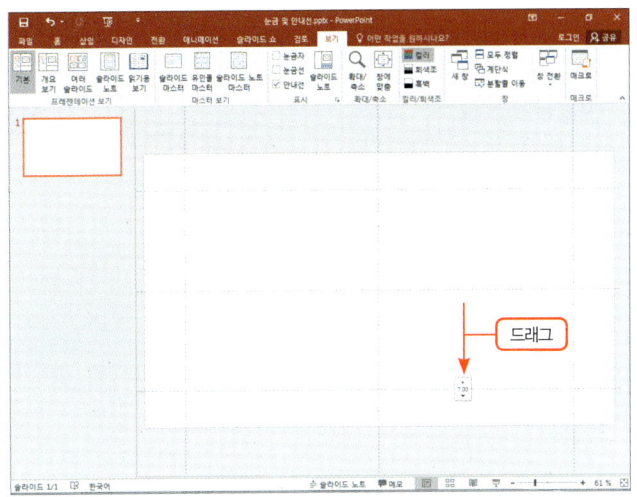
여러 안내선을 복제해 배치한 결과

슬라이드 마스터에서 안내선 설정하기

○ **슬라이드 마스터 보기로 전환하는 방법**
[보기] 탭에서 [슬라이드 마스터]를 클릭합니다.

파워포인트 2016 버전에서 특이한 것은 기본 보기에서 설정된 안내선과 독립적인 안내선을 슬라이드 마스터에서 설정할 수 있다는 것입니다.

슬라이드 마스터 편집 모드에서 왼쪽 내비게이터에서 맨 위에 있는 [슬라이드 마스터]를 선택하고 [보기] 탭에서 [안내선]을 선택해 안내선을 표시할 수 있습니다.

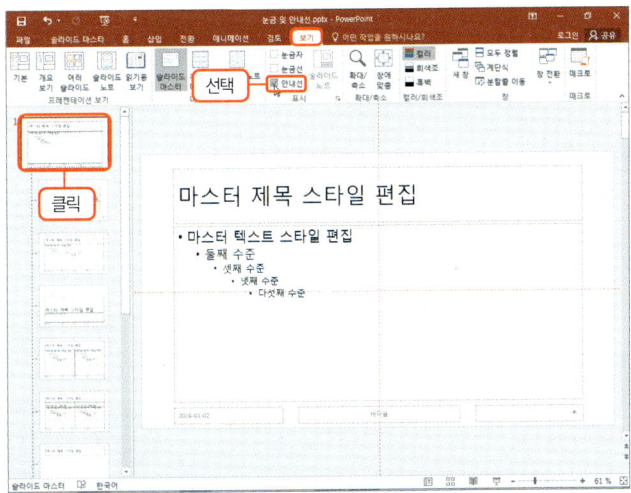

● 파워포인트 2013 버전에서도 슬라이드 마스터와 기본 보기에서 안내선 구분이 가능하며, 2010 버전 이하에서는 기본/슬라이드 마스터 구분없이 단일 안내선 설정만 가능합니다.

회색 점선 형태였던 기본 보기에서의 안내선과 달리 슬라이드 마스터에서 안내선은 빨간색 점선 형태로 나타납니다.

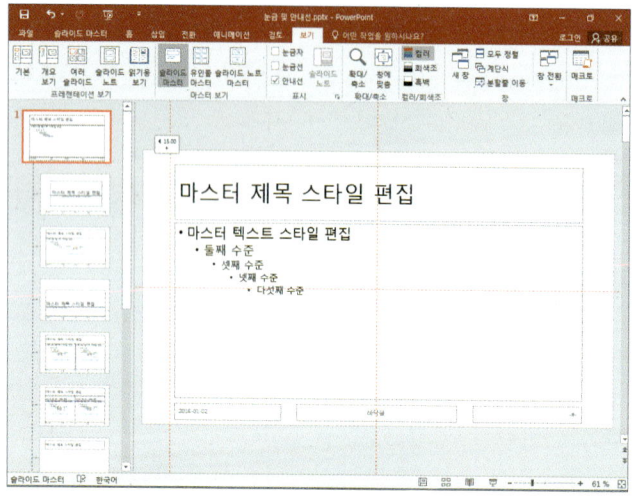

하지만 조작 방법은 기본 보기와 같습니다.

[슬라이드 마스터] 탭에서 [마스터 보기 닫기]를 클릭해 기본 보기로 전환하면 회색 점선의 안내선과 빨간색 점선의 안내선을 동시에 볼 수 있습니다.

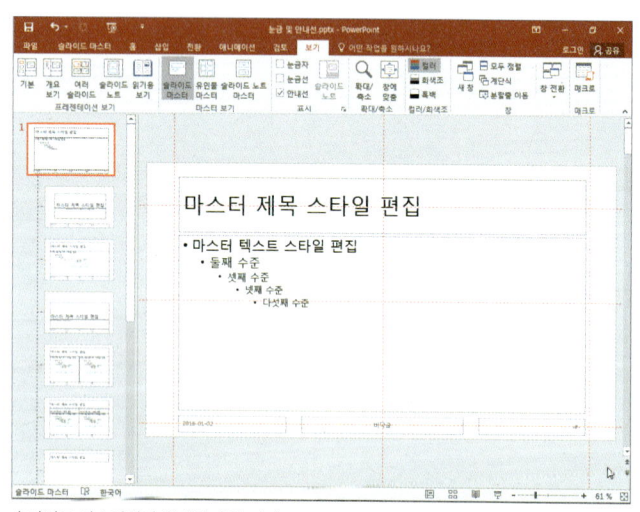

슬라이드 마스터에서 안내선 배치 결과

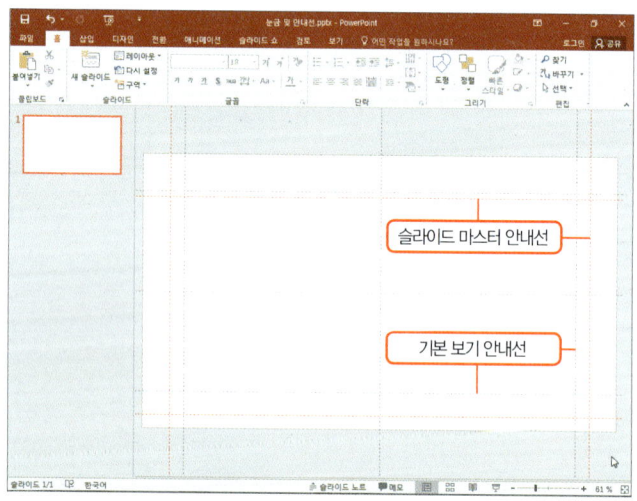

기본 보기에서 안내선 배치 상태

기본 보기에서는 빨간색 점선의 안내선은 수정할 수 없기 때문에 일반적으로 슬라이드 마스터에서 설정하는 안내선은 변동이 거의 없는 – 예를 들어, 여백, 제목 및 바닥글 등의 기본 위치 등을 표시할 때 주로 사용하며, 기본 보기에서의 안내선은 변화가 심한 개체의 배치를 위해 주로 사용됩니다.

눈금 표시 및 간격 변경하기

예제 파일 Sample\Theme07\눈금 및 안내선.pptx **완성 파일** Sample\Theme07\눈금 및 안내선(결과).pptx

키 워 드 눈금 표시, 눈금 간격 조정, 눈금자, 눈금 및 안내선
길라잡이 일정한 간격으로 배치되는 눈금을 표시해놓으면 개체를 배치하기 쉬워집니다. 눈금을 표시하고 필요시 눈금 간격을 조정하는 방법을 알아보겠습니다.

STEP 01 눈금 표시하기

● 눈금 표시 단축키
Shift + F9

01 ❶ [보기] 탭에서 ❷ [눈금선]을 선택해 눈금을 표시합니다.

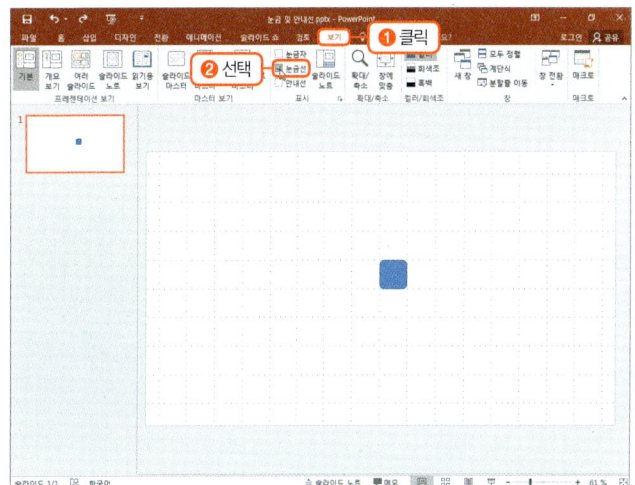

02 [보기] 탭에서 [눈금자]를 선택해 눈금자를 표시합니다.

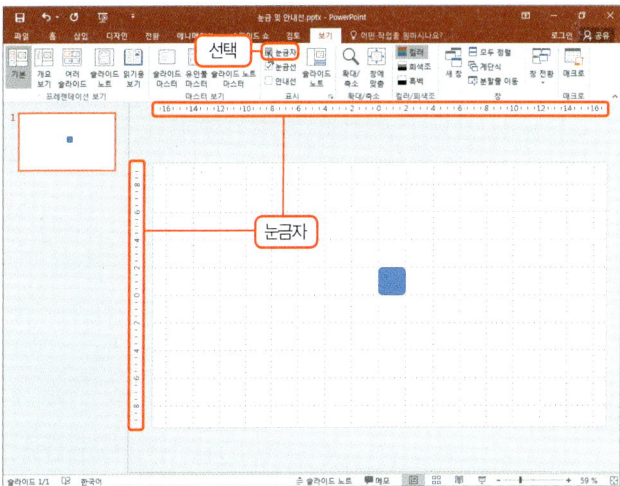

03 ❶ 상태 표시줄에서 [확대] (+)를 몇 번 클릭해 화면을 확대합니다. ❷ 눈금의 각 점이 0.2cm씩 배치되고 있는 것을 확인할 수 있습니다.

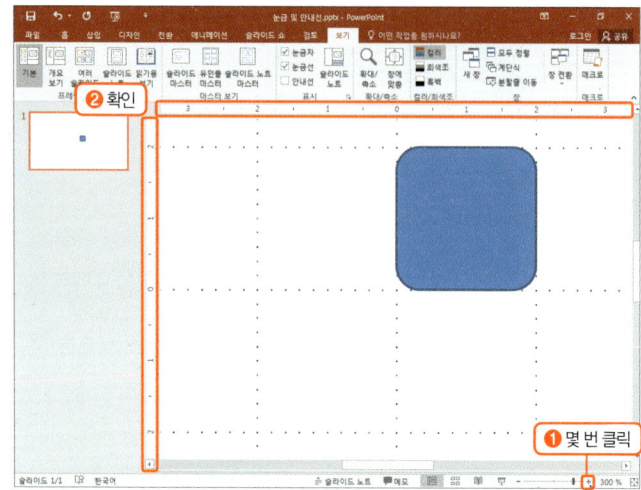

04 도형을 선택하고 크기를 변경해보면 눈금을 따라 조정되는 것을 볼 수 있습니다. 즉, 도형을 그리거나 크기를 조정하거나 이동할 때 눈금을 따르게 된다는 것입니다.

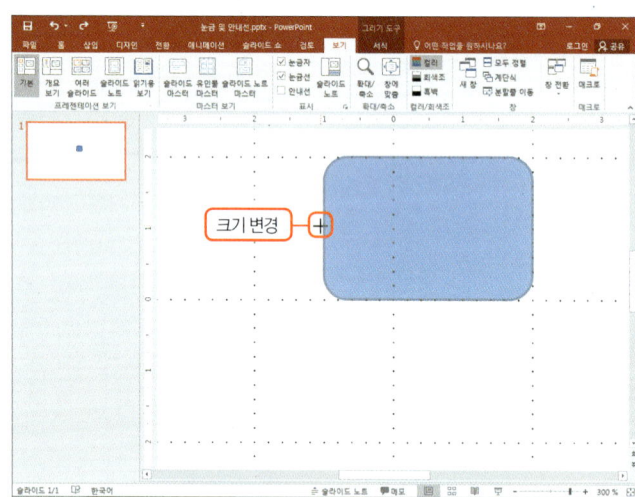

STEP 02 눈금 간격 조정하기

01 [보기] 탭의 [표시] 영역에서 [대화상자 표시] 버튼(⬚)을 클릭합니다.

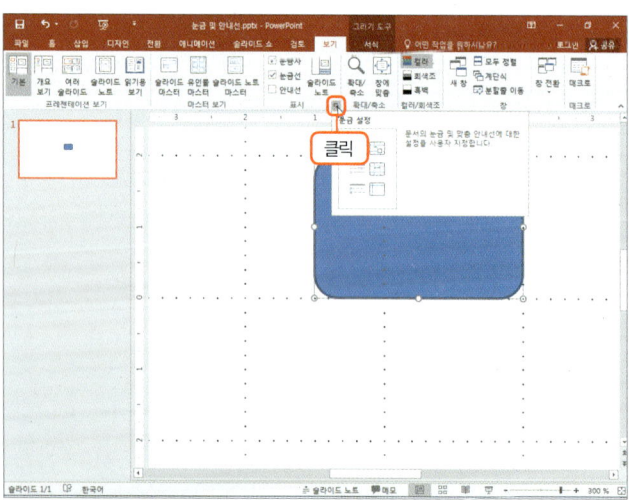

02 표시되는 대화상자의 ❶[간격] 메뉴를 열고 ❷적당한 간격(예) 8눈금/cm)을 선택한 후 ❸[확인]을 클릭합니다.

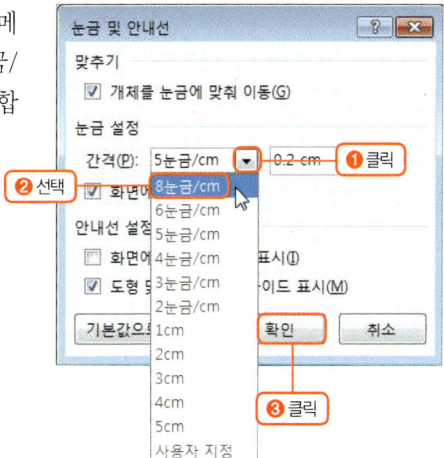

● **개체를 조금씩 이동하기**
개체를 선택하고 Ctrl을 누른 상태에서 상하좌우 방향키를 누릅니다.

03 눈금 간격이 지정한 대로 눈금이 변경됩니다. 도형의 크기를 변경해보면 눈금을 따라 조정되는 것을 볼 수 있습니다.

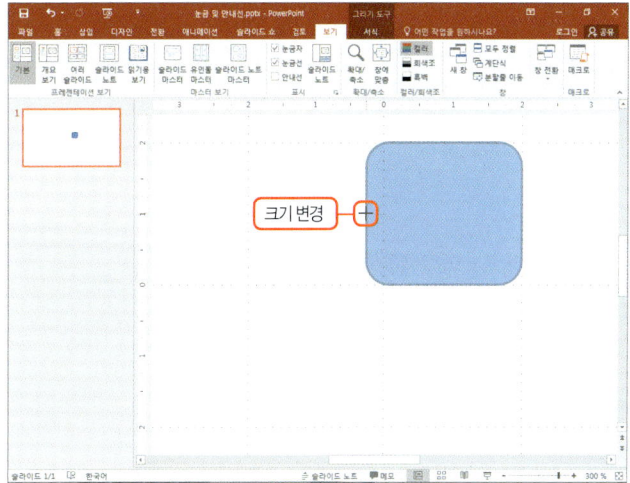

눈금과 상관 없이 개체를 조정하고 싶다면
- Alt 를 누른 상태에서 개체의 크기를 조정하거나 이동하면 눈금과 상관없이 마음대로 조정이 가능합니다.
- [보기] 탭의 [표시] 영역에서 [대화상자 표시] 버튼(▫)을 클릭하고 [개체를 눈금에 맞춰 이동] 옵션을 선택 해제하고 [확인]을 클릭합니다.

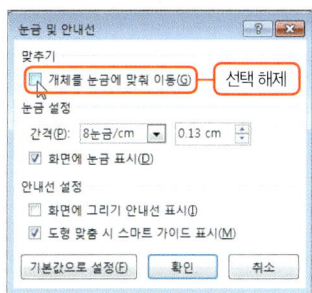

슬라이드 마스터에서 안내선 만들기

예제 파일 Sample\Theme07\눈금 및 안내선.pptx **완성 파일** Sample\Theme07\눈금 및 안내선(결과).pptx

키 워 드 안내선, 안내선 복제, 슬라이드 마스터
길라잡이 파워포인트 2016 버전에서는 기본 보기와 슬라이드 마스터에서 각각 안내선을 설정할 수 있습니다. 이번 실습에서는 슬라이드 마스터에서 안내선을 만들어 복제하는 방법에 대해 알아보겠습니다.

STEP 01 슬라이드 마스터에서 안내선 표시하기

01 [보기] 탭에서 [슬라이드 마스터]를 클릭합니다.

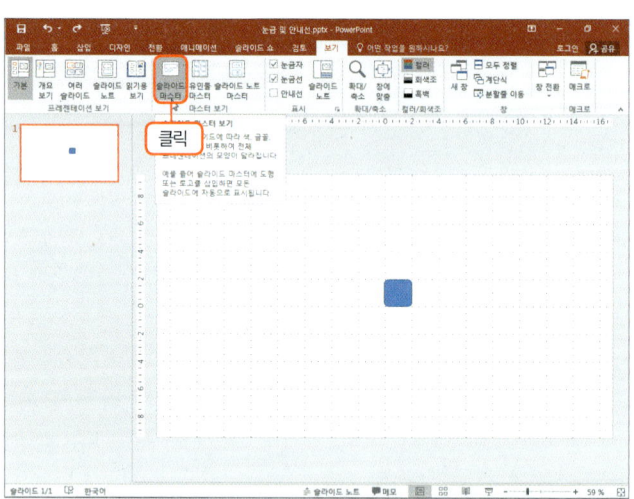

○ 안내선 표시 단축키
Alt + F9

02 슬라이드 마스터 편집 모드로 전환되면 ❶ 왼쪽 내비게이터 중에서 맨 위에 있는 [슬라이드 마스터]를 클릭하고 ❷ [보기] 탭에서 ❸ [안내선]을 선택합니다. 슬라이드 정가운데에 빨강색 점선의 수직 및 수평 안내선이 표시됩니다.

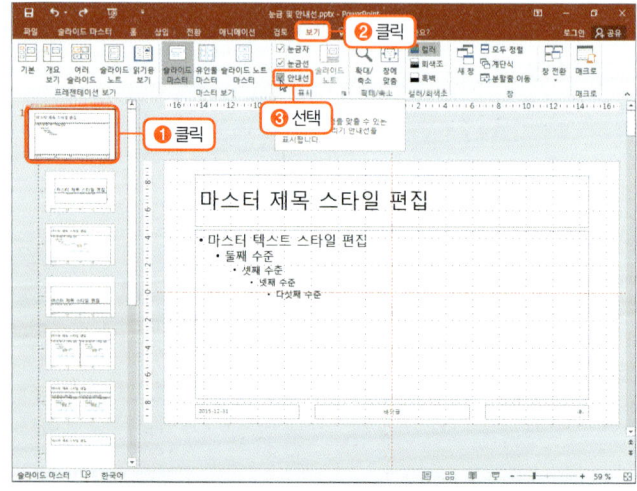

STEP 02 안내선 복제하기

01 Ctrl을 누른 상태에서 수직 안내선을 왼쪽으로 드래그해 복제합니다.

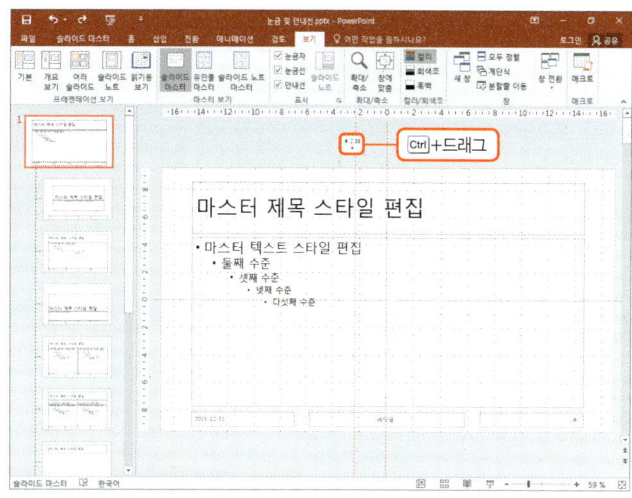

02 복제한 수직 안내선을 슬라이드 왼쪽으로 드래그해 원하는 곳에 배치합니다.

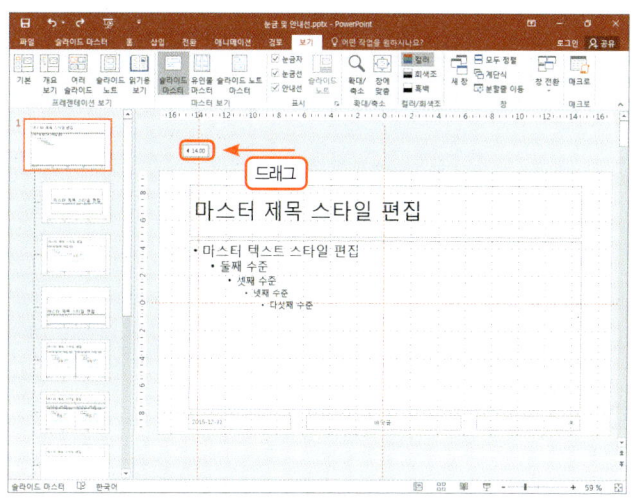

● **안내선 삭제하기**
안내선을 삭제하고 싶다면 안내선을 슬라이드 바깥쪽으로 드래그합니다.

03 같은 방법으로 수직 안내선과 수평 안내선을 복제한 후, 아래 그림처럼 배치합니다.

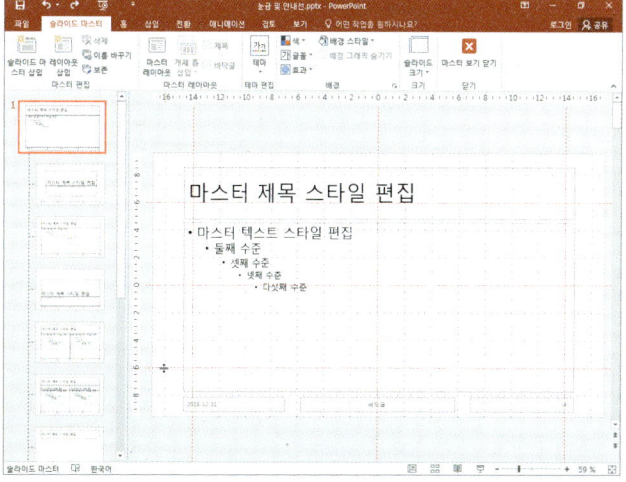

04 [슬라이드 마스터] 탭에서 [마스터 보기 닫기]를 클릭합니다.

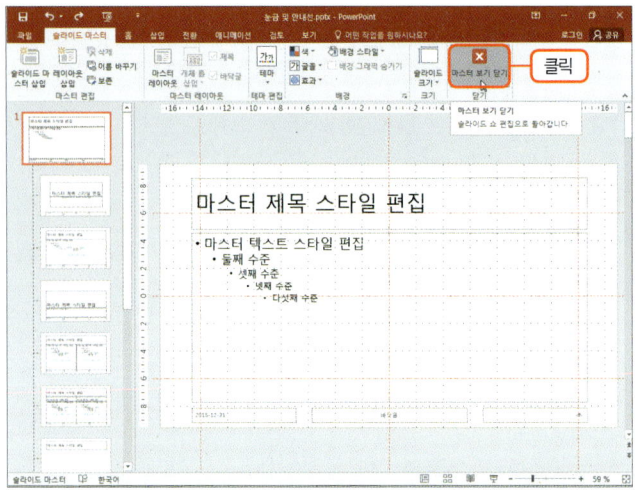

○ 기본 보기에서는 슬라이드 마스터에서 만들어진 안내선을 볼 수는 있으나 수정할 수는 없습니다.

05 기본 보기에서 빨간색 점선 모양의 안내선이 표시되는 것을 볼 수 있습니다.

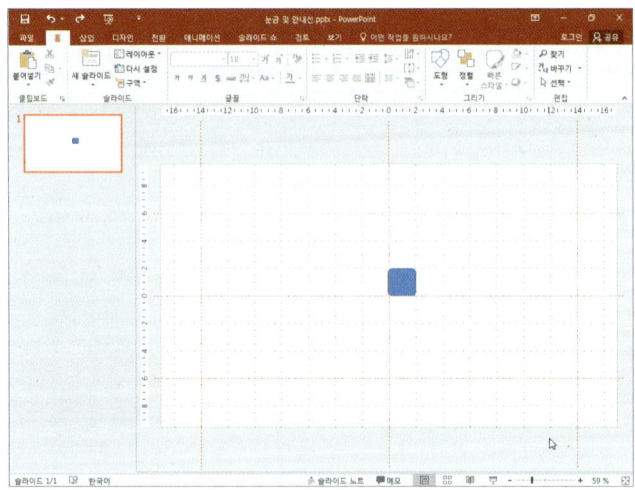

TIP

기본 보기에서 안내선 만들기
기본 보기의 [보기] 탭에서 [안내선]을 선택하면 회색 점선의 안내선이 표시됩니다. Ctrl 을 누른 상태에서 안내선을 드래그해 복제하거나, 그냥 드래그해 이동할 수 있습니다. 슬라이드 바깥쪽으로 드래그해 삭제도 가능합니다. 단, 기본 보기에서 만들어진 안내선은 슬라이드 마스터에서는 보이지 않습니다.

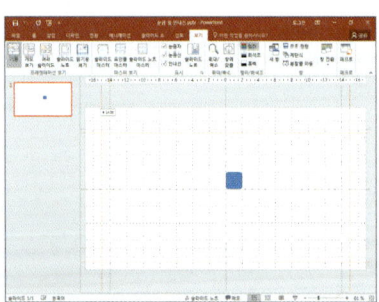

안내선 배치 사례

안내선은 슬라이드에 개체를 배치할 때 기준이 되기 때문에 일관성 있는 레이아웃을 위해서는 필수적인 기능입니다. 다음은 필자가 자주 사용하는 안내선 배치 상태입니다. 이 배치가 정답은 아니지만 프레젠테이션 디자인할 때 참조할 수는 있을 것입니다.

【예제 파일】Sample\Theme07\회사소개서.pptx

아래의 두 그림 중에서 왼쪽에 있는 것이 필자가 주로 사용하고 있는 안내선 배치 상태입니다. 오른쪽 그림은 왜 이렇게 안내선을 배치했는지에 대한 이유입니다. 필자는 슬라이드 좌우 여백, 제목 텍스트의 위치 및 크기, 요약 텍스트의 위치 및 크기, 본문의 위치 및 크기, 그리고 바닥글이 배치될 곳 등을 지정하기 위해 안내선을 사용합니다.

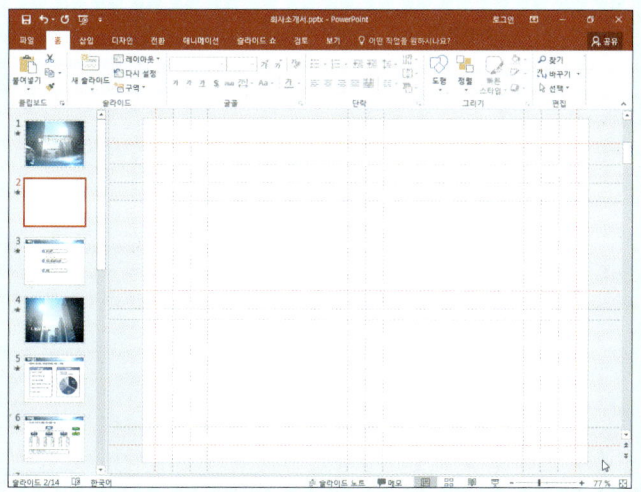

필자가 주로 사용하는 안내선의 배치

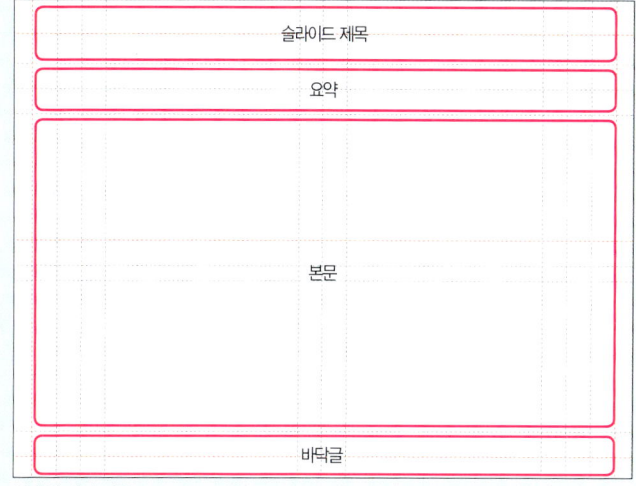

안내선 배치 이유

이렇게 설정된 안내선을 기준으로 해서 슬라이드 디자인을 하게 되면 개체의 배치를 좀 더 정확하게 할 수 있게 됩니다. 그리고 전체적으로 일관성 있는 레이아웃이 가능해지므로 보기에 좋은 프레젠테이션을 쉽게 디자인을 할 수 있어 좋습니다. 여러분 나름대로의 기준을 만들어 안내선을 만들고 그것을 기준으로 개체를 배치해보기 바랍니다.

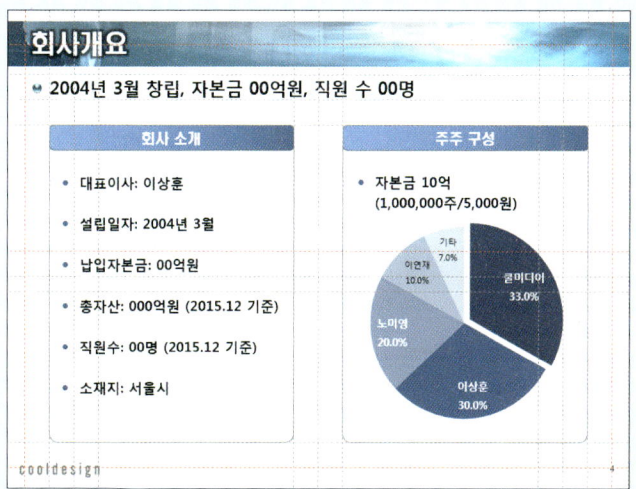

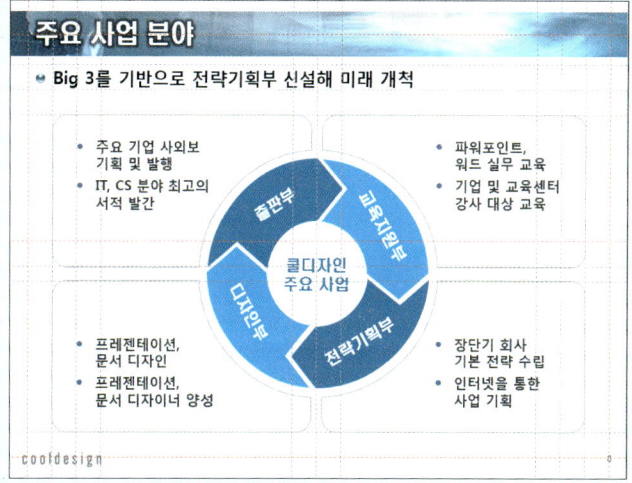

LESSON 03 슬라이드 마스터 및 레이아웃 디자인하기

프레젠테이션을 만들 때 표지나 중간(섹션) 페이지 등은 조금 화려하게 디자인하고 나머지 본문 디자인은 단순하게 디자인하는 것이 일반적입니다. 이렇게 표지, 중간(섹션) 페이지, 본문 등의 레이아웃을 미리 해놓는 곳을 슬라이드 마스터라고 합니다. 이번 레슨에서는 슬라이드 마스터에서 레이아웃을 디자인하는 방법에 대해 알아보도록 하겠습니다.

핵심기능 ▶ 슬라이드 마스터 관련 기능

슬라이드 마스터는 제목, 중간(섹션) 페이지, 본문 등과 같이 주로 사용하는 슬라이드의 레이아웃(배경, 제목/본문 글꼴 서식 및 위치, 바닥글, 페이지 번호)을 설정하는 곳입니다.

∷ 새 슬라이드 레이아웃과 슬라이드 마스터 레이아웃의 관계

기본 보기에서 [새 슬라이드]를 클릭하면 기본적으로 11종의 레이아웃이 표시됩니다. 이 11종의 레이아웃을 디자인하는 곳이 바로 슬라이드 마스터라는 곳입니다.

기본적으로 제공되는 11종의 레이아웃이 부족하다면 더 많은 레이아웃을 만들 수 있으며, 필요 없는 경우 삭제할 수도 있습니다.

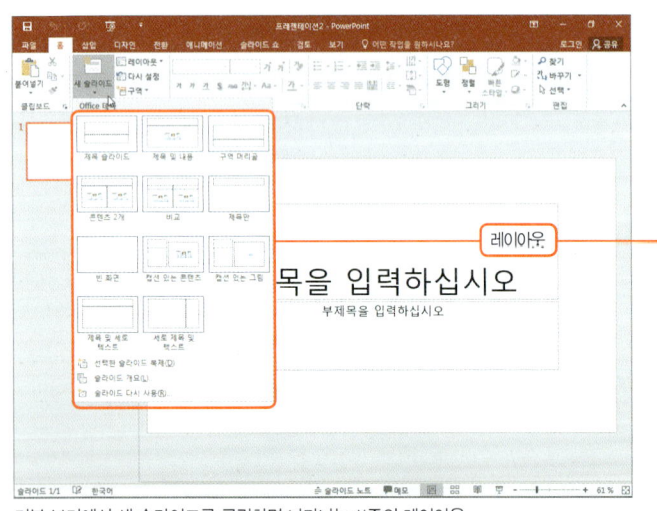
기본 보기에서 새 슬라이드를 클릭하면 나타나는 11종의 레이아웃

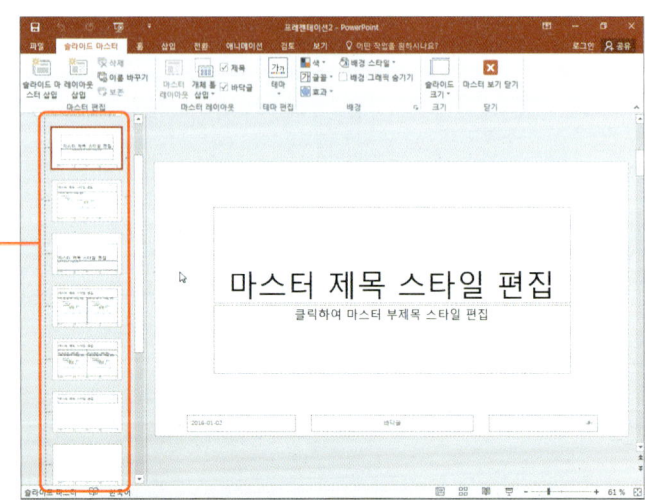
슬라이드 마스터 편집 모드에서 11종의 레이아웃

[슬라이드 마스터] 탭에서 제공하는 명령

[보기] 탭에서 [슬라이드 마스터]를 클릭해 슬라이드 마스터 편집 모드로 전환하면 [슬라이드 마스터] 탭이 표시됩니다. 이 탭에서 제공하는 명령은 역할은 다음과 같습니다.

❶ **슬라이드 마스터 삽입** 새 슬라이드 마스터를 만듭니다.
❷ **레이아웃 삽입** 새 레이아웃을 만듭니다.
❸ **삭제** 선택된 슬라이드 마스터나 레이아웃을 지웁니다. 단, 하나의 슬라이드에라도 적용된 레이아웃은 삭제할 수 없습니다.
❹ **이름 바꾸기** 선택된 슬라이드 마스터나 레이아웃의 이름을 변경합니다.
❺ **보존** 선택된 슬라이드 마스터가 삭제되지 않도록 보존합니다. 현재 프레젠테이션에서 두 개 이상의 슬라이드 마스터가 있고 한 마스터가 단 한 개의 슬라이드에라도 적용되지 않게 되면 그 슬라이드 마스터는 삭제됩니다. 이를 방지하고 싶다면 [보존]을 선택합니다.
❻ **마스터 레이아웃** 슬라이드 마스터의 5개의 레이아웃(제목, 텍스트, 날짜, 슬라이드 번호, 바닥글)을 숨기거나 다시 표시할 수 있습니다.
❼ **개체 틀 삽입** 현재 선택된 레이아웃에 콘텐츠, 텍스트, 그림 등을 배치할 수 있는 개체 틀을 만들 수 있습니다.
❽ **제목** 현재 선택된 레이아웃의 제목을 숨기거나 표시합니다.
❾ **바닥글** 현재 선택된 레이아웃의 바닥글을 숨기거나 표시합니다.
❿ **테마** 현재 슬라이드 마스터에 특정 테마를 적용합니다. 만약 테마를 마우스 오른쪽 버튼으로 클릭하고 [새 슬라이드 마스터로 추가]를 선택하면 선택된 테마의 디자인을 갖고 있는 새로운 슬라이드 마스터를 만들 수 있습니다.
⓫ **색** 현재 슬라이드 마스터에 특정 테마 색을 적용할 수 있습니다.
⓬ **글꼴** 현재 슬라이드 마스터에 특정 테마 글꼴을 적용할 수 있습니다.
⓭ **효과** 현재 슬라이드 마스터에 특정 테마 효과를 적용할 수 있습니다.
⓮ **배경 스타일** 현재 슬라이드 마스터 또는 레이아웃의 배경의 색을 변경하거나 그림을 삽입할 수 있습니다.
⓯ **배경 그래픽 숨기기** 슬라이드 마스터에서 새롭게 삽입한 개체(그림, 도형, 텍스트 상자 등)를 현재 레이아웃에서 숨길 수 있습니다.
⓰ **슬라이드 크기** 슬라이드 크기, 방향, 시작 번호 등을 변경할 수 있습니다.
⓱ **마스터 보기 닫기** 마스터 편집 모드를 종료하고 기본 보기로 전환합니다.

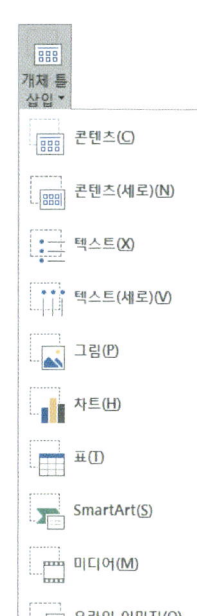

 슬라이드 레이아웃 미리 보기를 마우스 오른쪽 버튼으로 클릭하세요.
기본 보기와 마찬가지로 슬라이드 마스터에서도 왼쪽에 있는 슬라이드 레이아웃 미리 보기를 마우스 오른쪽 버튼으로 클릭하면 현재 레이아웃에서 실행할 수 있는 명령을 담은 컨텍스트 메뉴가 표시됩니다. 여기에서 새 슬라이드 마스터를 만들거나, 새 레이아웃을 만들거나, 현재 레이아웃을 복제하거나 삭제할 수 있습니다.

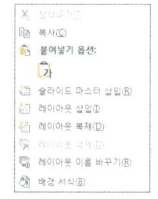

슬라이드 마스터 디자인하기

예제 파일 Sample\Theme07\슬라이드 마스터.pptx **완성 파일** Sample\Theme07\슬라이드 마스터(결과).pptx

키 워 드 슬라이드 마스터, 그림 자르기, 제목 개체 틀, 본문 개체 틀
길라잡이 슬라이드 마스터 편집 모드로 전환하고 슬라이드 마스터를 디자인해보겠습니다. 슬라이드 마스터의 디자인 변경은 다른 레이아웃에도 영향을 미치므로 제목, 본문과 같이 기본 요소만 디자인하는 것이 좋습니다.

STEP 01 슬라이드 마스터 배경에 그림 배치하기

○ 슬라이드 마스터 보기로 전환하는 다른 방법
[Shift]를 누른 상태에서 [기본](□)을 클릭합니다.

01 ❶ [보기] 탭에서 ❷ [슬라이드 마스터]를 클릭합니다. 슬라이드 마스터 편집 모드로 전환됩니다.

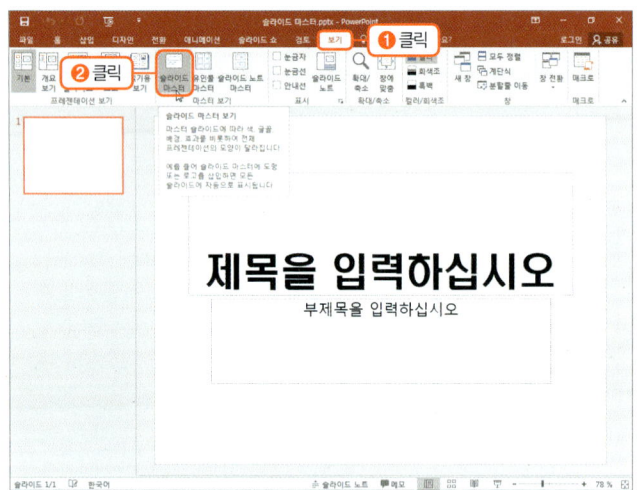

02 ❶ 왼쪽 내비게이터 중에서 맨 위에 있는 슬라이드 마스터를 선택한 후 ❷ [삽입]을 클릭하고 ❸ [그림]을 클릭합니다.

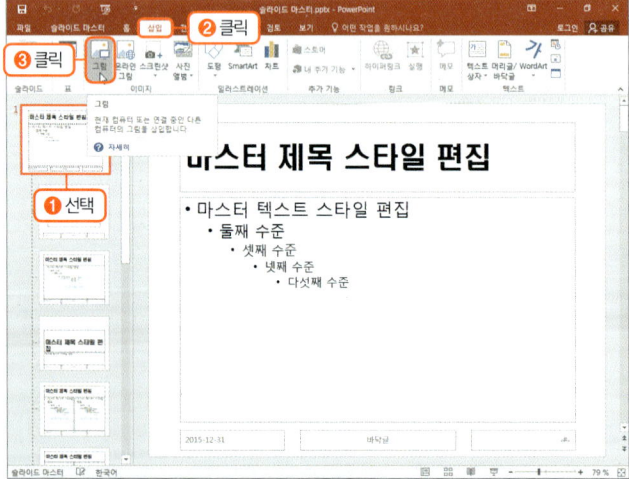

03 Sample에서 ❶ [배경_기본.png]을 선택하고 ❷ [삽입]을 클릭합니다.

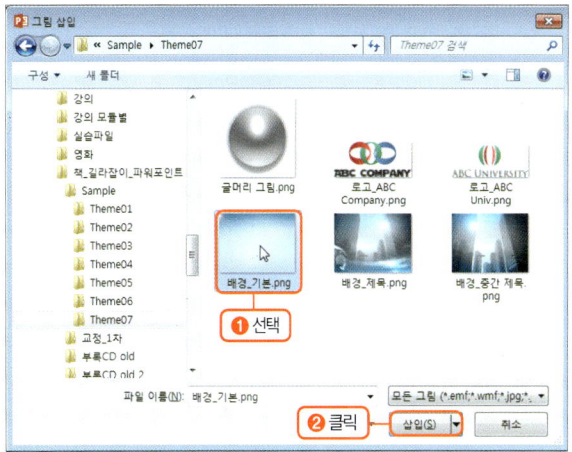

04 삽입한 그림을 ❶ 마우스 오른쪽 버튼으로 클릭하고 표시되는 메뉴에서 ❷ [맨 뒤로 보내기]를 선택합니다.

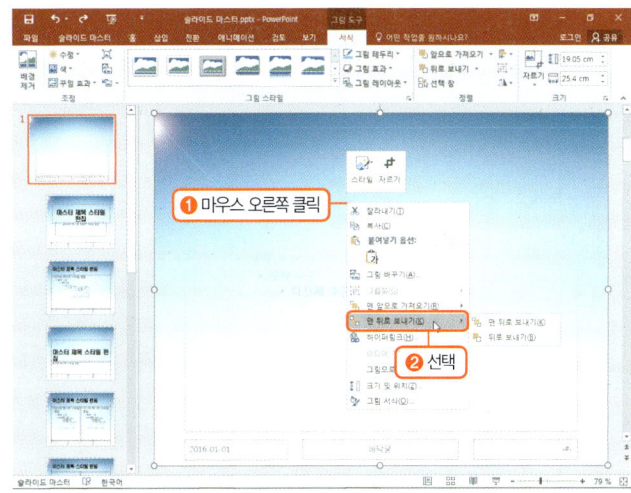

STEP 02 제목 개체 틀 크기 및 서식 변경하기

01 ❶ [보기]를 클릭하고 ❷ [안내선]을 선택해 안내선을 표시합니다.

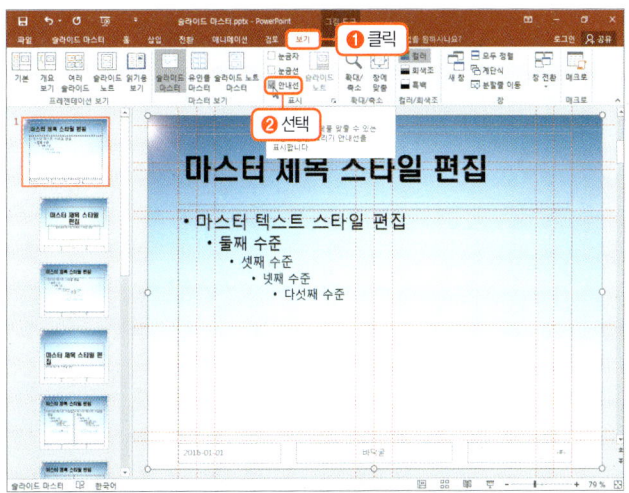

02 슬라이드 맨 위에 있는 [마스터 제목 스타일 편집] 개체 틀의 크기와 위치를 안내선에 맞춰 변경합니다.

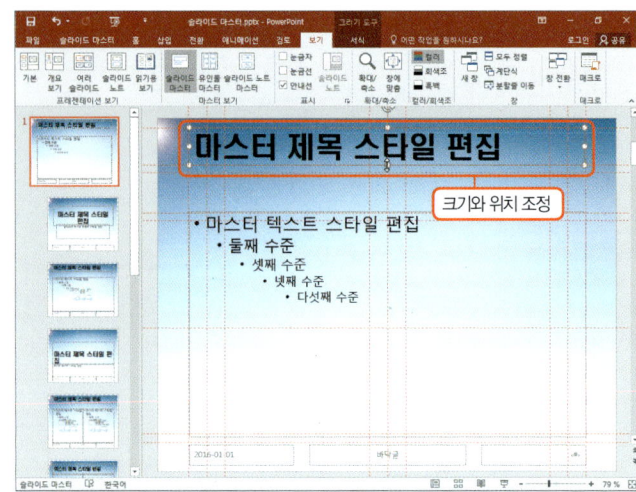

03 ❶ [홈]을 클릭하고 ❷ [글꼴 크기] 메뉴에서 ❸ 적당한 크기(예 28)를 선택합니다.

● 발표용 프레젠테이션의 제목 글꼴 크기
인쇄용 프레젠테이션이라면 슬라이드 제목 글꼴 크기를 그리 크게 할 필요가 없을 것입니다. 하지만 발표용이라면 최소 20pt 이상은 설정해야 청중이 글자를 보는데 문제가 없을 것입니다.

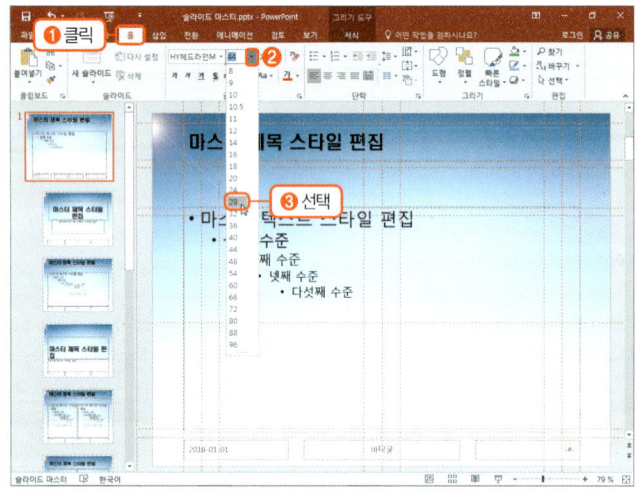

04 ❶ [글꼴 색] 메뉴를 열고 ❷ [흰색, 배경 1]을 선택합니다.

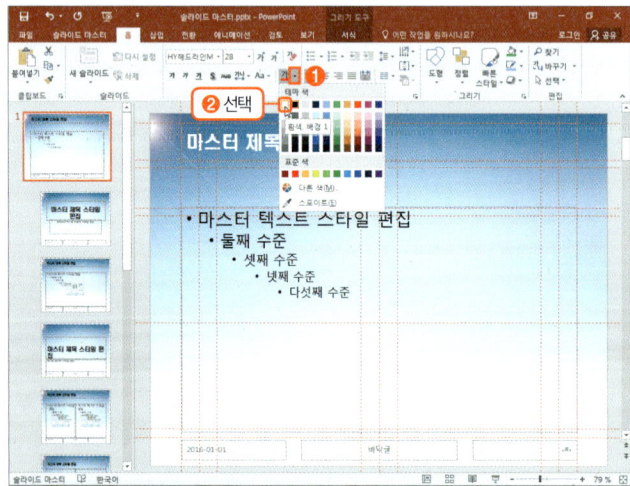

● **네온 투명도 조정하기**
[그리기 도구] - [서식] 탭을 클릭하고 [텍스트 효과]를 클릭한 후 [네온]을 선택하고 [네온 옵션]을 선택하고 작업창에서 네온 크기와 투명도를 조정합니다.

05 ❶ [그리기 도구] - [서식] 탭에서 ❷ [텍스트 효과]를 클릭한 후 ❸ [네온]을 선택하고 ❹ [다른 네온 색]을 선택한 후 ❺ [검정, 텍스트 1, 25% 더 밝게]를 선택합니다.

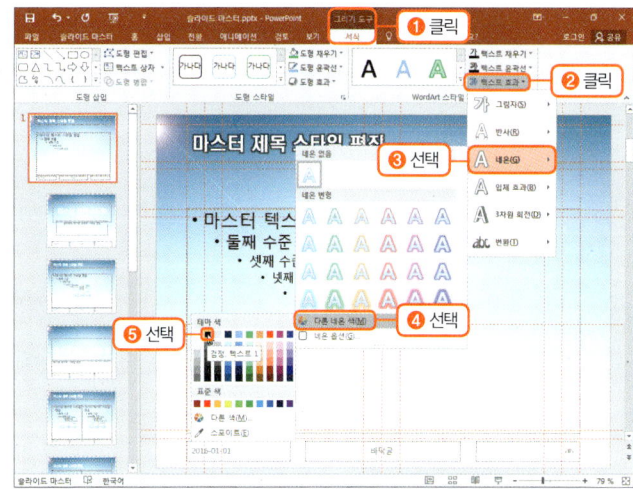

06 ❶ 앞서 삽입한 그림을 마우스 오른쪽 버튼으로 클릭하고 ❷ [자르기]를 클릭합니다.

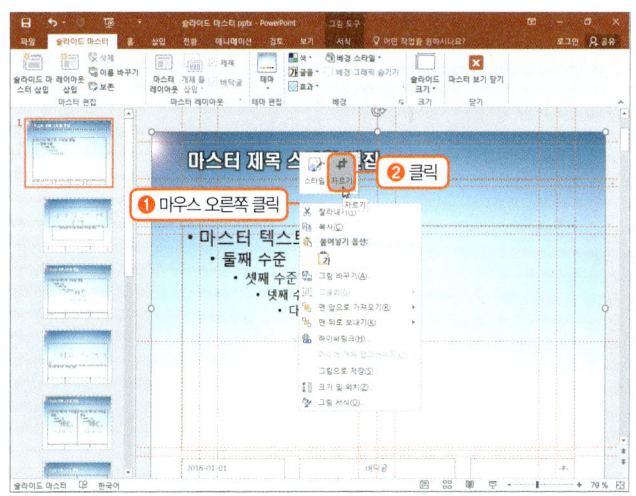

07 그림 아래쪽에 있는 자르기 핸들을 위로 드래그해 안내선에 맞춰 조정합니다.

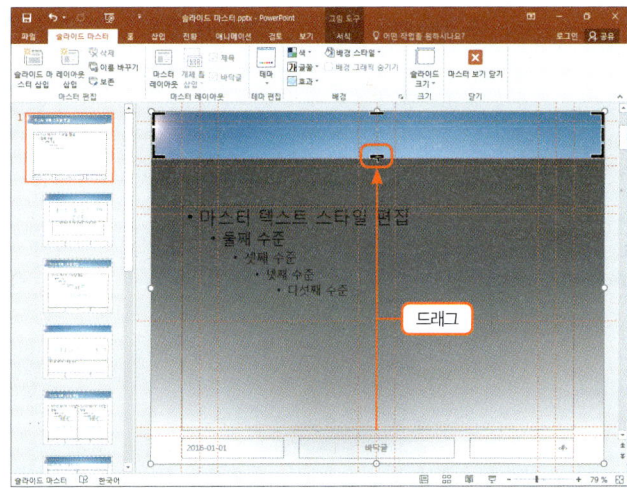

08 Esc를 눌러 자르기를 마칩니다.

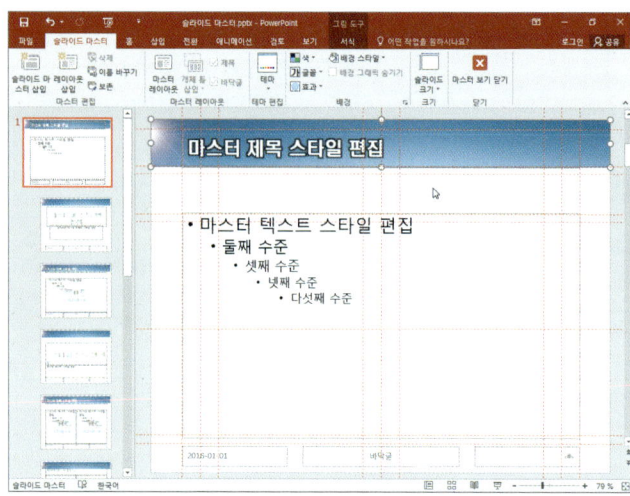

STEP 03 본문 개체 틀의 첫째 수준 서식 변경하기

01 본문 개체 틀의 크기를 안내선에 맞게 조정합니다.

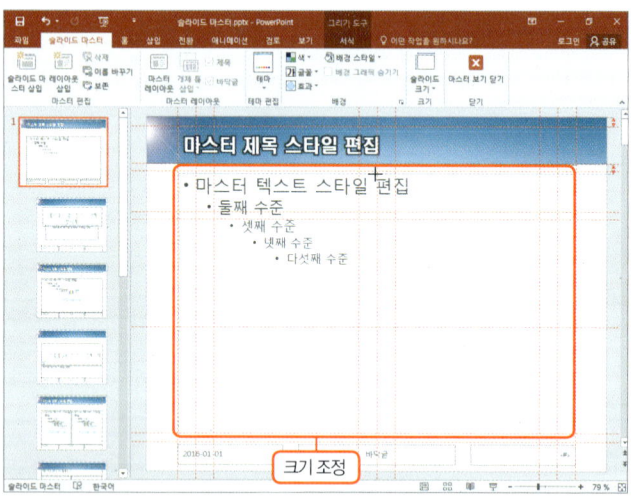

● **발표용 프레젠테이션의 본문 글꼴 크기**
인쇄용 프레젠테이션이라면 슬라이드 본문 글꼴 크기를 그리 크게 할 필요가 없을 것입니다. 하지만 발표용이라면 최소 16pt 이상은 설정해야 청중이 글자를 보는데 문제가 없을 것입니다.

02 ❶ 현재 본문 개체 틀이 선택된 상태임을 확인하고 ❷ [홈] 탭에서 ❸ [글꼴 크기 작게](가˘)를 2번 클릭합니다.

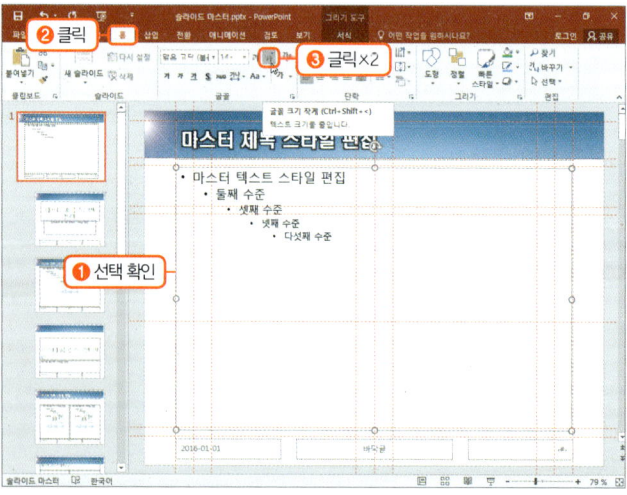

◉ 단락을 빠르게 선택하는 방법
아무 글자나 세 번 연속 클릭합니다.

03 본문 개체 틀에서 [마스터 텍스트 스타일을 편집]을 선택합니다.

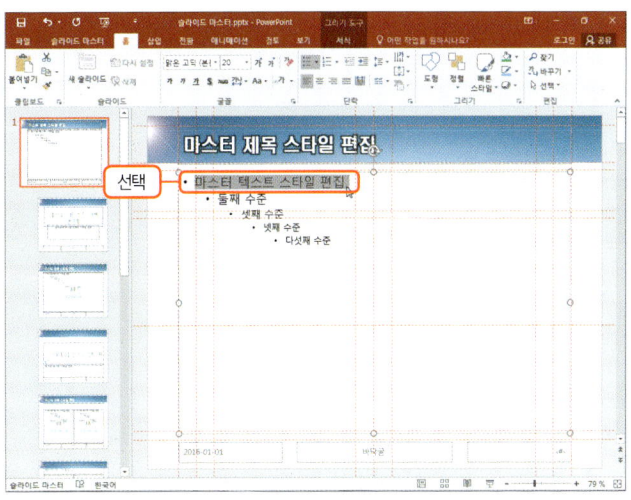

04 ❶ [글꼴] 메뉴를 열고 ❷ [HY견고딕]을 선택합니다.

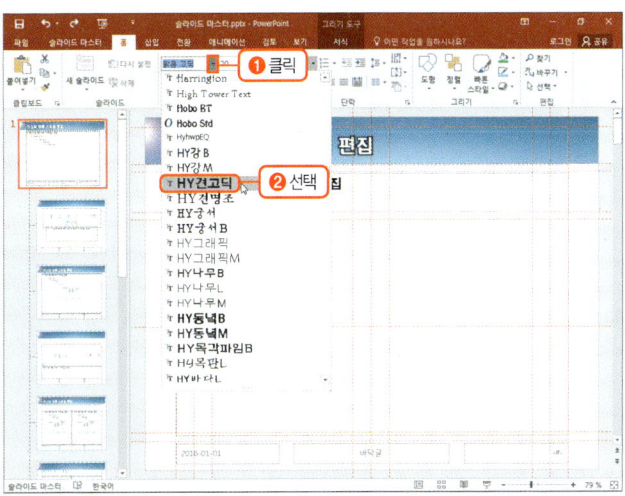

◉ 글머리 기호 명령을 실행하는 다른 방법
선택한 텍스트를 마우스 오른쪽 버튼으로 클릭하고 표시되는 컨텍스트 메뉴에서 [글머리 기호]-[글머리 기호 및 번호 매기기]를 선택합니다.

05 ❶ [글머리 기호] 메뉴를 열고 ❷ [글머리 기호 및 번호 매기기]를 선택합니다.

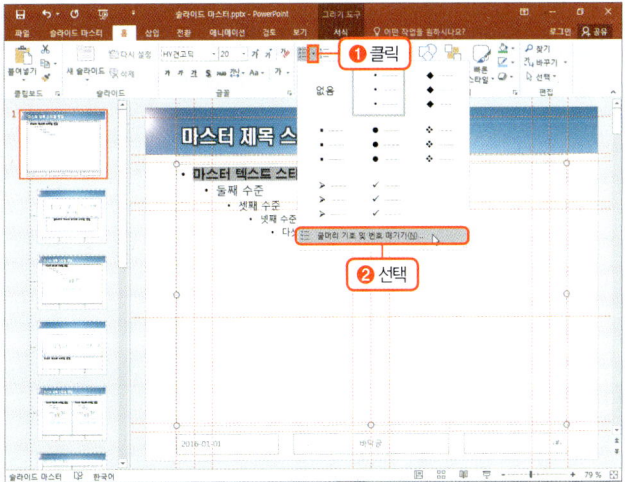

● 글머리 기호 추가하기

만약 그림이 아니라 기호를 글머리로 추가하고 싶다면 [글머리 기호 및 번호 매기기] 대화상자에서 [사용자 지정]을 클릭하고 표시되는 [기호] 대화상자에서 기호를 선택합니다.

06 [그림]을 클릭합니다.

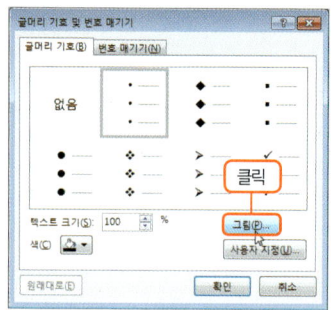

07 [그림 삽입] 대화상자에서 [파일에서]를 클릭합니다.

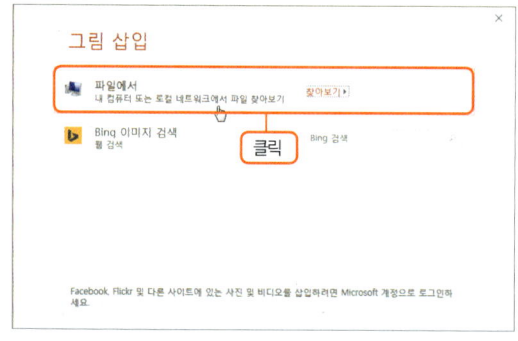

● 글머리 그림의 크기를 변경하고 싶다면

[홈] 탭에서 [글머리 기호] 메뉴를 열고 [글머리 기호 및 번호 매기기]를 선택한 후, 표시되는 대화상자에서 [텍스트 크기] 값을 변경합니다. 크기를 크게 하고 싶다면 100%보다 높은 값을, 작게 하고 싶다면 100%보다 작은 값을 입력하면 됩니다. 단, 너무 크기를 크게 하거나 작게 하면 글머리 그림의 위치가 심하게 변경될 수 있으므로 대략 80~120% 정도 사이에서 설정할 것을 권장합니다. 물론 글머리 그림에 따라서 적절한 값의 범위는 다를 수 있습니다.

08 [그림 삽입] 대화상자에서 ❶ Sample에 있는 [글머리 그림.png]를 선택하고 ❷ [삽입]을 클릭합니다.

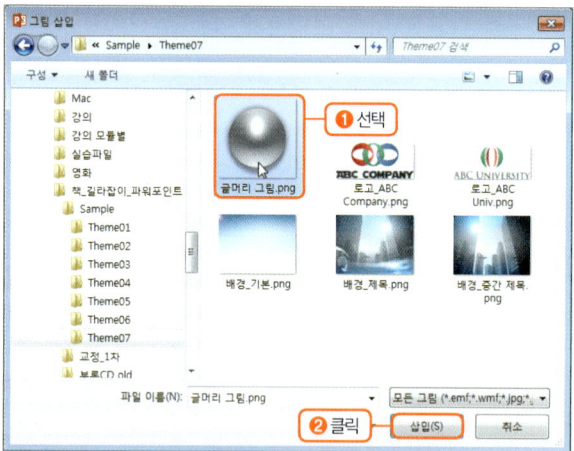

09 선택되어 있던 [마스터 텍스트 스타일 편집] 단락에 그림이 글머리로 추가됩니다.

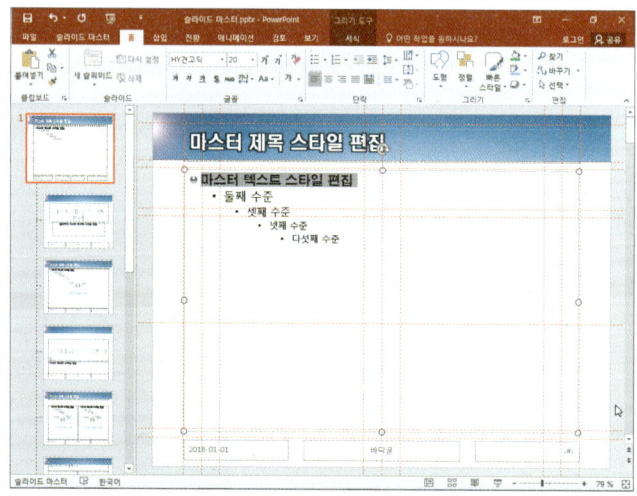

슬라이드 레이아웃 디자인하기

예제 파일 Sample\Theme07\슬라이드 레이아웃.pptx **완성 파일** Sample\Theme07\슬라이드 레이아웃(결과).pptx

키 워 드 슬라이드 레이아웃, 배경 그래픽 숨기기, 레이아웃 삭제, 새 레이아웃 생성
길라잡이 슬라이드 마스터를 통해 프레젠테이션 전체의 기본 디자인을 하고나면 이제 필수 레이아웃의 디자인을 개별적으로 진행해야 합니다.

STEP 01 제목 슬라이드(표지) 레이아웃 디자인하기

● 현재 기본 보기 상태라면 [보기] 탭에서 [슬라이드 마스터]를 클릭해 마스터 편집 모드로 전환합니다.

01 ❶ [제목 슬라이드 레이아웃]을 선택하고 ❷ [보기] 탭에서 ❸ [안내선]을 선택 해제합니다.

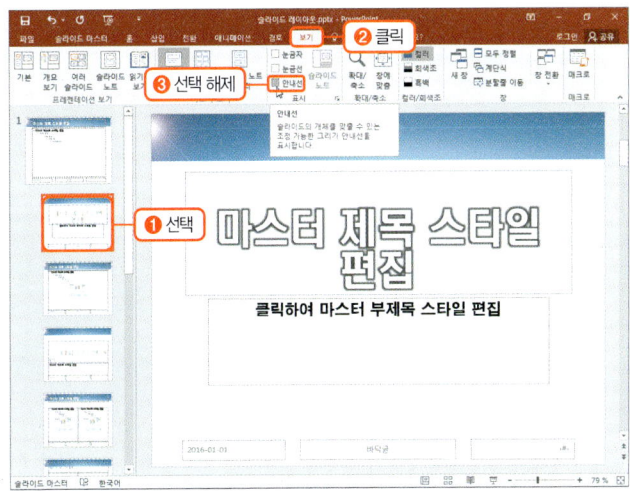

● 기본 보기에서 [배경 그래픽 숨기기] 실행하기
기본 보기에서 [디자인] 탭을 열고 [배경 서식]을 클릭해 작업창을 표시한 후, [배경 그래픽 숨기기]를 선택합니다.

02 [슬라이드 마스터] 탭의 [배경] 영역에서 [배경 그래픽 숨기기] 옵션을 선택합니다. 슬라이드 마스터에서 삽입했던 그림이 사라집니다.

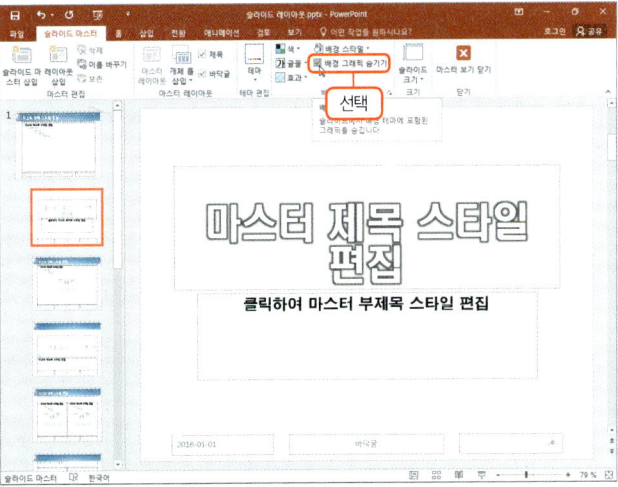

03 ① [삽입] 탭에서 ② [그림]을 클릭합니다.

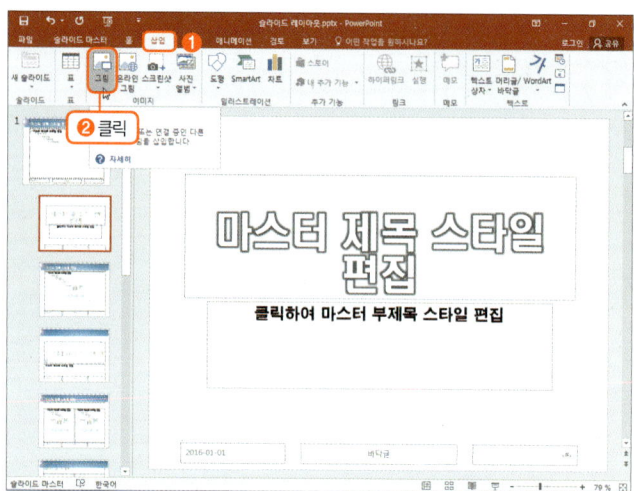

●배경 그림 다운로드하기
슬라이드 배경 그림을 직접 만들 수 있다면 좋겠지만 그럴 수 없다면 다음과 같은 방법으로 배경 그림을 검색해 보기 바랍니다.
- 구글에서 powerpoint background image로 검색
- http://wallpaperswide.com에서 배경 그림 검색

04 [그림 삽입] 대화상자에서 Sample에 있는 ① [배경_제목.png] 그림을 선택하고 ② [삽입]을 클릭합니다.

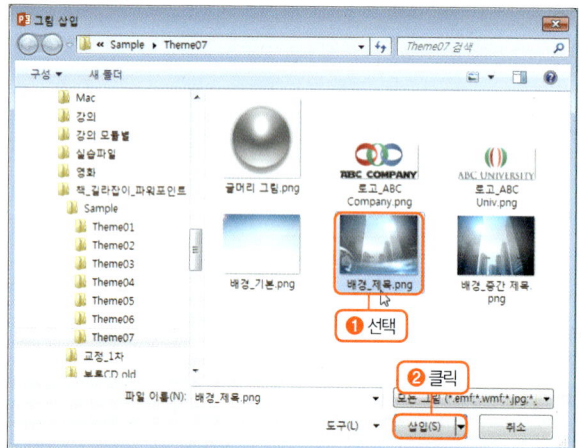

05 ① 삽입한 그림을 마우스 오른쪽 버튼으로 클릭하고 ② [맨 뒤로 보내기]를 선택합니다.

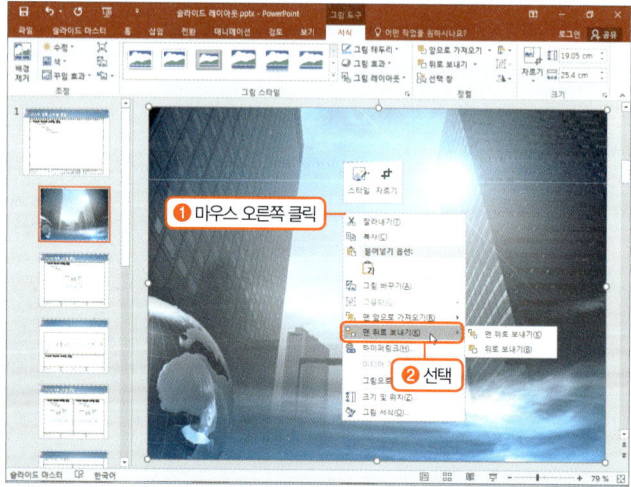

06 그림이 맨 뒤로 이동합니다. 필요한 경우 제목과 부제목의 서식을 변경합니다. 현재 슬라이드 레이아웃은 표지로 사용됩니다.

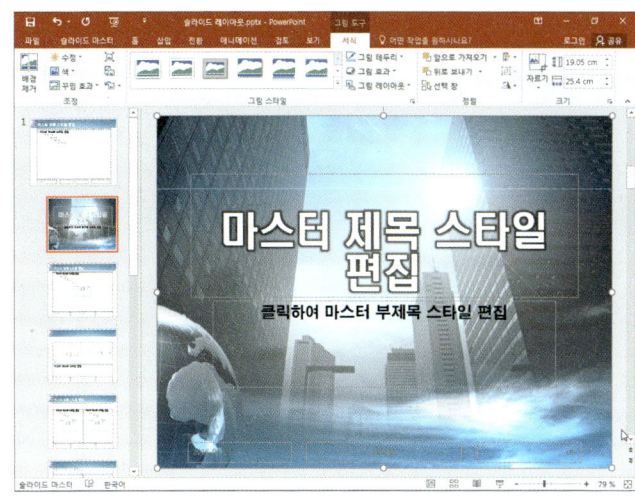

STEP 02 구역 머리글 레이아웃 디자인하기

01 ❶ [구역 머리글 레이아웃]을 선택하고 ❷ [슬라이드 마스터] 탭의 ❸ [배경] 영역에서 [배경 그래픽 숨기기] 옵션을 선택합니다. 슬라이드 마스터에서 삽입했던 그림이 사라집니다.

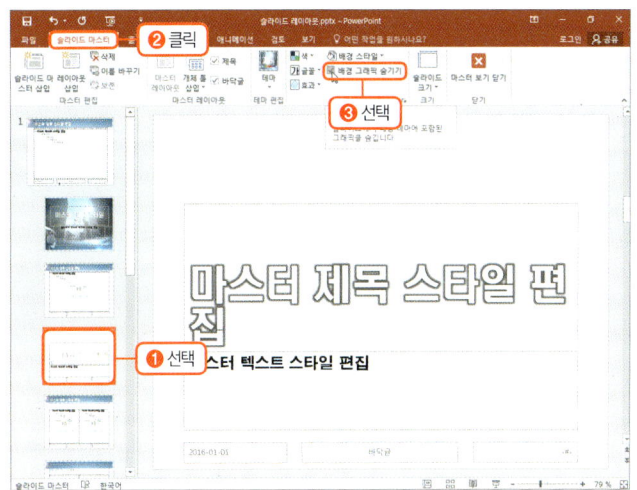

02 ❶ [삽입] 탭에서 ❷ [그림]을 클릭합니다.

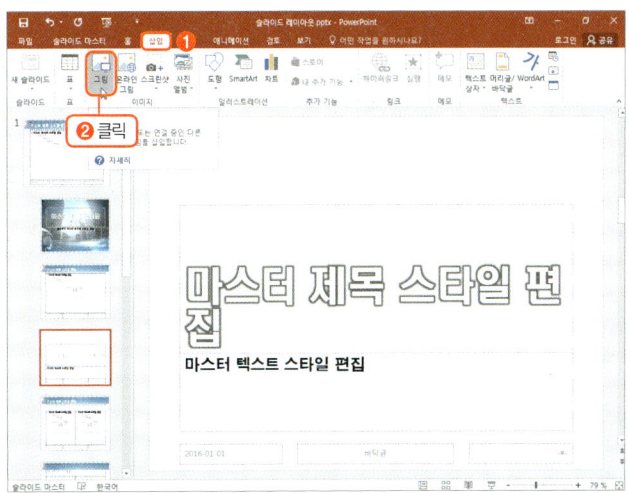

03 [그림 삽입] 대화상자에서 ❶ Sample에 있는 [배경_중간 제목.png] 그림을 선택하고 ❷ [삽입]을 클릭합니다.

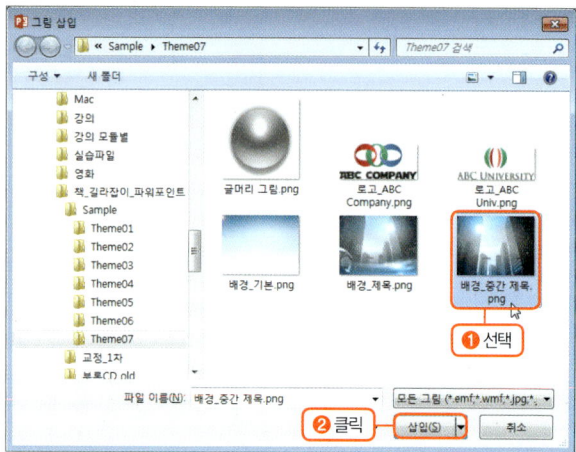

04 ❶ 삽입한 그림을 마우스 오른쪽 버튼으로 클릭하고 ❷ [맨 뒤로 보내기]를 선택합니다.

○ 맨 뒤로 보내기 명령을 실행하는 다른 방법
• [홈] 탭에서 [정렬]을 클릭하고 [맨 뒤로 보내기]를 선택합니다.
• [그림 도구]-[서식] 탭에서 [뒤로 보내기]를 클릭하고 [맨 뒤로 보내기]를 선택합니다.

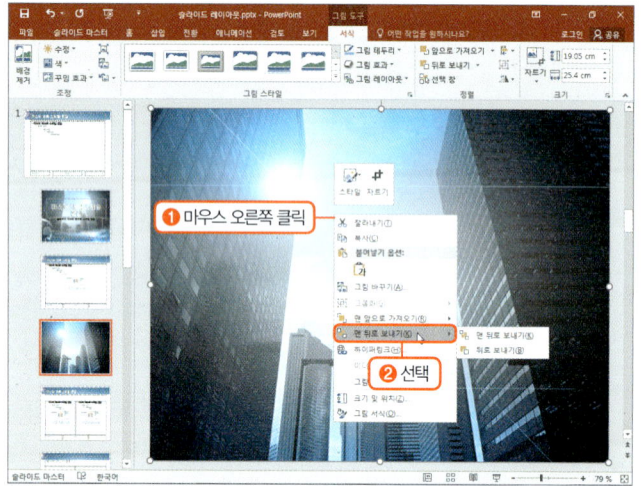

05 그림이 맨 뒤로 이동합니다. 필요한 경우 제목과 부제목의 서식을 변경합니다. 현재 슬라이드 레이아웃은 주로 중간 제목으로 사용됩니다.

STEP 03 나머지 레이아웃 정리하기

●슬라이드 레이아웃을 삭제하는 다른 방법
왼쪽 내비게이터에서 슬라이드 레이아웃을 클릭해 선택한 후 Delete를 누릅니다.

01 ❶ 왼쪽 내비게이터에서 구역 머리글 레이아웃 바로 아래에 있는 레이아웃을 마우스 오른쪽 버튼으로 클릭하고 ❷ [레이아웃 삭제]를 선택합니다.

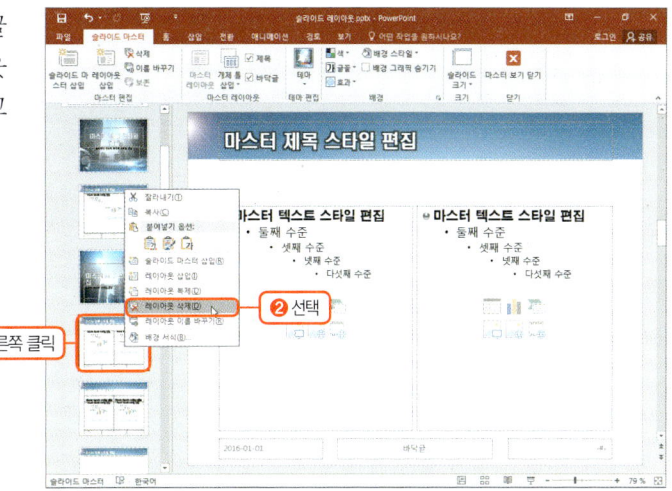

02 ❶ 현재 레이아웃을 마우스 오른쪽 버튼으로 클릭하고 ❷ [레이아웃 삭제]를 선택합니다.

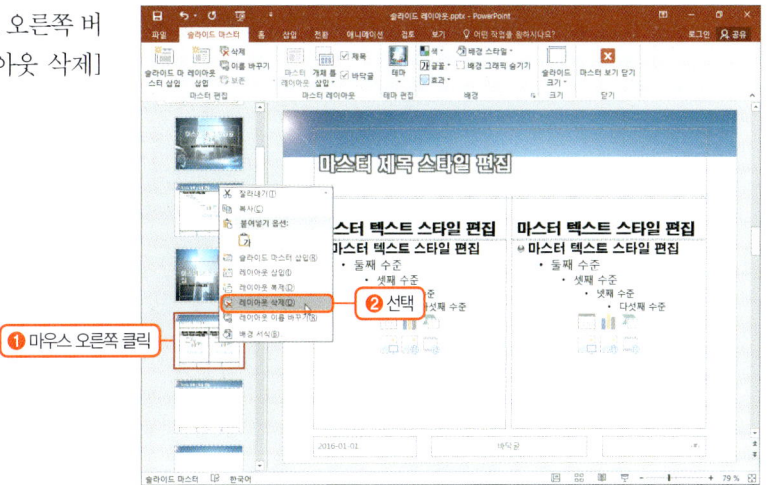

03 [빈 화면 레이아웃]을 선택합니다.

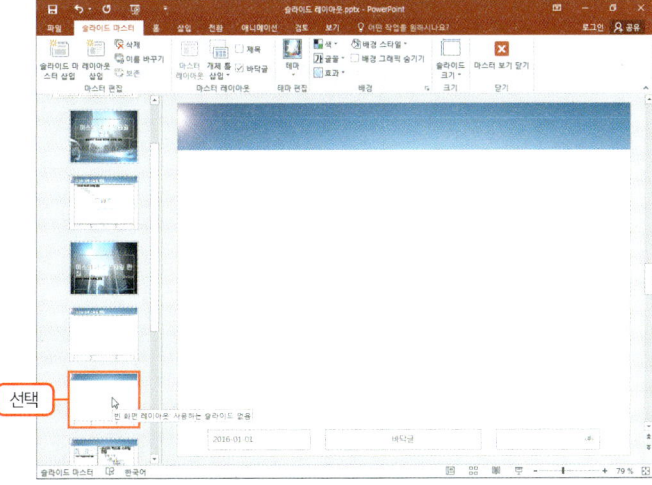

Lesson 03 _ 슬라이드 마스터 및 레이아웃 디자인하기

04 [배경 그래픽 숨기기]를 선택해 슬라이드 상단에 있는 그림(슬라이드 마스터에서 추가했던)을 숨깁니다.

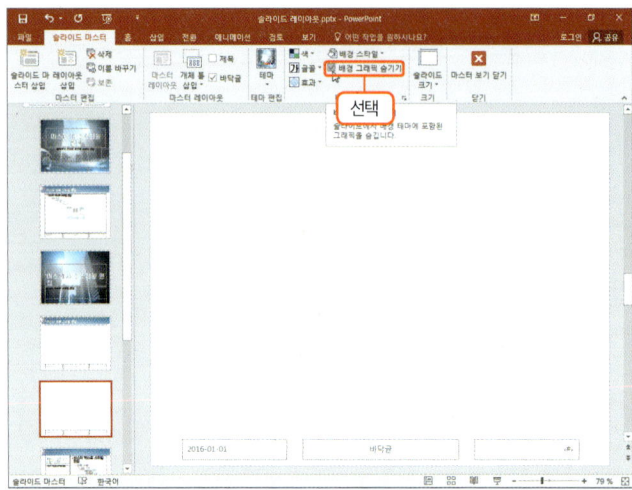

● Ctrl로 여러 슬라이드 선택하기
내비게이터에서 한 슬라이드를 클릭해 선택하고 Ctrl을 누른 상태에서 다른 슬라이드를 클릭해 클릭한 슬라이드만 선택할 수 있습니다.

05 ❶ [왼쪽 내비게이터에서 빈 화면 레이아웃 바로 밑에 있는 레이아웃을 클릭하고 ❷ Shift를 누른 상태에서 맨 아래에 있는 레이아웃을 클릭해 네 개의 레이아웃을 선택합니다.

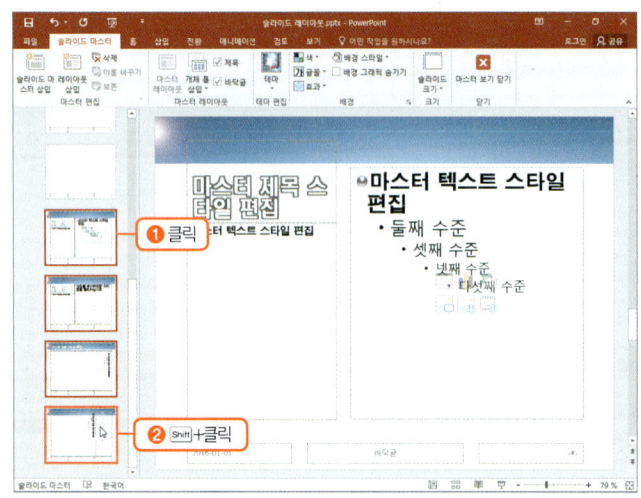

06 Delete를 눌러 선택되어 있는 네 개의 레이아웃을 지웁니다

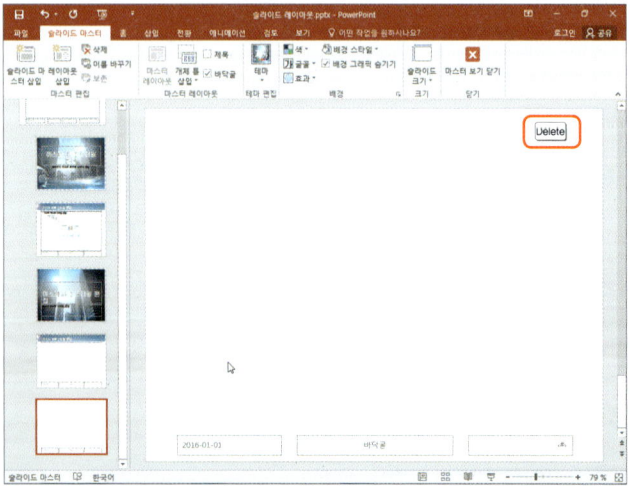

STEP 04 새 슬라이드 레이아웃 만들기

01 [슬라이드 마스터] 탭에서 [레이아웃 삽입]을 클릭합니다.

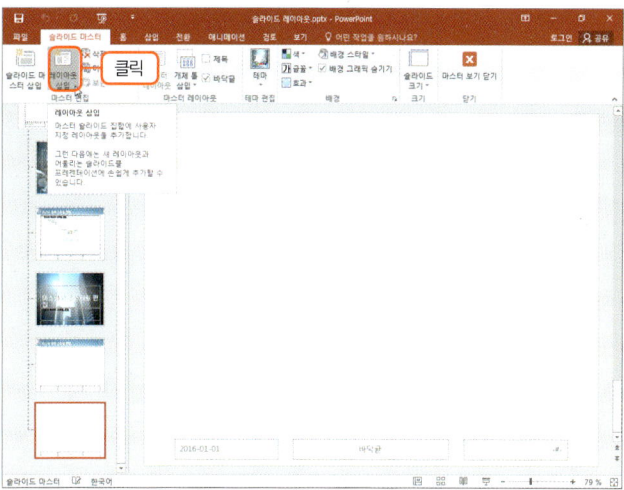

● 새 슬라이드 레이아웃의 디자인은?
삽입된 새 슬라이드 레이아웃의 디자인은 슬라이드 마스터에서 본문 개체 틀이 삭제된 모습과 같습니다. 그래서 '제목만' 슬라이드 레이아웃과 똑같은 모습을 보이게 되는 것이죠.

02 제목만 슬라이드 레이아웃과 똑같이 생긴 새 레이아웃이 추가됩니다.

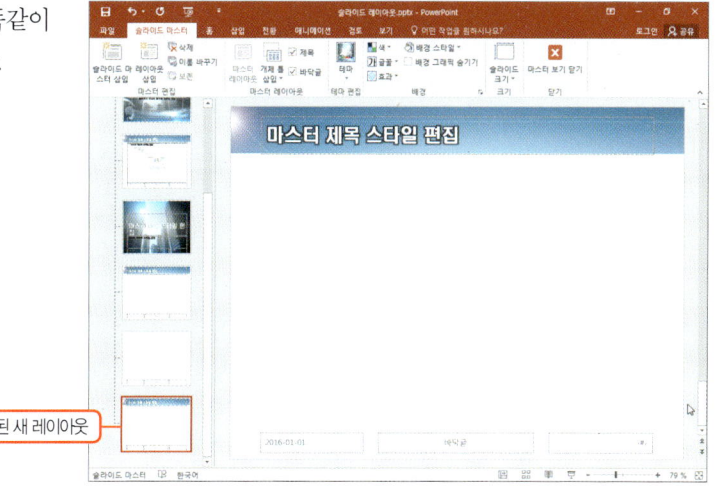

03 ❶ [슬라이드 마스터] 탭에서 [제목]을 선택 해제하고 ❷ [배경 그래픽 숨기기]를 선택합니다.

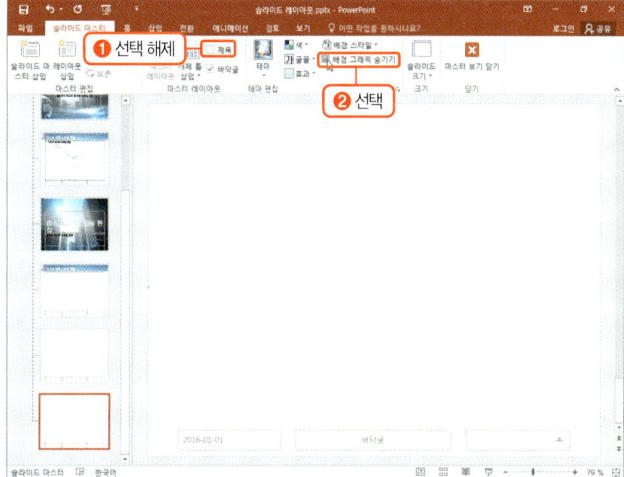

04 ❶ [배경 스타일]을 클릭하고 ❷ [스타일 4]를 선택합니다.

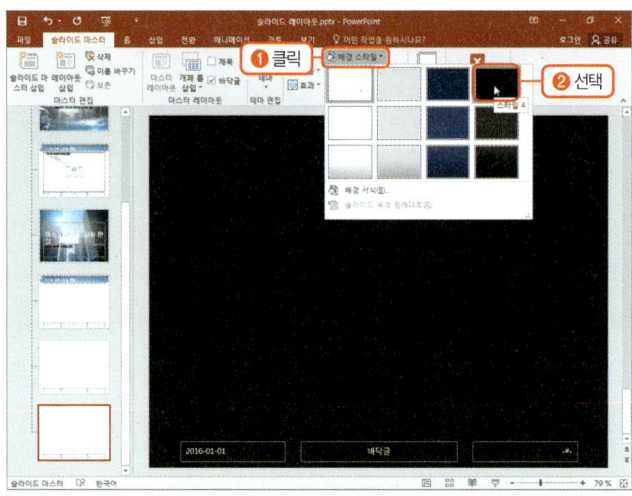

05 [이름 바꾸기]를 클릭합니다.

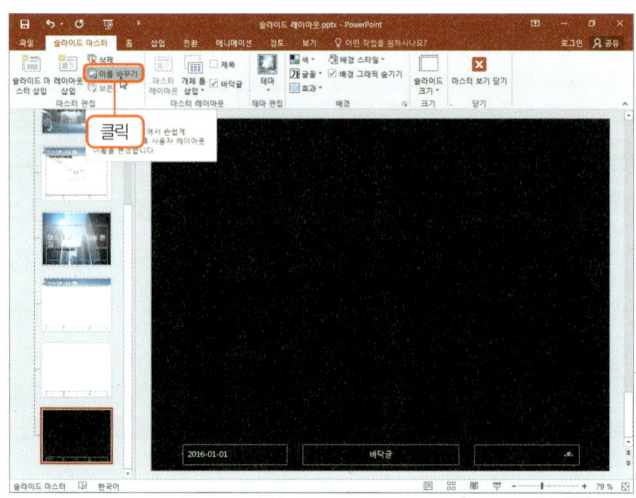

○ 레이아웃 이름
레이아웃 이름으로 슬라이드 디자인과 관련된 이름을 사용하면, 기본 보기에서 해당 레이아웃을 삽입하거나 레이아웃을 변경할 때 이름을 보고 쉽게 알아볼 수 있어 좋습니다.

06 ❶ [적당한 레이아웃 이름(예) 빈 화면, 검정)을 입력하고 ❷ [이름 바꾸기]를 클릭합니다.

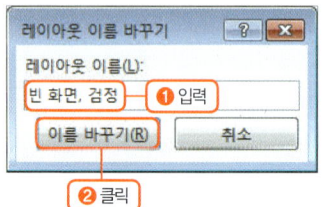

바닥글 설정하고 편집 마무리하기

예제 파일 Sample\Theme07\바닥글.pptx **완성 파일** Sample\Theme07\바닥글(결과).pptx

키 워 드 바닥글, 슬라이드 번호, 로고, 슬라이드 마스터 편집 종료
길라잡이 슬라이드 마스터의 마지막 과정으로 슬라이드 번호를 추가하고 현재 프레젠테이션의 제목을 바닥글로 설정한 후, 조직 로고를 삽입해 편집을 마무리하겠습니다.

STEP 01 슬라이드 번호와 바닥글 삽입하기

01 ❶ 왼쪽 내비게이터에서 맨 위에 있는 [슬라이드 마스터]를 클릭한 후 ❷ [삽입] 탭에서 ❸ [머리글/바닥글]을 클릭합니다.

● **[제목 슬라이드에는 표시 안 함] 옵션**
이 옵션을 선택하면 슬라이드 마스터 바로 아래에 있는 '제목' 슬라이드 레이아웃에는 슬라이드 번호, 바닥글 등의 속성이 표시되지 않습니다.

02 [머리글/바닥글] 대화상자에서 아래와 같이 설정합니다.
❶ [슬라이드 번호] 선택
❷ [바닥글] 선택
❸ 입력상자에 프레젠테이션 제목(예 사업 현황 보고서) 입력
❹ [제목 슬라이드에는 표시 안 함] 선택
❺ [모두 적용] 클릭

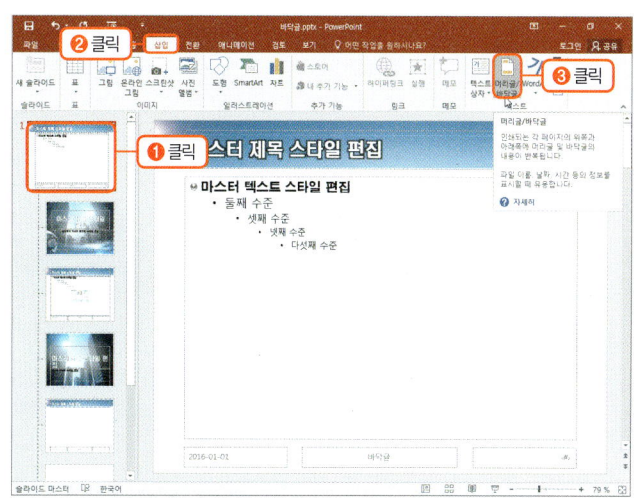

○ **날짜는 표시되지 않음**
[머리글/바닥글] 대화상자에서 [날짜 및 시간]을 선택하지 않았기 때문에 현재 날짜가 표시되는 것처럼 보이지만 기본 보기에서는 날짜가 표시되지 않습니다.

03 슬라이드 하단에 있는 개체 틀에 각 내용이 표시됩니다.

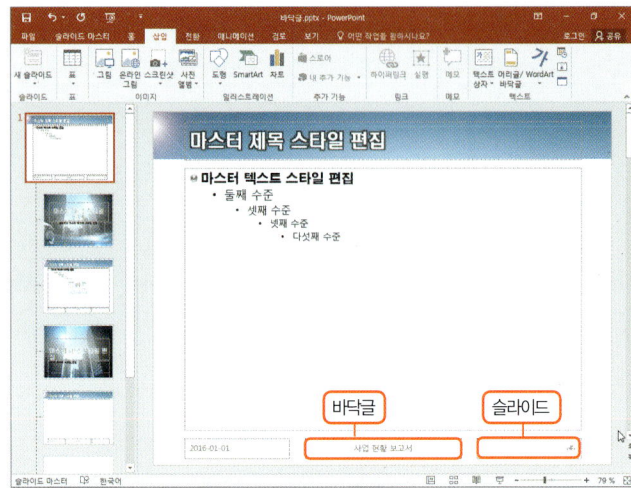

STEP 02 바닥글 편집하기

01 슬라이드 아래에 있는 세 개의 개체 틀을 모두 선택합니다.

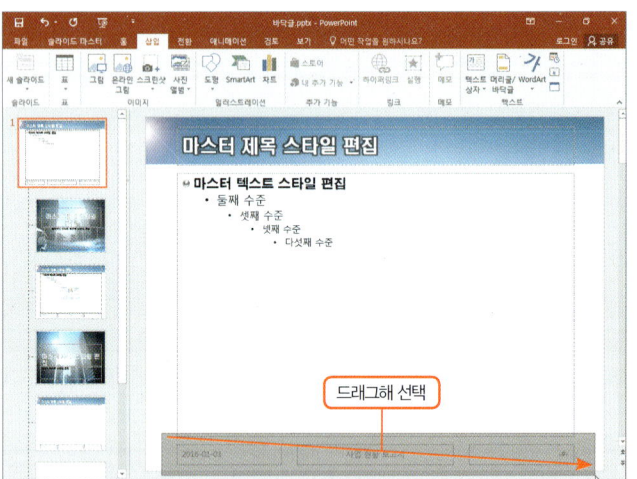

02 ❶ [홈] 탭에서 아래와 같이 설정합니다.
　❷ [글꼴 크기]를 [11]로 변경
　❸ [굵게] 선택
　❹ [글꼴 색]을 [검정, 텍스트 1]로 변경

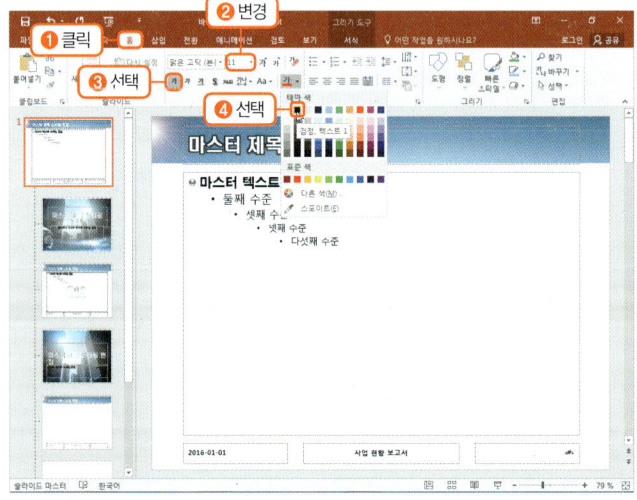

03 세 개체 틀이 모두 선택되어 있는 상태에서 ↓(아래쪽 방향키)를 몇 번 눌러 슬라이드 아래로 이동합니다.

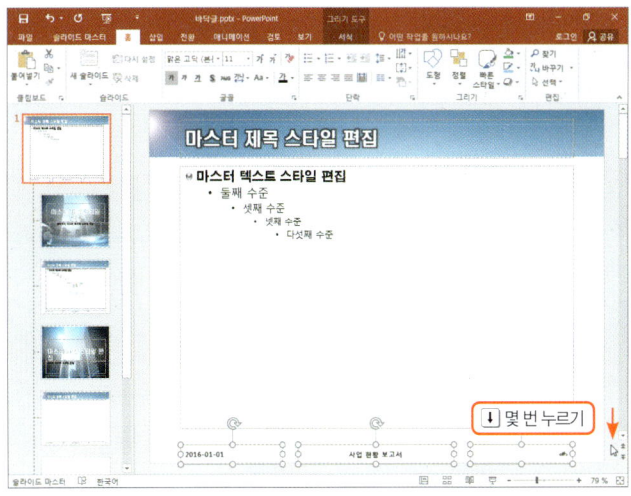

○ ⟨#⟩의 의미?
⟨#⟩은 슬라이드 번호를 의미합니다. 숫자가 표시되지 않는 것은 슬라이드마다 번호가 1, 2, 3으로 변하기 때문입니다.

04 ❶ Esc를 눌러 선택을 해제하고 ❷ 맨 오른쪽에 있는 개체(⟨#⟩이 있는)의 테두리를 선택합니다.

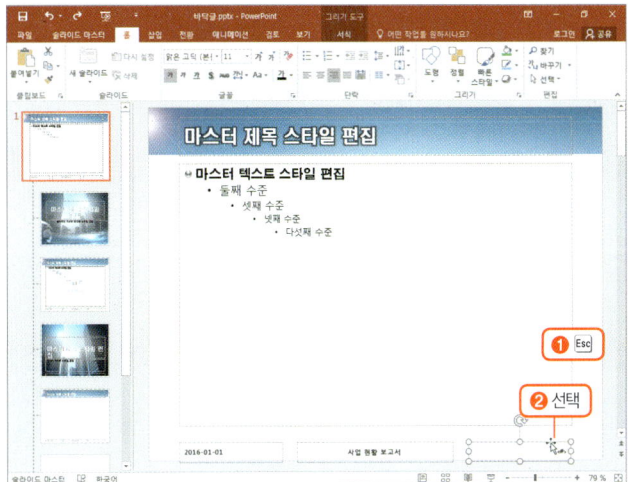

05 →(오른쪽 방향키)를 몇 번 눌러 오른쪽으로 이동합니다.

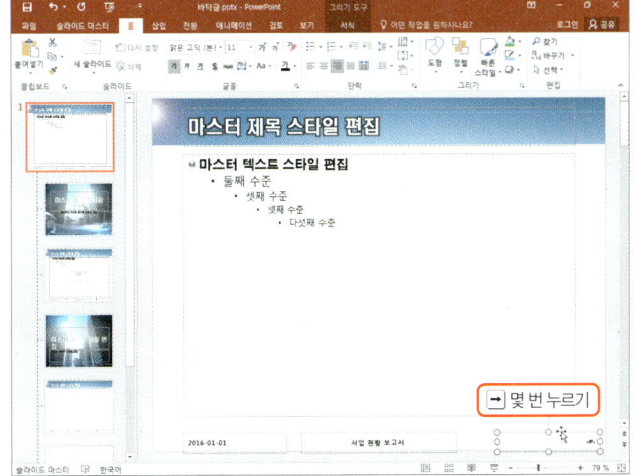

Lesson 03 _ 슬라이드 마스터 및 레이아웃 디자인하기 343

STEP 03 로고 삽입하기

01 ❶ [삽입] 탭에서 ❷ [그림]을 클릭합니다.

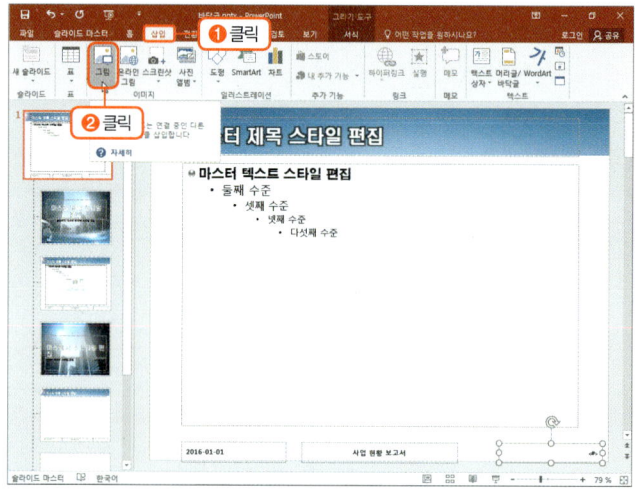

● 로고 그림 파일이 없는 경우
다른 파워포인트나 다른 파일에 있는 로고 그림을 선택하고 Ctrl + C 를 눌러 복사하고 파워포인트에서 Ctrl + V 를 눌러 붙여넣어도 됩니다.

02 [그림 삽입] 대화상자에서 ❶ 여러분이 속한 조직의 로고 또는 Sample에 있는 로고 그림을 선택하고 ❷ [삽입]을 클릭합니다.

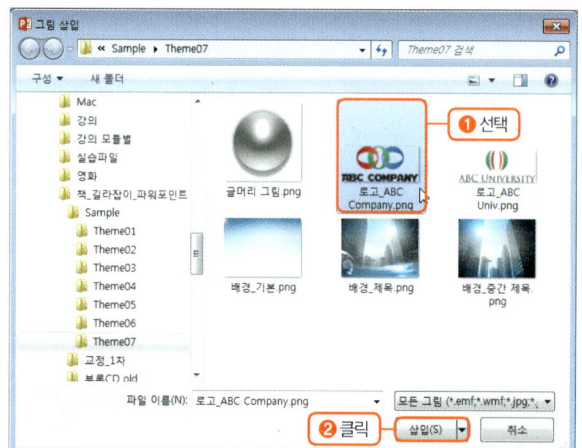

03 삽입한 로고 그림의 크기를 조정하고 슬라이드 왼쪽 하단 모서리 근처로 이동합니다.

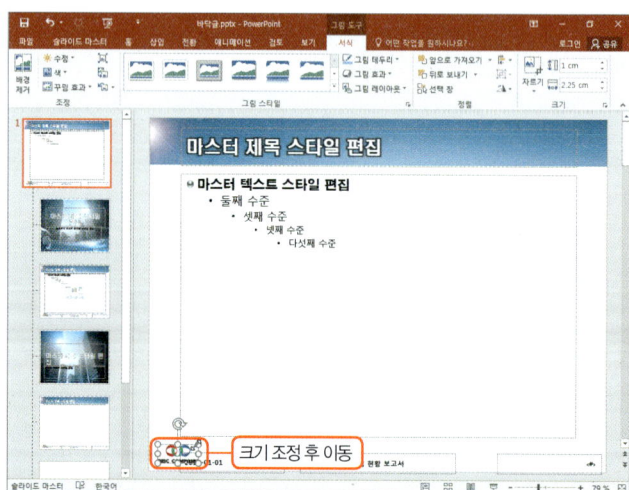

STEP 04 바닥글 숨기기 및 마스터 이름 바꾸기

○ 빈 화면 레이아웃에는 왜 로고가 없죠?

제목 및 내용 레이아웃, 제목만 레이아웃에는 로고 그림이 표시되는데 비해 제목, 구역 머리글, 빈 화면 등의 레이아웃에는 슬라이드 마스터에서 추가한 로고 그림이 표시되지 않습니다. 그것은 우리가 해당 레이아웃에는 [슬라이드 마스터] 탭에서 [배경 그래픽 숨기기]를 선택했기 때문입니다.
이런 레이아웃에도 로고 그림을 표시하고 싶다면 해당 레이아웃에서 로고 그림을 삽입하거나, 슬라이드 마스터에서 삽입했던 로고를 복사해야 합니다.

01 ❶ 왼쪽 내비게이터에서 [빈 화면 레이아웃]을 선택하고 ❷ 바닥글을 확인합니다.

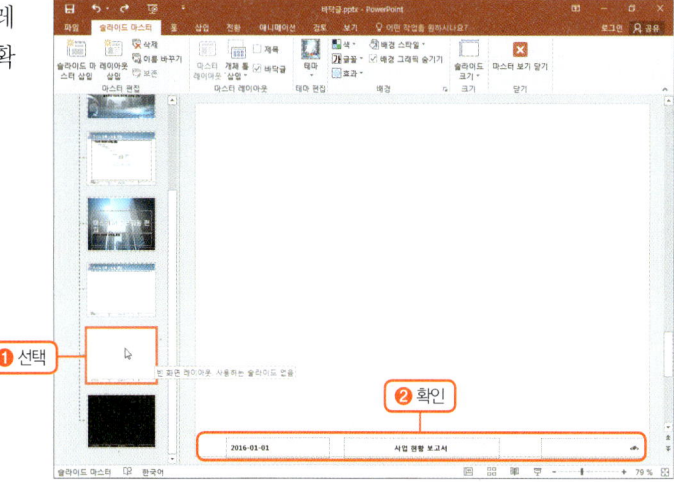

02 ❶ [슬라이드 마스터] 탭에서 ❷ [바닥글]을 선택 해제합니다. 바닥글이 사라집니다.

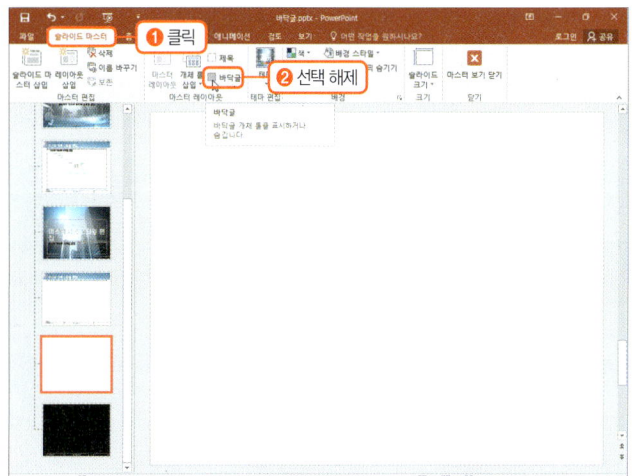

03 ❶ 왼쪽 내비게이터에서 [빈 화면, 검정] 레이아웃을 선택하고 ❷ [바닥글]을 선택 해제합니다. 역시 바닥글이 사라집니다.

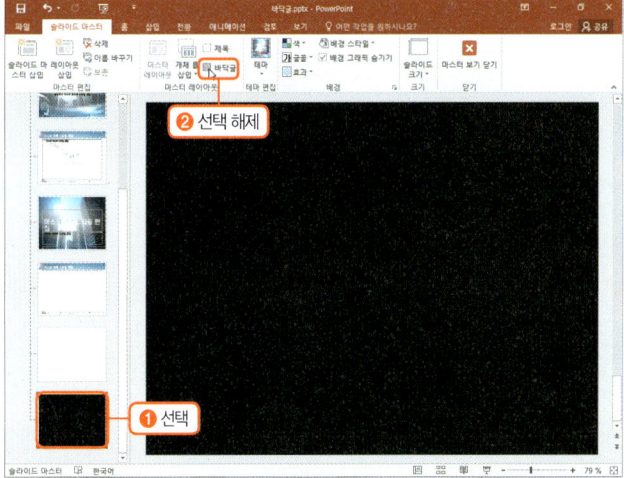

04 ❶ [왼쪽 내비게이터에서 맨 위에 있는 [슬라이드 마스터]를 선택하고 ❷ [슬라이드 마스터] 탭에서 [이름 바꾸기]를 클릭한 후 ❸ 적당한 이름(예 파랑, 빌딩, 지구)을 입력하고 ❹ [이름 바꾸기]를 클릭합니다.

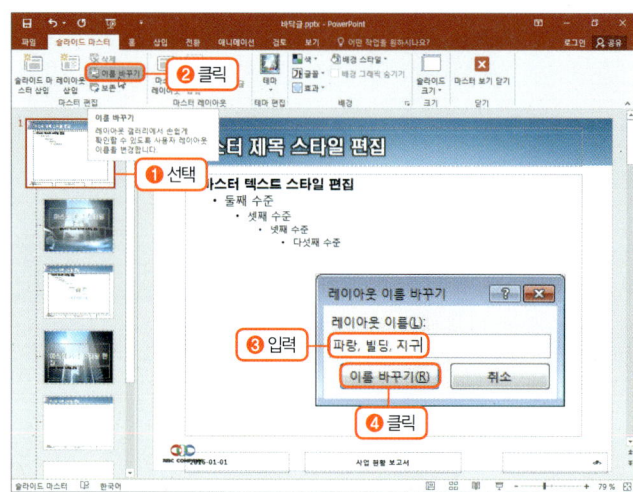

STEP 05 슬라이드 마스터 편집 종료하고 슬라이드 삽입하기

01 더 이상 수정할 것이 없다면 [슬라이드 마스터] 탭에서 [마스터 보기 닫기]를 클릭합니다.

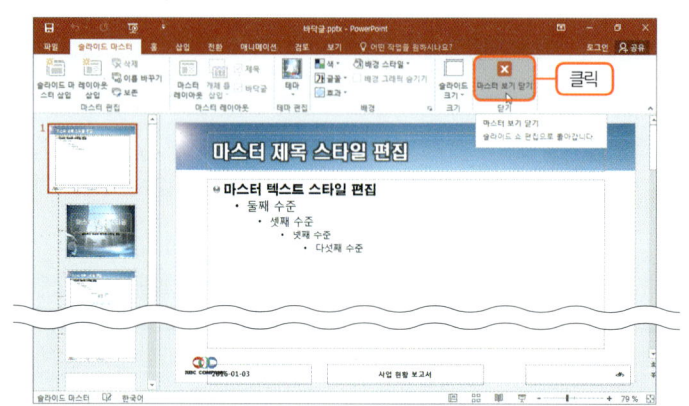

02 기본 보기로 전환됩니다. 첫 페이지 디자인이 제목 슬라이드 레이아웃과 똑같은 것을 확인할 수 있습니다. [제목을 입력하십시오]를 클릭합니다.

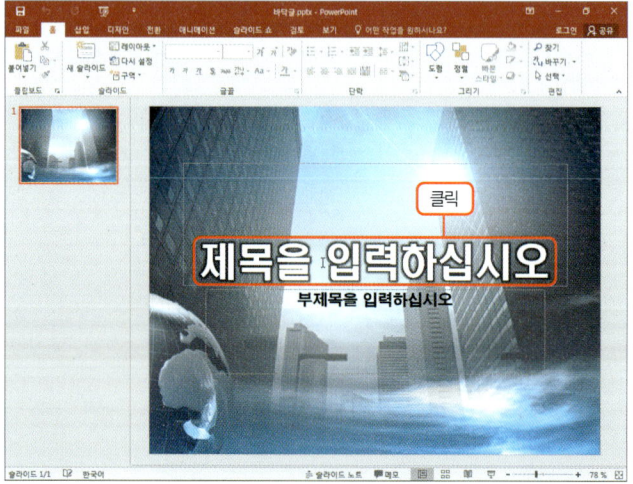

03 제목 텍스트(⑩ 사업 현황 보고서)를 입력합니다.

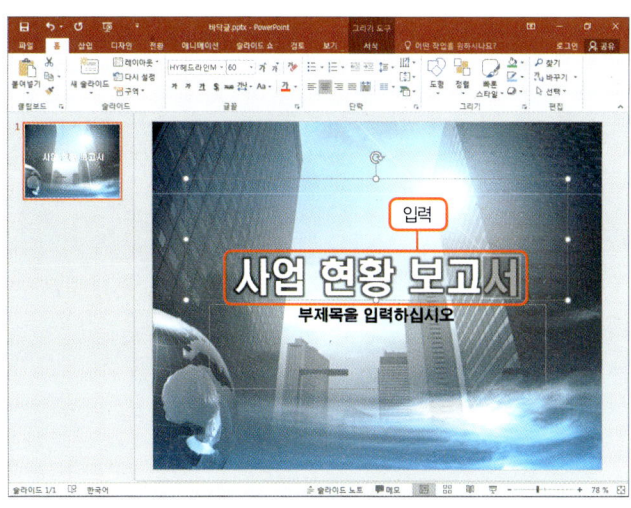

● 슬라이드 마스터와 레이아웃 이름 확인하기

기본 보기에서 [새 슬라이드]를 클릭했을 때 표시되는 메뉴 맨 위를 보면 [파랑, 빌딩, 지구]가 표시될 것입니다. 이것은 슬라이드 마스터 이름을 의미합니다. 또 각 레이아웃 아래에는 각 레이아웃의 이름을 확인할 수 있습니다.

04 ❶ [홈] 탭에서 [새 슬라이드]를 클릭합니다. 슬라이드 마스터에서 디자인한 6종류의 레이아웃을 볼 수 있을 것입니다. ❷ 이 중에서 [제목 및 내용]을 선택합니다.

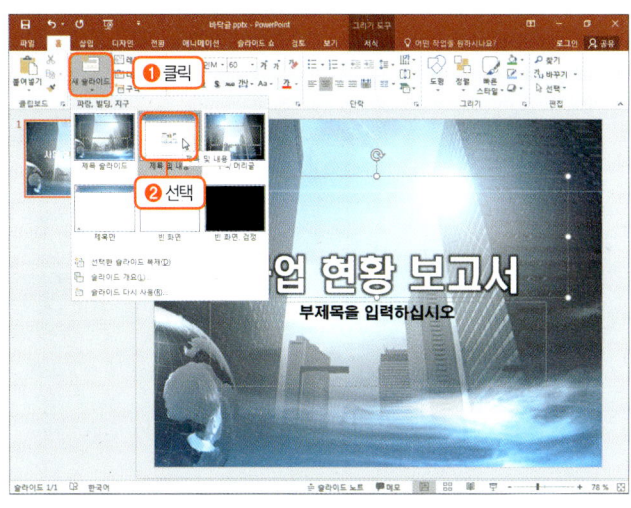

● 만약 특정 슬라이드 레이아웃의 디자인이 마음에 들지 않는다면 기본 보기에서 수정하지 말고 [보기] 탭에서 [슬라이드 마스터]를 클릭한 후 해당 슬라이드를 수정하면 됩니다. 그러면 해당 레이아웃이 적용된 모든 슬라이드의 디자인이 한꺼번에 변경됩니다.

05 선택한 '제목 및 내용' 레이아웃을 가진 새 슬라이드가 만들어집니다. 슬라이드 마스터에서 설정했던 그대로 슬라이드 상단에는 제목이, 그 아래에는 내용을 입력할 수 있는 개체 틀이, 하단에는 로고, 제목, 슬라이드 번호가 표시되는 것을 볼 수 있습니다.

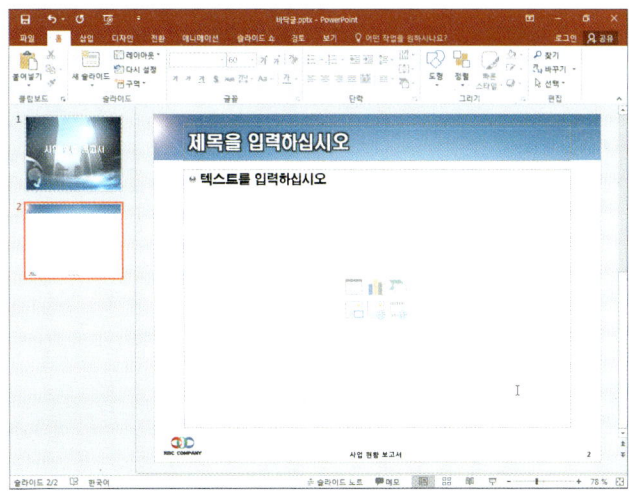

테마를 저장하고 다른 프레젠테이션에 적용하기

테마와 슬라이드 마스터의 장점은 테마를 저장했다가 다른 프레젠테이션 전체 또는 특정 슬라이드에 적용할 수 있다는 점입니다. 그 방법을 알아보겠습니다.

【예제 파일】 Sample\Theme07\테마 저장.pptx, SNS 마케팅.pptx
【완성 파일】 Sample\Theme07\테마 적용(결과).pptx

현재 테마 저장하기

1 [테마 저장.pptx] 파일을 열고 ❶ [디자인] 탭을 클릭한 후 [테마] 영역에서 [자세히] 버튼❷ ()을 클릭합니다.

2 [현재 테마 저장]을 선택합니다.

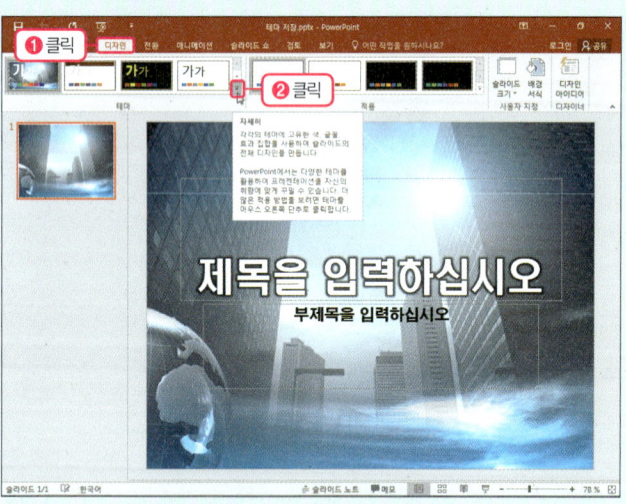

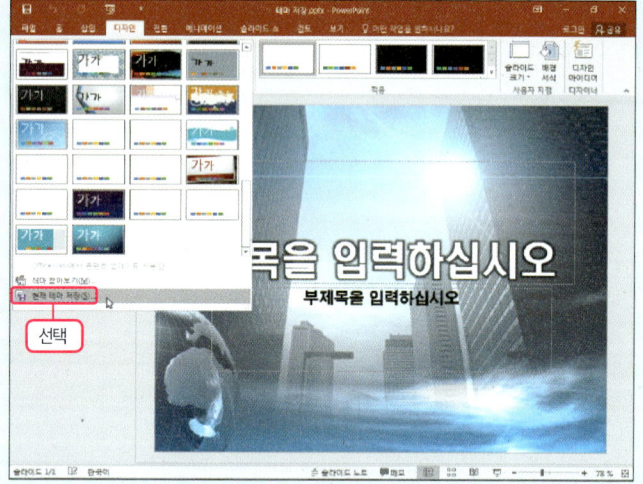

3 [현재 테마 저장] 대화상자에서 ❶ 파일 이름(예 파랑, 빌딩, 지구)을 입력하고 ❷ [저장]을 클릭합니다. 현재 파워포인트 파일의 슬라이드 마스터, 테마 글꼴, 테마 색이 저장됩니다.

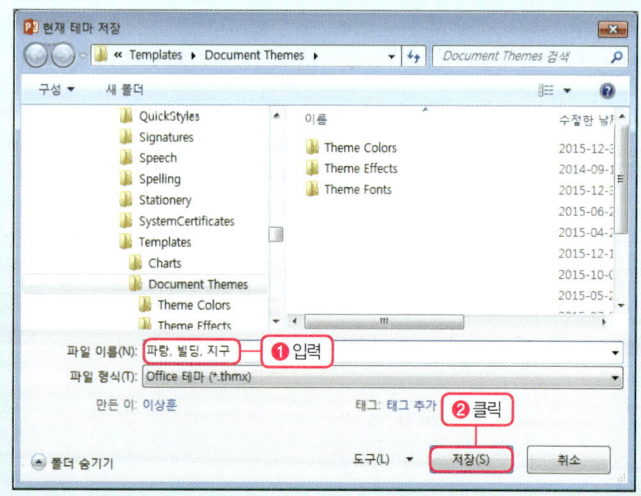

저장한 테마를 다른 파워포인트 파일에 적용하기

1 [Sample에서 [SNS 마케팅.pptx] 파일을 열고 ❶ [디자인] 탭을 클릭한 후 ❷ [테마] 영역에서 [자세히] 버튼(▽)을 클릭합니다.

2 [사용자 지정] 영역에서 방금 전에 저장한 테마(예) 파랑, 빌딩, 지구)를 선택합니다. 선택한 테마의 슬라이드 마스터(레이아웃)는 물론 테마 색, 테마 글꼴, 그리고 슬라이드 마스터에서 설정했던 안내선까지 모두 적용됩니다.

테마 삭제 및 특정 슬라이드에만 적용하기

1 [디자인] 탭에서 [자세히] 버튼을 클릭하고 테마를 마우스 오른쪽 버튼으로 클릭한 후 표시되는 메뉴에서 명령을 선택합니다.

❶ 모든 슬라이드에 적용: 현재 테마를 모든 슬라이드에 적용합니다(기본값).
❷ 선택한 슬라이드에 적용: 현재 선택된 슬라이드에만 테마가 적용됩니다.
❸ 삭제: 현재 테마를 삭제합니다.
❹ 기본 테마로 설정: 현재 테마가 기본 테마가 되어, 새 프레젠테이션을 만들 때 기본적으로 적용됩니다.

테마를 이용해 새 프레젠테이션 만들기

1 [파일]을 클릭합니다.

2 ❶ [새로 만들기]를 클릭하고 ❷ [사용자 지정]을 클릭한 후 ❸ 테마(예) 파랑, 빌딩, 지구)를 선택합니다.

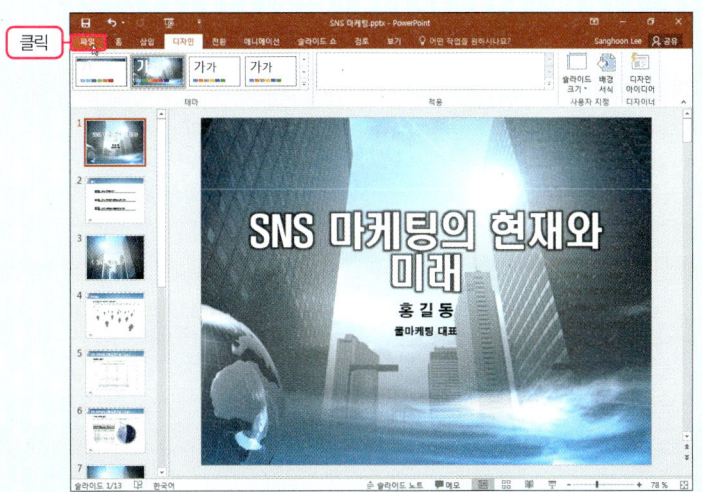

01 스티브 잡스 스타일의 슬라이드 마스터를 디자인해보세요.

최고의 프레젠테이션을 하기로 유명한 스티브 잡스는 항상 짙은색 그라데이션이 적용된 배경을 사용했고, 그 위에 아주 큰 글자나 그림 한 장을 배치한 채 프레젠테이션을 했습니다. 만약 여러분이 파워포인트를 이용해 잡스 스타일의 프레젠테이션을 디자인하기로 마음을 먹었다면 몇 가지 준비가 필요합니다. 슬라이드 마스터에서 배경으로 짙은 색 그라데이션이 적용된 그림을 배치하고 가운데에 커다란 제목이 배치된 레이아웃과 왼쪽에 그림과 오른쪽에 설명이 배치된 레이아웃 등입니다.

예제 파일 Sample\Theme07\실무 테크닉.pptx   **완성 파일** Sample\Theme07\실무 테크닉(결과).pptx

스티브 잡스 스타일 프레젠테이션

가운데에 커다란 제목과 아래에 작은 부제목이 있는 레이아웃

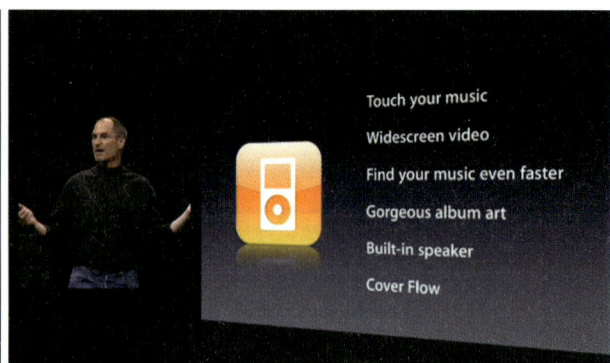

왼쪽에 그림, 오른쪽에 설명이 있는 레이아웃

슬라이드 마스터

• 배경을 검은색으로 변경

• 짙은색 그라데이션이 설정된 그림 추가
• 맨 뒤로 보내기

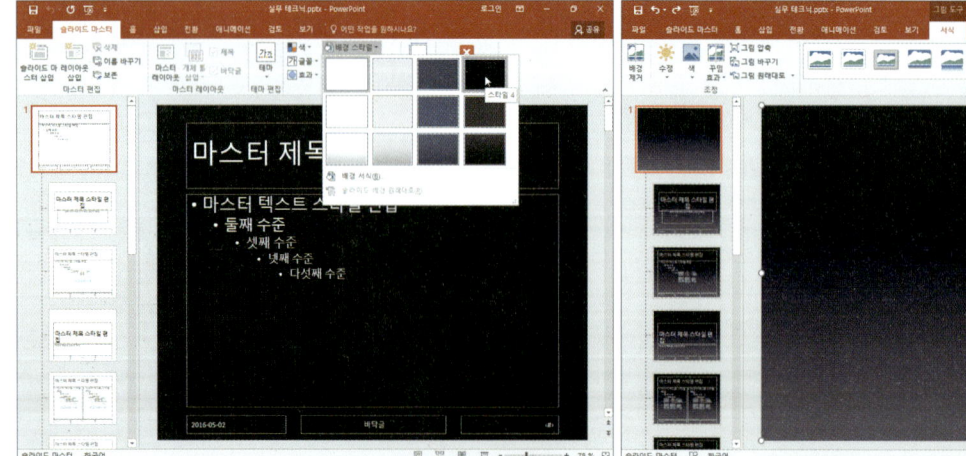
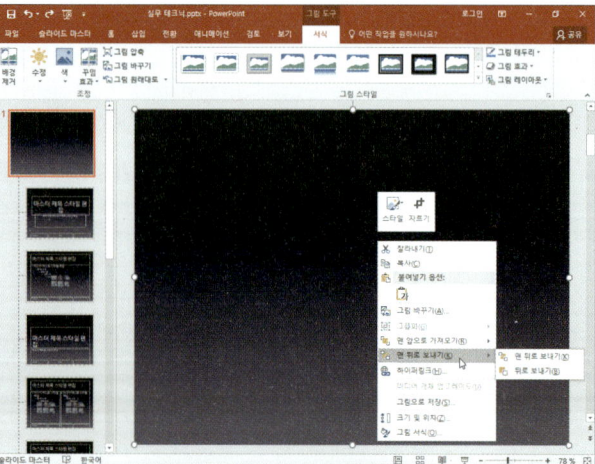

제목 슬라이드 레이아웃

- 가운데에 커다란 제목이 있고 아래에 부제목이 있는 레이아웃 완성

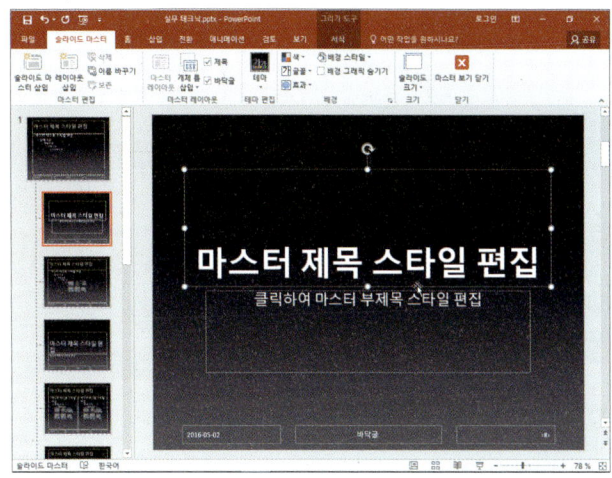

콘텐츠 2개 레이아웃

- 위쪽의 제목 삭제
- 두 개의 콘텐츠 개체 틀의 크기 조정

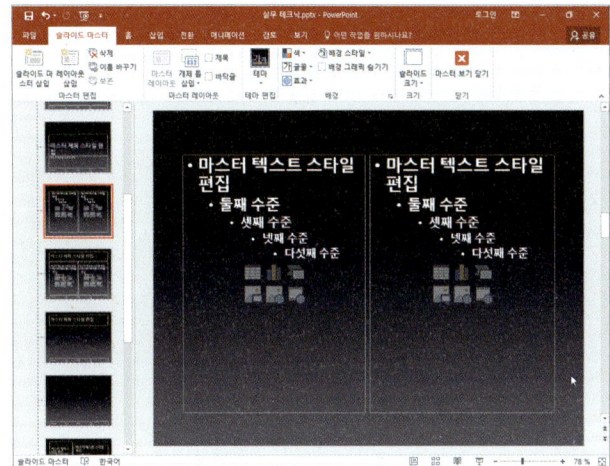

필요 없는 슬라이드 레이아웃 삭제

- 제목 슬라이드 레이아웃, 콘텐츠 2개 레이아웃, 빈 화면 레이아웃만 남겨두고 모두 삭제

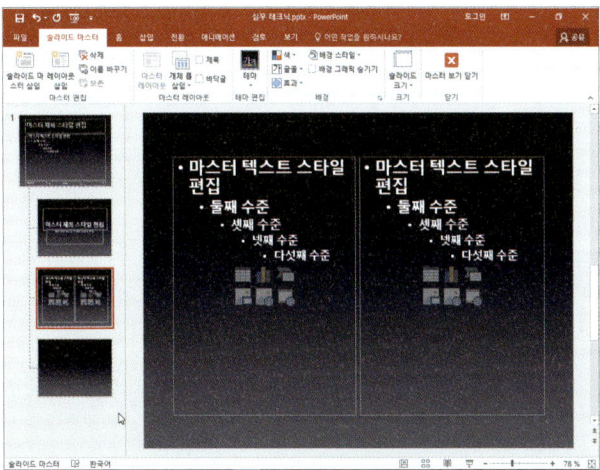

찾아보기

숫자

100% 기준 누적 세로 막대형 차트	223
1000 단위 구분 기호(,) 사용	208
2차원에서 편집	158
3차원 서식	117
3차원 회전	168

A~Z

CD용 패키지	096
Esc를 누를 때까지 계속 실행	061
Excel 스프레드시트	184
HSL	178
Invest – Return	154
OneDrive	030
PDF	029, 069
PowerPoint 그림 프레젠테이션	069
PowerPoint 쇼	029
PowerPoint 옵션	039
RGB	013
SmartArt	156
SmartArt 구조	157
SmartArt 마우스 오른쪽 버튼 메뉴	158
SmartArt 스타일	157
SmartArt로 변환	100, 101
SmartArt에 애니메이션 적용하기	299
SWOT	155
Time Management Matrix	155
WordArt 스타일	113, 158
Z자 형태로	155

ㄱ

가라앉기	270
가로 간격을 동일하게	143, 151
가로 다단계 계층형	159
가로 막대형 차트	222
가로 세로 비율	187, 231
가운데 맞춤	099, 143
각도	176
간격	119, 210
강조	276
개체 복제하기	146
개체 숨기기	142
개체 이름 바꾸기	142
개체 틀 삽입	325
검은색	350
검은색 조정점	135
검토 탭	073, 078
결합	133
겹선 종류	169
경로 닫기	132
경로 열기	132
계열 겹치기	210
계층 구조형	159
고정	027
교차	133
구역 관리하기	042
구역 나누기	046
구역 머리글 레이아웃	335
구역 이름 바꾸기	046
구역 축소	047
구역 확장	048
굵게	087
균등 분할	099
그라데이션	166
그라데이션 미리 설정	174
그라데이션 선	169
그라데이션 중지점	117, 175
그라데이션 중지점 제거	175
그라데이션 채우기	117, 174
그래픽 원래대로	157, 158
그룹	145, 149
그룹 하위 개체의 특징	146
그룹 해제하기	146
그림	111, 166, 226
그림 글머리 크기 변경하기	112
그림 또는 질감 채우기	169
그림 레이아웃	229
그림 바꾸기	228
그림 삽입하기	226
그림 스타일	229
그림 압축	228
그림 원래대로	229
그림 테두리	229, 239
그림 편집	228
그림 프레젠테이션	029, 069
그림 효과	229, 232
그림으로 저장	230, 232
그림을 복제	237
그림의 특정 부분을 강조	258
그림자	119, 167, 215
글꼴	086, 325
글꼴 바꾸기	093
글꼴 사용자 지정	305
글꼴 색	087
글꼴 설치하기	097
글꼴 영역	072
글꼴 저장 오류 메시지	095
글꼴 저장하기	095, 096
글꼴 크기	086
글꼴 크기 작게	086
글꼴 영역에서	086
글머리 기호	098, 104, 111, 331
글머리 기호 및 번호 매기기	331
글머리 기호 설정하기	102
글머리 기호 추가	157
기간	281
기본 글꼴 색	312
기본 배경 색	312
기본 보기	052
기본 테마로 설정	349
기본 프린터	031
기울임꼴	087
기호	077
꺾인 연결선	130
꾸밈 효과	228
끝 모양 종류	169
끝내기	270

ㄴ~ㄷ

내 PC에 있는 오디오	253
내 PC의 비디오	240, 244, 249
내 서식 파일	218
내보내기	069
내비게이터	025, 043
네온	116, 168, 329
노이즈를 제거하라	220
녹음된 설명 없이 보기	061
눈 모양 아이콘	142
눈금 간격 조정하기	318
눈금 설정하기	314
눈금선 보기	187
눈금선	314, 317

눈금자	105, 106	
다른 이름으로 저장	028, 037	
다시 설정하기	042	
다음 시간 후	281, 286	
닦아내기	266	
단락 간격 조정하기	110	
단락 뒤	110	
단락 앞	110	
단락 영역	072, 098	
단위	209, 213	
대/소문자 바꾸기	087	
대시	167, 173	
대시 종류	169	
대화상자 표시 버튼	088, 100, 114	
대화형 자동 진행(전체 화면)	060	
더블클릭	085	
데이터 계열 서식	202	
데이터 레이블 추가	202	
데이터 레이블	205, 216	
데이터 새로 고침	200	
데이터 선택	200	
데이터 입력하기	200	
데이터 편집	200	
도해 작성	141	
도해 작성 시 기본 방향	153	
도형	072, 073, 128	
도형 그리기	129	
도형 기호	103	
도형 모양 변경	158, 162	
도형 병합	133, 138	
도형 병합 활용 예	140	
도형 빠른 스타일	170	
도형 서식	174	
도형 서식 복사하기	179	
도형 서식 작업창 표시하기	168	
도형 스타일	158	
도형 윤곽선	166	
도형 채우기	165	
도형 추가	157, 160	
도형 효과	167	
도형에 그림 삽입하기	227	
도형에 맞춰 자르기	231, 238	
도형으로 변환	164	
돋보기	258	
동의어 사전	073	

두 개 이상의 개체 선택하기	141	
두께	167, 173	
둘러싸기	011	
뒤에 도형 추가	160	
뒤집기	144	
드래그	085	

ㄹ~ㅁ

레이아웃	157	
레이아웃 변경하기	042	
레이아웃 삭제	337	
레이아웃 삽입	325, 339	
레이저 포인터 색	061	
로고 삽입하기	344	
리본 메뉴	025	
링크 설정 영역	289	
마스터 레이아웃	325	
마스터 보기 닫기	325, 346	
마스터 텍스트 스타일을 편집	331	
마우스 클릭할 때	281	
마지막으로 본 상태	064	
마지막으로 읽은 위치	026	
맞춤	143, 150	
맞춤법 검사	073	
맞춤법 검사 하지 않기	083	
맞춤법 및 문법 검사	081	
맞춤법 및 문법 동시 검사	083	
맨 뒤로 보내기	145, 334, 336	
맨 앞으로 가져오기	145	
머리글/바닥글	341	
메모	073	
명도	010, 013, 178	
명도 조정	173	
모두 적용	281, 283	
모든 슬라이드 보기	057	
모든 슬라이드 인쇄	031	
모든 슬라이드에 적용	349	
모든 슬라이드에서 재생	251	
모서리가 둥근 직사각형	075, 147	
모양 조절 핸들	130, 148	
목록 수준 늘림	098, 105	
목록 수준 줄임	098	
문	283	
문자 간격	087, 090	

문제 – 해결	154	
미니 도구 모음	025, 089, 101	
미니 번역기	080	
미리 보기	262, 281	
밑줄	087	
밑줄 스타일/밑줄 색	088	

ㅂ

바꾸기	072, 093	
바닥글	325, 341, 345	
바닥글 편집하기	342	
바탕 화면에 바로 가기 만들기	023	
반복	091, 104, 110, 112, 277	
반복 재생	242, 251	
반사	167, 232	
반투명 그라데이션	136	
발표자 도구	065	
발표자 도구 사용	061	
발표자가 진행	060	
밝기 변화	275, 282	
방향	041	
방향키	142	
배경	333	
배경 그래픽 숨기기	325, 333, 335	
배경 변경하기	040	
배경 스타일	325, 340	
배경 제거	228, 234, 235	
배수	109	
백그라운드에서 재생	251	
번역	073	
번호 매기기	098	
번호 매기기 설정하기	107	
범주	199	
변경 내용 유지	236	
변환	157, 164	
별 모양 아이콘	285	
병합	133	
보관할 영역 표시	235	
보내기	096	
보조 축	212	
보존	325	
복수 모니터	061	
볼륨	242, 250	
부드러운 가장자리	168	

찾아보기

부드럽게 둥글리기	232	
부드럽게 시작	279	
부드럽게 종료	279	
분할줄	025	
붙여넣기 옵션	049, 050, 197	
비디오 맞추기 대화상자	245	
비디오 삽입하기	240	
비디오 셰이프	241	
비디오 스타일	241	
비디오 재생 막대	243	
비디오 테두리	241	
비디오 트리밍	242, 245	
비디오 효과	241	
빈 화면 레이아웃	337, 345	
빠른 레이아웃	200	
빠른 스타일	167	
빠른 실행 도구 모음	025	
빼기	133	

ㅅ

사각형 설명선	130
사전에 추가	082
사진 앨범	227
삽입 탭	073, 226, 240
상태 표시줄	025
새 슬라이드	072, 073, 347
새 슬라이드 만들기	042
새 프레젠테이션 만들기	028, 034
새로 만들기	349
색	228, 325
색 모델	178
색 변경	162
색 이름	013
서식 복사	089, 101, 115, 120, 121
서식 붙여넣기 단축키	122
서식 지우기	087
서식 파일	034, 218, 219
선	129
선택	142
선택 영역 서식	201
선택 영역 활용하기	141
선택 창	142
선택 창 표시하기	142
선택 해제하기	141
선택한 개체 맞춤	143
선택한 슬라이드에 적용	349
세 번 클릭	085
세로 가운데 맞춤	189
세로 간격을 동일하게	143
셀 병합	187, 191
셀 분할	187
셀 여백	187
소리	281
쇼 동안 숨기기	251, 254
쇼 설정하기	060
수식	073
수정	228, 239
수준 내리기	157
수준 올리기	157
순서 조정하기	142, 145
스마트 가이드	152
스마트 조회	073, 079
스크롤 막대	025
스크린샷	227
스타일	177
스타일 없음	251
스타일에 맞게 다시 설정	202
스포이트	087, 166, 167, 171
슬라이드 노트	025
슬라이드 마스터	320, 324, 326
슬라이드 배경 채우기	169
슬라이드 번호	341
슬라이드 복제하기	044
슬라이드 삭제하기	045
슬라이드 쇼 도움말 보기	059
슬라이드 쇼 보기	056
슬라이드 쇼 설정	280
슬라이드 쇼 실행하기	062
슬라이드 쇼 옵션 더 보기	064
슬라이드 쇼 종료하기	059
슬라이드 쇼 컨텍스트 메뉴	059
슬라이드 쇼에서 펜 사용하기	058
슬라이드 쇼에서 화면 확대하기	057
슬라이드 순서 바꾸기	044
슬라이드 숨기기	045
슬라이드 시작 번호	041
슬라이드 크기	040, 041, 068, 325
슬라이드에 맞춤	143
시계 방향으로	154
시작	242, 251, 263
시작 방법 변경하기	269
시작 번호	108
시작 시간	245, 254
실선	194

ㅇ

아래에 도형 추가	161
아래쪽 맞춤	143
안내선	314, 320, 327, 333
안내선 배치 사례	323
안내선 삭제하기	321
암호 설정하기	038
암호 해제하기	039
애니메이션	262
애니메이션 메뉴	263
애니메이션 번호 라벨	264
애니메이션 복사	263, 267
애니메이션 삭제하기	277
애니메이션 선택 방법	269
애니메이션 순서 변경하기	268
애니메이션 없이 보기	061, 280
애니메이션 연속 복사하기	267
애니메이션 종류	263
애니메이션 진행시간 표시 막대	264
애니메이션 창	262, 263
애니메이션 추가	262, 270, 276
양쪽 맞춤	099
언어	073
언어 교정	083
엑셀 데이터만 가져오기	204
여러 슬라이드	282
여러 슬라이드 보기	054
여러 슬라이드 선택하기	043
여백을 최소화	032
연결 대상	289, 290, 292
연결점 종류	169
열 추가 또는 제거	099
열기	026
영어 동의어	073
영어 번역하기	080
오디오 녹음	250
오디오 삽입	253, 249
오디오 연결하기	253

오디오 재생 막대	252
오디오 트리밍	250, 254
오른쪽 맞춤	099, 143
오른쪽 화살표	149
온라인 그림	226
온라인 비디오	240
온라인 서식 파일	035
옵션	051
왼쪽 맞춤	099, 143
왼쪽에서 오른쪽으로	153
용지에 맞게 크기 조정	031
원 숫자	107
원본 서식 유지	049, 050, 197
원인 – 결과	154
웹 검색	079
웹 형식으로 진행	060
위 첨자	092
위에서 아래로	153
위쪽 맞춤	143
위치	118
윈도우 10	022
윈도우 7	022
유인물	031
윤곽선	172, 177, 207
윤곽선 없음	166
음소거	243, 252
음영	186, 196
이동 경로	264, 271
이동 경로 표식	272
이동하기	142
이름 바꾸기	325, 340
이전 효과 다음에	271, 274, 275, 277
이전 효과와 함께	279
인과 관계	155
인쇄	031
인터넷 특정 페이지 연결하기	296
일시 중지 버튼	246
읽기용 보기	055
입력할 때 자동서식	084
입력할 때 자동으로 맞춤법 검사	083
입체 효과	168, 232
잉크 저장하기	058
잉크 지우기	058

ㅈ

자간 조정	090
자동 고침 옵션	084
자동 되감기	242, 251
자동 맞춤 옵션	074
자동 복구 정보 저장 간격	039
자동 실행	254
자동 저장 옵션	039
자동 전환하기	286
자르기	229, 231, 238, 245
자유형 도형	131, 134
작업 취소하기	045
작업 표시줄	023, 033
작업 표시줄 표시	066
작업 표시줄에 고정	023
재구성한 쇼	060
재생	241, 250
재생 시간	263, 266, 274
재생 중지	257
재생하지 않을 때 숨기기	242
저장하기	028, 030
전주의 속성	010
전체 화면 재생	242, 247
전환	281
전환 효과 적용하기	282
점 삭제	132
점 추가	132
점 편집	135
점선	193
정렬	143, 150
제거할 영역 표시	236
제목	325, 339
제목 개체 틀	074
제목 슬라이드 레이아웃	333
제어판	097
조각	133, 138
조직도 SmartArt	159
종료 시간	245, 254
종횡율	143
줄 간격	098, 109
줄 간격 조정하기	109
줄 나누기 단축키	108
중간 맞춤	143, 150
중심색	012

중요한 부분을 강조하는 방법	220
지금부터	257
지연	263, 279
지우개	063, 186
직사각형	129, 137
질감	166

ㅊ

차별 디자인	012
차트 삽입하기	199
차트 스타일	200, 201
차트 영역 서식	202
차트 요소	201, 202, 205, 212, 216
차트 요소 추가	200
차트 종류 변경	200, 202, 211, 219
차트 필터	201
차트에 애니메이션 적용하기	298
창 닫기	032
창에 맞춤	053, 236, 274
찾기	072
찾아보기	026
채도	010, 178
채우기 없음	165, 174
책갈피	289, 292, 295
책갈피 제거	242, 250
책갈피 추가	242, 250
처음부터 슬라이드 쇼 시작하기	056
첨자 설정하기	092
최근에 사용된 색	176
최근에 사용한 기호	077, 103
최근에 사용한 도형	128
최근에 사용한 항목	027
최대	213
최소	213
추가 나타내기 효과	265
추세선 추가	202
추천 글꼴 크기	097
추천 영문 글꼴	097
추천 한글 글꼴	097
축 제목	205, 212
축소	053
취소선	087

찾아보기

ㅋ~ㅌ

컨텍스트 메뉴	025, 054, 089, 101
콜린 웨어	010
콤보	211
큐브	284
크게/작게	158
크기 조정 핸들	143, 148
크기 조정하기	143
클릭	085
클립보드	115
타원	129
타이밍	276
탐색기	027
테두리	186, 190
테두리 없음	191
테두리 클릭	086
테마	325
테마 글꼴	302
테마 글꼴 만들기	303, 305
테마 글꼴 변경하기	303
테마 글꼴 삭제하기	308
테마 글꼴 수정하기	308
테마 변경하기	040
테마 삭제	349
테마 색	165, 303
테마 색 만들기	304, 309
테마 색 변경하기	304
테마 색 삭제하기	311
테마 색 수정하기	311
테마 저장하기	348
텍스트 그림자	087
텍스트 맞춤	099
텍스트 방향	099
텍스트 상자	076
텍스트 옵션	119
텍스트 윤곽선	114
텍스트 창 표시/숨기기	158
텍스트 채우기	113
텍스트 채우기 및 윤곽선	117
텍스트 크기	103, 112
텍스트 편집 끝내기	073
텍스트 효과	114, 119, 329
텍스트 효과 서식	089, 116
텍스트를 선택하는 방법	085
텍스트에 애니메이션 적용하기	298
투명도	117
투명한 색 설정	233
트리거	262
특정 슬라이드에만 적용하기	349

ㅍ~ㅎ

파워포인트 2016 시작하기	022
파워포인트 2016 화면 구성	024
파워포인트 끝내기	032
파워포인트 파일 열기	026
파일 형식	029
파일에 연결	240, 249
파일의 글꼴 포함	095
패턴 채우기	169
페이드 아웃	242, 250, 254
페이드 인	242, 250, 254
펜 두께	186, 194
펜 및 레이저 포인터 도구	063, 066
펜 색	061, 186, 190, 195
펜 색 바꾸기	058
펜 스타일	186, 191, 193, 194
펜 실행	058
펜 종료하기	058
펜 칠하기	058
포스터 틀	241
포함된 트루타입 글꼴	096
표	073, 184
표 그리기	184, 186
표 삽입	184
표 선택하기	186
표 스타일	186
표 스타일 옵션	186
표시 삭제하기	235
표시 형식	208
표식	214
표식 옵션	214
표식이 있는 꺾은선	211
표에서 커서 이동하기	185
프레젠테이션 보호	038
프린터 속성	031
하위 집합	103
하이라이트	198
하이퍼링크	290
하이퍼링크 복사	289
하이퍼링크 삽입 대화상자	289
하이퍼링크 실행 방법	288
하이퍼링크 열기	289
하이퍼링크 제거	289, 295
하이퍼링크 컨텍스트 메뉴	289
하이퍼링크 편집	289, 295
하이퍼링크로 연결할 수 있는 파일	289
한 부씩 인쇄	031
한/영 자동 고침	084
한글 단어 잘림 허용	100
한글 입력 체계	100
한글/한자 변환	078
해상도	061
행 높이를 같게/열 너비를 같게	187
행/열 삭제하기	204
행/열 전환	200
현재 문서	290
현재 테마 저장	348
혼합 차트	211
화려한 효과	283
화면 설명	289, 292
화면 어둡게 하기	059
화면 캡처	227
화면을 흰색으로 설정	059
화살표	167
화살표 꼬리 유형	169
화살표 꼬리 크기	169
화살표 머리 유형	169
화살표 머리 크기	169
확대	053
확대/축소	264
확대/축소 기준	053
확대/축소 도구	025
확대/축소 슬라이더	053
확대/축소하기	053
확장	266
회색	014
회전 핸들	151
회전하기	144
효과	325
효과 옵션	262, 266, 272, 278
효과	215
흐리게	119, 216
흔들기	276
흰색 조정점	136